윤춘식 목사 古稀(70) 文集

그는 심었고
나는 물을 주네

Rev. C.S. Abraham Yoon 성역 45주년 기념문집

❋ 윤춘식 목사 성역 45주년 기념문집 간행위원회 ❋

그는 심었고 나는 물을 주네

초판 1쇄 2024년 12월 20일
지은이 윤춘식 박사 문집 간행위원회
발행처 도서출판 카리타스
주소 부산광역시 동구 중앙대로 298(초량동) 부산 YWCA 303호
전화 051)462-5495   팩스 051)462-5495
등록번호 제 2006-000002호

ISBN 978-89-97087-88-4

이 출판물은 저작권법에 의해 보호를 받는 저작물이므로 무단 복제나 도용(盜用) 할 수 없습니다.
잘못된 책은 교환해 드립니다.

El pastor Abraham Yoon
fue honrado por sus 45 años de ministerio

Él Sembró y estoy Regando

Yo Planté, Apolos regó; pero
el crecimiento lo ha dado Dios
1 Corintios 3:6

Publicado

por

**Rev. Dr. C. S. Abraham Yoon
del Comité Aniversario**

윤춘식 목사의 약력

　경남 거창 출생, 고신대학교와 신학대학원을 졸업했다. 부산대학대학원(Ed. M.)에서 문학과 언어교육연구를 거쳐 아신대학대학원에서 선교학석사(Th. M) 과정을 마쳤다. 동대학원에서 철학박사(Ph. D.) 학위와 미국 Fuller Theological Seminary에서 목회신학(D. Min.)박사 학위를 취득했다. 경안노회에서 목사 안수(의성중앙교회 담임목회), 서울 등촌교회에서 부목사로 시무하던 중 해외선교사로 부름 받아 헌신했으며, 1990년 싱가포르 타문화권선교훈련원(ACTI) 과정을 마치고 하가이 지도자 인스티튜트를 수료했다. 1990년 고신 총회파송 남미 아르헨티나 원주민 선교에 수종들었다.

연구실 본관 411호

　28년 동안의 사역기간에 현지인 교회들 개척과 신학교육 및 스페인어 신문사 〈라틴타임스〉 발행인을 수행했으며, 5년제 토바중고등학교를 설립했다. 파나마공대(UTP) 대학원 국제학부에서 스페인어로 2년간 동양문화사와 한국어를 가르쳤다. 그 후 아신대학 이사회로부터 조교수로 초빙, 학부(스페인어과)와 선교대학원 교수로 재직, 2019년 8월에 65세 정년 은퇴했다.

　아신대학(ACTS)의 라틴아메리카 선교문화연구원장 봉사, 라틴아메리카 30여 개국 선교사들을 대상으로 선교전략회의를 주관하고 있다. 현재 미션 GMTI 교육원장으로서 중·남미 선교사들을 섬긴다. 저서와 번역서는 『현대교회와 선교교육』(3쇄), 『중남미 선교전략과 세계관 연구』(2쇄), 『북한사회주의 교육과 선교』, 『로마서 강해 노트북』, 그리고 『시편의 표현과 이미지』(증보판) 등 다수이다. 문학평론가로서 시집은 최근 출간한 『카누에 오신 성자』 외 6 작품집이 회자된다. *연보 참조.

오늘의 김해 남포교회

　박세이 사모(성악전공) 사이에 슬하 두 남매를 두었다. 아들 윤신환은 미국 유학을 마치고 멕시코와 동남아 등 영어-스페인어권의 교육기관에서 섬기며, 에스더는 프랑스 청년과 결혼하여 리옹 국립음악원(CNSM) 출신으로 공군(장교) 국립 오케스트라 단원, 딸은 파리 국제 플루트 연주자로서 프랑스 교육부 주최 '교수자격고시'(CEFEDEM)에 한국여성으로서는 드물게 합격했다. 프랑스 국립 콘세르바토리오에서 불어로 지도하는 음악교수이다. (아신대학교 교학처, 교수 소개란에서 발췌 2019)

윤춘식 박사는 대학부 4학년, 1975년부터 김해에서 성역을 시작했다. 45년간 전도사, 고등학교 교사(2년간은 제외), 목사, 총회파송 라틴 선교사로 섬겼으며 교수로서 은퇴하기까지 주님의 가신 길을 수종들며 걸어오셨다

秋收 尹春植 博士 夫妻 近影

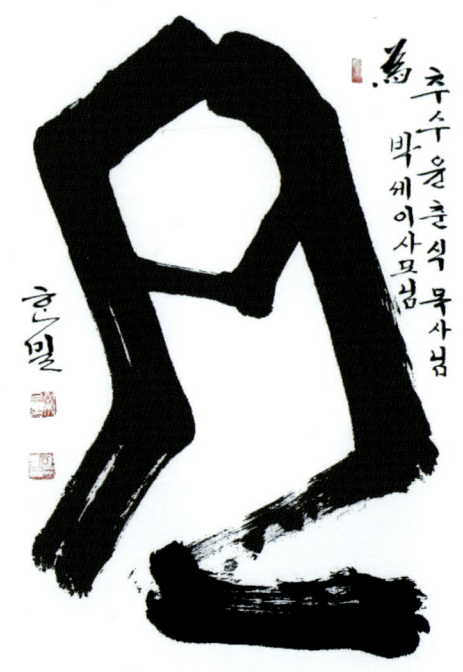

한밀 정문철 서예가 작품 1980년부터 서예가로서 한글의 세계화 운동에 참여 Latin Christian Times에 보내준 선물

차 례

헌시獻詩 윤혜경 / 11
간행사 간행위원장 이복수 / 12
간행 취지문 간행위총무 김영무 / 15
고희古稀(70) 연보 간행위 / 17

Ⅰ. 《축하와 에세이》
축사 이복수 / 29
축사 조서구 / 35
안데스산맥 미션의 우정 김종길 / 38
거창이 낳은 기독교 교육가의 면모 이강호 / 42
고희古稀 축하 새 논문 임영효 / 55
고희 축하 새 에세이 변종길 / 71

Ⅱ. 《목양 단상》
제 삶의 멘토이신 윤 목사님과 성역 45년 손성기 / 79
성역 45년, 젊은 날 신분의 변화 전성준 / 91
브라질 빌라델비아교회 섬김의 세월 김정식 / 97
목회와 선교현장의 발자취 – 저 물레에서 끊임없는 실이 장영관 / 106
윤 목사님의 고희古稀를 맞아 소중한 추억 김영무 / 120
삼일교회와 나의 스승 최규호 / 128

Ⅲ. 《월드 미션》

경애하는 아브라함 윤 박사님과의 회상 　　　　　　안호세 / 139
거제가 맺어준 세계선교적 만남 　　　　　　　　　허성욱 / 149
남미의 한 국가를 넘은 라틴아메리카 선교신학자
　　　　종교개혁 505주년 기념주간 초청특강 　　박중민 / 161
아마존이 주를 찬양할 때까지 　　　　　　　　　　김홍구 / 177
파나마 엠베라(Embera) 정글 선교 　　　　　　　윤수정 / 188
라틴타임스 프롤로그 　　　　로베르토 아사티(Roberto Azzati) / 197
번역서 출간을 기뻐하며 　　　　　　　　탐 무로(Tam Muro) / 199

Ⅳ. 《기독교육과 현장》

『현대교회와 선교교육』 저서와의 만남 　　　　　김병원 / 203
영혼과 흙의 치료 이야기 　　　　　　　　　　　　김영욱 / 205
대학원 과정의 커리큘럼 목록 – 『현대교회와 선교교육』의 현장
　　　　　　　　　　　　　　　　　　　GMTI 선교교육원 / 208
선교교육에 대한 효용과 제자의 마음 　　　　　　한경우 / 214
신학교육에 관한 인문학적 역사 이해 　　　　　　최덕성 / 218
멘도사의 교회교육 동역자(한국 방문) 　에밀리오 헬베스(R. Gelves) / 225

Ⅴ. 《문학과 서평》

나의 50년 문학지기 윤춘식 목사 　　　　　　　　정돈화 / 232
『시편의 표현과 이미지』를 읽고 　　　　　　　　김은호 / 241
『시편의 표현과 이미지』 저작과 영향력 　　　　　나삼진 / 245
『시편의 표현과 이미지』와 신학 산책 　　　　　　김종화 / 248
탈문명적 시학의 향기 　　　　　　　　　　　　　오세영 / 253
존재에 대한 향수, 그 시적 형상화 　　　　　　　　유승우 / 257

한 초월주의자의 인문주의적 연주법   신중신 / 275

깨어있는 시간 (스페인어 대역)   크리스천 타임스 / 286

시인의 존재성과 본질 지향의 근원성   남송우 / 288

남미의 정글에서 만나는 희망   금동철 / 307

추수秋收 윤춘식 교수 시집 『슬픈 망고』의 환희   김용식 / 326

카누에서 맞이한 그분의 선견자   최세균 / 329

『카누에 오신 성자』 작품 세계   양왕용 / 357

Ⅵ. 《가족과 고향 친구》

축하시祝賀詩   송길원 / 372

월드 미션과 타문화권 섬김   박세이 / 374

파리 특파원 프랑스 일기 두 편

국립 콘세르바토리오[여성조선] / 아빠와 함께[(주) 음연]

           - 인터뷰 윤에스더 / 389

그리운 숙부님   윤인숙 / 410

거창 '심소정'에 올라   배창호 / 414

윤춘식 교수님 고희古稀 문집 발간을 축하드립니다   김태중 / 418

거창지역 기독교 역사 상고詳考 - 신앙의 요람   우종상 / 427

Ⅶ. 《윤춘식 교수 고백록, 강의록, 설교문》

1. 고백록 4편

1) 모터 카누에서의 참변   / 436

2) 망고나무 아래서 교육을 사색하다   / 441

3) 자비사(Yabiza) 선교기행 - 파나마 정글 리오그란데 강가에서   / 448

4) 나의 동기들과 친구들 - 딸의 결혼식 이야기   / 454

2. 강의록
   [미션 세미나] 획기적인 선교사역과 경건 / 472
3. 설교 7편
   1) 예수 그리스도의 선교와 능력 (눅 4:16-20) / 481
   2) 교회의 영원한 생명력 (행 28:30-31) / 485
   3) 공중 나는 새, 들에 핀 백합화 (마 6:26-34, 벧전 5:6-7) / 491
   4) 넘치는 잔 (시 23:5) / 497
   5) 나의 분깃 - 압축된 대찬양 (시 119:57) / 505
   6) 입에는 웃음 혀에는 찬양 (시 126편) / 512
   7) 버드나무에 걸어둔 거문고 (시 137편) / 515

♣ 남포 가는 길 (1976년) / 518

♣ 화보
  1) 가족편 / 522-525
  2) 저술과 선교자료집 / 522
  3) 국내외 교회 목회 미션 섬김편 / 525, 535-547
  4) 미 Fuller 신대원 졸업식 학위기 / 527
  5) 해외선교 교회개척 현장과 세례식 / 529-537, 548
  6) 토바중·고등학교 설립편 / 538
  7) 아신대학 교육편 / 541-542
  8) 언론출판 라틴타임스편 / 543
  9) 라틴 시니어 선교사 전략회의편(컨퍼런스) / 544-546
  10) 신구약 스페인어 성경쓰기 / 551
  11) 〈옹호자의 노래〉 고신선교 60주년 기념 / 552

獻詩

외로운 무대, 존엄한 사역

숙부님의 성역 45년
고희를 맞아 드리는 헌시

윤 혜 경
큰 조카, 창원명곡여중학교장 은퇴

피문은 복음의 뿌리를 내리기 위해
하나님께 모든 것을 맡기고
당신은 이방 땅 언어의 경계에서도
존엄한 무대 위에 서셨습니다

부에노스아이레스
그 먼 광야에서 30년 가까운 삶
그곳에 뿌려진 씨앗은 몇 백배의 결실로
제자도의 사명을 이루셨습니다

당신이 걸어오신 기나긴 외로운 밤과
낯선 갈등이 정화된 내면적 투쟁은
오로지 창조주創造主의 영광을 드러내시기 위한
새벽의 진통이었습니다

고희를 맞은 당신의 눈가에
흘러내린 한 방울 이슬은
남은 생애, 세계를 품고 그분을 찬양,
후대에 물려줄 서약의 증거입니다

| 간행사

간행위원장 이복수 박사

고희古稀를 맞으신 윤춘식 박사님의 성역聖役 45년 문집을 간행하게 된 것을 진심으로 축하드립니다. 간행위원들이 문집에 대한 기획을 1년 전쯤부터 준비하기 시작했습니다. 윤 박사님께서도 주 안에서 형제들과 지인들에게 원고를 제안하여 거의 온전히 접수되고 있었습니다. 이제 때가 됨에 결실하여 세상의 빛을 보게 됩니다.

오늘을 살아가는 우리는 물질적인 풍요 속에 영적인 빈곤의 시대에 호흡하고 있습니다. 무수한 세속의 물결이 쓰나미처럼 교회 공동체를 위협합니다. 내적으로 교회가 본질을 떠남으로 사회적 소금의 역할을 잃어갑니다. 외적으로 차별 금지법이나 구원의 절대성과 진리 포기, 다원주의 사상의 파급 등 신앙결단의 모습이 희석되어지고 있는 현실입니다. 코로나 19의 펜데믹으로 교회는 원치 않게도 문을 닫고서 비대면 예배라는 전혀 새로운 환경을 경험했었습니다. 이제는 코로나 엔데믹 시대를 맞이했지만, 그 후유증은 엄청난 파장을 몰고 왔습니다. 다음 세대에 전수할 신학과 신앙에도 많은 과제를 안고 있습니다. 이러한 때에 윤 박사님의 고희를 맞아 기념 문집을 발간하게 된 것은 의미가 있습니다.

윤춘식 박사님은 유림儒林 명문가의 집안에서 5남매 중 막내로 태어났습니다. 하나님의 크신 은혜로 회심해 신학을 공부함으로써 주님의 종된 길을 걸으셨습니다. 그는 고향 거창의 주일학교를 거쳐 백남석 목사님의 문하에서 신앙으로 성장했으며, 중고등학교 재학시 세례 받은 후, SFC 학생회장으로서 삶의 목적과 가치를 주님께 헌신한 청년이 되었습니다. 우리가 잘 아는 대로 교단이 총회결의에 의해 1982년 이후 [교회개척 확산운동]을 전개하던 시기에 개척운동에 순응하여 영주시에 삼일교회를 개척, 건축하면서부터 실천하는 지도자로 알려지기 시작했습니다. 그에게는 교회를 위해 신학을 연구하는 결단이 있었고, 미국에 유학한 Fuller 신대원과 아신대학(ACTS)에서 두 박사학위를 받은 동기는 교육가로서의 소명의식이 있었기 때문입니다. 어떠한 역경과 시련에 처해도 신앙의 결의를 굽히지 않고 정진했습니다. 동시에 가족들은 기도로써 내공과 인성을 북돋워 주셨습니다. 윤 박사님은 세속적인 명예나 이득을 취하지 않았고, 하나님 앞에서 묵묵히 코람데오(Coram Deo)의 삶을 살았습니다. 그러한 올곧은 신념으로써 세계선교와 교수직 수행의 풋대에 적용되었다고 할 수 있습니다.

그에게는 창조주를 향한 끝없는 경외심과 기독교문학에 대한 남다른 사명감이 있었기에 언어예술의 정수인 시詩를 600편 넘게 창작했습니다. 그 소중한 결과로 적지 않은 문학상 대상을 받기도 했습니다. 성직자이자 학자이며 해외 선교사로서 그리고 마지막 정년 은퇴는 신학대학 교수로서 맞이했기에 문무를 갖춘 은혜가 크다고 말할 수 있습니다. 그의 성역聖域 45년에서 중요한 초점은 언어와 문화가 다르고 열대의 각종 독충과 풍토병이 난무하는 남미 오지에서 선교사역을 수행한 30년 세월이라고 요약할 수 있을 것입니다.

따라서 주님의 지상명령인 복음 전파와 선교에 헌신한 그의 숭고한 정신은 현지에 설립된 장로교회들과 5년제 토바 중·고등학교를 통해서 뚜렷한 족적을 남기게 되었습니다. 총회선교부와 후원교회들을 배경으로 전래된 소식들은 민수기 14장 28절 "그들에게 이르기를 여호와의 말씀에 내 삶을 두고 맹세하노라. 너희 말이 내 귀에 들린 대로 내가 너희에게 행하리니"와 같이 하나님 앞에서의 삶은 복음을 위해 순종하는 제물된 모습이었습니다. 윤 박사님의 고희 기념 문집 『그는 심었고 나는 물을 주네』는 한 시대를 살아가는 신앙인들의 가슴에 증표가 될 줄 믿습니다. 미래 사회에 복음의 바른 진리를 갈망하는 후진들에게는 신앙과 인성의 관계를 탐구하며 교회를 위한 신학을 정립하는데 적합한 자양분이 되리라 믿습니다.

기념 문집의 구성은 권두 헌시와 축사, 교회 목양편, 월드 미션편, 크리스천 교육계, 기독교문학 그리고 가족과 고향, 혈육 친구들, 몇 편의 설교와 강의록, 화보로 수록되어 있습니다. 본 문집에는 마흔 분에 이르는 옥고가 실렸으며 윤 박사님의 향리 은사로부터 초·중·고교 친구들의 글도 싣게 됨으로써 윤 교수님의 성품과 달란트를 헤아려 보며, 그의 충성심을 살펴보게 됩니다. 또한 한 개인의 흔적과 역사를 넘어서 새로운 후대 세대가 신앙을 계승하며, 하나님께 어떻게 영광 돌릴 것인가를 고민케 하는 기념비적 교훈과 비전이 되기를 바라게 됩니다.

'모든 것이 하나님의 은혜이다' 라고 고백한 사도 바울처럼 이 편집의 결과도 같은 고백으로 귀결되는 것 같습니다. 우리들에게 남겨주는 기념은 이 시대를 함께 살아온 그의 삶의 궤적을 사랑하며 지속적으로 공유하게 합니다. 우리들에게는 신앙실천에 있어 정서적인 면과 실용적 측면을 충족시키는 자원이 됩니다. 나아가 이 문집이 성도들 영혼의 목마름을 채워주는 하나의 모멘트가 되기를 기원합니다. 하나님께만 영광을 올려드리는 도구로 쓰임 받을 것을 확신합니다. Soli Deo Gloria!

윤 박사님의 성역 45년 기념문집 발행에 참여해주신 국내외 모든 분들과 간행위원들과 출간에 물심양면으로 협력하신 분들께 감사를 드립니다.

| 간행 취지문

간행위총무 **김영무** 드림 (남아공)

　윤춘식 목사님은 주님의 포도밭에서 종일 일하는 농부입니다. 그는 선교학자로서 창조 세계를 보며 하나님을 늘 찬양하고 있습니다. 또한 실제로 가족이 28년간 함께 세계선교의 사역을 담당함으로써 남미 영혼구원과 주님의 지상명령을 수행하고 계십니다. 사역 기간의 절반 이상은 부족민과 함께 열대 정글에서 생활하셨습니다.

　그 과정에서 현지에 실행한 신학교 교육과 언론사 '라틴타임스'(EL TIEMPO LATINO. 현지출판등록 Buenos Aires N.209786호) 정기 발행을 통해 중남미에서 한국인으로서는 처음 스페인어 신문사 미션의 길을 여셨습니다. 저술 활동으로서 여러 권의 신학대학 교재와 6권의 세계선교현장자료집, 7권 단행본의 서정적인 작품집을 출간하여 많은 독자층을 형성하고 있습니다.

　2015년 연구년 때의 일입니다. 파나마 다리엔 정글 '엠베라' 부족 제2성전인 갈릴레아교회 헌당식 후, 공동체 선교집회 차 다녀오시다 강줄기를 모터 카누로 내려오는 긴 구간이 있었다고 합니다. 폭우가 쏟아지는 가운데 중간지점의 '뚜꾸띠'(Tucuti) 마을에서 모터에 연료를 채우며 공동 간식과 생수를 사려고 카누에서 내렸답니다. 다시 타는 강가에서 그만 진흙이 묻은 카누의 난간 위쪽 판자에 미끄러져 가슴이 부딪쳐 왼쪽 갈비뼈 4개가 부러지는 참변을 당한 일이 있었습니다. 15분간 혼절했었다고 합니다. 아픔 속에서도 교회의 형제들이 부축하여 주차해 놓았던 킴바quimba 포구까지 모터 카누를 타고 내려갔고, 다친 그 몸으로는 운전석에 오를 수 없었기에 형제들이 어렵게 앉혀주어, 심한 통증으로 호흡을 몰아쉬면서도 '다리엔' 주州에서 5시간 걸려 기적같이 파나마 시티에 도착했답니다. 그날 동행했던 부족민 가운데는 차량을 운전할 면허소지자가 없었기 때문입니다. 윤 목사님은 압박붕대를 감고서 4개월 동안 육신의 고초를 겪은 일도 있습니다. 여름 방학을 지난 후 양평 길 병원에서 치료를 받았습니다.

금번 문집 간행의 취지 역시 윤 목사님의 이러한 지·정·의·신信이 균형을 이룬 신앙적 삶을 통해 하나님께서 베푸신 부르심과 그 은혜에 영광을 올려드리기 위해서입니다. 간행위원회는 윤 목사님의 맑은 정신에서 우러나오는 예리함과 가슴 속에서 준비된 열정은, 새 예루살렘 성을 향한 사명자로서 고희(70)의 발자취를 돌아보기에 충분하여, 주 앞에 서는 마지막 날까지 지사충성至死忠誠하려는 소원으로 이 기념 문집을 내놓습니다.

2024년 5월 25일

간행 편집진: 장영관(아르헨티나) 손성기(브라질) 김종길(칠레) 박중민(파라과이) 안호세(미국) 이강호 송길원 허성욱 최세균(한국)

– 음력 생신에

70년 연보

윤춘식(尹春植 미션네임 Abraham Yoon)
생년월일: 1953. 4. 18.
주소(난곳) 경남 거창군 거창읍 상동 164
본적: 경남 거창군 남하면 양항리 917
가문의 심소정(경남문화재자료 58호) 명소: 남하면 양항리 958
현주소: 경기도 양평군 옥천 경강로 1276, 라틴선교연구원

가족관계 부: 윤형수 모: 유순이
처: 박세이 자녀: 윤신환 윤에스더 사위: 프랑수아 티소
외손: 에단 티소윤, 야엘하선 티소윤
형: 윤범식 누님: 윤정자 윤민정 윤영식
형수: 최태순 조카: 윤혜경 윤인숙 윤인묵 윤혜정

▶ 학력
  거창초등학교 졸 / 대구 교동초등학교(사립) 5학년, 1년간 재학
  거창대성중학교 졸
  1972. 2. 거창대성고등학교 졸, 문예특기장학생
  1977. 2. 고신대학 신학과 B. Th.
  1980. 2. 부산대학교육대학원 문학교육전공 석사 M. Ed.
      논문 〈다형, 김현승의 시정신 연구〉
  1982.   고신(고려)신학대학원 목회신학석사 M. Div.

논문 〈구약 제의 시편의 문학유형과 교의사상〉
1986. 아신대학(ACTS) 선교학석사 Th. M.
논문 〈북한 사회주의 교육과 선교-사회주의 교육테제를 중심으로〉
1992. 미 CA. Fuller Theological Seminary 목회신학 D. Min.
논문 〈현대교회의 바이블스터디 연구-사도행전 2장에 나타난 오순절 PRAXIS의 원리〉 지도 감수 Dr. Ray Anderson 레이 엔더슨
2006. 아신대학(ACTS) 철학박사 Ph. D.
논문 〈중·남미 선교전략과 세계관 이해〉

▶ 신력

출신(고향)교회: 거창제일교회
1959년경 주일학교: 유치부 등록
1970. 12. 27. 세례: 김석배 목사로부터(창남교회와 연합당회 구성)
1971년 주일학교: SFC멤버 15명 함께 보조교사임명
1972년 1월, SFC 회장 투표로 선임
1982년 4월 경안노회: 목사고시 후 장립(의성중앙교회)
노회장, 백남석 목사(영주시민교회)
논문: 〈개혁주의 입장에서 본 해방신학의 방법론 비판〉 (감수 전호진 박사)
www.kirs.kr 개혁주의 학술원 게재

▶ 교역(ministries) 경력

1974-76. 초장동교회 야간학교 대입검정고시 교무 담당
1975-76. 김해 남포교회 담임전도사
1976-78. 제4영도교회 전도사
1981. 7. 박세이와 결혼
1982-84. 의성중앙교회 담임강도사 - 목사안수 (이보민 교수 초청설교)

경안노회

1984-85. 안동서남교회 담임목사 - 노회 발전위원회 협력

1985-86. 영주시 풍기삼일교회 개척과 건축 초대목사 (총회정책 개척교회 운동에 협력과 헌신)

1987-91. 등촌교회 부목사(서울) 경기노회 - 현 서울서부노회 1987~현재 37년간 노회원 재임

1989. 필리핀 마닐라 바울선교회 해외선교훈련원 훈련(일부)

1990. 4. 싱가포르 ACTI 훈련(아시아타문화권선교) 8개월 교육과정 가족 수료 -고신총회 공식파송

1991. 6. 싱가포르 하가이 Institute 과정 수료

1991. 남미 아르헨티나 원주민선교사 파송식 - 고신총회 해외 파송

1992. 아르헨티나 헤네랄파스 에벤에셀교회 개척, 주일 빈민 베이커리 급식소 운영

1993-94. 아르헨티나 멘도사장로교회 개척, 제자의 집 건축

1994. 아르헨티나 네우껜 장로교회 설립과 봉사, 마뿌체 부족민선교활동

1995-96. 브라질 빌라델비아장로교회 남미노회소속 담임청빙 시무 (안식년)

1994. 2012-14. 토바 부족민선교활동 - 학교교육활동

1997. 바리오누에보 선교지 개척 - 복음화와 구령 전도운동

1998. 재미총회 남미노회 노회장 역임

2006. 부에노스아이레스 남미개혁신학교 교수사역: 히브리어 Ⅰ, 선교학, 목회학 강의

2010-현. 파나마 엠베라 부족공동체선교 개척 제1성전 선교기념교회 건축 - 부족중심교회 겸 중남미선교교육원

2012. 제2성전 건축 사비사교회 개척 - 독충과의 피부 혈투

2013. 제3성전 건축 갈릴레아교회 개척 - 좌측 갈비뼈 4개 부서짐, 치료

2014. 8. 8. 토바 5년제 중고등학교건립; 각 학년 한 학급씩, 현재 230여 명 재학 – 건축비 조달

2020. 12. kpm 조기은퇴 – 공동은퇴식 참석
2024. 1. 계간 상록수문협 상임부회장 선임
2024. 3. 세계문학작가협 평론분과장 선임

▶ 수상 경력

1970. 거창대성중 · 고교백일장 입선
1971. 교지 전국고교 교지 · 콘테스트 우수상 입상, 〈건국대학주최〉 임옥인 가정대학장 수여 / 고교졸업식 때 학교위상 공로상 수상
1979. 부산대학교 4개처 대학원 연합 논문발표상 수상
제목 〈프란츠 카프카문학의 신화적 효용〉
1991. 서울 등촌교회 〈성경공부 지도와 교회부흥 공로상〉
1993. 계간 자유문학 〈천료〉, 시부문 데뷔
2014. 아르헨티나 차코 주정부 〈국회 교육상〉 수상, 하원의장 다리오 A. 바실레프 이바노프(D. A. Bacileff Ivanoff)로부터. 수여증서 Camara de Diputados Prov. Chaco, Resolución N° 1790호

▶ 문학상

1. 1976. 크리스천문학상(시)
2. 1993. 월간고신상 300만원 고료 당선(시)
3. 1994. 미주문학상 뉴욕시티(시)
4. 1997. 제4회 로스안데스문학 대상 수상, 아르헨티나 부에노스(금반지)
5. 2003. 제3회 한국 들소리문학 대상 수상, 서울언론(상금 3백만원과 남미 왕복항공권)

6. 2018. 10. 계간 상록수문학 평론부문 당선
   제목 : 제의시편의 문학적 심상

▶ 교직 : 교사(강사), 언론, 교수직
1978. 9. 1-1980. 8. 31. 거창대성일고등학교 교사
※ 중등교원자격증: 사회, 윤리과 중등2급정교사 제 120702호
             국어과 중등2급정교사 제 163459호
1979. 제39사단 18연대 1대대 ▶작전과 야간, 각 면단위 지역 군사방어를 위한 야간 반공강연, 사복 순회강사
1980. 9.-82. 8. (2년간) 경북신학교 강사; 교양국문학, 논문작성법, 구약시편강해
1998-2000. 남미개혁신학교 교수사역: 선교학, 히브리어, 기독교교육학
2000- 2004. 라틴타임스(EL TIEMPO LATINO) 격주발행. 아르헨티나 연방정부 스페인어 신문사, 편집장 외 직원 7명, 언론출판인가 등록인허 N 209786
2008-2009. 파나마공대(UTP) 객원교수 초빙 (ACTS 제휴 총장 수락) 한국어와 동양문화
2009-2011. 2. 고려신학대학원 초빙교수 겸 선교학 교육원장 (실천신학 & 선교학관련 7과목 담당)
2013. 3-2019. 8. 31. 아신대학(ACTS 이사회발령 선교대학원 교수재직)
2019-2020. 브니엘신학대학 강사
2020. 3.- 현재. 아신대학 라틴연구원 부설 GMTI 설립, 선교교육원장 선임
2022. 10. 브라질 팔레스트라신학교 특강 강사
2022. 10. 26-29. 파라과이 장로회신학대학 종교개혁 제505주년 기념세미나 강사 초청

▶ 선교사 연구년과 라틴-한인선교사 선교전략회의
  제1차 안식년 빌라델비아장로교회 담임목회 (상파울로) 1995년 1년간
  제2차 안식년 염광교회 선교관 (거제도) 2000년 1년간
  제3차 안식년 부산북교회 선교관 (부산) 2005년 1년간
  제4차 안식년 삼일교회 선교관 (부산, 일시) 남미 원주민 학교사역
  제5차 안식년 영주삼일교회 소백산 주일설교봉사
※ 라틴아메리카 한인선교사(현지 원주민사역 15년 시니어 대상) 컨퍼런스
  2003. 1차 라틴선교전략회의 한인교회당 과테말라시티
  2004. 2차 라틴선교전략회의 파나마시티 운하호텔센터
  2005. 3차 라틴선교전략회의 니카라과 마나과시티
  2005. 4차 라틴선교전략회의 워싱턴(USA) 열린문교회
         4차까지 (김동우 집사 후원) 재정부로 직접 화폐를 준 적이 없음
         그외 가족들이 직접 참석하여 크레딧 카드 결재로 모든 재정 해결.
         참석자 선교사들에게 항공료 절반 지원도 해결해 줌. 잔액은 항상
         제로(0)였다.
  2006. 5차 라틴선교전략회의 브라질 '아마존 개혁신학교'
  2007. 6차 라틴선교전략회의 페루
  2008. 7차 라틴선교전략회의 카리브해협
  2009. 8차 라틴선교전략회의 파나마 정글 엠베라공동체연합집회
  2010. 9차 라틴선교전략회의 카리브 오곱수쿤섬, 쿠나공동체연합집회
  2011. 10차 라틴선교전략회의 부에노스아이레스 '한인교회당'
  2012. 11차 라틴선교전략회의 파나마 정글 엠베라공동체연합집회
  2014. 12차 라틴선교전략회의 카리브해협 '쿠나' 부족공동체 오곱수쿤섬
  2015. 13차 라틴선교전략회의 아신대학 라틴선교연구원
  2006. 14차 라틴선교전략회의 파나마 '엠베라' 공동체 연합집회

▶ 저서와 대학교재

저술 및 자료집 (연도)

「현대교회와 선교교육」 영문, 2000년 8월(1쇄) / 2001년 10월(2쇄) / 2002월 9월(3쇄)

「로마서 강해 노트북」 영문, 2000년 12월

「북한사회주의 교육과 선교 – 다니엘, 에스라, 바울 신학을 통한 대안- 예영커뮤니케이션 2005년 12월

「중·남미 선교전략과 세계관 이해」 쿰란 2007년 4월(1쇄) / 2008년 10월(2쇄)

「신·구약 성경적 선교신학」 GMTI 선교교육원 2021년 3월

「사도행전 묵상과 실천」 Vol. 1-2. GMTI 선교교육원 2022년 3월-2023년 3월

▶ 라틴아메리카 선교자료집 (아신대학 ACTS 라틴선교문화연구원)

「라틴아메리카의 열정과 헌신」 아신대학교 라틴선교문화연구원 출판부, 2006년 9월

「라틴아메리카여 일어나라」 라틴아메리카 한인시니어선교사 선교전략회의 제1집, 예영커뮤니케이션, 2007년 6월

「영혼과 흙의 치료 이야기」 라틴아메리카 한인시니어선교사 선교전략회의 제2집. 마다바름, 2012년 12월

「세계선교 변화와 계승」 라틴아메리카 한인시니어선교사 선교전략회의 제3집, 2016년, 라틴타임스, Bs. As.

▶ 아시아, 남태평양 & 북한선교 자료집

「북한선교의 당위와 전망」 아신대학교 북한선교연구소 2001년 7월

「북한선교연구」 북한선교학술학회 창간호 아신대학교 북한선교연구소

2002년 9월
「메콩강에서 찬양하고 천산에서 기도하라」 고려신학대학원 선교교육원
2009년 4월
「괌 제로다운 난민촌에서의 선포」 브니엘신학대학 단기선교 리서치팀
2019년 2월

▶ 기독교 문학 & 신학
「현대인의 천로역정」 심군식 원저 〈괴로운 인생〉 해설. 영문, 2020년 9월
「시편의 표현과 이미지」 −교회공동체 예배를 위한 노래와 신학 산책. 예영커뮤니케이션, 2022년 4월

▶ 엔솔로지와 시집 단행본
동인지 〈로뎀 1집−3집〉 고신대학 로뎀문학회장 1975−77년
제1집 「풀잎 속의 잉카 문학수첩, 2001년 6월 (1쇄) / 2003년 7월 (2쇄)
제2집 「저녁노을에 걸린 오벨리스꼬」 예영커뮤니케이션, 2001년 6월
제3집 「그의 하늘이 이슬을 내리는 곳」 스페인어대역 라틴−한국인시인 100선 라틴타임스편, 예영커뮤니케이션, 2004년 2월
제4집 「지금 손 안에 피는 꽃」 예영커뮤니케이션, 2009년 3월
제5집 「슬픈 망고」 예영커뮤니케이션, 2015년 6월
제6집 「카누에 오신 성자」 카리타스, 2023년 5월

▶ 번역서
1. DIVERSIDAD CULTURAL ARGENTINA, Tam Muro y Helena Aizen, Museo de La Patagonia, 1995. 『남미 아르헨티나 인디오 부족문화의 다양성』 크리스천타임스, 스페인어 신문사, 탐 무로 & 엘레나 아이센, 영문, 2003년 7월

2. Misión Puesta en Acción 〈실천하는 선교〉 Tiempo Latino Cristiano, 신문사설모음집 PENIX, BUENOS AIRES. ISBN 987-43-6651-6. 2004년
3. EL RETONO DEL PUEBLO QOM, TOBA. Mónica Silberio, 2014. 『선교문학 선교·문화인류학에서 본 토바사람들의 새싹』 모니카 실베리오, 카리타스, 2022년 9월

조선 9대 성종 때 화곡-윤-자-선 건립 이후 열조들이 강학했던 가문의 심소정(거창 양항) 경남문화재 58호

I
축하와 에세이

- 축사 1 / 축사 2
- 안데스산맥 미션의 우정
- 거창이 낳은 기독교 교육가의 면모
- 고희(70) 축하 새 논문
- 고희 축하 새 에세이

| 축사

이 복 수
고신대학 명예교수, 부산외대 이사

윤춘식 목사님을 아는 세월은 한참 지난날로 거슬러 올라갑니다. 제가 고등학교를 졸업하고 아버지의 작은 주물공장을 이어받는 길로 나아간 4년의 세월을 지난 후에 고신대학교의 신학과에 들어선 것이 1969년이었습니다. 윤 목사님은 그 보다도 몇 년이 지나서 후배로 학교에 들어 왔습니다. 제가 신대원 33기인데 36기인 것을 보면 3년 뒤에 입학한 것으로 생각됩니다. 당시만 해도 작은 규모의 학교 기숙사에서 지내는 생활은 몇 년 차이의 선후배를 기의 잘 알고 지내는 상황이었습니다. 특별히 매일 드려지는 경건회 시간의 모임은 더욱 친숙한 관계를 만들었기 때문입니다.

이렇게 맺어져 알게 된 관계는 시간이 지나면서 더욱 친숙한 고리가 생겨났습니다. 세월이 흘러서 제가 유학생활을 마치고 고신대학교에서 선교학 교수로 섬기는 동안에는 선교사로 부름 받아서 사역하시는 분들과의 관계는 더욱 밀접하게 연결이 되었습니다. 특별히 2006년도에는 윤 목사님이 남미에 파송 받은 지 15년 이상이 된 한국의 초교파 선교사님들을 위한 선교대회를 주관하면서 강의자로 저를 초청했습니다. 장소는 쿠바의 수도 하바나였습니다. 당시만 해도 쿠바는 쉽게 들어갈 수 있는 지역이 아니었습니다. 그래서 상당히 조심스럽게 진행되었던 선교대회였습니다. 그 기간에 함께 지내면서 더욱 앎이 이루어지는 시간을 가지게 되었습니다. 다소 작은 체형의 사람이 당차게 그리고 계획성 있게 일들을 준비하고 추진하는 것을 직접 보게 되었습니다. 그로부터 세월이 흘러 오늘에 이르게 되면서 이따금 만나는 시간을 가지고 대화를 나누며 논의할 일로 머리를 맞대기도 하면서 오늘에 이르렀습니다.

저와 선교사님들 모두가 이미 주된 사역으로 해 왔던 일에서는 은퇴를 하였습니다. 저는 2012년에 고신대학교에서 교수 정년은퇴를 하고 부산외국어대학교의 대학교회에 담임목사와 대학의 재단 이사로 섬기고 있고 윤 목사님은 28년간의 교단의 선교사 사역 후에 2014년 5월에 조기로 퇴임을 하고는 아세아연합신학대학교의 교수 사역에 들어갔습니다. 이러한 관계로 특별히 제가 있는 부산외국어 대학교의 중남미 연구소와 학회를 도와주는 일들에 연결을 맺기도 했습니다. 이미 여러 면에서 라틴 전문가로서 연구소에 도움을 주고 계셔서 감사를 표합니다.

그런데 저도 이미 고희를 넘겨서 여러 해가 지났는데 금년에 윤 목사님이 고희와 성역 45년을 맞습니다. 고희를 맞으면서 이처럼 의미 있는 일들을 하시는 것을 마음 담아 축하를 드립니다. 특별히 지금까지의 다양한 사역들에 담긴 주옥같이 빛나는 소중한 의미들을 간단하게나마 새겨봅니다.

먼저는 개척정신의 선교사였습니다.

1990년에 남미의 아르헨티나에 총회 파송 선교사로서 발을 디뎠습니다. 우연해 보이는 일이지만 하나님에게는 우연이란 있을 수 없는 일이었습니다. 1988년 아르헨티나의 수도 부에노스아이레스에 있는 한인교회에 집회 인도를 위해 방문했던 일이 출발이 되어서 결국 그곳에 선교사로 떠나셨습니다. 목사님은 그곳 사역의 출발부터 현지인의 집에 머물면서 언어를 익혀나갔습니다. 그리고 사역을 시작하자 아르헨티나의 세 번째 도시인 멘도사에서 장로교회를 개척했으며 사모님은 연방 수도 외곽에 악명 높은 '아파치'라고 부르는 치안부재의 빈민지역에서 에벤에셀장로교회를 개척하였습니다.

당시 남미는 우리나라에서 수만리 떨어진 먼 지역이었습니다. 지금도 그대로 멀게만 느껴지는 지역입니다. 항공편도 언어도 모든 면에서 아득한 거리에 있었던 대륙이었습니다. 그런데 그곳에 대한 하나님의 부르심을 깨닫고 선교사역을 위해서 떠났습니다. 이는 개척정신의 선교사로서의 기질이 담긴 출발임을 부인할 수 없습니다. 목사님은 계속하여 그곳에서 그러한 정신을 살아 내셨습니다. 분명 개척정신의 선교사 삶을 살아내셨습니다.

두 번째는 선교학자로서의 선교사였습니다.

90년대 초기에는 일반적으로 30대 이른 나이에 해외 선교지로 떠난 선교사들은 선교현장의 사역에만 치중하는 경우가 많았습니다. 더욱이 외진 지역에서의 사역은 학문적인 접근에도 한계도 있었기 때문입니다. 윤 목사님은 출발에서부터 이미 학문적인 토대를 닦아 놓은 상태였기에 계속하여 연구에 수위를 높여 나갔습니다.

선교사로 출발하면서 가족과 함께 필리핀의 마닐라에 있는 바울선교회의 해외선교훈련원과 싱가포르에 있는 아시아 타문화교류교육원(ACTI)에서 교육과 훈련을 받았습니다. 그리고 미국의 풀러신학대학원에서 목회학 박사(D.Min) 받았으며, 아세아연합신학대학 대학원에서 두 번째 박사학위(Ph.D)를 받았습니다. 윤 목사님이 은퇴하는 시점에 이르기까지 라틴 대륙의 한국인으로서 선교학 박사와 신학박사 학위를 소지했던 사람은 7명 정도였는데 자신이 제1호 였으며 자신의 연구물을 많은 선교사들이 인용했다고 밝혔습니다.

그는 이러한 학자적인 소양을 갖추었기에 선교사로 사역하는 기간뿐만 아니라 은퇴 후에도 학자로서 많은 사역을 이루어 가고 있습니다. 사역하는 동안에 GMTI 선교교육원장으로 선교사 후진 양성에 힘쓰고 있습니다. 사역 기간뿐만 아니라 퇴임 후에는 아세아연합신학대학 라틴선교원장과 동 대학원의 선교학 교수로도 섬겼습니다. 그는 또한 현지의 개혁신학교에서도 히브리어와 선교학을 강의하는 일을 했습니다. 또한 사역하는 동안에 남미대륙에서 사역하는 선교사들의 계속적인 교육을 위하여 초교파적인 선교대회를 주도하는 일을 하였습니다.

그는 학자적인 소양을 토대로 여러 연구의 저서들도 출판했는데, 『현대교회와 선교교육』, 『라틴아메리카 선교전략』, 『라틴아메리카여 일어나라』, 『로마서 강해 노트북』, 『북한 사회주의 교육과 선교』 등이 있으며 다수의 논문도 있습니다. 이러한 사역의 결과물들은 그가 선교학자로서 선교사였음을 잘 드러내고 있습니다.

세 번째는 문화사역자로서의 선교사였습니다.

윤 목사님은 문학 소년으로 성장한 듯합니다. 경남 거창이 고향으로 자연경관이 수려한 곳에서 자라면서 풀 한 포기 나무 한 그루도 그냥 지나치지 않는 눈을 키웠던 것 같습니다. 그래서 그는 이미 중·고등학교의 학생 시절에 문예반의 활동을 이어 갔으며 실력을 인정받아서 문예특기 장학금 수여의 혜택을 줄 곳 받았습니다. 이어서 고신대학에 들어와서는 학내 시화전을 열기도 했으며 〈로뎀 문학회〉를 만들어 20여명이나 되는 그 회를 주관하는 역할도 했습니다. 이러한 과정에서 그는 특별히 시적인 언어 선택의 달란트를 발휘할 뿐만 아니라 글 쓰는 재능을 잘 드러냈습니다.

목사님은 그러한 토대 위에서 선교사로 사역하면서도 자신의 특특한 서정을 담아내는 시작詩作들을 만들어 냈습니다. 여섯 번째의 시집 『카누에 오신 성자』를 비롯하여 600여 편의 시작을 출판했습니다. 그의 시어에 대한 통찰력은 시편을 보는 눈이 예사롭지 않아서 대표작 『시편의 표현과 이미지』(예영커뮤니케이션 2022)를 출판하기도 했습니다. 시편을 읽은 신자들은 물론 시편을 강해하는 목회자들도 시편에 담긴 구속사를 파악하는데 도움을 주는 것으로 평가할 수 있습니다. 그의 출판된 시집들은 〈풀잎 속의 잉카〉, 〈저녁 노을에 걸린 오벨리스크〉, 〈그의 하늘이 이슬을 내리는 곳〉, 〈지금 손안에 피는 꽃〉 그리고 〈슬픈 망고〉 등이 있습니다.

그는 분명 문학적인 재능의 선교사였기에 그러한 토양에서 문화사역의 선교활동을 펼쳐나갔습니다. 부에노스아이레스에서 스페인어 신문사의 라틴타임스 발행인 역할도 하는 사역도 했습니다. 이러한 윤 목사님의 사역은 본인이 문학가로서 자신의 선교사역이 문화와 언론출판선교 사역자로서의 역할을 할 수 있도록 했습니다. 2002년 12월 2일 고신의 재미총회 최학량 총회장 때 재미총회는 최목사님을 아르헨티나에 파송하여 라틴신문사의 출범에 협력했습니다.

네 번째 포괄적인 사역자로 선교사였습니다.

현대선교의 개념은 복음전도를 중심으로 하나님의 통치가 삶의 모든 영역에서 시행되게 하는 포괄적인 사역으로 받아들여졌습니다. 이 사실은 지난날 복음주의 서클의 대표적인 선교대회로 모인 로잔 언약이 밝히고 있는 사실입니다. 이러한 선교개념은 제3세계에 파송된 선교사들이 복음전도만의 사역을 하고 있을 수 없는 상황에서 전인적인 돌봄에 대한 깊은 통감에서 형성되어 온 것입니다.

윤 목사님은 이러한 통전적 사역의 선교사로 일해 온 것이 잘 표현되고 있습니다. 이미 위에서 언급해온 내용 속에서 잘 드러나고 있습니다. 정글 오지에 들어가서 복음을 전하는 사역의 핵심은 복음전도 중심의 사역이 틀림없기 때문입니다. 이러한 기본적이고 본질적인 토대 위에서 선교교육을 담당하는 학자로서의 사역이나 문화사역자로서의 활동들은 충분히 선교의 포괄성을 담고 있는 사역임에 틀림없습니다. 심지어 그는 현대선교가 평신도 중심의 자비량 선교의 필요를 강조하였습니다. 여기 자비량 선교는 주로 전문인 선교를 통하여 이루어 나가는 일들입니다. 이러한 전문인 선교사역의 역할과 필요를 주장하는 바는 자신이 살아낸 포괄적인 선교사역의 길이 계속하여 열려지기를 바라는 염원이라고 여겨집니다. 여기에는 사모님의 국내외 내조와 가족의 동행이 필수적인 여건이었습니다.

마무리하면서 목사와 선교사로서 한 생애를 보내고 고희를 맞이하는 그에게 세상의 평가와 다른 하나님의 고귀한 평가를 받아들이며 위로가 넘쳤으면 합니다. 이제부터는 그간의 가치 있었던 일들을 회상하면서 어려움들을 이겨 넘어오게 하신 주님께 감사할 뿐 아니라, 계속하여 함께하시는 것을 믿음으로 당당하게 진행되는 삶이되기를 바랍니다. 힘든 길을 걸었던 사모님과 자녀들도 기쁨과 감사의 삶이 넘치며, 지난날 주님께서 함께하여 주셨던 체험이 오늘에 더욱 큰 자산으로 남아서 삶에 적용되는 은총이 있기를 바라면서 마무리합니다.

| 축사

임마누엘의 은혜

조 서 구
부산북교회 은퇴목사 (www.kcmp.com 참조)

오늘 윤춘식 은퇴선교사님의 축사를 맡은 조서구 목사입니다. 이 자리를 빛내 주실 훌륭한 분들이 많으실 텐데 제가 순서를 맡게 된 데에는 윤 목사님과의 친분 관계인 줄로 여깁니다. 3차 안식년 때 가족이 저희 부산북교회 선교관에서 유하셨기 때문에 1년 간 더 가까이 교제를 나눌 수 있었습니다. 또한 2006년 제3회 라틴선교전략회의 때, 윤 목사님이 주관하시는 ACTS(아신대학교)의 라틴연구원 주최로 쿠바의 수도, 하바나에서 초교파 컨퍼런스를 맞아 주강사로 부름 받은 적이 있습니다. 그때 함께 참여했던 중남미 시니어 선교사님들 90여 분을 섬겼고, 컨퍼런스 이후에 윤 목사님 가족과 동행했습니다. 아르헨티나 선교지를 중심으로 남미 여러 나라를 방문하면서 멀고 먼 대륙의 선교역사를 접할 수 있었습니다.

이제는 시간이 지남에 따라 저에게는 아련한 추억과 그리움으로 남아 있습니다. 실은 총회 세계선교위원회(kpm) 소속으로서의 행정적인 조기은퇴는 3년 전에 하셨지만, 그동안 신학대학에서 가르치다 보니 시간 관계로 오늘의 예식에 임하게 되었습니다. 앞으로 하나님께서 베푸시는 휴식의 때를 맞이해 은혜가 더욱 풍성하기를 기원하며 축하를 드립니다. 동시에 오늘 은퇴예식에 주인공들로 참여하는 다른 선교사님들도 함께 계시니 이 자리를 준비한 선교본부에도 감사드립니다.

우리 윤 목사님 같이 다양한 직분을 가진 분도 드물 것이라는 생각이 듭니다. 선교사이면서 문인으로서 한국시단과 문협에 등단하는 통과의례를 거쳤고, 선교지 남미에서는 아르헨티나의 수도에서 연방정부에 정규 등록된 크리스천타임스의 스페인어판을 운영하며 언론인으로서 활동하셨습니다. 지금까지 14권에 달하는 신학대학생들을 위한 교재를 편찬하기도 했습니다. 나아가 지금은 고신의 후학들을 위해서 리더십 2세들을 교육시켰던 이른바 3 동방박사들의 전기를 쓰기 위해 준비하는 중에 있는 줄로 압니다. 풀러신학대학원에서 목회신학을 연구한 저술가이면서도 아신대학교에서 철학박사(Ph. D) 학위를 취득한 신학자요 학구파이십니다. 2013년부터 ACTS의 이사회로부터 초빙을 받아 교수로 임용, 대학원의 선교학 과목과 학부에서 국제적 언어인 스페인어를 가르치고 있습니다. 참으로 현실의 교회를 위해서 다양한 직분을 담당하고 있습니다.

사실 선교사역을 열심히 하시다보니 이러한 직분도 받게 된 것인데, 그 과정과 과정 속에서 어떻게 현장에 소홀했던 일꾼을 부를 리가 있겠습니까? 말로써 다 설명할 수 없는 십자가와 고난의 세월이 얼마나 크고 많았겠습니까. 이 시간 감사함으로 그 첫 번째 감사의 대상이 임마누엘 되신 하나님이십니다. 오늘에 이르기까지 인도해주신 에벤에셀 하나님의 사랑을 받아온 가족께 축하를 드립니다. 앞으로 ACTS에서 신학생들을 가르치는 교수 사역을 지성으로 계속하셔야 하겠습니다. 그동안 필드에서 성실하게 구령사역을 하셨습니다. 따라서 신예의 선교 후진들을 지도하며 훈련시킬 수 있는 은혜에 축하를 드립니다. 서재에서는 한국의 교회들을 위한 선교 학문의 질을 높이기 위해 애 쓰시며, 연구와 집필에 필요한 제반 공간이 만들어지며 그 준비와 열정을 갖게 하심에 하나님께 감사를 드립니다.

그리고 선교 가족에 대해서, 우리 박세이 사모님은 함께 선교사 되신 부부로서 현장사역에 헌신하며 잘 적응해 오셨습니다. 저는 사모님이 혼신을 다해 이방 민족의 영혼을 섬겼던 그곳의 헌신을 현장에서, 때로는 선교 서신으로 인터넷으로 지켜보았습니다. 뿐만 아닙니다. 어느 선교사님에게나 비껴갈 수 없는 건강상의 심각한 위기를 사모님께서도 겪었다는 사실입니다. 그 힘들고도 위험한 순간과 수술과 치료를 받으셨습니다. 저희 교회에서 회복의 은혜도 간증하셨습니다. 이러한 위기를 넘겼음에도 불구하고 슬하에 자란 두 자녀를 교육시켰으며 오늘까지 훌륭하게 성장해 현재 복음을 위한 교육가들로 일을 하고 있습니다. 아들 데이빗 윤은 귀국하여 이 자리에 참석해 있습니다. 사모님은 현모양처이십니다. 저는 딸 에스더 양의 결혼식 때 그 예식장에서 공중 기도를 하기도 했습니다. 따님 에스더는 코로나 19 사태로 인해 이 자리에 오지는 못했지만, 파리 국립콘세르바토리오 음악 교수로서 세계적 플루티스트가 되어 불어(佛語)로 가르치고 있습니다. 전공에서부터 전체 고등 전공 이수의 7년 동안의 유학에서 '프랑스 교육부 시행 교수자격고시'(CEFEDEM)에 합격하기까지 선교사 자녀(mk)로서 유럽에서의 학업이 오죽 힘난했겠습니까! 멀리서 부모님의 은퇴식을 축하하며 기도하고 있을 줄로 압니다. 우리 고신의 은혜요 보람이며 총회선교부의 자랑입니다. 윤 목사님의 가족이 여기까지 잘 이르셨음에 축하를 드립니다.

이제는 손주들의 자라나는 모습을 보면서 믿음의 유산이 계승되도록 임마누엘의 축복을 누리게 된 것에 축하드립니다. 두 분이 은퇴 후에도 지속해 가야 할 남은 사역들이 기다리고 있는 줄로 생각합니다. 하나님께서 베풀어주시는 휴식과 기쁨을 따라 건강의 은총이 함께 하시기를 기원 드립니다. 감사합니다.

그의 하늘이 이슬을 내리는 곳에

안데스산맥 미션의 우정

김 종 길
재건 서면교회 담임, 한국교회통일선교단협의회장, 전 칠레선교사

추수 윤춘식 목사님의 고희古稀 기념 문집 발간을 진심으로 축하드립니다. 목사님은 땅 끝 라틴아메리카 선교사로서 안데스산맥을 넘어 대평원 아르헨티나에서 포르모사와 차코(Formosa y Chaco) 인디오 부족 대지에 중고등학교를 세우고, 수도에는 라틴 크리스천 신문사인 스페인어판 라틴타임스를 운영하면서 문서선교 사역에 열정을 쏟아 부었습니다. 저 또한 안데스산맥 너머 태평양 연안의 칠레에서 선교사역을 진행하면서 윤 목사님의 고신 교단과 저희 소속 재건 교단 선교사로서 남달리 끈끈한 관계로 국제간 동역을 하였습니다.

남미에 침투하는 한국산 이단들의 불법적 활동을 예방하기 위해 라틴타임스 신문 지면을 통하여 공동으로 번역하여 대처한 일도 있었습니다. 이 신문은 아르헨티나 정규 발행 언론지로서 격주 발간되었는데, 그때 2천부를 더 찍어 그 이단(박옥수파)의 페루 발판을 저지하기 위해서 수도 Lima에 있는 페루성서공회로 보낸 적이 있습니다. 당시 그들의 현지 교란 횡포가 얼마나 심각했는가 하면, 페루의 선교사인 방도호 목사가 부에노스아이레스에까지 내왕하여 우리가 같이 현지 교단 연합 총무국을 방문해 방어대책을 논의한 일이 있을 정도였습니다.

한편 문학가로서 윤 목사님은 칠레가 낳은 노벨문학상 수상자 '빠블로 네루다'(Pablo Neruda)의 문학 박물관이 있는 '검은 섬'이라는 '이슬라 네그라'(Isla negra) 해변과 '천국의 계곡'이라는 '발파라이소'(Valparaiso)에 소재한 네루다의 고택 '라 세바스티아나'((La Sebastiana) 재단에 함께 방문했습니다. 네루다의 생애와 작품세계를 감상하며 돌아보면서 조국과 남미를 고뇌하는가 하면 문학의 열정을 느꼈던 추억이 생생합니다.

윤 목사님은 귀국하여 고신 총회 선교위의 전보하에 모교 신학대학원에서 2년간 초빙교수(천안 2009~12010)를 지냈습니다. 그때 지도한 실천신학 분야(선교학, 해외실습, 전도학, 석사과정 및 논문 심사, 여신원 전도학 등 학기당 7과목)을 맡았다고 했습니다. 그 후 2013년부터 아신대학(ACTS)에 2019년 정년 은퇴기까지 선교대학원의 부름을 받고서 입국했습니다. 선교학 교수로 그리고 학부의 스페인어 어학교수로 재직할 때 나를 초청하여 두 학교에서 중남미 선교학 특강을 했습니다. 목사님은 중남미 선교의 열정이 식지 않고서 아르헨티나 부족 인디오들뿐만 아니라 자녀들의 출가 이후에는 부부가 파나마의 열대 정글로 이주하여 정글 속의 엠베라 부족, 카리브 해협 여러 섬에 산재한 쿠나 부족들과 함께 생활하면서 복음을 전했습니다. 교회를 세우는 건축 노동에 있어 중·단기 사역을 계획했고 이론과 실천을 골고루 갖춘 채 현재도 사역 중에 있습니다.

시인으로서 정평있는 문학상 대상을 여러 번 받았고(남미의 로스-안데스 문학대상, 한국의 고신문학상, 크리스천문학상 들소리문학대상 등) 지난해 『카누에 오신 성자』라는 여섯 번째 작품집을 편찬했습니다. 특히 부산 부전교회 예술위에서 실시하는 2023년 초대작가로 선정되었을 때, 제4회 월드미션 시화전詩畵展을 개최했는데 그때 역시 중남미 선교의 동지이며 친구로서 제가 가서 축사를 하였습니다(현재는 사직 갤러리에서 제5회 전시회 중).

목사님은 목회적인 선교사로서, 철학박사, 신학대 교수, 문인, 저술가로 일인 5역을 맡아서 은혜로 지치지 않고 45년 동안에 쉼 없이 달려오셨습니다. 따라서 세계 기독교계에 라틴 문화와 한국 기독교 문화와의 만남의 장을 여는 일에 헌신적인 개척을 하였습니다. 세워진 여러 교회당과 저서들이 이를 증빙합니다. 서울대 국문학자 오세영 교수는 그를 '문화의 교류자 화해의 신학자'라고 두 번째 시집 「풀잎 속의 잉카」 발문에 기록해 놓았습니다. 그리고 크리스천 문인협회장 최세균 목사의 시평설詩評說과 부산대학 명예교수인 양왕용 장로의 논평을 통해서 라틴아메리카의 문학을 기독교적인 관점에서 한국 문학사의 새로운 공간 세계를 열어놓은 탁월한 안목을 가졌다고 평가하였습니다.

제가 경험한 바에 의하면 중남미의 낙천적인 지성인들은 자연을 소재로 하는 시 쓰기에 깊이가 있습니다. 칠레 남부와 아르헨티나 남부에 사는 인디오들은 '아라우까니안'(Araucanian)족인데 '땅의 사람', '강한 족속'이라는 뜻으로 '마푸체'(Mapuche)로 불립니다. 스페인군의 침략과 정복에도 굴하지 않고 끝까지 항전해 아메리카 대륙의 남부 지역을 지킨 몇 안 되는 부족 중 하나입니다. 그들이 바로 유서 깊은 마푸체 인디오입니다. 그들에게 회자되는 풍자 노래가 있습니다.

    그 자들이 처음 왔을 때 그들에게는 성경이 있었다. 우리에게는 땅이 있었다. 그 자들이 말했다. "눈을 감으세요. 그리고 기도하세요." 눈을 떴다. 우리에게는 성경이 있었다. 그 자들에게는 땅이 있었다.

    백인이 우리 조상 무덤을 파헤치면 고고학 학자로 추앙받는다. 반면 "우리가 백인 조상 무덤을 파헤치면 쇠고랑을 찬다." 독자들은 이해하리라.

나는 휴가 때 가족과 함께 칠레 남부 땅 마푸체 마을에서 여름 캠프를 열고 인디오 아이들과 함께 지낸 적이 여러 차례 있습니다. 남부의 광활한 대지에서 감자 농사로 생활하는 가난한 인디오 아이들의 노래가 가슴에 와 닿는 문구도 소개합니다.

"여기에 비로소 하늘이 있네!" (Por fin hay cielo Aqui)
Heaven is finally Here.

그들의 아픔과 문화를 모르면 복음을 전할 수 없습니다. 윤 목사님이 파나마 미션을 배경으로 출간한 두 시집 「슬픈 망고」와 「카누에 오신 성자」에 등장하는 작품들은 라틴아메리카 선교를 함께 겪었던 나에게는 공감되는 부분이 너무도 많습니다. 카누, 로스-안데스, 스페인 군대, 망고, 잉카, 마야, 야마, 정글, 열대, 팜파, 설원과 빙산, 우기와 건기라는 단어는 그들의 풍토와 문화를 함축한 시어詩語입니다.

이제 꿈과 비전이 넘쳤던 안데스 산맥 너머 동지가 고희古稀의 나이로 은퇴하고 회고록 문집을 남기는 모습을 보면서 만감萬感이 교차됩니다. 나의 문집을 만들 듯 주께서 앞서 행하시는 나의 신앙과 선교적 사명이 함께 동상동몽을 이루는 것 같습니다. 우리의 남아 있는 생애를 계수할 수는 없겠지만, 남아 있다면 그 삶을 선교와 목회의 후배들에게 그 나무의 그늘과 열매를 동시에 제공하고 싶은 마음입니다. 윤 목사, 윤 교수여_ 중남미의 거목巨木으로서 주님 앞에 서는 그 날까지 21세기 선교 역사의 소금과 빛으로 남기를 기원합니다.

중남미 미션을 위한 영원한 동역자 재건 교단 총회장 김종길 목사

거창이 낳은 기독교 교육가의 면모

지금까지 생애 8할이 교육

이 강 호

사랑의요양병원 이사장, 경남정보대학 디지털문창과 객원교수, 교육학박사

추수^{秋收} 윤춘식 목사님은 23살에 첫 교회사역에 부름 받았다. 신학대학 4학년 때 김해 남포교회에서 설교를 시작하며 하나님 말씀의 사자^{使者}로서 오늘까지 45년 성상을 사역해왔다. 본래 윤 목사님의 가문은 명망 있는 유학자이며 유림의 전통 집안이었다. 고려 중기 여진족을 토벌하고 북벌의 공을 세워 동북 9성을 개척했던 윤관 장군의 후손이다. 윤관의 출사는 고려 문종 때, 문과에 급제한 문관으로부터이다. 파평 윤씨 시조에서 볼 때, 윤관 장군은 시조 윤신달 장군의 5대손이었으니, 윤 목사님은 시조로부터 32세, 즉 윤관의 27세대 손이다. 물론 그리스도 안에서는 영적으로 아브라함의 후손이며 예수 그리스도의 제자이다.

1. 거창 향리와 출생의 배경

거창에 가면 시내에서 4km 떨어진 양항리(살목마을), 경치가 수려한 송림 언덕에 '심소정^{心蘇亭}'이라는 유서 깊은 정각이 있다. '소심루^{小心樓}'와 같이 아래 위 두 곳을 이루고 있는데 경남문화재자료 제58호이다. 거기 절벽 끝에 정각을 지키는 노송이 있는데 이름이 용두송^{龍頭松}이다. 금귀봉에서 발원한 한 줄기 능선이 길게 남으로 이어져 영호강에서 멈추고 용이 물을 먹는 형국이라 하여 지은 이름이란다. 약 5백년 된 나무로서 경남에서는 견줄 만한 수종이

없는 것으로 알려져 있다. 나는 지난 5월 4일 가천에서 선친의 순교기념관 건립을 위해 터전을 닦고 있는 박래영 목사와 함께 심소정을 찾았다. 과연 봄의 기운을 머금고 연둣빛으로 소생하는 자연 속에서 경관이 수려했다. 심소정의 역사는 조선 성종 때부터 시작된다. 윤 목사님 문중의 소유지인데 그의 선친께서는 여기서 소년부 서당 공부를 할 때, 사서삼경과 신학문을 배웠으며 서예 글체가 좋으셔서 신동으로 이름을 떨쳤다고 한다. 그의 친형님 시대 때에는 오랫동안 '도유사都有司'를 지낸 바 있다. 윤 목사는 그곳이 자신이 태어난 후, 그리스도 십자가 구속을 체험하기 전, 젖 먹던 시절에 자신의 인간적인 면모를 키워 준 마음의 고향임을 긍지 있게 얘기하곤 했다. 나는 그런 윤 목사가 좋았다. 누구에게든지 자신의 노스탤지어에 기대는 지상에서의 고향이 존재하기 마련이다. 그것은 그것대로 받아주며 나의 고향 또한 서로 나누면 되는 것이다.

윤 목사가 유년 때, 어머니가 대구에서 시조 카드를 사 오셨는데, 한 통에 20장 카드들이 두 통을 사오셨다. 모두 40장이나 되는 카드를 방바닥에 펼쳐 놓고서 온 식구가 둘러앉아 카드놀이를 할 때면, 술래가 카드 본문이 적힌 페이퍼를 읽으면 둘러앉은 식구들 중 그에 맞는 카드를 재빨리 손으로 찾아내는 이가 승리하는 게임이라 한다. 화투짝 2개 정도의 크기라 했으니 깨알같이 써 있는 글을 찾기란 만만치 않았을 것이다. 그 카드놀이를 어깨 너머로 바라보며 5남매의 어린 막내 자신도 참여하려고 애쓰는 중, 윤 목사는 7살에 초등 입학도 하기 전, 벌써 한글을 알아볼 정도였다. 그리고 주일학교에 다녔으니 한글을 깨우치기란 어려운 일이 아니었다. 윤 목사님이 조선시대 시조는 물론 한국 고전과 현대 시론에 밝은 이유는 이것만이 아니다. 신학대학 4년을 마친 이가 동일 계열도 아닌 부산대학대학원에 네 과목 필기시험으로 경쟁률을 뚫고 합격했던 이유도, 유년시절 가족들의 시조 카드 게임에 참여했을 때로부터 추적함이 옳을 것 같다.

2. 고려파(오늘의 고신)의 요람과 주일학교 출신

거창은 일찍이 20세기 초부터 고려파 신앙의 요람이라 불리어진 고장이다. 거창(읍)교회가 1909년 시내 중앙에서 시작하게 된다. 거창교회의 역사는 지금까지 여러 지면과 인터넷에 소개되었기에 여기서는 생략하기로 한다. 그렇다고 거창교회가 묻힌다는 얘기가 아니다. 장사지냈던 나사로가 무덤에서 깨어났을 때, 그는 예수 곁에만 앉아있어도 하늘의 영광을 찬양하는 실체가 되었듯이 거창교회의 존재가 그러하다. 1951년 거창교회는 6. 25 동족전쟁을 치른 이후 읍내 교인들의 안정과 교회의 정비가 절실하게 요청된다. 그동안 거창군 전체가 교구요 복음화의 텃밭이 되어있었다.

제5대 주남고(남선) 목사가 시무하면서 천외 지역(영호강 물밖 지역)의 전도를 위해 그 지역에 사는 성도들을 분립해 새로운 개척지로써 확보하려는 제자화 전략이 필요했다. 창남교회 연혁에도 나와 있지만 2004년에 6월 5-7일에 50주년 기념행사를 치를 때에 행사는 진행했으나 기록으로 남길 편집이 이뤄지지 못했다. 감사와 예배로만 지나가게 된다. 그동안 20년 세월에도 기록이 되지 못한 채, 간략한 연도 정도만 소개되고 있다. 그러나 자료가 전혀 없는 것이 아니었다. 윤춘식 목사님이 SFC(학생신앙운동)의 옛 정우인 오상헌 장로(거창고 교감과 창남교회 장로은퇴)를 만나 반가운 대화 끝에 그 자료들을 전달 받았다. 당시 주축이 되었던 천외(물밖) 지역 성도들은 이재술을 중심한 최윤학, 추수명 집사 등이 교회설립의 초석이 되었다. 현재는 모두 하늘의 부름을 받았고 김일구 권사만 생존해 계신다. 2004년 창남교회 50주년 기념행사를 수행할 때, 식순에 의해 조옥성 장로가 분립개척 당시의 역사와 환경적 요인을 회상으로 녹음했었는데, 그것마저도 기록으로 남기지 못하다가 준비위원장 오상헌 장로가 녹취를 풀어 기록으로 옮겨 놓았다. 녹취로써 풀어갈 수밖에 없었던 사연은 조 장로님(한의원)께서 육신의 시력을 잃은 맹인이셨기 때문이다.

6.25 전란으로 폭격당한 거창지역의 암울한 시대에 당시 그 열정과 사랑이 짐작이 가는가? 그러한 현실적인 터 위에 쓰러지지 않고서 시련을 견뎌온 인내의 창남교회가 아닌가! 초대교회의 시련도 이렇지 아니했을까? 창남교회의 초기 사정과 SFC 운동사를 쓴 한 분의 증인이 있으니, 곧 윤 목사의 대성중학교 은사인 고·성소균 장로(2024. 3. 11. 별세)이시다. 그분은 부산 신흥교회 은퇴장로이셨다. 창남교회는 현재의 고신 목회자들 가운데 유력한 인재들을 많이 배출했다.

다음으로 거창제일교회를 보자. 제일교회는 기록에 의하면, 1960년 거창교회에 최익우 목사가 시무할 당시, 상동지역(현재 상림리) 거주 교인들을 '총회의 결의'(1960. 12. 13. 제45회 총회, 총회장 한상동 목사)에 따라, 상동에 이미 개척되어 있던, 장신측(일명 승동측) 제일교회로 가서 연합해 약체교회를 도와야 한다는 간곡한 권유로부터 출발한다. 이 권유는 개인적인 행위가 아닌 총회의 결의에 의해 양측간(고려와 승동)의 연합의지에 순종한 결과였다. 당시 중심이 된 가정은 박무성과 최봉개 집사 부부였다. 이들 가족은 거창초교 정문 앞 바로 길 건너편에 '신광문구사'를 경영하고 있었다. 두 그룹이 서로 도와 상동지역을 개척하려는 뜻에 맞추어 1960년 12월 은혜롭게 시작되었다. 그러나 무슨 이상한 작동일까? 합동했던 두 교파(승동과 고려)간의 여러 가지 불협화음이 겹쳐지자, 한국장로교단의 난립이 계속되어 고려측은 환원할 수밖에 없는 난국에 부딪치게 된다. 당시 합동했던 시기는 햇수로 3년으로서 한국교회 역사에서 실재했으나 마치 없었던 일처럼 되어버린 사건으로 남아있다. 연구 자체도 부진한 상태다. 이 무렵 상동제일교회로 이동해 갔던 박무성 집사 중심의 교인들은, 하루 아침에 다시 본래의 고려측 거창교회로 돌아가자니 순탄하지 못했고, 장신측 예배당에 남아있자니 명분이 서지 않는 황당한 입장에 직면한다. 때를 맞춰서 상동 제일교회 당회장 목사는 "우리교회에 남으려면 거창교회로부터 교적 이명서를 가져오라"는 당부가 있게 된다. 연합한지 겨우 1년이 지났고, 안정되지 못한 채 다시 헤어지게 된 것이다. 이 와중에 '남느냐? 돌아가느냐? 아니면, 새롭게 시작하느냐?'의 세 갈림길에서 수많은 의견충돌을 겪는다. 그 사이 거창교회는 당회장이 바뀌어 권성문 목사가 부임했다. 권 목사로서는 지난 사안들을 알고 있지만, 돌아오라고 할 수밖에 없는 형편이었다. 이들 30여 명은 새롭게 개척하겠다는 의지를 밝히고 개척보조금을 기다렸지만 당시 거창교회는 공동의회를 소집하고서 거절한다. 거창교회는 거창교회대로 착공한지 6년 만에 신축예배배당을 준공했고, 유치원 공사 중에 옆 돌아볼 겨를이 없던 때였다.

이때를 계기로 제일교회는 '거창제일교회'라는 이름을 갖게 되며, 남아있던 장신측 교회는 '창일교회'(거창제일 약자)로 개명해 다시 출발한다. 1962년 12월 12일 초대 최도원 목사가 부임하고 '거창 모자원' 건물을 빌려 눈물어린 첫 예배를 시작한다(최도원 목사에 관한 기사는 〈월간고신〉 1993년 12월호 참고). 그 후 1963년 1월 22일 상동 162번지 최남식 소유의 큰 한옥와가로 이동 매입 계약을 맺는다. 드디어 거창제일교회당의 초기 '강가 시대'가 열린 것이다. 3년 가까이 갖은 고초와 시련이 지나고 연단을 쌓은 후에 독자적인 교회로 세워진다. 나는 지금 이 교회를 주시해야 한다고 말하고 싶은 것이다.

윤춘식 목사님의 본가는 상동 164번지로 담장 하나 사이였다. 그때 그의 나이 9살, 자연스럽게 주일학교에 등록한다. 그리고 교회 마당은 동네 어린이들의 놀이터가 됐다. 그보다 앞서 그는 이종사촌 누이를 따라 상동 제일교회 유치부부터 출석하고 있던 때였다. 윤춘식 목사님의 유년주일학교 계보와 초기 신앙이 어떠했는지는, 당시 그 교회가 겪어온 역경과 연단의 상황을 보면 알고도 남음이 있다. 그가 아주 어렸을 때 어머니를 따라 앞집(최남식씨 집안과는 가까운 사이) 내실 목욕탕에 갈 때면 물 데울 장작을 갖고 갔는데, 그 목욕탕 장소가 교회의 성가대석이 된 곳이라 한다.

3. 초등과 중·고등학교와 SFC

윤 목사님의 중고등학교 시절은 소박하고도 화려하다. 거창초교에서 5년 간의 학업과 대구시 중구 '교동초교'에서의 1년(5학년 때)을 지난다. 그래서 1년간 부친이 사업을 하시던 대구로 5학년 학기 초에 전학을 갔는데, 아버지의 사업장(남창철물상회)이 칠성시장 입구여서, 공부할 환경이 좋지 않다 하여 지인이 살고 있는 중구로 임시 번지만 옮겨 교동초교에 전학하도록 준비했다. 교동초교는 사립 명문으로서 그 학교의 문화 전통에 따라 교복에 칼라가 붙은 교의였다. 상당한 교육열이 있는 집안이었다. 윤 목사는 집에서 학교로 가는 길이 학군 제도에 의한 곳이었으므로, 늘 또래 아이들과는 반대 방향으로 등교하는 길이었다. 그래서 교통순경 아저씨가 "너는 왜 매일 이쪽 길로 가니"라고 물었다고 한다. 부친께서 사업을 거창으로 이동할 때, 다시 고향으로 왔으니, 초교 성적 우등상은 5년 동안만 받게 된다. 중학교 입학 때는 한 학년 당 6반으로서 특수반에 편승되는데, 석차 게시판에는 370여 명 가운데 14번째에 들었다. 당시 교무주임으로 계셨던 형님(교장은퇴) 덕분에 중고등 6년간 문예특기장학생으로서 학비 감면의 혜택을 받으며 공부했다. 그는 고교졸업식에서 졸업생을 대표하여 후배들에게 답사를 낭송했으며, 대성고 개교 이래 학생으로서는 처음 공로상을 받았다.

거창제일교회는 당시 주일 오후 2시에 '학신회'(SFC 학생신앙운동)라 하여 개혁주의 교단 정신에 의한 학원복음화를 부르짖던 때였다. 윤 목사는 고1 때 김석배 목사에게서 학습·세례를 받았다. 학신회 회장으로서 그 당시 대성고교 재학생 중에는 합천 삼가교회와 웅양, 가조, 위천 및 마리교회에서 거창으로 나온 신앙의 모범생들이 많았는데 일부는 거창교회로 가고, 다수가 제일교회로 등록했다. 그 까닭은 백남석 전도사님의 설교가 명품이었음이 첫째이며, SFC 지도교사인 김진학 집사님(후에 목사)의 열정과 사랑이 순진했던 청소년들을 매료시키기에 충분했다. 당시에 제일교회 출신 목사로서 지은재, 김윤종, 박성실 등 동료 목사들과 후배들이 많고, 장로로서 김창은, 신용희, 이장호, 조덕철, 홍찬유 등 동료 장로들과 후배들로 이어진다. 권사로는 상동 동네의 손영숙 권사와 그 후배들이 있다. 일반적으로 거창교회는 거창고 재학생들이, 제일교회는 대성고 재학생들이 주류를 이루었다. 여중·고생들은 지역 내 거주지의 위치에 따라 가까운 교회에 SFC의 교적을 두게 된다.

이들은 재학하는 학교에서도 신앙의 열심을 총합해 점심시간에는 교정 옆 동산에 모여 기도하고 도시락을 함께 나누어 먹었다하니 그 신망과 애덕에 나의 마음도 뜨거워진다. 그렇게 점심을 마친 후에 속히 중학교로 내려가 교실문을 열고 들고서 교단에 서서 전도했다고 하니 그 복음화 정신이 부럽기까지 하다 (위 내용은 윤춘식 저, 『시편의 표현과 이미지 - 교회공동체 예배를 위한 노래와 신학 산책』 2022. P.29-30에 실림). 당시에 이렇게 전도했음이 알려지게 된 것은 대성중학 출신 유연수 목사가 부산 동래에서 목회하고 있을 무렵, 윤 목사를 여전도회연합예배에 설교 초청하게 되어 유 목사가 아련하게나마 간증했다고 한다.

4. 20대 청춘으로서 고교 교단에 서다

윤 목사님은 고신대를 졸업할 때 중등교직과를 이수하여 문교부로부터 사회, 윤리 과목 2급 정교사 자격증을 받는다. 신학부에서의 교직과목 이수는 평균성적 B⁺ 이상일 때만 가능했다. 뿐만 아니라, 부산대학 대학원에서 문학교육학을 전공해 국어과 정교사자격증도 받는다. 이로 인해 고향의 모교인 대성일고등학교로부터 교사초빙을 받았을 때, 사회과목보다는 어학에 관심이 많은 학교당국으로부터 영어와 국어 중 택일해 달라는 요청을 받았다. 고민 끝에 장차 목회자로서의 설교 사역과 깊이 관련된 국어과를 택했다. 그 당시 부산대학원에서 그를 아껴주던 한 교수로부터 윤 목사님에게 문교부 추천 제안이 있었다고 한다. 문교 편수국에 인재가 필요하여 부산대학교에 요청이 들어왔던 연유에서다. 문교부에는 국정교과서 편찬을 위해 산하에 편수국과 발행국을 운영하던 시대였다. 그 부처는 국정교과서 업무를 전담하며 한국의 학교정책실을 겸하였는데, 교육부 시대로 전환될 때는 정치적으로도 막강한 조직체였다. 하지만 윤 목사님은 장차 신학대학원을 마쳐야 할 사명감으로 성령께서 채우시는 신령한 소명에 붙들려 있었기에 아무리 좋은 직종이라 해도 미동하지 않았다. 교편생활은 개인의 의사로는 어떻게 할 수 없이 고향의 모교로 가야할 선택의 여지가 없었던 것이다. 이것마저도 2년 동안의 제한된 상황이었다. 이토록 그의 생애는 사람이 손 댈 수 없는- 개인에게 자유도 주어지지 않은 채 주님께 온전히 붙들린 삶이었다.

그의 신앙의 열정은 교사 때에도 연결되었다. 거창제일교회의 학신회 예배 시간은 여전히 오후 2시였다. 윤 목사님은 담임인 문교식 목사님과 사전에 기도로 준비하면서, 오래 동안 염두에 두었던 고교생 전도대회를 기획하는 가운데, 한 주간 동안 교실에서 과목을 가르치는 중에 학급에서 출석을 부르지 않았다. 그리고는 "오늘 출석은 오는 일요일(주일) 오후 2시, 내가 존재하는 제일교회에서 부르겠다. 이의 있는 학생 있는가!" 라고 했다고 한다. 선생님의 간(肝)이 배 바깥에 나와도 유분수지 현재 같으면 있을 수도 생각할 수도 없는 처사이다. 여기에 이르기까지 얼마나 열심히 가르쳤으며 인정받으며, 학생들을 사랑했을까?를 생각하지 않을 수 없다. 다섯 학급에 이르는 300명이 넘는 학생들을 한날한시에 불러서 예배드리는 미션스쿨 아닌 미션스쿨의 에반젤리즘 팩트가 일어난 것이다. 약속대로 문 목사님이 복음초청 설교를 했고, 예수 그리스도를 영접할 학생은 고백하고, 그 외에는 귀중한 예배를 체험하는 시간이 됐던 것이다. 그리고는 어떤 소중한 시간을 경험한 듯, 지난 시간에 부르지 못했던 출석을 직접 한 반 한 반, 주일에 불렀단다. 당시의 학급

출석부를 기억하면, 직사각형 하드커버로써 초록색 천으로 제작한 꺼풀이다. 반장에게 시켜 출석 부르도록 할 수 없는 일이었다고 한다. 그리고는 곧 각자의 집으로 돌려보냈단다.

이와 같이 세계선교와 관련해 이름만 대면 알만한 목사들이 3처 교회 연합시대를 통해 배출되었다. 곧 거창교회에서 이헌철 목사 부부(인도네시아~러시아, 선교본부장), 창남교회에서 이정건 목사(파라과이, 선교본부장)이며, 제일교회에서 윤춘식 목사(아르헨티나~파나마, 아신대학 선교학교수)이다. 3인 가정의 선교사는 과거 〈거창 3처연합시대〉가 배출시킨바 거창에서 신앙의 잔뼈가 굵어졌던 기드온 같은 용사들이다. 은퇴한 현재도 고신 교단이 낳은 세계선교의 지도자로서 섬기고 있다. 나 역시 1990~91년도에 kpm에서 5주간 선교사 훈련을 받았으니, 윤 박사님과 신교사 훈련동기이다. 글쓴이는 2022년에 전국남전도회로부터 전문인 협력선교사로 파송 받았다.

5. 가족과 함께 지리산 산장과 섬진강 쉴만한 물가로

한 번은 안식년 나온 가족과 함께 지리산에 올랐다. 지리산 자락 산장에서 새끼 돼지를 잡아 가족들과 포만한 일이 있다. 아이들은 좋아라하며 '아르헨티나 아사도, 지리산 오이'(오이hoy는 스페인어로 돼지의 꿀꿀거리는 노래소리를 말함) 하면서 휴식을 취했다. 1박을 지나고 산에서 내려오는 길에 섬진강 재첩국을 맛보면서 사모님은 회상에 젖는다. 부산 출신이라 "재첩국 사이소" 하면서 즐거웠다. 화개장터를 지나 과수원 동네를 한 바퀴 돌면서 자녀들 신환(교회교육사역)과 에스더(현재 파리·국립콘세르바토리오 음악 교수)는 한국의 시골 문화 체험과 한국방문의 보람을 느낀다고 감사했다. 섬진강가 근사한 홀에서 까페를 나누고 쉴만한 물가집으로 들어갔다. 여기서는 윤 목사님이 더 좋아했다. 출신이 시골 냇가 사람이라 강물을 보면 어쩔 줄을 모른다. 자녀들에 의하면 아르헨티나 선교하는 도중에 '네우껜' 이라는 주에 개척된 마뿌체 부족민의 목장으로 가게 되었는데, 시골 도로의 강변에 접어들자 차를 세우고는 "애들아, 날씨가 너무 더우니 강수욕하고 가자" 하더란다. 그리고는 아이들을 얕은 물가에 들여다 놓고서 엄마더러 지키라 하고는 자신은 거센 물살이 치는 상류 쪽에서 건너편으로 헤엄쳐 대각선으로 건너갔단다. 그것도 낯선 곳에서!

우리는 섬진강가 식당에서 민물고기를 시켰는데 윤 목사님은 얼큰한 매운탕을 두 그릇째 비웠다. 섬진강에서 부산으로 향해 운전하는데 거의 도착하는 순간까지 우리는 동요, 가곡, 민요, 찬송가를 끊임없이 불렀으니 기억이 가능한 2절까지 쉬지 않았다. 그래서 요즘도 '맞장' 하면 그때의 일을 잊지 못한다. 애국가를 4절까지 가사 없이 정확하게 불렀으니 자녀들이 혀를 내두를 정도였다. 그들은 그들대로 아르헨 국가國歌를 부르더라.

6. 설교의 진면목, 교육으로 평생, 은혜의 정점

나는 위에서 윤 목사님 가족이 '하나님의 나라'를 위해 걸어온 평생의 걸음에 대해서 조그마한 모퉁이를 언급한 것에 지나지 않는다. 오늘까지 그의 생애 전체에 점철된 8할은 교육이었다고 해도 과언이 아니다. 무엇보다 윤 박사님을 귀하게 존숭하는 것은, 그와 내가 지금까지 35년이 지나도록 주 안에서의 신앙과 우정이나 의리가 한결 같았다는 점이다. 그것은 나뿐만 아니라, 주변 모두가 말하는 같은 관점이다.

먼저 환경이 좋을 때나 그 자신이 고난을 당할 때나 변함없는 교제를 누려왔다. 상호 신뢰하는 마음으로 많은 지역에 동행했다. 특히 제주도의 서귀포이다. 유람 차원이 아닌 기도와 대화와 미래의 선교 프로젝트를 위해서였다. 언젠가 분주한 중에도 중요한 사안이 있어 서로 스마트 대화를 했는데 통화시간이 무려 2시간 28분이나 소요되었다. 기록적이다. 나는 아직 그이만큼 선교의 이론과 실제 프라티스에 해박하며, 지성을 나눠 주면서도 서로 공유할 수 있도록 내공의 관용성을 갖춘 교수를 만난 적이 없다. 현재의 나는 74세에도 불구하고 고신의 선교대학원에 재학하면서, 매주 현직 교수들을 대한다. 그럼에도 현장과 기본 학식을 동시에 누리는 교수는 드문 것이 현실이다. 어디 없기야 하겠는가? 그러나 윤 목사님의 위치가 귀중한 것이 사실이다. 오늘날 그가 가르치며 교육하는 GMTI 클래스에는 재학원생들의 참여가 열정적이며 지성으로 섬기고 있다. 글쓴이가 초청을 받고서 특강했을 때, 나는 나의 박사학위인 구약의 '학개에 관한 신학논문'을 축약 정리해가서 강의했을 정도이다. 그들 원생들은 아멘하며 속속들이 받아들였다.

다음으로 그의 설교의 진면목이다. 그가 교수이기 이전, 아니 세계선교사이기 이전에 목사였다. 목사직의 영적 무장과 무기는 말씀의 대언이다. 그는 묵상하면서 설교를 면밀히 준비한다. 그런 일이 내게는 마치 취미처럼 보여졌다. 나는 윤 목사님을 그동안 7~8차례 우리 사랑의 병원 3개처 교회에 주일 설교를 초대한 적이 있다. 내가 예배에 꼭 참석했는데 그의 메시지의 주제는 '하나님의 나라'였다. 그는 성경관이 또렷한 목사이다. 아무리 환우들을 중심한 설교라고 하지만, 우리 '푸른초장교회'에 참석하는 일반 성도들과 입원한 환우들에게 이곳이 병원이라는 점을 강조한 적이 없다. 대담하고 건강하게 하나님의 나라를 선포했다.

4복음서는 하나님의 나라를, 사도행전은 그리스도의 몸되신 교회의 시작을, 서신서에 나타난 대로 교회의 모범적인 교리와 생활편을 설교했다. 윤 박사님은 2019년 '아신대학(ACTS)'의 교수직을 은퇴한 이후, 오늘까지 계속해서 향리의 선산을 돌보고 계신다. 1년에 두 번 선산을 향하는데 그 때마다 서로 소통한다. 2월의 이른 봄이면 선산 아래 아카시아가 짙어오는 것을 방제하기 위해서 아카시아를 뿌리 채 뽑아내는 모진 노동을 하며, 그 뿌리 자국에 근사제根死製를 바른다. 한 번은 지독한 아카시아를 뽑아내니 그 쟁여놓은 뿌리 더미 높이가 가슴 부분까지 올라온 것을 보았다. 그리고 추석 전에 직접 벌초를 한다. 그렇게 하니 4년째 접어든 올해 2월에 선산 아래쪽이 조용하면서 깨끗한 평지가 이루어지더라는 소식이다. 4년 만에 엉겅퀴와 아카시아를 이긴 사람이다. 이것은 말하기에는 쉽지만 아카시아 나무의 성질이 천근성淺根性 을 아는 사람에게는 엄청난 쾌보요 기사감이다. 그는 단순히 선조의 묘소에서 아카시아를 이겼다는 정도를 넘어, 영적으로 이스라엘 백성이 시나이반도를 통과하며 분모의 광야를 지나면서 겪은 '싯딤(팔레스틴의 아카시아, 조각목) 골짜기'를 기억한다. 그 승리는 현대의 힘든 목회현장을 암시하기도 했다. 나에게는 윤 목사님의 이런 비유의 지성이 존경스럽다. 그에게는 거창 출신이라는 무언가의 남다른 명분이 있으며 꺾이지 않는 덕유산 상봉, 혹은 초야의 들풀 같은 기질이 용해돼 있다.

윤 목사님에게 준비되어 있는 영성은 옛 시대의 유물에 힘을 싣는 것이 아니라, 빠르게 변천하는 현대에서도 귀감이 되는 기독교의 사회적 미풍양속을 지킨다는 점이다. 제가 주목하는 것 역시 그의 기독교 교육론이다. 그의 이러한 교육적 면모는 선조들의 혈통을 통해서 물려받은 것이 사실일 테지만, 그가 또한 하나님의 나라를 위해 헌신하며 노력하고 있다는 점을 간과할 수는 없다. 2014년 8월 8일 남미 아르헨티나 선교의 숙원이었던 토바중고등학교 5년제를 개교했다. 기념 낙성식에서 정부의 대표 연사로 축사했던 차코 주정부 하원의장 '다리오 아우구스토 이바노프'가 국회 교육상을 직접 수여했다. 학교 개교식은 당일 오후 지역의 뉴스 시간에 방영됐다. 그렇지만 당시 윤 목사님은 한국 아무에게도 공개하지 않았다. 부부는 조용했다. 차코 주정부 교육상 수여증서 목록 제1790호이다. 주정부 국회가 수여한 상에는 그 증거 번호를 결재자 문서에 남긴다고 한다(윤춘식 번역서, 모니카 실베리오 원작, 스페인어판.「토바 사람들의 새싹, 선교문학」 2022. P.122-23에 실림).

한번은 선교지에서 그토록 성전을 건축하면서도 외국어로 전도하며 언제 교육론을 쓰는가?를 물었다. 답변은 간단했다. 서재에서는 물론이며 차량 안에서 장거리 버스 안에서, 또는 비행 중에 글을 쓴다는 것이었다. 그는 언제나 강의할 준비로써 차렷 자세를 취한다. 무릎 위에다 백지를 올려놓고서 아니면 백지가 아니더라도 인쇄돼 있는 곳을 피해 공란에다 깨알같이, 난이 모자라면 세로로, 가로로 종이를 돌리면서까지 붓 가는 대로 작성한다는 것이다. 이렇게 가벼이 초안이 준비되면 서재로 돌아가 정돈하고서 노트북에 옮긴다고 말한다. 그의 어록에는 이렇게 적혀있다. "생생한 기억보다 희미한 기록이 훨씬 낫다"고.

축하기고논문

교회 사역자의 성경 연구의 중요성

임 영 효
고신대학교 선교학 명예교수

1. 성경 연구의 중요성과 방법

성경은 배우고 연구해야 할 하나님의 말씀임을 성경이 말씀해 주고 있다(딤후 3:15, 요 5:39, 호 4:6, 롬 10:2). 배우지 아니하면 확신하는 자리에 이를 수가 없고(딤후 3:15), 그로 인해서 항상 세상의 유행하는 사상이나 인간의 생각과 감정과 의지에 따라 흔들리는 표류하는 삶이 될 수밖에 없고(엡 4:14), 악한 자 마귀 사탄의 유혹과 공격을 이길 수가 없고(요일 2:14), 영적으로 성숙한 삶을 살아갈 수가 없고(딤후 3:17), 하나님의 주시는 사명을 감당할 수가 없고(딤후 3:17), 이기는 자의 삶(요일 5:4)을 살아갈 수 없기 때문이다.

예수님은 하나님이심에도 불구하고 마귀 사탄의 유혹과 공격을 받았을 때에 하나님의 말씀인 신명기서의 말씀으로 이기시고 승리하셨던 것처럼(마 4:1-11), 세상을 이기는 자의 삶을 살기위해서는 성경을 배우고 연구해야 한다.

부활하신 예수님은 승천하시기 직전에 지상교회를 향하여 "제자를 삼으라"고 명령하셨는데(마 28:19-20), 제자는 헬라어로 "마데테스"라는 단어로 "배운다"라는 동사에서 파생된 명사이다. 따라서 예수님을 믿음으로 예수님의 제자가 되었다면 성경을 배우고 연구해야 하는 것은 선택이 아니라 필수이며, 이 배움과 연구는 평생을 통하여 끊임없이 이루어져 나가야 하는 필생의 과제로 우리에게 주어진 것이다.

사도 베드로는 그가 쓴 마지막 서신이었던 베드로후서를 끝내면서 3장 18절에서 "오직 우리 주 곧 구주 예수 그리스도의 은혜와 그를 아는 지식에서 자라가라"고 권면하였던 것처럼 성경연구를 통해서 구주되신 예수님을 더욱 알아가므로 영적으로 성장해 나가야 한다.

성경연구와 설교에 있어서 석의의 중요성에 관하여 안용수 박사가 쓴 "석의, 원래 의미를 찾아서"라는 책에서 다음과 같이 언급하고 있다. "조직신학, 역사신학, 실천신학 등도 석의해석학을 근거로 연구를 하고 강의를 해야만 통일성이 있는 신학교육이 될 수 있다... 모든 사역은 반드시 석의해석에서 출발해야 한다... 우리가 성서본문을 사용하기 전에, 말하기 전에, 가르치기 전에, 인용하기 전에, 적용하기 전에, 전하기 전에, 하나님의 말씀이라고 선포하기 전에, 하나님의 뜻이라고 말하기 전에 먼저 해야 할 일이 있다. 석의부터 먼저 시작해야 한다. 자의, 삭의로 해석하지 않기 위해서다. '명설교'란 먼저 '명석의'에서 출발한다. 그때에 본문의 원뜻을 잘 가르치는 '명석의설교'가 된다. '명석의가'가 '명설교자'가 된다. 다른 사역들도 반드시 사역근거를 제공하는 석의에서 출발해야 한다"라고 강조하고 있다.[1]

그는 "성경해석은 모든 그리스도인의 책임과 의무다. 특정한 사람들에게 떠넘기고서 앉아서 듣기만 하는 것은 회피의 죄다. 우리 모두를 유능한 석의가, 만인성경석의가가 되게 해주시겠다며 부르신 은총을 귀히 여기면서, 이에 상응하는 석의제자의 삶을 살아가자"고 역설을 하고 있다.[2]

오늘날 한국교회에 성경 통독의 바람이 계속 불어오고 있는데, 예를 들면, '통바이블', '365 성경통독' 등의 책들이 이런 일에 많은 역할을 하고 있는 것을 볼 수 있다. 그러나 이런 연구방식은 신앙의 초기단계에서는 필요하고 어느 정도 유익이 있을 수 있지만, 계속해서 이런 방식으로 성경을 대하

---

[1] 안용수, [석의, 원래 의미를 찾아서], 책평화, 2018, pp. 76,78-79.
[2] Ibid., p. 406.

면, 성경본문의 전후문맥이 주는 메시지와 본문의 정확한 의미를 이해할 수가 없는 피상적인 성경연구가 될 수밖에 없는 그런 절대적인 한계를 지니고 있는 성경공부 방법이다. 이런 성경연구 방법은 Superficial Bible Study(피상적인 성경연구)라고 말을 할 수 있다. 그러나 이제는 SBS(피상적인 성경연구)에서 EBS 즉, Exhaustive Bible Study(철저한 성경연구) 방식으로 패러다임을 바꾸지 아니하면 이단과 세속주의와 포스터모더니즘의 거센 도전을 이겨낼 수 없는 그런 시대를 한국교회가 맞이하고 있다.

과거에 고신대학교의 신학대학원이 부산 송도에 있었을 때, 1980년대, 송도 대강당에서 개최되었던 하기 목회자 세미나에 그 당시 대구 제일교회를 담임하고 있었던 이상근 목사의 특강이 있었다. 그는 미국 달라스 신학대학원에서 신학박사 학위를 취득하였고, 신구약 성경을 다 주석해서 신약주해, 구약주해를 출판한 주경신학자였는데, 특강 중에 이런 조언을 하였다. "66권 성경 중에서 여러분들이 좋아하는 한 권의 성경을 선택해서 그 성경을 이해하는데 도움이 되는 자료들, 즉 주석이나 논문이나 연구자료나, 설교집까지 다 수집해서 읽어보면서 성경을 연구하면 엄청난 유익이 있을 것이다" 라는 요지의 특강을 한 바가 있다.

19세기에 복음으로 미국사회를 변화시켰던 유명한 부흥사요 19세기 최고의 칼빈주의 복음전도자요 청교도신앙의 설교자였던 디엘 무디의 이름을 우리는 익히 알고 있다. 그는 4살 때 그의 아버지를 여의고, 홀어머니 밑에서 어렵게 자라나서 초등학교 5학년 정도밖에 교육을 받지 못했을 정도로 불행스러운 유년시절을 보냈던 사람이었다.

이런 형편 가운데서 17세 때 돈벌이를 위해서 보스톤에 있는 삼촌의 구두방 점원으로 일할 수밖에 없었던, 어려웠던 청소년의 시절을 보냈지마는 에드워드 킴불이라는 주일학교 선생님을 통해서 예수님을 만나 하나님의 말씀을 깊이 묵상하고 연구하는 가운데 그의 남은 생애를 통해서 수백만의 영혼을 주님께로 인도할 수 있었을 뿐만 아니라, 그가 죽은 이후에도 그가 세운 미국 시카고의 무디 바이블 인스티튜트(Moody Bible Institute)라는 기관을 통해서 전 세계의 수억의 사람들에게 지속적으로 복음을 전하고 영적인 영향력을 끼치므로 지금도 그 무디의 사역이 계속 되어지고 있는, 이런 놀라운 역사를 이루어 내었던 귀한 하나님의 사람으로 쓰임을 받았던 것이다.

어떻게 해서 무디가 하나님께로부터 귀하게 쓰임을 받을 수 있었는가에 대하여 무디의 삶을 가까이에서 지켜보았던 R. A. 토레이 박사는 "무디는 이 세상의 모든 책들을 합쳐놓은 것보다 더욱 가치있는 유일한 책인 성경을 깊이있게 실질적으로 연구하는 사람이었다"라고 그 가장 중요한 이유를 언급한바가 있다. 그러면 무디는 어떻게 성경을 연구하였는가? 그가 쓴 "성경연구의 기쁨과 유익"이라는 책에서 디엘 무디는 다음과 같이 말하고 있다:

"성경을 여러 달 만에 일독했다고 자랑하는 사람들을 심심치 않게 만납니다. 더러는 몇장씩 꾸준히 읽어서 일년 만에 일독을 했다고 말합니다. 그러나 나는 성경의 낱권을 가지고 일년을 공부하는 것이 훨씬 더 훌륭한 태도라고 생각합니다... 성경학도가 되지 않은 사람치고 열매맺는 그리스도인을 본적이 없습니다. 성경을 등한시하면서 자신을 써 달라고 하나님께 매달리는 사람들도 있지만, 하나님은 그런 사람을 쓰고 싶어도 쓰실 수가 없습니다. 많은 사람들이 이런 오해를 합니다. 집회에 열심히 찾아다니면서 집회가 각성과 힘을 줄 것이라고 생각합니다. 하지만 하나님의 말씀에 더 가까이 다가서게 해주지 못하는 집회라면 거기서 받는 이른바 은혜는 석 달을 가지 못합니다. 성경을 사랑해야 믿음이 확고해 집니다. 어떻게 하면 성경을 사랑하게 될 수 있는지 묻고 싶으십니까? 마음을 다 잡고 성경을 공부할 결심을 하고 하나님께 도움을 구하면, 하나님께서는 반드시 여러분을 도우실 것입니다" [3)]

이렇게 무디는 자신의 경험에 비추어서 참으로 귀중한 조언을 하고 있는데 오늘 우리의 형편은 어떠한가? 오늘날 우리 한국교회에 성경통독의 바람이

---

3) D. L. Moody, Experiencing pleasure and profit in Bible study (성경공부의 기쁨과 유익), 이길상 역, 크리스챤 다이제스트, 2002, pp. 96, 13-14.

불고 있는데 성경 통독은 성경을 대하는 초기단계에서는 필요한 것이다. 그러나 성경은 통독만 해가지고서는 하나님의 말씀의 높이와 깊이와 길이와 넓이를 제대로 깨닫지 못하고 확신을 가지고 자신의 삶에 말씀을 적용해 나가는 데는 너무도 피상적이 될 수밖에 없다는 사실을 결코 잊지 말아야 한다.

우리의 신앙의 대선배인 디엘 무디가 무슨 말을 하고 있는가? 성경을 몇 독했다고 해서 성경을 다 안 것처럼 오해하지 말라는 것이다. 더 나아가 보다 효과적인 말씀 묵상은 신구약 66권 가운데 한 권의 성경책을 가지고 일년 동안 계속 묵상하는 것이 더 효과적이라고 하는 너무도 귀한 조언을 귀담아 들어야만 한다.

신약학자인 토머스 슈라이너(Thomas R. Schreiner)는 "신약성경을 각 책별로 연구한다면, 신약신학 연구에 새로운 관점이 소개될 수 있다. 그리고 주제별로 신약신학을 연구하면 책마다 갖는 독특한 구조에 가려진 특징들을 놓칠 수 있다"라고 역설하므로 책별 연구의 중요성을 언급한 바 있다.[4]

사실 신구약성경은 한 성령님의 영감으로 기록된 특별계시의 말씀이기 때문에 66권 중 한 권의 책을 가지고 깊이있게 묵상하고 씨름해 나갈 때에 신구약 성경전체를 이해하게 되는 놀라운 효과가 있다는 사실을 기억하면서, 디엘 무디처럼 이런 효과적인 말씀묵상을 할 수 있어야 할 것이다.

이 디엘 무디의 사역의 영향을 받아 말씀을 깊이 있게 묵상했던 또 다른 한 사람을 든다면 핑크(A. W. Pink:1886-1952)를 들 수 있다. 그는 1886년에 영국 노팅햄에서 출생하여 미국으로 건너가서 무디 성경학원(Moody Bible Institute)에서 공부한 후 순회 성경연구교사로서 미국전역과 호주에서 많은 사역을 감당하였던 사람으로 산상보훈 강해, 출애굽기 강해, 히브리서 강해, 요한복음 강해 등의 책을 출판하였다.

핑크는 자신이 쓴 '요한복음 강해'의 결론 부분에서 10년 동안 요한복음

---

4) Thomas R. Schreiner, New Testament Theology (신약신학), 홍성철 역, 부흥과 개혁사, 2011, p. 7.

에 대하여 특별한 연구에 몰두하면서 40권 이상의 주석들과 강해서들을 철저히 읽으면서 각 절에 대한 해석을 신중히 고찰했음을 밝히면서 다음과 같이 조언하고 있다.

성경은 경건하게 읽어야 할 책일 뿐만 아니라 또한 캐내어야 할 영적인 부의 광산이다(잠2:1-5). 그 숨겨진 보물을 보다 부지런히 구하면 구할수록 우리는 더욱 더 많은 것을 얻게 된다. 하나님께서는 게으름에 대해서는 어떠한 보상도 주시지 않는다. 그가 원하시는 것은 '네가 진리의 말씀을 옳게 분별하며 부끄러울 것이 없는 일군으로 인정된 자로 자신을 하나님 앞에 드리기를 힘쓰라'(딤후 2:15)는 것이다. 그러나 슬프게도 그의 백성의 대다수는 어떻게 공부할 것인지 그 방법을 배우지 못하였다... 참으로 많은 성경 독자들이 대부분 실패하곤 하는 것은 집중도에 있어서이다. 그들의 에너지가 뿔뿔히 분산되어지는 것이다. 일천 에이커의 경작지를 물려받은 어떤 사람이 있다고 가정해 보자. 그런데 그는 일할 사람을 고용하는 일이 불가능함을 알게 되었다. 그가 만일 전 경작지를 농사지으려 시도한다면 그것은 아마도 무익한 일일 것이다. 그러나 만일 그가 다섯 에이커쯤을 구분하여 이 작은 땅을 돌보기 위해 헌신적으로 일한다면, 그것만을 집중적으로 철저하게 농사짓는다면, 그는 훨씬 더 성공할 수 있을 것이다. 성경도 이와 같다. 모든 그리스도인들이 성경을 매일 세 장, 혹은 네 장씩을 읽으면 일년에 한 번 완독할 수가 있다. 그렇지만 생활의 짧은 시간 동안에 그 전부를 실제로 공부한다는 것은 불가능하다. 포괄적으로 읽는 것과 아울러서, 집중적인 공부가 있어야 한다. 당신이 어떤 부분을 선택해야 할 것인지 인도해 주시도록 기도하라. 그런 다음 성경 가운데서 한 권, 혹은 한 장을 집중적으로 읽으라... 집중의 필요성과 중요성, 그리고 그 값을 헤아릴 수 없이 귀중한 결실로 깨달은 사람은 오직 극소수에 불과하다. 만일에 66명의 성령께서 지도하시는 성경 강해자들이 각자 성경의 한권에 십년동안 그들의 특별한 연구에 전념하면서 집중한다면, 결국에는 하나님의 백성들의 큰 무리가 측량할 수 없을 정도로 풍요하게 되어질 것이다. 사랑하는 친구여, 지나친 야심을 품지 말라. 양보다는 질에 목적을 두어라. 철저하게 연구되어진 말씀 한 장은 연구되어지지 않고 단순히 읽혀지기만 한 일백 장보다 더욱 당신의 영혼에 많은 것을 줄 것이다.

또한 성경을 공부하는 어떤 사람들은 인내심의 결여로 말미암아 실패하곤 한다. 그들이 어떤 구절을 첫 번째, 혹은 두 번째 읽었을 때 그 말씀을 파악할 수 없다 하여 그들은 낙심해 버린다. 하나님께서는 종종 우리가 얼마나 열심인지 시험하시곤 한다. 우리를 풍요하게 만드는 것은 지체하는 행동이 아니라 부지런한 영혼이다(잠 13:4).

하지만 집중과 인내 이상의 어떤 것이 또한 필요하다… 성령께서 우리의 이해력을 밝혀 주시지 않으면 말씀이 지니고 있는 경이로움과 아름다움은 우리에게 여전히 감추어진 채 남아 있게 될 것이다… 기도는 필수적인 것이다. 성경을 펴기 전에 매번 우리는 먼저 무릎을 꿇고 겸손히 그리스도의 이름으로 하나님께 '내 눈을 열어서 주의 법의 기이한 것을 보게'(시 119:18)해 주시기를 구해야 한다… 당신 자신의 능력에 대해 어떠한 자신감도 가지지 말라. '만일 하늘에서 주신 바 아니면 사람이 아무것도 받을 수 없느니라(요 3:27)고 하신 것을 기억하라… 성경의 모든 것은 가장 세밀한 묘사에 이르기까지 심오한 의미를 담고 있다. 이는 당연한 사실이다. 그 저자가 바로 하나님이시기 때문이다."[5]

그러므로, A. W. Pink의 성경연구방법은 집중 +인내 +성령의 조명을 위한 기도로 요약 할 수 있다.

미국 시카고의 윌로 크릭 커뮤니티 교회의 담임 목사인 빌 하이벨스(Bill Hybels) 역시 자신의 경험에 비추어 효과적인 말씀 묵상에 대하여 다음과 같이 말하고 있다:

---

5) A. W. Pink, Exposition of the Gospel of John (요한복음강해), 제 4집, 도서출판 엠마오, 1988, pp. 356-362.

예전에도 나는 '집중 묵상'을 한 적이 있고, 이전에 그 말씀들을 수 백번 이상 읽었을지라도 내가 하나님의 말씀에 충분히 파묻힐 때 새로운 통찰력과 앞으로의 성장에 불을 붙이는 활력을 얻는다. 몇 년전 나는 잠언에 빠졌었다. 나는 그 말씀의 지혜가 내 일상의 생각에 영향을 끼칠 때까지 나오지 않았다. 몇 년 후에 나는 누가복음 15장, 사도행전 2장, 그리고 요한복음 전체를 같은 방법으로 묵상했다. 아주 최근에 나는 로마서 12장에 열두 달 동안 집중했다.

그리고 이것이 내가 지금껏 경험한 그 어떤 것보다 더 큰 변화를 가져온 말씀 묵상임이 입증되었다. 내 계획은 아주 단순하다. 그냥 최소한 하루에 한 구절씩 읽은 다음 내 관찰과 묵상들을 적는다. 다음 날 다음 구절을 읽고 하나님의 다양한 진리들을 되새긴다. 어떤 날에는 장 전체를 읽기도 한다. 다른 날에는 그 장을 얼마나 외울 수 있는지 시도해 본다... 제가 전에 수백 번 넘게 읽은 이 간단한 구절에서 무엇을 배울 수 있을까요? 라는 질문과 함께 하나님의 말씀을 천천히, 그리고 조직적으로 읽어나갈 때 엄청난 혜택을 누릴 수 있다.

하나님은 우리가 그 분의 장엄한 진리의 경이로움에 흠뻑 젖어 있기를 원하신다. 하나님의 음성을 듣기 위해 우리 자신을 준비하고, 그 분 앞에 잠잠히 있을 때 기뻐하신다. 만일 당신에게 30일 성경통독 계획을 그만 둘 허락이 필요하다면 이것이 바로 그 이유이다. 속도를 줄이고, 말씀에 잠겨라. 그리고 하나님의 음성을 들어라.[6)]

미국의 영성신학자요, 남캘리포니아 대학교의 철학교수였던 달라스 윌라드(Dallas Willard)는 한꺼번에 성경을 많이 읽으려 하지 말라고 충고하면서 말하기를 "매년 성경을 한 번씩 통독하면 좋다는 말을 들어 봤을 것이다. 날마다 신구약을 몇 장씩 읽으면 확실히 끝낼 수 있다는 계산도 나와 있다. 그

---

6) Bill Hybels, The Power of a Whisper (주의 음성), 캐런 채 역, 국제제자훈련원, 2011, pp. 163-165, 306.

대로 한다면 우리는 매년 성경을 통독하는 사람이라는 평판을 즐기며 자축할 수 있을 것이다. 그러나 과연 그리스도를 더 닮게 되며 하나님의 생명으로 충만하게 될까? 약을 먹거나 계획을 따라 운동하듯이 성경을 읽는 사람 상당수가 영적 진보를 보이지 않는다는 것은 입증된 사실이다. 1년 동안 성경의 모든 단어를 눈앞에 스쳐 가게 하는 것보다는 딱 열 구절만 내 삶의 본질로 바꾸는 편이 훨씬 낫다"고 권면하고 있다.[7] 그는 또한 말하기를 "가능한 한 모든 수단을 활용하여 최대한 지식을 좇아 성경을 공부하되 단순히 진리를 찾기 위해서나 특히 뭔가를 입증하기 위해 공부해서는 안 된다. 진리를 찾으려는 열망을, 그대로 행하고 실천하려는 열망에 굴복시켜야 한다"고 적절히 조언해 주고 있다.[8]

19세기 영국에서 사도시대 이래 가장 뛰어난 설교자라는 평가를 받았던 "설교의 황태자" 찰스 스펄전(Charles H. Spurgeon)은 19세의 어린 나이에 300년 전통을 자랑하는 런던의 뉴파크스트리트 교회에 부임하여 죽을 때까지 38년 동안 목회하는 가운데 수많은 영혼들을 주께로 인도했던 목회자요 전도자로서 쓰임을 받았던 비결도 바로 효과적인 말씀 묵상과 연구로 말미암은 것이었다.

그는 새벽기도와 묵상 후 곧 바로 성경을 연구했는데, 스펄전이 그렇게 성경을 연구하게 된 이유는 성경만이 유일한 설교 자료요 무한한 보고라는 확신을 가졌기 때문이었다. 그러기에 그는 설교를 준비할 때도 성경을 가장 좋은 자료로 사용했는데, 그는 이렇게 고백하였다:

성경은 설교자의 발이 전혀 닿지 않는 처녀봉과 같다. 수백 가지의 하나님 말씀은 아직도 탐험되지 않은, 황금으로 덮여있는 보물섬이다. 35년이 지난 지금에 이르러서 나는 성경의 보고는 결코 고갈될 수 없다는 사실을 깨달았다. '나는 그 안에서 이제 활동을 시작한 것에 불과하다'라고도 생각할 수

---

7) Dallas Willard, [하나님의 음성], 윤종석 역, IVP, 2001, p. 240.
8) Ibid., p. 238..

없을 정도로!

우리에게 중요한 일은 성경을 연구하는 것이다. 대장장이의 주요임무는 말굽에 징을 박는 일이다. 그가 금화를 만들어 낼 수 있다 하여도 징을 만들어 말굽에 박을 줄 모르면 그는 대장장이로서 실패한 것이다… 친애하는 여러분! 성경을 연구하라. 여러분이 얻을 수 있는 모든 방법과 도움을 다 동원하여 철저히 연구하라… 여러분이 계속 청중 앞에 서서 설교하려면 더 위대한 성경학자가 되어야 한다. 모든 지식에 관심을 가지라. 그러나 무엇보다 하나님의 율법 책을 밤낮으로 묵상하라… 성경을 깊이 묵상하는 일이야말로 광석으로부터 금을 제련해내는 것과 같은 것입니다.[9]

이러한 집중적인 말씀 묵상과 연구가 바로 스펄전의 영성의 원동력이 되어졌고 이로 인해서 놀라운 사역의 풍성한 결실을 맺을 수가 있었던 것이다.

영국의 20세기 최고의 설교자로 알려졌던 마틴 로이드 존스 목사는 그리스도인은 성경에 빠져 살아야 한다고 말을 하면서, 성경에 대하여 이런 말을 했다. "성경은 전체가 놀랍고, 전체가 기적입니다. 성경 곳곳에 하나님이 계십니다. 하나님은 어디에나 계십니다. 성경은 무한하며, 성경은 언제나 매혹적이며, 성경은 언제나 흥미진진하며, 성경은 언제나 짜릿하며, 성경은 언제나 새로우며, 성경은 언제나 놀라우며, 성경은 언제나 신비롭습니다. 성경은 반드시 이래야 합니다. 궁극적으로, 성경은 하나님을 아는 지식이기 때문입니다."[10] 그는 "우리가 그리스도인으로서 삶을 살아갈수록 성경은 점점 더 놀라워지며, 점점 더 마음을 사로잡으며, 점점 더 활력을 주며, 점점 더 흥미진진해집니다. 성경은 영원한 진리이기 때문입니다. 성경을 파고, 파고, 또

---

9) 송삼용, [찰스 스펄전 목회광맥], 넥서스Cross, 2010, pp. 213-216.
10) D. M. Lloyd-Jones, Living Water (생명수 2), 전의우 역, 규장, 2010, pp. 279, 309-310.

파도, 성경은 끝이 보이지 않습니다"라고 말했다.[11]

그는 그리스도인들에게 깊이 있는 성경연구를 해야 할 것을 다음과 같이 강력하게 권고하고 있다.

"이제 저는 영적 게으름의 가장 큰 원인이 수박 겉핥기식 성경연구가 아닐까 하는 결론을 내리고 싶습니다. 우리는 무조건 성경을 읽어야 한다는 생각에, 성경을 피상적으로 읽도록 잘못 가르치고 말았습니다. 그래서 성경을 대충 훑고 지나가며, 한 번에 여러 장을, 때로는 한 권을 다 읽기도 합니다. 그런데도 자신이 성경을 연구한다고 생각합니다. 우리는 전반적인 성경 지식이 있고, 성경의 내용을 분류하고 도표로 그릴 수 있으면 성경을 안다고 생각합니다.

그러나 이것은 성경의 '너비와 길이와 높이와 깊이'를 깨닫는 방법이 아니며, '측량할 수 없는 그리스도의 풍성'을 연구하는 방법도 아닙니다. 절대로 아닙니다. 우리는 시간을 내어 성경을 더 깊이 파 내려가며 연구해야 합니다. 깊은 곳에 보석과 금광이 있습니다. 거기까지 파 내려가십시오! 성경의 한 부분을, 위로를 주는 짧은 구절만 문맥에서 떼어내서 살피는 데 그치지 마십시오. 절대로 그러지 마십시오. 물론 안 하는 것보다야 낫습니다. 그래도 여기서 그치면 어린아이일 뿐이며 측량할 수없는 풍성을 알 길이 없습니다. 피상적인 성경읽기와 성경연구는 기독교에 해악을 끼칩니다. 이것은 어린아이들에게 성경 이야기를 들려줄 때나 맞는 방법입니다. 반면에 우리는 성숙한 신자답게 어른스럽게 행동해야 합니다."[12]

2. 교회사역의 목표

사도 바울은 엡 4:11-12에서 "그가 어떤 사람은 사도로 어떤 사람은 선지자로 어떤 사람은 복음전하는 자로 어떤 사람은 목사와 교사로 삼으셨으니 이

---

11) D. M. Lloyd-Jones, Living Water (생명수 3), 전의우 역, 규장, 2010, p. 8.
12) D. M. Lloyd-Jones, Living Water1 (생수를 구하라 1), 전의우 역, 규장, 2010, p. 101-102.

는 성도를 온전하게 하여 봉사의 일을 하게 하며 그리스도의 몸을 세우려 하심이라"고 성경적 교회성장의 원리를 말씀해 주고 있다. 즉 성경적 교회성장은 교회의 지체로 부름받은 성도들을 온전케 하는 사역의 결과로서 이루어지는 성장을 말씀해 주고 있다. 즉 구성원들의 영적 성숙에 집중하므로서 교회의 머리되신 그리스도께서 이루시는 성장이 바로 성경적 교회성장이다. 여기에 온전케 한다는 동사는 '카탈티조' 라는 단어로서 회복, 복구, 보완, 준비, 훈련을 의미하는 단어이다.

성도를 온전케 하는 6가지 기본 도구들은 다음과 같다: 1) 하나님의 말씀(요 15:3, 행 20:32, 딤후 3:16-17, 벧전 2:2, 요일 2:5). 2) 기도(요 16:24, 행 2:1-4, 4:24-33, 골 4:12-13). 3) 시험(약 1:2-4, 벧전 1:6-7). 4) 고난(요 15:2, 고후 1:4-5, 빌 3:10, 벧전 5:10). 5) 사랑(엡 3:17-19, 4:15-16, 5:1-2, 요일 4:17), 6) 교제(롬 1:11-12, 16:3-16, 21-23, 고전 12:18-27, 엡 4:16). 이들 요소들 중에 시험과 고난은 그의 백성들을 사랑하는 하나님의 주권적인 뜻에 따라 주어지는 것인 반면, 말씀과 기도는 교회사역자들이 성도를 온전케 하기 위하여 사용해야 하는 주된 도구들이며, 사랑과 교제는 교회사역자들과 성도들이 함께 공유해야 할 도구이다.

초대교회 사도들처럼, 목사-교사들은 무엇보다도 기도와 말씀에 전무할 수 있도록 힘써야 한다(행 6:4). 사도 바울이 "각 사람을 권하고 모든 지혜로 각 사람을 가르침은 각 사람을 그리스도 안에서 완전한 자로 세우려 함이니"(골 1:28)라고 언급한대로 여기에 사역의 초점을 맞출 수 있어야 한다. 또한 골로새교회의 신실한 사역자였던 에바브라와 같이 항상 애써 기도하여 성도들이 하나님의 모든 뜻 가운데서 완전하고 확신있게 설 수 있게 되도록 해야 한다(골 4:12). 존 맥아더는 다음과 같이 역설하고 있다:

가장 성경적이고 효과적인 교회조직들 조차도 계속적으로 기도와 말씀에 전무하는 사역자들의 신실한 사역이 없이는 교회 구성원들의 영적 성숙을 가져올 수 없다. 행정과 구조는 그 자체의 역할이 있지만 영적 교회성장의 핵심과는 거리가 멀다. 교회의 가장 큰 필요는 조직적인 구조조정이 아니라 항상 영적 성숙이었다. 리더십, 조직 그리고 경영에 관한 책들은 예수 그리스도의 교회에 큰 도움을 주지 못한다... 때때로 그러하듯이 복음 증거가 희극화 되어질 때, 하나님은 영광을 받지 못하시고 그의 백성들은 양육되어지지 못한다. 종교적인 엔터테인먼트는 영적 성숙에서 나오지 않을 뿐만 아니라 또한 영적 성숙에 이르지 못한다. 그것은 자아로부터 나오며 자아만을 높일 따름이다.[13]

그는 말씀사역자의 기도와 말씀 연구의 중요성에 대하여 다음과 같이 강조하고 있다: "하나님의 말씀의 연구와 가르침은 시간이 걸린다. 그러므로 복음 전하는 자나 목사-교사는 수많은 프로그램을 수립하고 행정하는 일이 아무리 도움이 된다고 할지라도 그것들로 인하여 방해를 받는다면, 하나님께서 주신 책임을 다할 수가 없게 되어진다. 또 다시금 예루살렘의 사도들처럼, 공궤를 일삼으면서 동시에 기도와 하나님의 말씀 사역에 신실할 수가 없는 것이다(행 6:2,4). 교회의 영적 침체와 목회자의 탈진에 이르는 가장 확실한 길은 목회자가 여러 활동들과 프로그램들에 사로잡혀서 기도와 말씀을 위해 거의 시간을 갖지 못하는 것이다. 아무리 성공적인 프로그램들이라고 할지라도 만일에 그것들이 육적으로 이루어지고 주의 영광보다 인간의 만족을 위해 이루어진다면, 실패하는 것 이상으로 더욱 파괴적인 것이 되어질 것이다. 하나님의 백성들이 망하는 것은 하나님의 말씀의 지식과 순종의 부족이지 프로그램들이나 방법들의 부족 때문이 아니다(호 4:6). 하나님의 백성들이 실패하는

---

13) John F. MacArthur, The MacArthur New Testament Commentary: Ephesians, (Chicago: Moody Press, 1986), p. 154.

것은 약한 프로그램들 때문이 아니라 약한 가르침 때문이다."[14]

에드 스태저(Ed Stetzer)와 마이크 도슨(Mike Dodson)은 미국에서 정체 내지 퇴보 상태에 있었던 교회들 가운데 다시 부흥한 324교회들에 관한 공동 연구에서 "많은 목회자들이 말씀 연구와 설교 준비에 더 많은 시간을 추가로 할애할 계획을 세웠다. 교회가 성장할수록 시간이 모자라고 책임량이 늘었지만 다시 부흥한 교회의 목회자들은 여전히 설교 준비를 가장 우선순위로 두었다. 이는 많은 책임들을 다른 사람들에게 넘겼다는 것을 의미한다"라고 이러한 교회들의 중요한 특징을 소개하고 있다.[15]

이처럼, 교회의 목회자의 첫 번째 관심은 빈 자리가 아니라 채워져 있는 자리들이 되어져야 한다. "영적 성장은 항상 새로운 그 무엇을 배우는 것과 관련되어 있는 것이 아니라, 우리의 가장 중요한 성장은 우리가 이미 들었지만 제대로 적용되지 못한 진리와 관련이 있는 것이다."[16] 사도 베드로는 "이러므로 너희가 이것을 알고 이미 있는 진리에 섰으나 항상 너희로 생각하게 하려 하노라 내가 이 장막에 있을 동안에 너희를 일깨워 생각하게 함이 옳은 줄로 여기노니"(벧후 1:12-13)라고 기록하고 있다. 가장 중요한 하나님의 말씀의 진리들은 거듭 가르쳐져야하고 들을 수 있어야한다.

하나님이 기뻐하시는 교회로 성장해 나가기 위해서는 사람들에게 복음을 전하여 그리스도를 영접하는 것으로 교회의 임무를 완수했다고 생각해서는 안 되며, 진리 안에서 성숙한 그리스도인으로 참된 주님의 제자들로 구비시키고 온전케 하는 사역을 효과적으로 수행해 나가는 교회가 되어져야 함을 보여주고 있다. 이 점에 관하여 제임스 슬랙(James B. Slack)은 다음과 같이 조언하고 있다:

---

14) Ibid.
15) Ed Stetzer and Mike Dodson, Comeback Churches (다시 부흥한 324 교회 성장 리포트), 김광석 역, 요단, 2008, pp. 64-65.
16) John F. MacArthur, op. cit., p. 154.

교회가 지속적으로 건강하게 성장하기 위해서는 강력하면서도 효과적인 제자훈련이 필요하다. ... 제자훈련은 복음전도의 시녀이다. 제자훈련으로부터 분리된 복음전도는 그 깊이가 얕고 전혀 효과적이지도 않다. 또 복음전도가 빠진 제자훈련은 그 자체로 고립될 수밖에 없고 열매맺지 못하고 형식에 얽매인 교회를 만들어 낸다. 결국 이러한 교회는 주변의 잃어버린 세계와 전혀 접촉점을 찾지 못해서 잃어버린 사람들을 그 공동체 속으로 끌어당기는데 실패할 수밖에 없게 된다. 계속해서 확장되는 제자훈련은 교회가 영적으로 성숙하며 숫자적으로도 성장할 수 있도록 해 주는 유일한 효과적인 방법이다. 여기에서의 중요한 관건은 교회의 제자훈련의 모판에서 가능성있는 지도자를 발탁해 내는 것이다. 다른 방식으로 말하자면, 사도 바울이 디모데에게 전하는 지침에 의하면 훈련된 성도라고 하는 성숙의 증거를 가지고 있지 않은 사람에게는 교회는 지도력의 책임을 맡기지 않는 것이다(딤후 2:1,2).[17]

사도 바울은 골 1장 28절-29절에서 "우리가 그를 전파하여 각 사람을 권하고 모든 지혜로 각 사람을 가르침은 각 사람을 그리스도 안에서 완전한 자로 세우려 함이니 이를 위하여 나도 내 속에서 능력으로 역사하시는 이의 역사를 따라 힘을 다하여 수고하노라"고 교회 사역의 목표를 언급하고 있다. 바울의 사역의 목표는 사역 대상자들의 영적 성숙이었다. 믿는 자가 그리스도와 연합함으로 인해서 실현될 수 있다는 것이다. 사도 바울이 말하고 있는 '완전한 자'란 그리스도를 닮은 성숙한 자를 말하며 골로새서 1장 22절의 "거룩하고 흠없고 책망할 것이 없는 자"를 의미하며, 엡 4장 13절의 "온전한 사람"을 말한다.

---

17) John Mark Terry, Ebbie Smith and Justice Anderson (ed), Missiology: An Introduction to the Foundations, History, and Strategies of World Mission, (Nashville, Tenn.: Broadman & Holman Publishers, 1998), p. 509.

결론적으로, 오늘날의 교회사역자들도 D.L. 무디와 찰스 스펄전과 마틴 로이드 존스 목사가 제안하는 방식으로 철저한 성경연구를 하게 되면 성경교육과 설교 사역에 놀라운 진보와 엄청난 성과가 주어질 수 있을 것이며, 성경적인 교회 사역의 목표에 초점을 맞추어서 사역에 임할 때에 교회의 머리되신 주님이 기뻐하시는 사역의 풍성한 결실을 거두어 드릴 수 있게 될 것이다.

축하기고에세이

인생의 도돌이표

변 종 길

고신 · 신대원 36회 동기, 전, 고려신학대학원장, 고려성경연구소장

Ⅰ. 도돌이표

오늘 동네 뒷산을 오르다가 갑자기 일기예보에도 없던 소나기를 만났다. 잠깐 멈추어 서서 생각하다가 돌아가기로 했다. 100미터쯤 내려오니 비가 그쳤다. 갈까 말까 고민하다가 발걸음을 돌이켜 다시 산행을 계속하였다. '가다가 중지 곧 하면 아니 감만 못하다' 는 말은 중단하지 말고 계속 가라는 뜻이다. 그러나 인생은 무조건 앞으로 나아간다고 되는 것은 아니다. 소나기나 폭우를 만나면 잠깐 피하거나 돌아가야 한다. 그렇다고 여태껏 온 것이 소용없는 것은 아니다. 여기까지 온 만큼 가치가 있고 의미가 있다. 돌아오다가 비가 그치면 다시 돌이켜서 계속 나아갈 수도 있다. 즉 인생행로에도 도돌이표가 있다. 가다가 중지하고 돌아서는 것을 부끄럽게 여기지 말자. 그러다가 돌이켜서 다시 계속 나아가게 되면 이 또한 좋은 일이다. 인생행로에는 직진만 있는 것이 아니며 위기를 만나면 잠깐 쉬고 돌아갈 수도 있다. 그러다가 상황이 나아지면 돌이켜서 계속 나아갈 수도 있다. 우리 인생에는 유턴도 있고 도돌이표도 있다는 것을 생각하자.

Ⅱ. 한 알의 밀

우리는 보통 한 알의 밀이 땅에 떨어져 '죽는다' 고 말하지만, 사실은 죽는

다기보다 열매를 맺는 과정이라고 말할 수 있다. 씨앗이 땅에 떨어져서 흙과 섞이고 흙에 뿌리를 내리고 수분을 흡수해서 자라며 줄기를 내고 싹을 내고 열매를 맺는 일련의 과정의 하나로서 곡식의 씨가 땅에 떨어져서 분해되는 것이다. 이것을 사람들은 '죽는다'고 표현했지만, 과학적으로 말하면 식물의 생장 과정이라고 말할 수도 있을 것이다. 사람이 죽는 것도 그렇다. 사람이 살아서 숨 쉬다가 호흡을 멈추고 심장이 멈추면 '죽었다'고 말한다. 죽은 사람은 얼마 지나지 않아 부패하여 마침내 흙으로 돌아가게 된다. 그러나 예수님을 믿는 사람은 비록 육체는 죽을지라도 영혼은 살아서 천국(낙원)으로 가서 생명을 누리게 된다. 그리고 세상 역사가 끝나서 예수님이 재림하실 때에는 죽은 자들의 육체도 부활하여 천국에서 안식하던 영혼과 결합하여 완전한 새 사람을 이루어 영원토록 복락을 누리게 될 것이다. 그래서 시편은 "성도의 죽는 것을 여호와께서 귀중히 보시는도다."고 말하였다(시 116:15 개역한글).

이런 점에서 하이델베르크 요리문답도 말하기를 "우리의 죽음은 우리 죄에 대한 값 지불이 아니요 다만 죄의 소멸이요 영생으로 들어가는 통로이다."고 하였다(제42문). 사람들의 눈에는 육체의 기능이 멈추고 부패하여 소멸되기 때문에 '죽는다'고 말하지만, 영혼과 천국을 포함하여 생각하면 그 사람은 '죽는다' 기보다도 '영생 얻는 과정을 통과하는 것'이라고 할 수 있다. 왜냐하면 그런 육체의 죽음을 통해서 성도의 영혼이 이 세상을 떠나 천국에 가서 참 생명을 누리며 안식을 누리다가 마지막 날에 부활의 몸을 입고 완전히 새로워질 것이기 때문이다. 이런 긴 구원역사의 과정에서 성도의 죽음은 한 알의 밀이 땅에 떨어져 죽는 것과 같은 것이다. 이런 엄청나고 영광스러운 구원역사에 첫 밀알이 되신 분이 우리 주 예수 그리스도이시다. 그는 이 일을 위해 이 땅에 오셨으며, 때가 되매 십자가에 달려 죽으시고, 사흘 만에 부활하셔서 잠자는 자들의 첫 열매가 되셨다(고전 15:20). 사도 바울은 이 이치를 이렇게 설명한다. "죽은 자의 부활도 그와 같으니 썩을 것으로 심고 썩지 아니할 것으로 다시 살아나며, 욕된 것으로 심고 영광스러운 것으로 다시 살아나며 약한 것으로 심고 강한 것으로 다시 살아나며, 육의 몸으로 심고 신령한 몸으로 다시 살아나나니 육의 몸이 있은즉 영의 몸도 있느니라." (고전 15:42-44)

그러므로 우리는 예수님의 죽음에 대해 부정적으로 생각하지 말고 긍정적으로, 많은 열매를 맺기 위한 과정으로 생각하자. 예수님의 십자가 죽음에 대해 세상 사람들처럼 '불쌍하다, 안 됐다, 슬프다' 이렇게 생각하지 말고, 우리에게 생명을 주시고 수많은 사람에게 참된 생명을 주시고 은혜를 베푸시기 위한 과정으로서 이를 통해 많은 열매가 열릴 것을 생각하자. 농부가 봄에 씨를 뿌릴 때에 슬퍼하며 뿌리지 않는다. 가을에 풍성하게 수확할 것을 기대하며 기쁨으로 뿌리는 것이다. 다만 우리는 이 세상에 죄가 많은 것을 안타까워하며 불의가 판치는 것을 인하여 슬퍼하자. 그러나 이 모든 것도 결국 하나님의 손에 맡기고 기도하면서 감사함으로 살도록 하자. 이미 한 알의 밀이 땅에 떨어져서 많은 열매를 맺고 있다.

Ⅲ. 하나님의 영광을 위하여

고린도전서 10장 31절에서 사도 바울은 "그런즉 너희가 먹든지 마시든지 무엇을 하든지 다 하나님의 영광을 위하여 하라."고 말한다. 기독교인이라면 누구나 잘 알고 있는 말씀이다. 웨스트민스터 소요리문답 제1문은 〈사람의 제일 되는 목적이 무엇입니까?〉라는 질문에 대해 "하나님을 영화롭게 하고 영원토록 그를 즐거워하는 것입니다."라고 대답한다. 그렇다. 사람의 제일 되는 목적, 제일 중요한 목적은 '하나님을 영화롭게 하는 것'(to glorify God)이다.

그러면 어떻게 하나님을 영화롭게 할 것인가? 이에 대해 인터넷에 찾아보니 어떤 사람은, 1) 마음으로 하나님을 영화롭게 하는 것; 2) 입으로 하나님을 영화롭게 하는 것; 3) 삶으로 하나님을 영화롭게 하는 것, 이렇게 설명해 놓았다. 잘 정리한 것 같다. 대개는 이렇게 설명한다. 하나님이 우리를 지으신 목적이 무엇인가? 피조물의 목적은 무엇인가? 〈영화롭게 한다〉는 것은 우리가 하나님을 영화롭게 만든다는 뜻이 아니라 하나님께 있는 영광을 우리가 반사(반영)하는 것이다는 식으로 설명한다. 하나님과 우리 인간 사이의 관계가 어떠해야 하는가? 피조물 된 인간의 삶의 목적은 무엇인가? 등에 대해 대개 수직적으로 이해한다. 말하자면 개인주의적으로 이해한다. 물론 "우리의 삶으로 하나님을 영화롭게 한다."고 할 때 인간의 윤리가 있고 다른 사람과의 관계를 말하기는 하지만, 전체적으로 볼 때 하나님과의 수직적 관계 속에서 이해되고 있다. 말하자면, 개인주의적 이해의 바탕 위에 이차적으로 사람과의 관계가 고려될 뿐이다. 이것이 일반적인 서양 교회의 이해이고, 우리 한국 교회의 이해도 별반 다르지 않다.

그러면 성경의 이 구절이 과연 이런 것을 의미하는가? 사도 바울이 그런 의미로 말하였는가? 고린도전서 10장 23-33절은 '덕을 세우는 문제'에 대해 말한다. "모든 것이 가하나 모든 것이 유익한 것은 아니요 모든 것이 가하나 모든 것이 덕을 세우는 것은 아니니 누구든지 자기의 유익을 구하지 말고 남의 유익을 구하라."(23절) 구체적으로는 시장에서 파는 음식 문제에 대해 말한다. 어떤 음식이 혹 우상에게 바쳐진 제물이었다가 시장에 내놓은 것일 수도 있는데, 누가 청하여 음식을 대접하거든 다른 사람의 '양심'을 위하여 묻지 말고 먹으라고 한다(26-27절). 그러나 만일 누가 그것이 우상 제물이라고 말하거든 그 말한 사람과 그의 양심을 위하여 먹지 말라고 한다(28절). 여기서 말하는 양심은 자기의 양심이 아니라 '다른 사람의 양심'이라고 분명히 말한다(29절). 곧, 나는 믿음이 있어서 우상은 아무것도 아니요 헛것임을 확실히 알기 때문에 우상에게 바쳐졌다가 나온 제물을 먹어도 아무런 양심의 거리낌이 없다고 할지라도, 믿음이 약한 다른 사람의 양심에 거리낌이 된다면 그 사람을 위하여 먹지 말라는 것이다. 그런 후에 "그런즉 너희가 먹든지 마시든지 무엇을 하든지 다 하나님의 영광을 위하여 하라."고 한다(31절). 따라서 이 구절의 의미는 우리가 무엇을 하든지 자기중심적으로, 자기를 위하여 하지 말고 다른 사람을 위하여, 타인의 유익을 위하여 하라는 의미이다. 이것은 사도 바울이 분명히 밝히고 있다. "유대인에게나 헬라인에게나 하나님의 교회에나 거치는 자가 되지 말고, 나와 같이 모든 일에 모든 사람을 기쁘게 하여 자신의 유익을 구하지 아니하고 많은 사람의 유익을 구하여 그들로 구원을 받게 하라."(32-33절).

그런데 오늘날 우리는 이 말씀의 의미를 바로 이해하고 있는가? 기독교인들 중에도 다른 사람이야 어찌 생각하든 나만 옳으면 된다고 생각하는 사람들이 많다. 기차역이나 전철역 앞에서 확성기를 들고 "예수 천당!"을 외치는 사람들이 있다(물론 전에는 이런 것이 통했지만 오늘날에는 많이 달라졌다). "다른 사람이야 어떻게 생각하든 말든 나는 전도했으니 하나님이 기뻐하실 거야!"라고 생각한다. 다른 사람은 소음이라고 생각하고 불쾌하다고 생각하는데도 아랑곳하지 않는다. 오직 자기만 옳으면 된다는 식이다. "이른 아침에 큰 소리로 그 이웃을 축복하면 도리어 저주같이 여기게 되리라."는 잠언의 말씀(27:14)은 생각하지 않는다. 어떤 목사는 자기 반대편에 있는 목사를 깊은 수렁에 빠지게 해 놓고 말하기를 "나는 어느 개인을 미워한 적이 없습니다. 하나님이 아십니다."고 말한다. 하나님 앞에서 자기 마음만 깨끗하다면 상대방이야 어떤 수렁에 빠진다 할지라도 괜찮다는 생각이다. 우리 주변에 이런 일들이 많지 않은가? 〈하나님의 영광을 위하여!〉라고 하면서 형제, 자매에게 상처를 주고 악한 일을 한 적은 없는가? 하나님 앞에서 내 양심만 깨끗하면 된다는 식으로 살지는 않았는가?

하나님의 영광과 타인의 유익은 뗄 수 없는 관계에 있다. 우리가 이 세상에 사는 것은 나 혼자 사는 것이 아니라 하나님이 지으신 다른 사람들과 더불어 산다. 그러면 우리 자신의 유익을 절제하고 포기해야 할 때가 있다. 타인의 양심을 해치지 않기 위해, 타인의 유익을 위해 내가 절제하고 포기해야 하는 것이다. 이것이 우리가 하나님의 영광을 위하여 사는 것이다. 우리가 먹든지 마시든지 무엇을 하든지 다른 사람의 양심을 생각하고 타인의 유익을 생각하며 살라는 것이다. 이것이 하나님의 영광을 위하여 사는 것이지, 추상적으로 늘 하나님의 영광만 생각하고 늘 입으로 찬송만 하고 기도만 하고 사는 것을 가리키는 것이 아니다. 예수님은 성경의 가르침의 핵심을 '하나님 사랑'과 '이웃 사랑'으로 요약하셨다(마 22:37-40). 네 이웃을 자기 자신같이 사랑하는 것이 첫째 계명인 '하나님 사랑'과 마찬가지로 중요하다. 그런데 기독교회는 오랫동안 이 예수님의 가르침을 잘 아는 듯하면서도 실제로는 무시하고 수직적이고 개인주의적으로 바꾸어 버렸다. 서양 교회의 잘못을 우리 한국 교회도 동일하게 범하고 있다. 오늘날 한국 교회가 이웃과 사회를 무시하고 자기 교회만 생각하고 개교회주의로 나아갈 때 돌아온 것은 하나님의 영광이 아니라 비난과 멸시와 증오였다. 하나님의 영광을 외치며 하나님의 영광을 노래하지만 돌아온 것은 하나님의 이름을 더럽히며 하나님의 영광을 땅에 떨어뜨리는 것이었다. 지금이라도 우리 모두가 자기의 잘못을 깨닫고 이웃을 돌아보며 다른 사람을 생각할 줄 아는 사람이 되어야 하겠다. 자기의 양심이 아니라 타인의 양심을 우선적으로 생각하는 사람이 되어야 하겠다. 이것이 진정으로 하나님의 영광을 위하여 사는 삶이다.

서울 등촌교회 바이블스터디 Cross Ways 단계별 3클래스 2년 수료식, 120여 명 1988

II
목양 단상

- 제 삶의 멘토이신 윤 목사님과 성역 45년
- 나의 친구, 젊은 날 신분의 변화
- 브라질 빌라델비아교회 섬김의 세월
- 선교현장의 발자취 – 저 물레에서 끊임없는 실이
- 윤 목사님의 고희古稀를 맞아 소중한 추억
- 삼일교회와 나의 스승

파나마 발보아교회, 엠베라부족 선교기념교회 개척시 1년간 주일 스페인어 설교로 섬김

제 삶의 멘토이신 윤목사님과 교회 성역 45년

손 성 기
브라질 빌라델비아교회 장로, 홀리랜드미션 대표, 재미총회 자비량 선교사

윤춘식 목사님의 목회와 선교, 대학 티칭을 합한 성역 45년을 축하드립니다. 100 퍼센트 선교사이자 문인의 DNA를 소유하신 윤 목사님의 성역 45년 기념문집에 글을 올리는 영광을 주신 하나님께 감사드립니다. 윤춘식 목사님은 나의 인생의 멘토 중 한 분이시고 선교 관련해서는 단독이십니다. 가까이 계실 때나 다른 대륙에 멀리 계실 때나 마음은 항상 선교사역을 바라보며 함께 하였는데... 어느덧 성역 45년을 맞이하신 목사님을 추억하며 하나님께 찬양과 영광을 올립니다. 목사님께서는 고희를 맞이하셨지만 부부는 아직도 활발히 선교활동을 하고 계시니 하나님께서 선교사로 보내신 종을 통하여 창조의 영을 허락하셔서 어떤 번쩍이는 선교프로젝트가 나올지 즐거운 상상을 하며 글을 올립니다.

윤춘식 목사님과의 첫 만남과 세계선교를 위한 멘토
제가 처음 그분을 뵈었을 때는 32세의 집사였습니다. 남미노희가 막 태동할 무렵 저희 교회에 초청된 주일 예배 때였습니다. 강대상에 오르셨는데 아담한 사이즈의 체형, 햇볕에 그을린 구리빛 얼굴과 열정의 눈동자에 콧수염까지... 나는 웬 원주민 목사님께서 설교하시나? 누가 통역을 하시는가를 생각하고 있을 때 거침없는 한국어로 은혜의 말씀이 흘러 나왔습니다. 예배 후

집으로 돌아와서 아버님께(고/손신달 장로) 오늘 설교하신 분 누구세요 하고 여쭤본 후. 아~ 하며 선교사님이셨구나. 현지인과 친숙해지기 위해 콧수염까지 기르시는 노력을 보며 무릎을 쳤습니다. 그 때부터 윤춘식 목사님과는 오늘까지 만남이 이루어지고 있으며 언제부터인가 저의 멘토로서 자리 매김하였습니다.

나는 할아버지이신 손만윤 장로님(대구서문로교회)의 신앙생활 영향과 이민 떠나오기 전 중1학년까지 서문로교회에 출석하였으며 SFC 수련회 등으로 어렴풋이 고신의 정신을 배웠습니다. 하지만 아직 완성되지 못한 중2학년 1976년 2월 남미로 이주, 브라질에서 정착한 후 이민자의 삶을 살면서 매너리즘에 빠진 건성으로 교회생활만 하였던 나에게 선교가 무엇인지 정립시켜 주시고 하나님께서 나를 예정하셔서 브라질까지 이민 오게 하셨고 또한 이민 생활 가운데서도 전도자의 삶을 살아가는 것을 나의 본분으로 깨닫게 해주신 분이 바로 윤춘식 목사님이십니다. 고/남영환 목사님께서 고령의 연세에 브라질에 오셔서 남미의 고신 선교사님들을 한데 불러 모으시고 힘을 합해야 한다며 재미 고신·남미노회를 개척하시고 개혁신앙의 중요성을 강조하시며 현재 제가 섬기는 빌라델비아교회도 그 당시 남미노회의 지체가 되게 하신 후 한국으로 돌아가셔야 한다는 계획을 말씀하셨습니다. 때를 맞춰 남 목사님께 후임을 찾아 달라고 생떼(?)를 쓰기 시작하였더니, 남영환 목사님께서 부에노스에서 사역하는 윤춘식 목사님을 한번 찾아가 보라고 추천해 주셨습니다. 1994년 저는 청빙위원 자격으로 콧수염 목사님(당시 우리는 콧수염 목사님으로 부름)을 찾아 2,200km 거리의 아르헨티나 부에노스아이레스 윤 목사님의 선교지를 찾았습니다. 찾아간 곳은 부에노스아이레스의 어떤 빈민가였습니다. 문을 열고 들어가니 바로 주방 겸 응접실이 나왔고 그 주방 같은 응접실에서 처음으로 선교사님과의 대화를 나누기 시작하였습니다.

방문의 목적은 분명 담임목사 청빙건이었으나 대화의 주제가 변하기 시작하여 청빙 관련 대화 보다는 이민자들의 신앙생활로 시작하여 효과적인 원주민 선교 방안, 선교의 방향, 이민자들은 바로 선교사들이다 등... 변경된 주제로 예상에 빗나간 채 온 밤을 지새웠습니다. 마치 학창시절 때 선생님과 함께 뜨거운 가슴으로 밤새며 학생의 미래를 이야기할 때와 같이 말입니다. 윤 목사님은 곧 자신이 맞닥뜨리고 있는 남미선교의 현실 상황과 파송 목적을 말씀하시며 한인교회로의 방향전환은 상상을 해본적도 없다며 어렵겠다고 하셨습니다. 그도 그럴 것이 준비해왔던 그리스도의 약속과 조국 내 후원교회들과 선교본부와의 신의의 문제라고까지 말씀했습니다. 세상에 목사로서 교회의 청빙이 있다는 자체가 떳떳하고 자부심을 높일 수 있는 일인 줄로만 알았던 저로서는 눈앞이 캄캄하였습니다. 더욱이 남영환 목사님 같은 분의 든든한 기도의 배경이 있음에도 불구하고...

그 후 남영환 목사님 나름대로의 생각이 있었고 남미노회의 허락을 받고서 빌라델비아교회는 임시 당회장으로 윤춘식 목사님을 청빙하는 공동의회를 개최하였습니다. 당시 마흔 여명의 공동의회 참석자 투표 가운데 절대다수의 가표가 진행되었고, 기권이 한 표, 부표는 없었던 것으로 생각납니다. 남영환 목사님의 말씀으로는 자신의 일생에서 이만한 절대수가 나온 청빙투표를 경험한 적이 없다고 고백했습니다. 이러한 공동의회 결과에 따른 자료들과 청빙서 문건은 남미노회에 접수되었습니다.

당시 교인들로서는 윤 목사님의 설교를 이전에 들은 후였고, 그 분이 아르헨티나에서 어떤 삶을 살고 있는지에 대한 소문을 듣고 있던 때였습니다. 윤 목사님께서는 당시 브라질 안에서도 동일한 고신 교단의 목사님들이 계신다는 현실이 힘겨운 부분이었을 것을 나중에 알았습니다. 그렇게 청빙투표가 진행되었고 그 결과를 윤 목사님께 전달하였습니다. 마지못한 윤 목사님은 그

제야 입을 여시고 "진정 그러시면, 곧 안식년이 시작될 테니 그 1년 기간만 목양하도록 서울의 등촌교회 박현진 목사님과 상의한 후 결정하겠으니…" 기다려달라는 연락을 받았습니다. 윤 목사님의 빌라델아교회 당회장 선임은 이러한 결과였습니다. 일단 1년간의 유보는 받아놓은 것이나 다름없었습니다. 그 1년 동안의 사이에 장로 피택과 투표가 진행됐으며 세 명의 후보자 가운데 두 명이 통과되었습니다. 그 시기에 나의 가슴에는 선교의 씨앗이 심겨져 줄곧 선교나무가 자라나기 시작하였습니다. 30여 년이 지난 현재는 현지의 브라질인들을 선교사로 세우고 아프리카 서부땅, 기니비사우까지 파송하는 축복을 허락하여 주셨습니다.

아볼로는 심었고 바울은 물을 주는, 선교 씨앗의 떡잎

장로로 시무한지 28년을 돌이켜보면 엄청난 실수들과 많은 어려움이 있지만 이것은 분명하니 '당신들도 꼭 해 보시오'라고 감히 자신 있게 권할 수 있게 되었습니다. 이것이라 함은 '교회 모든 일에 있어서 선교에 목적을 두시라' 입니다. 건강한 교회부흥, 발전하는 교회는 목적이 분명한 교회입니다. 모든 당회원들의 목적이 동일 선상에 놓이면 교회는 어떠한 이유로 시험이 닥쳐와도, 분쟁이 시작되어도 이 목적이 분명하면 영적 전쟁에서는 반드시 승리한다는 것을 확신합니다. 교회뿐 아니라 개인의 삶과 경제생활에 있어도 선교지향적인 결정을 내리면 성공하는 삶을 누리게 된다는 것을 확신합니다. 우리 삶의 목적은 바로 하나님 나라와 그를 위한 곧 선교 복음입니다. 제가 바라본 윤춘식 목사님의 성역 45년은 선교사로서의 기간을 포함한 정말 하나님의 간섭하심과 은혜가 분명합니다. 제가 선교란 단어를 알고 난 다음 실천에 옮기자면 선교현장으로 처음 접한 곳이 윤 목사님의 아르헨티나 멘도사 사역지로부터였습니다. 교회와 유치원을 같이 운영하며 복음을 효과적으로 전하는 최고의 방법입니다.

처음에 아직 선교의 이해도가 낮을 때 열정만 가지고 깊이를 알지 못 하였을 때 이미 최고의 효과를 낼 수 있는 시스템을 멘도사 지역에서 시작하셨던 것입니다. 지금은 현지인 사역자에게 바통을 넘겨주셨지만, 복음의 씨앗을 뿌리고 나무가 자라나면 복음의 나무가 되어 스스로 다시 씨앗을 뿌릴 수 있게 되는 것이 선교사의 최후 승리인 것을... 아볼로는 심었고 바울은 물을 주었듯이, 제게는 성령님이 심었고 윤 목사님이 물을 주었습니다. 결국에는 하나님이 자라나게 하십니다. 30여 년 전 일하셨던 멘도사 사역이 오늘날 Holy Land의 Espaço Familia 가족 사역과 같습니다. 차이가 있다면 기존 교회와 협력하여 주중에는 교회의 장소에서 전문교육을 받은 교사들로 하여금 학생들의 방과 후 성경교육을 통하여 어린이들과 나아가 학부모에게까지 복음을 전하는 전략입니다.

교회를 근거로 이기적인 섬김들

당시의 흐름을 기억해보면 부에노스아이레스의 사역지 그리고 멘도사주州 사역 개척과 빌라델비아교회 목회에 이르기까지 맡은 임무를 다하셨던 윤 목사님과 박세이 사모님을 회상하면서 목사님 부부께 너무 큰 짐을 지워드렸구나, 이것이 이기주의는 아닐까? 라는 자책도 합니다만 이러한 지난 일을 통하여 역사하시는 하나님의 은혜인 것이니 감사드립니다. 당시 목사님을 가까이서 모시면서 주일 설교 말씀을 듣고 나의 선교관과 세계관, 저희 가족의 신앙생활이 성숙해지며 전교인 영성 수련회 등 이민생활 중에는 접하기 어려웠던, 피택 장로로서의 제자훈련과 성경 강좌는 행복한 교회생활을 하며 장로로서의 임직 날짜까지 받아놓은 상태에서 평화로웠습니다. 하지만 갑자기 윤 목사님께서는 빌라델비아교회의 당회장 직분을 그만두시게 되었습니다.

남영환 목사님께서 계셨던 때 빌라델비아교회는 예배당 건축을 계획하면서 부지 구입 건축 헌금을 작정하기 시작했습니다. 이후 윤 목사님 오셔서 현재의 교회당 부지를 구입하는 등 교회가 부흥하고 있을 때였습니다. 빌라델비아교회를 고신 남미노회에 가입하도록 인도하셨던 남영환 목사님은 한국으로 출국하셨고, 고신 출신의 두 분 장로님들은 정년 은퇴하시고 신임 피택된 두 장로들과 함께 윤 목사님께서 목양하셨는데, 앞서 그 두 분의 은퇴 장로님들께서 미주총회에 참석하셔서 총회에서 거두절미하고 '당장 윤 목사님을 위임으로서 브라질로 보내주십시오 아니면 다른 목사님이라도 브라질로 보내 주십시오. 윤 목사님께서 1년이 지나면 아르헨티나로 돌아가신다고 합니다. 만일 양자 간에 결정해 주지 않으면, 우리는 다른 목사님을 찾아서 교파 소속을 탈퇴하겠다' 는 식으로 다짜고짜 폭탄선언을 던졌던 것입니다. 이에 놀란 담당 부서 위원들은 총회 기간 중에 긴급 소회를 갖고서 윤 목사님이 아르헨티나로 돌아간다면 어느 목사님이 좋으냐는 사안을 두고서 논의하기에 이르렀습니다. 그 당시에 우리로서는 몰랐으나, 서부지역의 B 목사님이 목회직을 그만 두고 새로운 임지를 찾아 너무나 절박한 중에 계셨는지 모릅니다. 당시 총회를 마치고 마지막 자투리 시간에 선교사 파송식을 하는데 그분을 브라질에 파송한다는 소회의 결과를 선언하고서 그분이 파송 받는다는 결의와 총회선교부의 심사절차와 훈련을 무시한 채, 심지어 파송 받는 〈선교사 선서문〉까지 거기에 참석한 한국 총회 선교사들에게 물어서 작성해 주었으니 그 자초지종이 어떠했는지, 그 결과가 어떻게 나올지는 누구도 짐작하지 못했습니다. 오직 번갯불에 굽는다는 숙어가 생각납니다. 그리하여 B 목사님은 총회 앞에서는 브라질 원주민선교사로 간다고 서약서 낭독하셨고 내막으로는 빌라델비아교회에 임시 목회하러 오시게 되었습니다. 사모님 동반 없이 홀로 오셨습니다.

돌이켜보면 당시 빌라델비아교회의 이기적인 목회자 요구 및 연약한 남미노회의 빌라델비아교회의 탈퇴 가능성의 불안감 가운데 내려진(부적절한) 급한 결정으로 인하여 교회 안팎으로 오해들이 성행하였습니다. 왜냐하면 마침

내 장로 임직예식 날짜가 다가왔고, 기도하며 평화로운 가운데 한 주간만 지나면 윤춘식 목사님 인도로써 프로그램이 완성되어 있으며, 남미노회와 지역사회 교회 간에 초청 인사들이 뜻을 모아 잔치할 준비가 다 되어있었습니다. 배후에서 기도하시는 남영환 목사님께도 상호 연락이 닿았던 때입니다. 그런데도 B 목사님이 혼자 브라질로 도착하여 총회를 언급하면서 의논하는 중에 인쇄된 임직직 순서지에 윤 목사님 이름을 선으로 긋고서 그 위에 본인의 이름을 적어 넣었습니다.

그때 윤 목사님은 해외선교 제2기를 준비하기 위해 아르헨티나에 가 계셨고, 며칠 후에 브라질로 오시기로 약속되어 있었습니다. 그러나 다급했던 B 목사님이 부리나케 오시는 바람에, 노회 안건도 없이 청빙 절차도 없이, 그 분이 누구인지도 모르는데 설교단에 섰습니다.

우리는 아쉽게도 윤 목사님과 가까이서의 만남은 끝나게 되었습니다. 안식년도 반납하시고 1년 동안 한 주도 빠지지 않고 2,200km를 왕래 헌신하시며 노력하였는데, 우리는 갑작스런 생태 변화를 겪으면서 잔치의 감사는커녕 인사도 제대로 드리지 못한 가운데서 헤어지게 되었던 것입니다. 그 후에 이뤄진 일들은 살아계시는 주님 안에서 사필귀정이었습니다. 윤 목사님은 저항하지 않으셨고, 담당부서 부장님께만 자세한 내용을 써 미국 총회로 보냈고 담당 부장님으로부터 대학 노트 4장의 장문의 서신이 친필로 도착했던 것입니다. 그 당시 저는 우왕좌왕하면서도 아르헨티나로 국제전화를 내었을 때 저에게 하신 말씀이 "악법도 법입니다. 장로 장립예식은 흔들리지 말고 받으십시요!" 한마디였습니다. 그런데 B 목사님은 오래 지내지 못하시고 불미스럽게 돌아갔으며 윤 목사님과 저희 두 장로는 형제처럼 받들며 따르고 있습니다. 여기 지면을 통하여 다시 감사드리며 하나님 나라에서 더 큰 상급이 준비된 줄로 확신하며 여생의 사역에도 지원 기도를 드립니다

성령의 교통과 홀리랜드

물리적으로는 떨어져 지내지만 성령의 교통하심으로 인하여 아주 가까이 교제하며 협력하는 세월들이었습니다. 아마존 마나우스지역 개혁신학교(학장, 고/안승열 선교사)에서 제6차 라틴선교전략회의(2009년 8월) 때는 제가 참석하여 남은 때의 선교비전을 공유하였고 또한 라틴크리스천 타임즈를 통한 문서선교들, 열대 파나마 정글 엠베라 공동체연합선교대회(2019년 8월) 때는 저를 대신해 제가 대표로 있는 SEUC신학교의 변증학 교수인 '조아킴 안드라지'(Joaquim Andrade)를 강사로 보냈습니다. 지난 2022년 10월에는 브라질 상파울로 근교에 위치한 '이타콰케세투바'(Itaquaquecetuba)에 개학한 '기독복음주의신학교'(SEUC) 초청으로 3박4일 동안 〈에베소서 1-6장 강해〉를 맡아 인도하시는 등 일일이 나열 할 수도 없습니다. 이렇게 남미 선교사역을 함께 기도하며 걸어온 길이 벌써 30여 년이 지납니다.

브라질 이민자의 삶 가운데서 선교사로 파송 받은 나의 역할이 무엇인지 깨우친 후 기적의 열매들이 맺어지고 있습니다. 하나님께서 주신 달란트를 가꾸며 하나님 나라를 이루기 위하여 함께 나누며 사용하려고 합니다(고전 3:5-6). 주께서 각각 주신대로 너희로 하여금 믿게 한 사역자들이니라… 나는 심었고 아볼로는 물을 주었으되 오직 하나님은 자라나게 하셨나니, 하나님께서 은혜를 베푸시는 역량 안에서 인도하심을 믿습니다. 그러나 멈추지 않는 열심을 다하다 보니 사역들이 부흥하여 어느덧 관리해야 할 정도로 증가하고 현재는 홀리랜드(www.holyland.com.br)라는 단체가 형성되어 관리 운영하고 있습니다. 홀리랜드를 법인 구성하여 많은 하나님의 사람들과 함께 손에 손을 잡고 하나님 나라를 이루어 나가되 지금까지 진행되는 사역들을 다층의 하나님의 사람들과 지속 가능한 사역으로 만들어 가라고 하십니다.

아프리카를 향한 하나님의 마음

가장 최근의 사역입니다. 하나님께서 브라질에 복주시어 사용하시며 지금 세계에서 3번째 많은 선교사를 파송하는 국가로 세우셨습니다. 여기엔 이유가 있다고 봅니다. 오늘날 복음을 받아야하는 지역 순서는 유럽과 아메리카를 거쳐 아시아에 도달하였는데 이제는 중동과 아프리카 순서가 분명합니다.

1. 브라질은 포르투갈과 유럽인(스페인 이탈리아와 지중해 나라) 그리고 아프리카인들의 강제 이주와 이민으로 형성된 국가입니다. 당연히 브라질의 문화에는 아프리카 문화가 묻어 있으며 지중해 연안 민족들의 문화와 유사합니다.

2. 브라질인은 어디서나 친화적이며 국가 정책은 항상 중립입니다. 즉 러시아와도 관계가 좋고 중국 그리고 당연히 미국과도 관계가 좋습니다, 이스라엘과도 좋으며 다른 중동 국가들과도 원만합니다. 그러나 항상 자기의 뜻이나 의도한 바를 말할 수 있고, 주장을 해도 큰 문제가 되지 않은 몇 안 되는 국가입니다, 브라질의 천연자원들과 농축산물은 전 세계 어느 국가도 절대적인 필요로 하기에 오늘날의 자본주의 체제에서 자국제품 판매를 위하여 눈치볼 필요가 없기 때문입니다. 세계 어떤 국가도 거절하지 않고 환영하는 국가입니다.

3. 복음을 받고 선교의 눈을 뜨기 시작했으며 말씀을 사모합니다 마치 한국의 70-80년도의 열기입니다. 통계에 의하면 7천만 명의 기독교인들이 있습니다. 오순절 계통의 교회들로 하여금 여전히 문제는 안고 있지만, 하나님께서 복을 주시고 환경을 허락하셨으니 이제는 브라질도 아프리카에 책임감을 가지고 복음을 전해야 합니다. 하나님께서 저희들에게 아프리카에서 입국한 난민들을 보내주시면서 아프리카를 이해하게 하셨고, 아프리카를 방문하

게 하시며 브라질 목사님들을 선교사로 등용해 아프리카로 보내시는 이유는 바로 아프리카와 중동이 복음의 순서이기 때문임을 알게 되었습니다.

사역들의 과거를 살펴보면 하고 싶은 주관적 의지로 먼저 계획을 세운 일들은 실패했거나 성공 되어도 지속되는 일은 거의 없습니다. 충성스럽게 복음을 전하는 가운데 자연스럽게 기다리며 발생된 사역들 위에 우리의 계획을 세우며 조직을 만들고 질서에 순응할 경우 성공적으로 하나님께 영광 돌리며 부흥 발전하게 됨을 발견합니다. 아프리카 기니비사우 선교사 파송도 마찬가지입니다. 파송 계획도 없었지만 파송하게 되었고 이제는 프로젝트를 진행하며 복음을 더 본격적으로 우리의 맡은바 달란트를 쏟아 부어야 합니다. 방문하여 5명의 유학생을 선발했고 브라질로 들어올 입국절차를 준비 중에 있습니다. 2017년부터 협력하고 있는 카이로스 선교훈련원이 있는데, 여기서 이미 25년 전부터 아프리카를 선교하며 현재는 13명의 선교사를 파송, 학교와 교회를 개척하고 있습니다. 선교사님들 중에는 이미 현지인과 결혼하여 가정을 이루고 부족 마을로 들어가 복음 전하는 선교사들도 있습니다. 아프리카 포어권은 브라질 문화와 비슷한 것들이 많고 같은 유색인이며 언어 또한 같은 포르투갈어이기에 거부감이 없는 것도 결정하는데 도움이 됩니다.

생각해 보면 사람의 몸을 입고 오신 예수님 인간의 삶을 피부로 부닥치며 사신 예수님 우리들도 현지의 문화를 이해하고 그들 높이의 삶을 동행하지 않고 프로그램과 이론으로 말과 물질로만 선교한다면 복음의 씨앗은 떨어진다 하여도 피어나지 않을 것이 분명합니다.

아프리카 '기니비사우'를 향한 전략
이미 하나님께서는 많은 브라질인 선교사들을 서부 아프리카로 보내셔서 어린이 교육과 교회 개척을 시도하고 계십니다. 문제는 어린이들이 청소년이 되면서부터 문제가 발생합니다. 일자리가 없습니다. 가끔 있다 해도 업주는 이슬람입니다. 우리가 전한 복음이 자라서 열매를 맺지 못하고 이슬람의 거름이 되는 것이지요. 정치가 불안한 이 나라에 서방 국가 경제인들은 경제개발을 하지 않습니다. 불안하다는 이유와 상권이 작아 투자 위험성이 높고 자본회수가 어렵다는 이유인 것입니다. 이슬람들은 이미 상권을 장악하고 있으며 점점 더 세력이 확대되고 있습니다. 이곳은 이슬람 45% 토속 종교 45% 기독교(가톨릭 및 이단포함) 10%라고 합니다. 경제 영역을 장악하고 있는 이슬람의 세력이 더 확대 되어 다른 북부 아프리카 나라들과 같이 이슬람 국가가 될 것이 자명합니다. 일례로 이슬람교 사업가가 이 나라의 주식인 쌀을 수입하여 판매합니다. 이때 이슬람 상인에게 위탁 판매를 원가격 수준에서 하며 그 외의 상인에게는 이익을 남기고 그마저 현금 판매를 합니다. 이 정도면 '나도 이슬람이다' 라고 하며 이슬람교로 발길을 돌릴 수도 있을 것 같습니다. 선교사 개인이 상기와 같은 쌀장사는 못하지만 양계장과 사료공장으로 시작할 계획을 세웠습니다.

양계 설비의 초기 자본투자 이후 다음의 계란 생산부터는 원가의 70% 이상이 사료입니다. 사료의 주원료 70% 이상은 옥수수입니다. 2년 전부터 준비해온 양계장과 사료공장은 Sergio Feitosa 선교사님이 지휘하실 것이며 지난해 10월말 선교법인체 〈홀리랜드〉에서 파송예배까지 드리고 11월초 기니비사우에 계십니다. 페이토자 목사님은 농공업 전공자이고 브라질 Aracruz란 제지 회사에서 근무 중 부름을 체험하고서 정규 신학공부 후 목사 안수를 받았습니다. 2017년도 기니비사우 선교사로 파송되었다가 코비드 19 때 귀환하시고 파송교회의 선교비전이 바뀌면서 저희들과 함께 하게 되었습니다. BAM을 통한 전문가 양성, 가나안 농군학교의 인재양성과 경제적 자립, 초기 자본투자 후 이익금으로 지속 가능한 양계장 확장과 사료공장의 지원과 선진 양계기술 전수로써 양계장의 경쟁력 강화 및 성장을 통한 일자리

창출, 이렇게 한 단계 한 단계 펼쳐나갈 비전입니다.

글을 마치면서

존경하는 윤춘식 목사님의 고희古稀를 맞이하며 성역 45년 기념 문집에 올리는 이 글은 목사님께서 30여 년 전에 눈물로 뿌려놓으신 브라질 빌라델비아교회에서의 씨앗이 나무로 성장하여 열매를 맺고 있는 증언입니다(윤 목사님이 좋아하시는 시편 126편). 저희들이 다시금 재충전을 받아 계속 씨앗을 뿌리는 기적을 올릴 수 있도록 해주신 하나님께 감사와 찬양드립니다. 땀 흘리며 뿌린 자만이 맛볼 수 있다는 곡식단을 100 퍼센트 선교의 DNA를 소유하신 윤 목사님께서 기쁨으로 받으시길 기원합니다.

2024년 3월부터 시작된 첫 학기 활동.
13명의 어린이들이 뉴 에스파소 파밀리아에서 성경교육과 학과목 보충수업을 받으며 생활이 변화되고 있다

성역 45년, 젊은 날 신분의 변화

20대 목회를 향한 꿈

전 성 준
고신 · 신대원 36회 동기, 파라과이 선교사, Fuller 동문

벗의 45주년 성역에 즈음해 젊은 날의 꿈을 추억한다. 희로애락이라는 화면들이 지나간다. 먼저 진해로부터 교제를 더듬어 본다. 제일진해교회에 담임으로 목양하던 시절 남미에서 안식년을 맞아 고국에 도착, 진해로 왔던 때이다. 온 가족이 함께 사택에 들어서는데 나의 가슴이 먹먹해져 왔다. 가족 모두들 얼굴이 까맣다. 먼 항로에 올라 남미 대륙과 북미 그리고 태평양을 건너오느라, 피로한 흔적이 얼굴에 역력하다. 이방 땅의 의복에도 묻어 있는 것이 아닌가!

주일 낮 강단은 굉장했다. 결의에 찬 그의 설교 메시지는 투사 같은 모습이었다. 그날은 예배 즉석 특별 헌금하기로 하여, 헌금된 모두를 다 드리고 나니 나는 그제야 마음이 풀리기 시작했다. (그 이듬해 새해를 맞아 첫 주일에 다시 초청하여 그해 선교 비전을 세우며, 경상비 외에 자원 선교헌금 작정할 때 윤 목사님은 교회에 은혜로운 설교를 했다. 나는 인사말에서 성도들 앞에 '오늘 우리 교회에 예수님이 오셨다'고 진심으로 그를 환영했다).

사모님과 자녀들과 함께 어디를 가고 싶으냐고 물었다. 윤 목사님은 지리산이란다. 하여 우리는 월요일 새벽기도회에 참여하고 차를 몰아 지리산 화엄사

입구까지 숨차게 달렸다. 우리는 한국의 산을 좋아했다. 서로 산사람도 등산가도 아니며 무슨 전문 알피니스트도 아니지만, 오르고 내리는 명산을 좋아하는 것은 천성적으로 닮았다. 늦 철쭉이 만발한 초여름의 지리산! 성삼재 오르며 인생을 얘기하고 노고단 오르며 해외 선교를 논하면서 즐겁게 나누었다.

나의 삶에서 추수 윤춘식 목사를 만나게 된 것은 큰 행복이었다. 우리가 처음 대면한 데는 이러한 내력이 있다. 군 제대를 하고 신학대학원에 들어가니 그가 거기 와 있었다. 무엇보다도 보수 신앙으로 준비된 매우 지성에 찬 모습이 맘에 들기 시작했다. 그가 스스로 거창읍 촌인이라고 소개한다. 상주 촌사람과 더불어 둘이서 죽이 맞았는가 보다. 당시 영적인 붐을 타고 유행하던 이른바 Q.T.를 함께 하는 영혼의 동지가 되기 시작했다. 그는 교회 이동이나 연구생활을 할 때면 나와 함께 의논했다. 그렇지만 해외 파송 선교사로 헌신하리라고는 생각지 못했다. 신대원 재학 중 그의 활동 영역은 선교 방향이 아닌 구약학 쪽이었다. 아마도 이스라엘 키부츠 초청과 일본의 아시아 농촌개발 과정을 이수한 후, 서울 등촌교회에서 세계선교에의 꿈을 키웠다고 짐작된다. 그는 취학 전, 5~6살 주교 유치부에서부터 주님의 부르심을 확신하고 있었기 때문이다. 그가 설교할 때면 경상도 사투리는 접고 표준말을 사용했다.

윤 목사는 22살에 부산 초장동에 자리한 야간 초장중학원에서 책임자로 가르치며 청소년 교육에도 심혈을 기울였다. 학부 때 교직과목을 수강하면서 부산 성지공고에 교생실습도 성실히 수행했다. 그 덕분으로 성지 야간부에서 몇 학기 사회 과목을 가르친 적도 있다. 신대원 학업과 야간의 교직 그리고 제4영도교회 전도사로서 오롯이 자신의 앞길을 바라보며 부지런히 움직였다. 그는 향리의 모교 대성고교에서 지도하던 국어과 교사를 그만 두고, 복학 후 신대원 졸업 한 학기를 남겨두고서 소프라노 박세이(현, 사모) 자매와 결혼식을 올렸다. 그때도 그가 주중에 수업이 없던 월요일에만 이동하여 가르치고 있던 대구, 경북신학교(서문로교회) 학생회에서 예식장을 준비했다. 결혼식 때의 사진에는 오병세 박사님이 주례하셨고, 우인들 사진에는 신부와 신랑 곁에 내가 서 있는 모습을 볼 수 있다.

회상해 보면, 그의 목회시절 초기 사역지는 경북 안동의 서부교회였다. 때마침 나의 혈육 동생이 안동고등학교 교사로 발령을 받게 되자, 나는 하나님의 섭리와 때를 따라 돕는 은혜로써 잘 되었다 싶어, 벗 윤 목사가 시무하는 교회로 출석하도록 인도했다. 신앙심이 약했던 아우가 윤 목사님의 사랑과 제자훈련으로 잘 양육되어 집사가 되고 재정부장까지 봉사하게 되더니, 드디어 적성에 맞는 교회학교와 구역장을 맡게 되었다. 아우의 신앙이 건강하게 성장하여 고교 교사직을 그만 두고 신학 공부를 해야 하겠다는 상담을 청하는 것이었다. 그때는 윤 목사님이 서울 등촌교회로 옮긴 이후였다. 나는 아우의 새로운 그 길을 세심히도 말렸지만 결국 신학 과정을 마쳤고, 대한신학 교단으로부터 남미 파라과이 선교사가 되어 거듭난 모습을 보였다. 물론 내가 섬기던 교회가 모퉁이 돌이 되어 파송하며 후원하게 되었다. 파라과이 선교사로 아순시온 현장에서 결국 장로교회를 4개처 세우고, 학교 사역까지 충성하다가 일찍 하늘나라로 부름을 받았다.

동생은 이방 땅 남미에 묻힌다. 슬픔에 오래 머물 수 없어 그러한 사연들이 동기가 되어 나 역시 선교사로 부름 받아 떠나게 된다. 그 배후에는 고신 총회의 선교사인 윤 목사와 다른 친구 C국의 김 선교사의 기도 지원이 막강하였다. 이렇게 아우 전정섭 선교사를 생각하면, 그 젊디젊은 날에 벗 윤 목사를 만난 섭리가 예사스런 일로써 지나친 계기가 아니라, 더욱 깊은 관련으로 하나님의 경륜을 사모하게 만들었다. 아우가 아순시온의 낯선 현장에서 이방의 교회를 개척하고 교회당을 건축하고 있다는 소식을 듣고서 아르헨티나의 윤 목사님이 실제 찾아주었으니 그때의 격려를 동생은 잊지 못하고 있었다.

나의 50대 후반 21세기에 접어들 무렵, 경기도 용인에서 '주님의 교회'를 개척할 당시에 친구 윤 목사님은 아신대학(ACTS) 교수로 사역하기 시작했다. 그때는 외래강사로서 봉사할 때였다. 이사회로부터 그의 조교수 발령은 훗날에 2012년경부터 정규로 시작된다. 헌데 어느 날 전화가 걸려왔다. 고신 교단(총회)의 고려신학교에 화란과 미국 유학을 마치고 1960년대부터 가르치기 시작했던, 초창기 세 박사인 은사님들에 관해서 그 전기적인 글을 쓰게 되었다면서, 오병세 박사의 난 곳 고향인 봉화읍 석평리 선돌마을의 답사차 동행하기를 청해 왔던 것이다. 경북의 최북단 봉화로 동행하자고 의견을 묻는다. 그해 그렇게도 더웠던 여름날에 은사의 생가와 유년시절을 탐문 취재하기 위해 운전하며 숙박으로 간식으로 함께 섬겼다. 은사님으로부터 수업시간에 말로만 들었던 선비 고을을 직접 방문하게 되었다. 영조 때에 동암 권이번權以璠의 학덕을 추모하며 후학을 양성하기 위해 세운 동암서당과 거기서 얼마간 떨어진 곳에 송석헌松石軒 고택을 둘러볼 수 있었다. 고택은 권이번 선생이 둘째 아들인 권명신에게 살림집으로 지어준 가옥이다.

우리는 돌아오는 길에 청량산 계곡 아래로 흐르는 낙동강 상류에서 강수욕까지 하면서 동심으로 돌아가고 말았다. 그와 나는 촌사람답게, 불어난 급한 물살을 가르며 수영도 곧잘 하였다. 그렇게 윤 목사는 순수하였고, 도전적이면서도 정교했다. 무슨 일들에 다급하면 항상 나를 부르며 동행한다. 나는 그런 일들의 결말이 항상 승리로 끝나는 것을 알기에 또한 부름에 응한다. 그도 나의 부름에 마찬가지이다. 아마도 나는 미래에도 받아들일 것이며, 역시나 그를 부르게 될 것이다. 우리에게는 목회와 선교에 있어 어느 것이 먼저이며 나중인가를 헤아릴 필요도 없거니와 그리스도를 전파하며 하나님의 나라를 세우기 위한 일심동류의 사역(행 28:30-31)인 줄을 둘 다 긍정하기 때문이다. 물론 우리가 성숙해 오는 시간적인 과정에서는 목회사역이 먼저였다. 나는 알고 있다. 지금까지도 그랬듯이 아마 또 갑자기 연락할 것 같다. 그래서 우리는 고신 · 신대원 36회 동기학파로 졸업한 '근본 인자'(cause & fundamental identification)를 가진 벗으로서 영원한 동지이다.

예기치 않게 갑자기 동생 선교사가 병듦으로써 누군가 선교지로 가야만 했다. 주께서 본인을 부르시는 마게도냐 사람의 부름(행 16:9) 앞에 순종하게 되었고, 남미 파라과이 선교사로서 벗 윤 목사와 해외선교 사역의 랑데부까지 하게 되었다. 그것은 아무리 근원을 생각해 보아도 하나님 섭리의 손길이었으며, 벗 윤 목사가 총회 파송의 선교사로서 앞서 순종하여 거기 가 있었기 때문이다. 그는 목회사역으로 인해 늦게야 선교지로 온 나를 극진히 대우하며, 남미 대륙을 한 바퀴 소개하였고 멀리 볼 수 있도록, 눈을 들어 추수할 밭을 보도록, 근시에서 벗어나 원시토록(벧후 1:9) 즉, 무궁하면서도 다양한 문화와 환경을 초월할 수 있도록 중 · 남미 대륙의 북쪽과 남단을 여행하며 안내하였다.

나에게 귀중한 사람들을 아까워하거나 숨겨두지 아니하고, 나의 사역의 앞날을 위해 붙여주고, 또한 파나마 정글 사역지까지 이끌어주었다. 열대 정글의 엠베라 부족 공동체를 말씀으로 섬기게 하였고, 카리브 섬들의 쿠나 부족 방문차 카리브 해에서 백오십여 명 청년연합부흥회를 인도하도록 나의 눈을 열어주었다. 그의 통역에는 거침이 없었다. 돌아오는 길에 다시 정성을 쏟아, 교회당을 짓는 엠베라 부족 사역지에서는 신앙을 고백한 성도들에게 세례를 베푸는 물속에서도 함께 했다.

추수秋收 윤춘식 목사, 그는 은퇴한 오늘에 이르러서도 무언가 꿈을 꾼다. 선교교육의 실천에 계획을 세우고서 노력하는 전략가이다. 그의 여러 저서 가운데『중남미 선교전략 연구』(쿰란출판) 라는 책이 있다. 이는 현재 중 · 남미에서 활동하고 있는 선교 지도자들에게 좋은 영향력을 끼친다. 모르면 묻는 그의 성실함이 열매를 맺는다. 충성된 마음으로 찾아가고 서둘러 양평의 선교교육원으로 부산으로 고향 거창으로 홍길동처럼 움직인다. 그러면서 놀지 않는다. 열심을 품고 기도하는 선교학자이다. 이것은 중남미 현지의 선교사라면 그에 대해서 익히 알고 있는 전설이 되었다. 요즘에는 그의 선조들이 편찬한 문집 가운데, 교우膠宇문집(1911년 사가私家 목판본)을 펼쳐서 한시를 해석해 본다고 한다.

캘리포니아 풀러신학교 목회신학 박사요, 아신대학원 출신 철학박사로서, 고신인이 초교파적으로 그곳 ACTS의 교수로 재직하였다. 그리고 상당한 신학서적과 선교학 교재를 집필했다. 교단의 목회자요 총회선교위원회의 선교사로서 벗 윤춘식은 사심이 없다. 그에게는 일반 집도 한 채 없는 것 같다. 몸이 이동할 때면 선교관에서 휴식을 취한다. 아무나 갖지 못하는 기독의 영성이 그 속에서는 펄펄 끓고 있는 청년이기 때문이리라. 40년이 넘도록 신학대학원에서부터 함께 경험하며 호흡해 온 동지로서 글을 적어 그의 성역 기간을 축하하며, 부족한 글이나마 벗됨의 의리를 더하고 싶다. 지금까지 동질의 삶을 살아온 믿음의 벗으로서 나아가 남은 생애 동안 그를 가까이 보는 것이 큰 영광으로 생각하며 축하에 대하고 싶다.

40여 년 복음 동지로 사는 벗 전성준

브라질 빌라델비아교회 섬김의 세월

김 정 식
빌라델비아교회 장로, 종교청등록재단법인장 역임

회상해보면 그립고 간절한 시절이다. 윤 목사님의 성역 45년과 70세 고희가 믿어지지 않는다. 제 나이 80살을 훌쩍 넘겼어도 언제였는지 모르게 지나간 것처럼, 알고 보면 윤 목사님의 고희 문집 편집진의 말씀이 없었다면 나도 모르게 지나갈 뻔 했다. 윤 목사님과 사모님은 그동안 짧지 않은 세월 동안 낯선 대륙이요 타국에서 선교의 이름으로 주님 십자가를 지고 따르셨으니 그 고생과 은혜가 얼마나 컸을까?

윤 목사님과 윤택했던 브라질 만남

윤 목사님은 1996년 한 해, 안식년 동안 우리 교회(상파울로 빌라델비아)에서 지내셨으니, 나는 그 기간에 장로로 피택 받기까지, 내 일생에서 잊을 수 없는 성스러운 일이었다. 나는 처음에 1980년대 초 브라질로 이민을 떠나와서야 예수님을 영접한 사람이다. 처음에는 한성교회에 등록해 출석했다. 홍권사와 부부를 맺고 구원 받은 은혜를 확실히 체험하고서 물질은 풍부하지 못했으나 하나님께서 베푸시는 인애와 우리 부부의 털끝에도 미치지 못하는 작은 봉사에는 말로 형용할 수 없는 즐거움이 있었다. 하나님의 은혜로 우리 부부가 빌라델비아교회로 옮겨온 이후, 장로로서 세움을 받을만한 눈에 띄는 공로도 헌신도 부족한 사람이다. 이에 관련된 일에는 그 누구의 사역자보다 우리 교인들이 더 잘 알고 계신다. 나에게 있어 브라질 땅 이민은 하나님의 작정이 계셨다. 나를 자녀로 택정하셨고 우리 가족을 주님의 백성으로 삼기 위한 하나님의 주권적 섭리이셨다.

아련했던 그 시절

지금 생각해보면 아련한 시대였다. 별로 수준이라 할 것도 없는 평범한 포어 회화였다. 그래도 산토스 국제 항구의 화물창고에 가서 비록 시간이 오래 걸리더라도 서류만 있으면 찾을 물목은 다 찾아왔다. 등록된 종교법인체가 있어 초청장 발급도 되었다. 실제로 법인체 덕을 본 선교사들이 몇 계신다. 1980년대 초 브라질 거주 한인의 수는 대략 20,000 명 정도로 추정된다. 한국인들은 한인촌에서 한인들만의 삶의 방식을 창출하며 살았다. 가난한 환경과 위생 상태가 낮은 지역으로 낮에도 혼자 걷기 위험했던 곳이다. 그러나 그곳에 살던 사람들은 그런 사소한 후진 환경에 신경 쓸 겨를이나 붙들려 있을 수 없는 나날이었다. 가장 큰 관심은 집세가 쌌고 시내 중심가와 가깝게 위치하고 있었기 때문이다. 그런 곳이라야 브라질 사회에 대한 정보를 얻을 수 있다. 바로 리베르다지 경내의 '글리쎄리오 길과 꼰지 데 싸르제다스'(Glicerio e Conde de Sarzedas 길 사이에 형성돼 있었다. 그런 우범지대 인근에 한인회도 자리 잡았고 우리 교회당도 그 근처에 있었다. 1990년대 접어들면서 한인사회는 환경이 보다 나은 봉헤찌로 패션의류타운이 발전한 곳으로 옮겨갔다. 비로소 상가를 중심하여 경제활동이 활발한 한인 타운이 형성될 수 있는 계기를 맞는다. 이러한 시기에 빌라델비아장로교회는 새로운 목회자를 모셔야하는 임박한 숙제를 안고 있었다. 당시 연로했던 남영환 목사님께서는 한국으로 귀환하시기 직전, 제직회를 열고 아르헨나에서 사역하고 있는 윤춘식 목사님을 추천하셨다. 지체할 시간이 많이 없어 제직회에서는 손신달 원로장로님의 차남 손 집사(사업가)를 청빙위원회 섭외 대표로 선임하고서 곧 아르헨티나에 파견하기로 결정했다. 그날 제직회 이후에는 손 집사님에게 섭외에 필요한 전권을 일임한 것이다.

담임 목사로서 청빙과 과룰료 국제공항
따라서 아르헨티나의 윤 목사님을 담임으로 모시기 위한 예우는,
- 사택과 자동차와 생활비 일체
- 성령의 충만과 영성, 성도들 목양과 교회교육 전담
- 예배당 건축에 필요한 계획성 있는 목회 실천
- 자녀(남매)에 관한 교육비 일체를 전담하며, 가능하면 인지도 있는 대학교까지 등. 대충 이러한 범위였다.

손 집사님의 다녀온 이후 보고는 윤 목사님이 개척하며 발전하고 있는 에벤에셀교회와 멘도사장로교회를 돌아본 소감과 윤 목사님이 브라질로 옮겨 올 수 없는 상황들을 나열했었다고 기억된다.

윤 목사님과 비슷한 시기에 상파울로로 파송(kpm소속)된 배봉규 목사님은 선교사로서 고신 교단을 위해 최선의 선교회를 조성해보려고 노력하던 시기였다. 개척되어 있던 베데스다 한인교회를 맡으셨다. 새롭게 파송되어 온 그루터기 사명자답게 고신 출신의 장로들을 규합해보려는 계획으로 '첫 번째 선교회'라는 명칭의 선교회를 만들려고 기도하셨다. 하지만 노력만큼 성과가 있었던 것은 아니었다. 그러나 고신 출신 장로들을 연합해 보려는 의도는 좋았다고 본다. 그런 사역에는 수준 높은 방법론이 준비되어 있어야만 했다. 개교회의 장로들은 모두들 중직자들로서 이미 예배와 선교 봉사의 핵심 인물이 되어 있던 때이다. 경상도를 비롯해서 서울 부산 대구 등 '첫 번째 선교회' 결성이 생각만큼 수월한 것은 아니었다. 브라질에는 남미의 다른 국가들과는 달리 이미 장로교단이 현장에서 터전을 잡고 있던 때이다. '연합장로교', '독립장로교', 브라질 '개혁장로교' 등 장로교가 엄청난 교세를 떨치고 있었다. 뿐만 아니라, 상파울로에 위치한 마켄지 대학은 1870년 아메리칸 스

쿨로 개교해 1952년 브라질 정규대학으로 인가를 받았다. 현재 브라질 고등교육기관 중에 가장 역사가 오래된 대학교로 장로회 교단 소속의 기독재단이다. 지금까지 약 35만 명의 졸업생을 배출했으며 그 중 상당수가 브라질 정계 및 사회단체와 교육계 등에서 활약하고 있다.

남영환 목사님께서 한국으로 돌아가기 며칠 전, 얼굴에 희색이 만연하였다. 아르헨티나의 윤 목사가 오기로 했다는 소식을 전하셨다. 모두들 놀라워하며 까닭을 물었다. 남 목사님은 국제전화로써 윤 목사에게 "늙은 목사의 간청을 무시하지 마세요. 서울 등촌교회의 박현진 목사님에게 연락해 윤 목사님이 오도록 총회선교부의 동의가 되었다"고 말씀하셨다. 그리고 "그래야만 내가 안심하고서 브라질을 떠날 수 있다"고 하셨다는 것이다. 그 후에 남 목사님께서는 새로 오실 윤 목사님을 위해서 공동의회를 광고하고 개최하셨다. 윤 목사님이 우선 안식년 1년 동안 승낙하겠다는 것이다. 그러면서도 남 목사님은 빈틈 없으셨다. 공동의회에서는 청빙 투표를 실시하셨고, 주변에서 누구도 윤 목사님을 거스르지 못하도록 청빙투표 결과와 생활 대우에 필요한 교회측 의견서까지 장로들과 남 목사님의 사인으로 노회에 제출해 놓으셨다. 그 후에 브라질을 떠나셨다. 당시 공동의회 투표 결과는 회집 40여 명의 회원 가운데 기권 한 표, 부표 없이 모두 가표였다. 남 목사님께서는 당신의 목회사역 가운데서 이렇게 긍정적인 투표 결과는 처음 경험한다고 말씀하셨다. 그 후에 윤 목사님이 빌라델비아교회에 오실 즈음에는 남 목사님이 출국하고 교회에 계시지 않았다. 당시 당회원은 박정석, 손신달, 지준옥, 김양도 장로님 이렇게 네 분이었다. 김현수 전도사(후에 고신총회선교사)가 주교부장으로 섬기던 때이다.

윤 목사님은 나름대로 브라질을 품으며 빌라델비아교회를 사랑하는 전망을 밝히셨다;

1. 브라질 한인교회(고신소속) 사역이 남미의 디아스포라 영혼을 사랑하는 연장선이며, 목양사역에 대한 영성이 녹슬지 않기를 바라는 마음에서다.

2. 가족들의 안식년을 보람 있게 보내면서 자녀들이 한국으로 나가지 않아도 될 만큼 지속되는 학업에 안정적이다. 성도들과 청빙위원들의 헌신과 노고에 감사드린다. 함께 하나님의 뜻을 구하며 그의 나라를 위해 간구하자고 인사했다. 손 집사님의 파견이 헛되지 않았다.

3. 공동의회에서 결정한 주요 사항은 지켜지기 어려웠다. 윤 목사님이 사택만 사용할 뿐, 생활비를 고사하셨기 때문이다. 대신 그 절반에도 미치지 못하는 매월, 미불 US$1천 달러만 정하여 성전건축헌금에 동참할 수 있도록 하신 제안은 받아들여졌다. 그리고 윤 목사님의 왕복 항공료는 손 집사님 개인이 헌금하겠다고 했다.

일반적으로 생활이 어려운 해외 선교사에게 있어 한인교회의 초빙은 절호의 자랑거리이며 자부심을 가질만하나, 윤 목사님은 그 반대였다. 해외 원주민 선교사로 철저히 무장되고 외골수로 길들여진 타문화권 선교 군기가 하루아침에 떠나가실 리 없었다. 때가 되어 남미노회에서 허락한 장로 3인 피택 선거날(주일)이 다가왔다. 심 모 집사는 S교회로 옮겨가셨고, 정길수 선교사님의 사위 박치홍 안수집사님은 충성을 다했다;

1. 장로투표 결과 두 분만 피택됐다. 그런데 담임 목회자는 시험과목을 맡을 수 없다는 노회규칙에 의해 윤 목사님은 면접시간에만 참석했다. 모든 시험과목에 손 집사님은 통과했으나, 나는 그만 모 목사님에게 한 과목과 면접에서 걸리고 말았다. 아내 홍영희 권사(당시 집사)와 밤새껏 기도했다. 윤 목사님의 주선으로 면접을 무사히 마칠 수 있었다. 장로 피택

된 후 건축위 재정부에서 봉사했다.

2. 아내 홍 권사는 받은 은사가 많아 빌라델비아교회에서 사무간사로 섬겼다. 나는 그 당시 의류 생산직으로서 봉헤찌로, 단추생산에 근무했다. ① 호세 빠올리노(Jose Paulino) 시장과 ② 뽈로이키(Polohiqui) 시장에서 오전 8시~오후 6시까지 일반품을 판매했다. 매일 새벽기도가 은혜스럽고 예배 시간 맞춰 교회의 콤비 차량 운전이 그렇게도 기뻤다. 매주 금요일이거나 격주 간으로 '과룰료 국제공항'에서 윤 목사님을 마중하는 시간도 기뻤다. 국제공항에서 사택까지는 차량으로 50분 거리다. 당시에는 도로에서 정체되는 일도 드물었다. 새벽기도 후에는 사택 가까운 가게에서 윤 목사님과 같이 열대의 생과일들과 우유를 섞어 마시는 '비타미나'와 '뼁지 케조'(작은 치즈빵)가 입맛에 맞아 즐거웠다.

예상하지 못했던 교회의 시련

그러나 모든 일이 좋게만 경험되는 것은 아니었다. 시련이 발생하면 안 되는 시간에 시련이 닥쳤다. 새 교회당이 건축된 Rua das Olarias 103번지의 까닌지 지역으로 옮겨가기 전이다. 어느 날, 장로 장립예식 날(주일)을 3일 앞두고서 애매한 고난이 다가왔다. 별도의 연락 없이 갑자기 북미에서 브라질로 내려왔다. 우리는 P목사님이 그렇게까지 황급히 도착한데 대해서 이해할 수가 없었다. 참으로 이상야릇한 순간이었다. 이해가 되지 않은 것은 고사하고 한도를 넘어서 교회가 청빙도 아니 했는데, 나중에 그 과정이 모두 알려지고 난 다음에서야 알게 된 것은 미주 총회와 선교위가 브라질 국가로 파송한다고 해 놓고서, 내용은 '해외 선교사로 파송하는 것처럼 하면서 한인 빌라델비아교회를 돌보도록 한다'는 기막힌 내막이 있었던 것이다.

해외 선교사 파송에 대해서는 우리 교회가 관여할 바 아니지만, 교회에 와서 설교하는 것과 교회 행정을 행하는 것은 교회의 소관임을 주일학교 어린이들도 알고 있는 상식이 아닌가? 그런데 문제는 터무니없이 일찍 온 것이었다. 윤 목사님에게 일체의 연락도 취하지 않고, 알림도 없이 남미로 내려왔으니, 사전에 어떤 기도의 시간이나 계획이나 일언의 조율도 없이 막무가내로 혼자 온 것이다. 말인즉 "총회가 파송했다"는 것이었다. 그렇다면 해외 선교사로서의 일을 하면 된다. 빨리 오거나 늦게 오거나 우리 교회가 총회의 날짜에까지 관여할 수는 없는 일이라고 보아진다.

헌데 윤 목사님과 함께 임직식의 모든 프로그램을 준비해 놓은 임직예배순서와 선물은 어떻게 되는 것인가? 노회와 상파울로 시티 주위의 각 교회로부터 오실 손님맞이 준비를 갖춰놓고서 재정을 들여 잔치를 준비했는데 P목사님이 받았다. P목사면 어떻고 Y목사면 어떤가? 둘 다 하나님의 종인데… 정작 그런 것인가? 이것은 축복이 아니다. 명백한 탈진이다. 한 사람만 탓할 일도 아니있다. 배후가 그렇고 총회 소속의 한 부서도 마찬가지다. 어찌 가꾸지 않고서 거두며, 씨 뿌리지 않고서 수확하려고 드는가? 이것은 인간사의 도리에도 맞지 않으며 기독교 윤리에도 어긋난다. 장로 임직을 받을 본 교회 후보자 두 사람에게는 어찌할 바 몰랐던 혼돈의 순간이었다. 그때 나는 손 집사님과 많은 고민을 했다. 아르헨티나에 연락했을 때, 윤 목사님의 마음 역시 편치 못했다. 여러 가지를 상담한 결과, 윤 목사님은 "하나님의 긍휼을 기다리십시다"라고 하셨다. 결론은 "다른 생각 말고서 장로 장립을 받으십시오."였다.

이 문제는 20년도 더 넘었으니 그냥 지나가기로 한다. 하지만 교회에 봉사하면서 무엇을 배워야 하는지에 대해서는 목사님들의 행동이 얼마나 중요한가를 판가름하는 일련의 사건이었다. 어떻게 총회의 권위가 상식 이하의 방법론으로 개교회에 파송하는 절차 하나 없이 밀어붙이기 식으로 번갯불에 콩을 구우면 되겠는가. 그날 이후 우리교회는 브라질 해외선교나 선교연합회를 위해서도 P목사로부터 원주민 선교사라는 정체성을 본 일이 없다. 그리고는 얼마 못 있어 다시 미국으로 떠나셨다. 떠난 이유도 교회 중직들만 내적으로 알기로 하고 노회에서 다루었을 뿐, 미주 총회에 알리지도 않고 당회에서는 항공비를 챙겨드리고서 조용히 보내드렸다. 이런 일은 교회의 많은 재정만 축내고 오시는 것도 가시는 것도 그분에게는 축복이 되지 못했던 것이다. 재미 총회 역시 마땅히 반성해야 할 사건이었다. 그러나 그 P목사님의 미국행에 관해서는 총회에 알리지 않았기에, 파송할 때 당시의 부서와 관련된 임원들은 까마득히 모르는 일이 될 수도 있다.

나의 한국 귀환

2016년 가을에 나는 브라질에서의 이민생활을 정리하고서 한국으로 나왔다. 영주시 아파트로 들어 올 수 있었다. 영주는 조선시대의 유교 전통이 깊이 자리 잡은 선비 동네이기도 하다. 그래서 작은 도시에 시립 도서관이 두 군데나 세워져 있다. 나는 한문 공부를 위해 2년째 도서관 복지그룹에 재학하고 있다. 교회생활은 아파트 가까이에 있는 영주장로교회에 등록하여 새벽 기도회로부터 은혜로운 하루를 시작한다. 노모께서 봉화에 계시니 드나들기도 가깝다. 어머니를 동생이 모시며 돌보고 있었다. 아직은 근력이 있어 거동에 크게 불편하지는 않으시다.

브라질 교민으로서 함께 신앙생활을 했던 사업가 이용수 장로님이 계신다. 그는 ROTC 출신으로 베트남 전쟁 때도 전투 지휘했던 참전 장교이다. 브라질 순복음(오순절)교회에서 가정이 주의 종들을 솔선수범 섬겼던 부부이시다. 그분이 수년 전에 상파울로의 사업을 자녀들에게 물려주고 한국으로 돌아왔다. 그의 주선으로 서울 명동에서 브라질 교민교회 출신 목사, 장로들의 초청 모임을 가진 적이 있다. 나는 윤 목사님도 초대했다. 그날 영주에 계셨기에 윤 목사님의 초대가 가능하였다. 마침 안식년차 내한한 브라질의 김홍구, 윤창인 선교사님도 초대되었다. 전국 각지에서 초청된 약 20여 명이 모이니 성대한 회합이었다. 서로 인사하며 근황을 나누면서 남미에 관한 회포를 풀었다. 나는 이런 모임을 주선한 이 장로님이 멋지게 보였다. 한 걸음 너머 서로 통한다고, 아르헨티나 순복음교회에 시무했던 고·이정현 목사에 관한 이야기가 나오자, 윤 목사님과도 친분 있게 지낸바 있는 그 분의 얘기꽃에 두 사람은 금방 친구가 되는 것을 엿볼 수 있었다. 반가운 일이었다. 마침 윤 목사님이 며칠 전 발간한 따끈한 번역서 『선교문학; 토바 사람들의 새싹』 책을 가져와 모두에게 인사차 선물하셨다. 그런데 누군가 선물인 줄 모르고서 값을 물을 때, 출판비 잔액이 조금 남아 있었는데 이 장로님이 알게 되었다. 그리고 기도하고서 발행한 출판사로 연락해 바로 송금되는 일이 생겼다. 나는 그날 마치 내 자신이 윤 목사님께 지원한 것처럼 대단히 기뻤다.

여기도 겨울이 시작되어 많은 눈이 내렸다. 나는 지금 영주 기독병원에 입원해 있다. 영주에는 백두대간 산줄기가 지나는 소백산 준령들의 영향으로 추위가 일찍 온다. 그날 새벽에는 내린 눈이 얼어서 길이 어둠 속에서도 흰빛으로 보였다. 그 옆으로 피해서 가도 되는데 나는 그만 눈 위로 걷고 말았다. 아차, 하는 순간 상체가 먼저 넘어졌다. 새벽기도실에 들어갈 때는 계단의 난간을 겨우 짚고 올랐다. 기도 중에 척추의 통증을 더는 인내할 수 없었다. 비몽사몽간에 집으로 와서 소리 없이 누웠다. 앓는 신음을 내 자신이 들을 수 있었다. 아내는 나를 응급실로 실어 왔고, 정신을 차리자 윤 목사님이 소백산 아래서 내 병석 곁으로 달려와 기도해주고 계셨다. 30년 예전이나 지금이나 한결같은 분이시다. 인격적인 의리로서도 그러하지만 제가 믿고 의지하는 하나님의 사랑이셨다. 야고보 사도는 "병 낫기를 위해 너희 죄를 고하며 서로 기도하라" 하신다 (약 5;16).

선교현장에 남긴 사역과 삶에 대한 발자취

저 백합의 물레에서 영원한 실이

장 영 관

감리교 감독, 에스페란사교회 담임, 아르헨티나 원주민 선교사

■ 여기에 기록한 글은 실제로 보고 듣고 겪은 체험된 간증입니다. 제 자신이 획득한 현지 선교의 진면목이었음을 이야기합니다. 동시에 실명이 필요할 경우 허락을 받고서 기록합니다. 여기에 남기는 윤 목사님과 사모님의 선교적 삶과 사역에 대한 기록은 빙산의 일각에 지나지 않음을 밝혀 둡니다.

A. 윤춘식 목사님은, 사역과 삶에 어떤 사람이었나?

그는 평소 복음에 집중하며 하나님의 나라에 목숨을 걸고 어디에서든지 하나님의 나라를 위해 생명을 드리는 선교사입니다. 지나간 28년 동안, 연방 수도 부에노스아이레스, 멘도사주, 네우켄주, 차코주 헤네랄 파스 등 지도를 펼쳐놓고 그 위에서 장로교회를 개척하게 해 달라고 기도했던 모습을 확실히 기억하고 있습니다.

아르헨티나에 도착하셔서 한인교회에 목사 청빙을 두 차례나 받았으나 끝내 부임하지 않았습니다. 한 번은 한국인교회(실명), 다른 한 번은 은평교회가 세워지기 전에 그 이전 모 교회에서 목회적 갈등과 분란이 일어났을 때, 한국의 서울 등촌교회에 계셨던 최집사님 부부와 장권사님과 여러 집사님 가족

이 주축이 되어 서른 명 가까이 된 성도들이 "우리 목사님, 우리 목사님" 하며 새로운 교포교회를 개척하자고 간청했을 때도 관여하지 않으셨습니다. 그때 교회 대표자들이 내 세운 사례와 대우가 매월의 선교비와는 비교도 안될 만큼 엄청났는데도 응하지 않았습니다.

> "한인목회를 하려면 한국 땅에 거주하면 되지, 왜 성령님이 먼 이방 땅으로 인도하셨겠는가? 사도 바울이 다소에만, 예루살렘에만 거주했는가?"가 그분의 지론이었습니다.

처음에 1992년경 라모스 메히아에 월세로 거처가 정착되자 그 집에서 선교학 강의를 시작하셨습니다. 1년간 지속된 훈련과정이었습니다. 그때 제자가 저와 이태호 전도사, 그리고 최종희 전도사와 그 자매 최종현, 이렇게 4사람이었습니다. 4사람 모두 선교사 파송을 받았고, 현재도 일하고 있습니다. 그는 작은 거인으로 이민족의 영혼을 사랑하며 복음에 빚진 자로서 부채 갚기에 최선을 다하는 하나님의 사람입니다.

1. 목자로서의 삶과 하나님 나라: 하나님의 교회를 사랑하여 전파하는 메시지는 '하나님의 나라'에 주제를 두셨습니다. 한 인간으로서의 평탄한 삶에 초점을 맞출 수도 있지만, 윤 목사님은 무사안일에 연연하지 않고 강단에서 세 가지 대지를 즐겨 사용하십니다. 하나님의 나라, 제자도 그리고 사도행전을 풀어내는 심장으로서의 서신서 설교를 자주 했습니다. 컨퍼런스나 교회연합수련회 때는 말할 나위 없지만, 부에노스아이레스 외곽에 있는 저희 원주민 교회(에스페란사교회)에 오셔서 설교한 것만 헤아려도 스무 번도 넘습니다. 한 번은 베니어판으로 만든 큰 십자가를 들고 오셨고, 또 한 번은 쟁반에 담긴 사과를 준비하여 서셨습니다. 실제 4등분한 채로 하나님의 나라는 인간들의 분할 통치가 아닌 온전한 열매이며 그 둥치와 가지가 자라나기 전, 씨앗

이 성령에 의지한 말씀에서부터 시작해야 한다고 강조했습니다. 제자도의 실제는 교회를 세우기 시작하는 오순절 때의 사도행전보다 앞서 '하나님의 나라' 와 '회개'를 설교하는 4복음서에서 그리스도를 먼저 만나야 한다는 주제였습니다. 그리고 사도행전의 발자취(선교의 길)를 통해서 각 교회로 확장되며 섬기는 심장으로 바울 사도의 서신을 품어야한다는 메시지였습니다.

현지에서 첫 사역으로 에벤에셀과 멘도사장로교회를 개척했으며 타 주에는 네우켄교회와 토바 예수사역교회의 영혼을 사랑하는 목사님이십니다. 자녀들이 성장하여 성인으로서 각자 일해야 할 방향이 정해지자 선교 후기에는 파나마로 떠나십니다. 이를 위해 때로는 빈민지역에까지 들어가 소외된 영혼을 위해 최선을 다해 영혼 구령에 앞장서셨습니다. 우리는 가까이에서 다 보았고 실제 열대 정글에 방문한 후 느꼈습니다. 아마도 제가 그분 곁에서 누구보다도 그의 삶과 사역을 나누면서 진솔하게 얘기할 수 있습니다.

2. 선교사로서의 사역: 파송 전, 이미 한국에서부터 준비된 선교사로서 목회와 선교를 예수님의 같은 배에서 나온 쌍둥이 형제라고 강조했습니다. 필리핀, 싱가포르 등지에서 국제 선교적인 선교준비를 했습니다. 아르헨티나. 파나마, 그 외 여러 국가와 지역을 다니면서 세계 곳곳에 죽어가는 영혼을 위해 최선을 다해 사역한 선교사이십니다.

무엇보다 또렷한 목표를 세우고 목적을 두고서 기도했습니다. 각 지역에 필요한 전략을 계획하고 준비하고 가능하면 교회가 필요한 곳에는 교회를, 학교가 필요한 곳에는 Chaco 지방에 인디오 토바부족을 위한 5년제 중고등학교를 설립했습니다. 파나마에서는 열대 오지 부족인 엠베라 인디오를 위하여 정글에 들어가 3개처 교회를 세웠습니다. 직접 건축 노동도 하고 그들의 살길을 몸소 제시했습니다. 콜롬비아 국경 가까이에 있는 발사강에서 5~6시간 카누를 타고 상류로 들어가면 갈릴레아 공동체가 나오는데 (위성사진이 아니면 찾기 어려운 곳) 복음을 전하며 영혼을 사랑했습니다. 하나님의 나라를 확장하기 위해 최선을 다한 선교사이심을 저는 함께 동역하면서 다 보았습니다. 현재 제가 하고 있는 사역의 국면도 그에게 배우며 보았던 것을 개발하며 재연하고 있습니다.

3. 교수요 학자로서의 준비성: 항상 교육과 가르침에 최선을 다한 선교사이시며 교수입니다. 이 방면에는 아무나 가질 수 없는 천성적인 은사(자질)가 있는 분입니다. 선교 학자로서의 끊임없는 교육과 가르침에 예나 지금이나 최선을 다하십니다. 곳곳을 다니면서 선교사 지망생과 선교후보생을 키우는 교육 세미나(특히 라플라타 La plata에서), 그리고 아르헨티나에 오신 지 얼마 안 되어 한인교회들의 청년수련회를 맡아서 초청되어 수련회 강사로 봉사하셨으며, 크로스웨이 영문판을 갖고서 스페인어로 옮기는 작업을 했습니다. 일대일 제자교육용 교제는 아들인 윤 다빗이 부분 번역하였고 저도 도왔습니다. 각 한인교회에 초청을 받아 하나님 말씀전하는 데도 주일마다 최선을 다하셨으며, 그때 크로스웨이 성경공부 해외 강사로서 〈월간목회〉(대표, 박종구 목사)로부터 위촉(1992. 9)을 받았을 무렵 특강을 다닐 때, 저도 참석해 은혜 받고, 준비하여 선교사가 되는데 큰 초석이 되어 주었습니다. 현재 부에노스아이레스 한인침례교회(당시 담임 권영국 목사)에서 제1회 크로스웨이 목회자 강좌를 시작했습니다. 한인목회자 20여 분이 참석했습니다. 그 후에는 중앙교회, 신성교회, 아르헨티나교회와 한인초등학교 교실에서도 실시하여 6회까지 진행합니다.

그는 각종 세미나를 1년 전에 미리 준비하셨습니다. 또한 ACTS 대학원 선교학 교수로서 각국 선교사 연장교육 프로그램에 헌신해 지도하시면서 각 대륙의 선교사들을 위한 계절 학기를 만들어 많은 선교사님들과 목사님들에게 교육의 기회를 주었습니다. 중국, 몽골, 니카라과, 아르헨티나, 브라질 등이 그러합니다. 뿐만 아니라, 아신대학(ACTS) 선교대학원의 석·박사 학위과정을 이수할 수 있도록 기회를 제공해 주셨습니다. 저에게는 남미 개혁신학교에서 히브리어와 선교학을 가르쳐 주셨고, 아신대학교 선교대학원의 석사과정에 입학시켜 학위과정을 모두 마치게 했습니다(Th.M). 나아가 오지에서 사역하는 선교사들과 한국에 직접 가서 공부하기 어려운 이들에게 교육의 기회를 열어 끊임없는 접촉과 동기부여를 하며 제시했습니다. 해외 선교사들과 교포교회 목사들에게 성경연구를 위해서 몸소 추진하셨습니다. 지금도 귀에 쟁쟁한 말씀이 있습니다.

> "반듯한 선교사는 파송한 단체나 본부에서 제공하는 제도도 지켜야 하지만, 현장에 강해지려면, 복음의 검을 양날이 서도록 날카롭게 갈아야 한다… 그렇게 아비가 공부함으로써 자녀더러 하나님 나라 위해 공부해야 한다고 할 때, 그 말이 먹혀 들어갈 것 아닌가?" 라는 이론이었습니다.

4. 동역자로서의 형제애: 지켜보면 알겠지만 부지런하시고, 앞장서며 남들보다 철저히 준비하는 것을 저는 항상 보아왔습니다. 매사에 실수하지 않도록 추진하시면서도 좋은 동역의 기회를 제공해 주셨습니다. 주변에 있는 선교사님들과 목사님들과 동역을 했습니다. 미국에서 온 청년, 대학생 단기선교팀이 로스앤젤레스 서부교회와 워싱턴 열린문교회, 동부의 델라웨어 사랑의교회, 필라델피아 낙원교회, 뉴저지교회 등입니다. 2004년 이후 한국기독교 CTS 방송의 자문위원으로 위촉받으신 후에 남미 현장 취재와 인터뷰를 나왔을 때, 당신이 다른 지역에 가 계실 때인데, 그런 경우엔 대부분 '기다려 달라' 양해를 구하고 인터뷰나 현장 선교지 안내를 직접 하는 것이 통례인데, 저를 소개해주셔서 저희의 선교지를 한국에 알린 적도 있습니다.

2003년 이후에는 중·남미에 사역하고 있는 10년 이상 된 시니어 선교사님들을 참여케 하여 중·남미 선교사 전략대회를 추진하였고 수년간 중·남미 대륙에서 15차 되도록 15여 년이 넘도록 사역한 선교사님들과 동역하였습니다. 라틴 전체를 6개 지역권으로 나눈 가운데 저는 안데스 남부지역의 총무를 맡아 섬겼습니다. 그때 선교사님들과 목사님들은 동역하면서 여러 나라에서의 세미나와 특히 사회주의 국가인 쿠바의 하바나(입국 자체에도 규정이 까다로웠던) 국가 체험과 선교전략 발표들(당시 강사로 고신대 선교언어학과 이복수 교수 참여)과 페루 리마에서의 선교학술대회를 개최하였고, 브라질의 아마존에서는 각 선교사님들에게 선교 포럼을 준비케 하여 앞장서서 논문 및 선교전략 계획서를 준비, 발표하게 했습니다. 비록 오지의 현장이라 할지라도 철저한 자료 분석을 요구했고 선교지에서의 학문을 머릿속에만 담아놓지 말고, 기록으로 남기는 성실성을 독려하면서 4권의 두터운 자료집을 출간하기도 합니다.

따라서 많은 선교사님들과 현지의 사역자 교포교회 목사님들과 현지인 목사님들, 교수님들과도 연합한 발자취가 남아 있습니다. 500년 동안 라틴 국가들 내부에 잠재되어 있는 가톨릭교회들의 현실을 보고하게 하고, 소논문들을 준비시켜 발표하게 하는 등 선교대회를 추진했던 것입니다. 제가 증인입니다. 라틴 내 수많은 선교사님들과 동역하시면서, 중·남미 지역의 미션 교류와 자료 수집과 현지적응 교육 등 선교사 후보 발굴에도 앞장서 애 쓰셨던 모습을 기억합니다.

5. 아버지요 교육가로서의 철학: 윤 교수님은 늘 고개를 저으며 한숨 쉬면서 자녀들에게 아버지로서 놀아주는 자유와 경제적 지원을 해주지 못했다고 한탄해 마지않습니다. 자녀들이 초등학교에서 중고등학교의 졸업 때까지 저렴하고 딱딱한 나무 책걸상을 사용했으며 집안에는 소파를 들여놓은 것을 본

적이 없습니다. 하지만 철저하게 자녀들을 정신 무장시키며 준비된 자녀들로 키우기에 사심을 두지 않았고, 특별히 달란트 교육에 최선을 다하는 아버지였습니다. 우리가 보기에는 언어와 음악분야였습니다. 그 기도대로 큰 자녀는 미국에서 언어학을, 작은 자녀는 프랑스에 유학하여 플루트와 음악교육을 전공 했습니다. 그래서 자녀들에게 언어교육과 말의 사용법에 탁월하게 준비시켜 어디에서든지 한국어, 스페인어, 영어, 포르투갈어 그리고 제2 외국어로서 프랑스어를 사용하며 하나님의 나라를 섬길 수 있도록 돌보셨습니다. 물론 사모님께서 생활비를 절약하시면서 그 힘든 뒷바라지를 했습니다. 윤 교수님은 말씀하시기를 "한 사람의 인재가 제대로 자라나며 복음을 위한 일꾼으로 배출되기까지는 다섯 사람이 넘는 목사님들의 손길을 거쳐야 한다"고 강조하기도 했습니다.

하나님 나라에 쓰임을 받는 봉사자로서 세상에서도 쓸모 있고 도움이 되는 인재들로 자녀들을 양육한 아버지입니다. 따라서 저희도 현재 4자녀가 모두 딸인데 이렇게 교훈을 받은대로 공부하며 자랐고, 큰 아이 은혜는 부에노스 국립 명문대학교 의대에 다니고 있습니다. 한 번은 주변에 K선교사가 있는데, 자녀를 좀 괜찮은 학교에 보내려니 거리가 멀고 가까운 데는 교육에 소홀한 서민학교가 있는데, 거리가 먼 곳은 포기해야 하겠다는 말을 듣고서, "아비가 되어가지고 거리가 좀 멀다고 인정하는 학교에 못 보낸다면 말이 되는가? 무슨 해외에 유학을 보내는 것도 아닌데, 자녀들의 공부할 시기가 지나면 뉘라서 돌이켜 보상해 주겠느냐? 후원교회에서 그런 자녀들 교육문제까지 알선해 주겠느냐? 어렵더라도 아비가 부지런하면 충분히 데려다 줄 수 있다." 면서 호통을 쳤습니다. 그때 K 선교사님은 "세상에 이런 선교사님도 다 계시냐" 면서 자녀가 먼 거리를 왕래하면서도 교육 여건이 나은 곳에 마음을 쏟았습니다. K 선교사님은 현재도 여전히 부에노스아이레스에 거주하고 계시며 자녀들은 이미 성장해 복음화에 필요한 좋은 인재가 되어 있습니다.

그러기에 아르헨티나에 온지 얼마 안 되었지만 자녀들을 아르헨티나에 있는 '일세(ILSE)' 시립중학교에 수험생으로 준비시켜 입학했으며 공부하는 자녀들로 만드셨습니다. '일세'는 시립이지만 사립중학교로 발전했고 입학시험을 치르고서 들어가는 철저한 성적관리 학교입니다. 중·남미에서 유일하게 라틴어 학과목이 유지됩니다. (과거 가톨릭 전성시대 때 수사들에게 엄격하게 라틴어 교육이 전수되었으나 현재는 가톨릭 제도와는 무관합니다). 이 학교에서 학점 A를 받는다는 것은, 부유한 집안의 학생들이 비싼 학비로 재학하는 국제학교에서 받아내는 A학점과는 비교가 되지 않는 정말 어려운 일입니다. 전체 12과목 중 과락이 3과목만 되어도 학년을 올라갈 수 없는 엄격한 제도입니다.

그런 후에 아드님은 미국 유수한 대학에서 신학과 언어학을 전공하게 하셨고, 따님은 프랑스에 7년간 유학하여 프랑스 국립음악원 '콘세르바토리오'(영미 대학원 수준)에 시험을 쳐서 입학하였고, 플루트 연주와 음악교육 이론을 전공했습니다. CEFEDEM 이라는 프랑스 교육부 교수자격고시에 합격해 현 교수로 재직합니다. 선교사로서 자녀들을 교육의 수재들로 만들어 하나님 나라에 귀하게 쓰임 받으며 세상에도 필요를 채울 수 있는 자녀들로 양육하신 부모님이자 아버지입니다.

B. 박세이 사모님은 어떤 선교 내조자였는가?

선교사로서 사모로서, 또한 사명자로서 여성으로서 억척스럽게 사역하는 동역자였습니다. 어디든지 남편이 가는 곳이면 아무리 어려워도 따르며 동역하셨습니다. 부지런히 배우고 준비하여, 언어에도 수준 있게 준비하여서 현지인들과의 소통에 전혀 문제가 없었습니다. 자신이 가지고 있는 음악 달란트와 열정으로 앞장서 주님이 쓰시는 복음의 일꾼입니다. 가난하고 척박한 지역인 아르헨티나의 슬럼가라고 칭할 수 있는 치안부재의 *아파치(Apache),

적색지대에 들어가 어려움 당하는 이들의 이웃이 되어 주었고 그 지역 주민으로부터 복음의 군장軍長으로 인정받았습니다. 영혼을 사랑하며 여성 한인선교사님들의 어려움을 타개하려고 필요할 때 긍정적으로 나서서 도움을 주었습니다. 윤 교수님의 내조자로서 부족함이 없는 최선을 다하는 현숙한 사모이셨습니다.

1. 어머니로서의 위치: 선교지에서 선교사는 이웃의 어머니로서 또한 현지의 어려운 이들의 친구이자 영적인 지도자로서 최선을 다하는 어머니셨습니다. 현재 파라과이에서 학교장으로 사역하고 있는 이태호 선교사님은 예전에 에벤에셀 교회에서 5년간의 전도사로서 첫 사역을 했습니다. 그 후에 이러한 섬김이 갸륵하여 제자를 지켜본 윤 목사님께서는 의리로써 고려신학대학원(고신, 한정건 원장 재임시)에 무시험 전형으로 입학을 주선했습니다. 한국으로 떠나서 입학하기 이전에 그의 부인 세실리아 선교사는 고백하기를 "지금도 그때, 박 사모님이 하시던 그대로 따라 하고 있습니다"라고 부부가 간증하고 있습니다.

사랑과 나눔으로 도움이 된다면 '에니 타임' 하시면서 하나님의 말씀을 나누고 타선교사님들의 자녀들을 챙기고, 좋은 모범을 보여주신 어머니셨습니다. 부지런하며 역시 준비를 철저히 하였고 매사에 부족함이 없도록 준비했습니다. 이렇게 자녀를 양육하고 남편을 내조하는데 최선을 다 하셨습니다. 그러기에 중·남미 많은 동료 선교사님들에게 귀한 모델로서 선교사님들의 애환과 어려움이 있을 때면 선배답게 언니로서 어머니로서 신임 파송되어 온 선교사들에게 필요한 것을 교훈하며 협력하셨습니다. 주께서 예비하신 성품으로 아낌없이 섬기며 좋은 어머니가 되려고 노력하는 지혜를 우리는 보았습니다.

2. 여선교사로서 포용력: 멀고 먼 나라에 오셔서 언어도, 습관도, 사고방식

과 삶의 질도 다른 곳에 도착했습니다. 사역 초기에 거리 1,200km나 먼 곳 멘도사 시외 소외된 지역에 장로교회를 세우려고 개척하는 남편과 함께 가기도 하고 신꼬밀로떼(el barrio cinco mil lotes)빈민촌으로 가셨습니다. 그곳에서 오래된 과수원 대지를 매입해 4년 만에 교회당을 건축하였습니다. 빈민의 아이들을 위한 유치원을 세우고 남편이 개척한 교회의 영혼을 보살피기 위해 음식을 나누는 주간 급식소도 열었습니다.

또한 멘도사보다 더 북쪽에 있는 Chaco지방의 인디오지역까지 남편을 따라 가서서 그들 부족민을 섬기며 예수 사역교회에 협력하면서 토바학교를 세워 청소년 교육에도 헌신합니다. 각 지역의 스페인어 구역에 들어가 복음 전할 기회가 주어지면 증인 역할을 하셨습니다. 그러기에 그 후에 2011년부터는 파나마 정글 오지까지 가셔셔 부족민 교회를 세우고 때로는 '카누'라는 모터기 달린 유선형 보트를 타고 파나마 땅끝, 콜롬비아 국경 가까운 인디오지역 국경수비대 주둔지까지 가서 복음을 진했습니다. 말씀을 나누는 시간을 소명으로 가졌습니다.

미국 동부의 델라웨어 사랑의교회 파송된 단기선교팀(단장, 김만우 목사)을 인솔해 그곳에 가서 그들에게 복음을 듣는 기회를 주어 예수님을 증거했습니다. 파나마 다른 지역 카리브해협에서는 정착섬 오곱수쿤(코코넛섬)에 이르기까지 쿠나부족에게도 수 시간 육로를 지납니다. 다시 카누를 타고 죽음의 위협이 있음에도 한국인으로서 처음 길을 트며 높은 파고를 마다하지 않고 헤치며 부족들에게 복음을 전했습니다. 순전히 국경 없는 선교사역을 다 하셨습니다.

C. 주위 주변의 인간관계로서 어떠했는가?
1. **부부와 원주민 인디오와의 울타리:** 현지인 사역만 하셨기에 교단을 초월

한 복음화를 이루기 위해 국경 없는 사역에 임했습니다(장로교, 침례교, 감리교, 오순절 그 외 교리 건전한 교단을 망라한) 장로교에만 국한된 사역이 아니라, 교파를 초월해 복음의 기회를 만들고자 했습니다. 백인들, 갈색인들, 현지인, 혼혈족, 정글 인디오 등 국경을 뛰어 넘는 인간관계로써 크로스 컬추럴 사역들을 유지하셨습니다.

초기에는 침례교(Mendoza지역) 소속인 이탈리아계 헬베스 목사님, 장로교 미겔 로블레스 목사님이자 신학교 교수, 오순절교회 총회장이던 로베르토 프리에토 목사요 교수 출신, 또한 초교파적 성격을 띠고 남미 현지교회의 지도자였던 정평 있는 변호사인 로베르토 아사티 목사와 협력하여 현지인 목회자들을 위한 교회교육 수련회를 개최하였습니다. 2백 명이 넘는 목사들이 연합한 현지인 교회 지도자들 대회도 가졌으니 그 당시 각 교단 대표들을 거의 다 모시고 그들 안에서 스스로 특강 강사를 선출하는 방법 등, 저명한 강사 위주의 인위적인 홍보 모임을 지양하셨고, 독창적인 전략으로 인간관계 네트워크를 조성했습니다. 당시 윤 목사님이 운영하는 《크리스천 라틴타임스 2000~ 2004년》 신문사를 주정부의 방송출판협회에 정규 등록하여(세금 납부) 사회적 수준 단체들(병원, 신학교, 문화센터, 대학들)과도 만남을 이루었습니다. 아르헨티나 교회교육의 질적 향상을 위해 귀한 분들을 세워서 복음의 영향력을 키워 나갔습니다. 이렇게 많은 명망있는 분들을 만나면서 영향력을 끼쳤습니다. 사모님의 동양적인 좋은 첫인상과 현지 언어 실력에 겸손이 뒷받침 되어 남편을 세우는 일에도 내조의 모습을 보여주셨습니다.

선교 후기 영역을 주로 파나마에서 지내게 되는데 거기에는 까닭이 있습니다. '파나마 국립공대' (UTP)의 국제학부에 언어학 초빙교수로 부름 받으면서 얼마 정도의 봉급이 수락됐기에 정글 개척의 물꼬가 트이게 되었습니다. 한국 파송 선교사가 현지의 국립대학에 초빙교수로 선다는 명예는 한국교회

선교역사에 흔치 않은 일입니다. 한 번은 파나마 발사강 상류에 갈릴레아 교회를 세우며, 건축을 할 시기에 2014년의 일입니다. 열대 우림의 우기를 맞아 비가 맹렬히 쏟아지는 우중에 강 상류의 엠베라 공동체에서 하류로 내려가는 도중에, 전체 7시간의 카누 뱃길을 타고 하강해야 했는데...

중간 쯤 내려오는 중에 중간 휴식처 마을에 들러 음료수 구입차 요기도 할 겸 카누를 멈추고 내린 일이 있었습니다. 그때 볼일을 다 마치고 다시 카누에 오르려고 할 즈음에 그만, 빗물과 진흙으로 범벅이 된 카누의 목재 난관에 미끄러지고 말았습니다. 순간 앗 하는 간만의 초간에 넘어져 혼절한 사건이 벌어집니다. 발이 카누 안으로 들여지기 전에 난간에서 떨어졌으니 카누 바깥의 물가에 상채가 거의 잠기에 되었고, 겨우 숨쉴 정도로 15분 동안을 혼절하면서까지 견뎌 냈던 것입니다. 왼쪽 갈비뼈 4개가 부르진 것을 알게 된 것은 이틀 후 파나마 시티로 진입한 다음에 부부가 병원을 찾았을 때의 일입니다. 사고 당일 모든 원주민 성도들은 놀란 가슴을 쓸어내렸고 카누는 고통 중에 가슴을 움켜잡고 있는 윤 목사님을 싣고서 밤을 지새우며 하강하였습니다. 마지막 도착한 장소의 포구에 세워두었던 승합차까지 왔으나 원주민 부족민 중에는 면허증을 가진 운전할만한 사람이 없었습니다. 할 수 없이 원주민 형제들 3명이 움직이지 못하는 윤 목사님을 들어 운전석에 앉힌 채, 겨우 가슴을 들어 앞만 보고 운전하기를 꼬박 4시간 50분, 그 동안의 고통과 아픔에 겨웠던 신음 소리는, 사람의 귀를 넘어 하나님만 아실 것입니다. 그래도 내색하지 않고 고통을 참으며 운전까지 하면서 익숙하지 못한 오지의 길을 집중하며 일곱 명의 형제들 목숨을 담보했습니다. 낯선 길의 전방을 주시했을 윤 목사님을 생각하면 지금도 소름이 돋아납니다.

그럼에도 불구하고, 훗날 저에게만 이야기했으니, 어떻게 이 간접적인 간증이 이야기가 되지 않겠습니까? 총회 선교본부에 조차도 알리지 않았다 하니, 선교사들의 아픔이 본부에도 알리지 않을 만큼, 본부의 신뢰성이 어느 정도였는지는 이 대목에서도 나타나는 현상입니다. 윤 목사님은 한국 입국 후, 아신대학에서 가까운 양평의 길병원에 검진을 신청해 사고 후의 치료를 받게 됩니다. 이처럼 아파도 혼자 삭히는 그 마음을 제가 선교 동역자로서 가깝다 해도 어찌 다 살필 수 있었겠습니까? 자신의 파송된 권리를 충분히 활용할 수 있었으나 사용하지 않으셨습니다.

2. 한인 교포 사회와의 관계성: 사모님은 한인 남성중년 중창단 성가발표회를 주관했습니다. 이러한 일을 하자니 자연스럽게 따님 윤 에스더의 플루트 국제 연주회를 배경으로 여러 수상을 했기에 가능한 일이었습니다. 각 교회의 피아노 연주자들, 중년의 음성 톤이 중후한 성악가들, 교포교회 남성 찬양단 등 한인 사회의 지도자들과의 만남과 교제를 하면서 이민생활에 고단한 성도들과의 화목이 필요함을 창안해 내셨습니다. 그래서 한인 교계에 각 교회 반주자들을 만나 교포교회에서 성가발표회를 가졌습니다. 현지의 수준 있는 '콘세르바토리오'에서 음악과를 졸업한 전공자들과 교제하며 교포 사회에 도움이 될 수 있는 기회를 갖고자 음악인들과 함께 기도했습니다. 각 교회와 교포들을 위한 음악회를 준비하여 발표의 기회를 가지는데 탁월한 기회를 제공했습니다. 중앙교회와 한인교회에서 발표하는 음악회에는 재아 한국대사관이 회동하였고, 당시 최양부 대사님도 참석해 감동하며 격려하였습니다.

본인이 음악을 전공, 좋아하시고 따님의 플루트 연주회는 따로 했기에, 그리고 '라틴타임스' 신문사가 앞서 관계망을 구축했기에 가능한 일이었습니다. 교회 개척과 현지 목양을 하면서 음악 학교에 다녔고 성악을 전공하면서 음악인들, 반주자들과 연합했기에 연습도 영적인 기도회도 전도도 가능했습니다. 성악 발표회는 3년 동안 교포교회 행사로 정하여 이민사회에 영향력 있는 선교사로서 칭송을 받았습니다. 나아가 아르헨티나에 계시는 동안 항상 말씀을 따라, 도움이 되고자 하는 일에는 복음의 통로로, 음악인의 조력자로, 선교사로서 영혼 구원에 최선을 다한 선교사입니다. 남편은 목사요, 교수로서 학문 연구에 앞장서서 중·남미를 섬겼고 사모 선교사는 찬양으로 음식 나누기로 현지의 영혼을 사랑했습니다.

여기에 제가 이야기하고자 하는 것은 사실 빙산의 일각에 지나지 않습니다. 저의 스승이자 선배요 동역자이신 윤 목사님의 가시는 자리마다 건강한 족적이 살아나기를 기도합니다. 지나간 회상의 자리에서 하나님의 나라와 기독교육과 복음의 꽃이 피어나기를 기원합니다. 중·남미에 쏟은 헌신적인 선교사역에 한 획을 긋는 작은 거인의 역할을 담당하셨습니다. 무엇보다도 여생에 중남미 사랑이 끊이지 않고 평강으로 은퇴 이후의 삶에도 해로하시기를 소원합니다.

복음 선교를 사랑한 하나님의 사람이요 영혼과 기독교육과 성스러운 가르침을 심어준 저의 스승이심에 감사드립니다. 평생 선교하며 목회와 교육 위해 헌신하신 족적에 제 자신이 누를 남기지 않기를 바라며, 45년 성역 기념에 갈음합니다. 감사합니다.

윤 목사님의 고희^{古稀}를 맞아 소중한 추억

지역 전문가에서 내셔널리스트로
대륙 전문가에서 글로벌리스트까지

김 영 무
전, KPM 남아공 선교사, 미 Central Seminary 교수 역임, 국내 이주민선교사

성역 45년을 맞으신 고희 문집에 글을 올리게 되어 진심으로 감사드립니다. 지나온 삶만큼이나 앞으로도 영육 간에 더욱 강건하시기를 소원합니다. 윤 목사님과는 KPM(고신 세계선교회) 소속 선교사로서 함께 동고동락했습니다. 2008~9년 고려신학대학원 초빙교수로 섬기셨는데 제가 후임으로 봉사하게 된 동역이 지금까지 존경하는 선배 선교사님으로 큰 형님 같이 때로는 친구처럼 대해주는 분이십니다.

십 수 년 전 KPM 본부장 선거에 불법적인 상황에 대해서 비판적 문제제기를 하게 될 때의 이야기입니다. 아시아 어느 선교사가 본부장으로 선출되어 홍보까지 나온 마당이었으나, 부적절했던 면이 밝혀져 연임할 수 없는 형편이 된 때가 있었습니다. 이즈음에 전면에 나서 본부의 보도란에 비평의 글을 싣고 많은 선교사들과 의식 있는 분들이 인터넷신문에 기고하게 되니, 사퇴를 하지 않으려고 선교위 임원들과도 합세해 의도하였지만, 계속되는 비판에 더 견디기 어려워 물러나는 결과로 치닫게 되었습니다. 그때 후원교회협의회에서 이 문제의 심각성을 깊게 논의하여 이미 당선된 본부장이었음에도, 스스로 사퇴하도록 권하고 재투표를 시행하기 위해 전체 앞에 다시 공고한 적이 있습니다. 그 일에 앞장서 저는 KPM의 대내외 발전과 현지 선교사들의

긍정적인 미래 사역을 위해 윤 목사님을 세워드리려고 함께 기도했던 일들이 기억에 새롭습니다(한번 본부에 깃들이게 되면 그 연장선에서 계속 그 안에 머물고 싶은 욕망이 떠나지 않는 모양입니다. 실제로 오랫동안 그런 경우가 있기 때문입니다. 하지만 윤 목사님은 단지 인정에 매이지 않고 불의와 타협하지 않으시는 한결같은 말씀의 사자입니다. 굳이 타인에 대해서 왈가왈부하지 않으며 목사의 신분으로서 걸어야하는 바른 삶의 본이 되시는 분입니다).

1. 은퇴 후에도 계속 타오르는 선교교육

GMTI(Glocal Mission Training Institute)를 설립하여 신학대학에서 선교 경험이 없는 교수들에 의한 선교학 이론적 가르침에 더 이상 가치를 느끼지 못하던 사역자들, 그 중에는 해외선교에 경험을 가진 분들도 있었는데 주로 이런 분들을 대상으로 지도하고 계셨습니다. 이론적 공부에만 집착하지 않고 미션필드의 경험을 근간으로 윤 목사님께서는 다른 교수들과 연합해 실질적인 선교학 강의를 학기제로 운영하고 계셨습니다. 저는 고국 일시 방문으로 때를 맞춰 특강 시간도 가졌습니다. 수강생들과 아주 의미 있는 세미나였습니다.

GMTI는 구성원들의 자발적인 참여와 봉사로 진행되고 있었습니다. 적절한 보수 없이도 윤 목사님께선 참여자들에 대해 칭찬과 감탄하는 말씀을 들려주셨습니다. 선교단체의 조직과 신학교 및 선교학과의 쇠퇴시기에 접어들었지만, 재정적 의존감 없이 독립적인 운동으로써 GMTI는 지역(글로컬)을 넘어 세계로 이어지는 새로운 선교운동의 태동을 알리는 선교교육으로써 매우 고무적으로 느껴졌습니다. 저 역시 패컬티 멤버로서 협력하고 있습니다.

2. 지역 전문가에서 내셔널리스트로, 대륙 전문가에서 글로벌리스트까지

윤 목사님의 세계선교와 미션필드에 대한 관심과 애정은 단지 남미의 아르헨티나뿐만 아니라 중남미 대륙을 포함한 대륙 너머에까지 이어보고자 하는 열망을 갖고 계십니다. 평소에 하시는 말씀이 '선교사의 요건' 중에 지역 전문성을 실례로 듭니다. 자신이 맡은 지역만큼은 비록 그 스케일이 작다 할지라도 모퉁이 돌이 되어야 한다는 강조입니다. 다음으로, 자신의 지역에만 한정된 이기적인 고집으로 안주한다면 또 하나의 다른 우물에 갇히는 이치와 무엇이 다르겠냐는 도전입니다. 그리고 선교하는 대륙의 역사와 굴곡진 삶의 고통을 필히 탐구해야 한다는 노력입니다. 제가 알기로 2003년부터 '중남미 시니어 선교사 선교전략회의'를 아세아연합신학대학(ACTS) 주최로 15년 동안 매년 영위해 온 것을 라틴권 한국인 선교사 사이에는 알려진 사실입니다. 거기서 발행된 중남미선교정책의 실천 자료집 1~3권이 이를 증명합니다.

스페인의 침략, 정복과 식민통치 이후 독립전쟁을 연구해온 중남미의 역사 이해와 정치 문화를 거의 섭렵하고 계십니다. 그러한 문화적 동질성과 통일화된 스페인어가 대륙 안팎의 선교전략 논의를 가능하게 했던 요인입니다. 이로써 한인 선교사들의 초교파 연합과 합의점을 이끌어냈던 것입니다. 최종적으로 윤 목사님은 하나님의 살아계시는 말씀이 세계를 훌쩍 넘어서 우주에 편만해있다고 하나님의 전지전능하심과 무소부재를 성경으로 선포하고 계십니다. 그것은 아프리카 대륙을 향한 발걸음으로 이루어져 두 번이나 직접 방문하는 것만 보아도 알 수 있습니다. 2015년 첫 번째 방문 때는 1500km 거리를 자동차로 제가 운전하면서 희망봉에 이르렀습니다. 아프리카 대륙의 최남단입니다. 희망봉에 와보지 않고서 아프리카에 대해 언급하거나 다녀왔다고 해서는 안될 만큼 특출한 지명입니다. 네덜란드 동인도회사의 무역선이 선식을 위해 정박했던 장소로 이후에 아프리카 대륙에서 서구인들이 케이프타운을 중심으로 자리를 잡고 살도록 예비됐던 중요한 지역입니다. 유럽 이민자들의 영입과 함께 케이프타운이 형성되어 발전했습니다. 케이프타운의 테이블 마운틴 그 주변으로 바다를 끼고서 펼쳐지는 아름다운 해변들, 워터프론트, 또한 그곳에서 바라다 보이는 만델라와 흑인 인권운동가들이 죄수로 수감된 형무소가 있던 로빈아일랜드가 있습니다. 1시간 거리의 백인들 포도농장을 중심으로 발전한 유럽식 스텔렌보쉬타운, 케이프타운에서 북쪽 나미비아 방향으로 올라가면서 겨울의 들꽃이 만발한 서해의 해변가에 이르렀습니다. 대서양의 파도를 바라보며 들꽃 사이를 오가며 생명의 경이로움에 감탄해 하셨습니다. 그 때의 시기를 맞추지 못하면 물건너 가는 꿈같은 아름다움입니다. 윤 목사님은 그 이름 모를 야생화를 신비스러워하며 찬송하면서 카메라에 담았습니다. 아무도 알아주지 않는 들판에서 자라던 잡초들이 비와 바닷가 모래와 바람을 맞으며 견디다가, 마침내 때가 되어 꽃을 피워 자신의 존재를 알리고 있었습니다.

3. 개인적인 손실이 와도 인내하면 은혜!

어쩌면 현장의 선교사는 잡초와 같이 남이 알아주든지 아니 알아주든지 묵묵히 자기 사리에서 버티며 빈들의 꽃송이를 피워갑니다. 그리고 언젠가 그 사역이 꽃향기를 피워 열매를 맺게 됨으로써 하나님께서 인정하시는 날이 이를 것을 믿고 여러 가지 시련을 견디고 인내하며 헌신한다고 볼 수 있을 겁니다. 소위 총회선교 본부에서 책임자로 선교부의 일을 하는 사람들은 현장으로 돌아가기 보다는 본부에 진을 치며 앉아 있고 싶어 합니다. 선교의 리더십이 여기에 모여 있다고 자찬하며 자기 어필합니다. 한번 맡으면 쉽게 놓지 않고서 그 자리에 연연하는 모습을 보게 됩니다. 모두가 그렇지는 않습니다. 그러다보니 어느새 본부와 현장의 선교사와는 거리감이 생기기 마련입니다. 안식년을 맞이해서 본부의 선교관에 머물러있어도 현장 선교사들은 본부에서 사역하는 선교사들과는 괴리감을 느낍니다. 같이 의논한다든지 전략연구를 한다든지 하는 일이 거의 없습니다. 본부는 본부에서 사역하는 자들만의 게토라든지 못이 되어진지 오래 되었습니다. 오죽했으면 선교본부에 들어가는 것이 행정적인 절차상 서류나 떼는 면사무소에 들어가는 것과 같다는 말이 나올 정도였습니다. 오래전부터 서로 갱신되기 위해 많은 기도를 했습니다. 조직이 현장의 운동력을 막고 있다고 생각됩니다. 그러므로 유기적인 동역의 선교운동이 본부와 현장 선교사들 그리고 현지 사역자들과 긴밀하게 소통되며 협력 관계로 추구되어져야 할 것입니다.

4. 대륙과 대륙 사이 소통을 위한 두 번의 방문

윤 목사님은 아프리카 대륙을 큰 마음으로 방문하신만큼 초기 아프리카 선교사들의 숨결을 느껴보고자 했습니다. 아프리카 대륙의 초기 선교사인 모펫 선교기념관을 방문하였고 숙소에서 같이 잠을 청하며 아프리카의 모기 공격도 받아보았습니다.

저희 집에서 500km 이상의 거리를 자동차로 운전해 쿠루만(Kuruman)에 위치한 런던선교회 소속 기관으로 갔습니다. 첫 내륙 선교사로 아프리카 부족언어를 만들고 일생을 거쳐 첫 흑인 부족어인 쓰와나어로 된 성경을 출간한 모펫 선교사의 선교센터입니다. 케이프타운에서 출발해 험악한 산악 길에 마차를 분해하여 어깨에 울러 메고서 넘어 내륙까지 오면서 타고 온 마차와 당시 노예까지도 참석해 성경을 공부하여 목회자로 양성하였던 성경학교 건물입니다. 런던선교회 선교사들이 100년 이상 파송되어 와서 거주했던 집과 모펫에 의해 800명 수용하도록 만들어진 교회당을 비롯하여 당시에 성경과 성경공부 교재 등이 전시되어 있고 이를 인쇄한 인쇄기와 이 도구들을 옮기는데 많은 고충과 시간이 걸렸던 것을 짐작할 수 있었습니다. 이 센터의 한 켠 수풀사이에 런던선교회 소속 선교사들의 공동묘지에서 선교사들의 자녀들과 가족들이 아프리카 풍토병으로 죽어 아프리카 땅에 뼈를 묻었던 슬픔과 아픔 그리고 헌신을 느낄 수 있었습니다. 돌이 깨어지고 이름도 빛을 바래어 잘 보이지 않는 상태의 비석들도 보였습니다. 그들은 아프리카 땅에 와서 풍토병과 질병으로 세상을 떠나 이 땅에 뼈를 묻어야 했습니다. 세상에서는 아무도 알아주지 않으나 하늘에서는 정오의 빛같이 빛날 것입니다.

한편 인상 깊은 장소는 모펫 선교사의 사위인 리빙스턴이 모펫 선교사의 딸에게 구혼했던 장소로 알려진 아몬드나무와 그 나무 아래 벤치가 놓여있었습니다. 리빙스턴이 모펫의 선교보고를 듣고 아프리카 선교에 자원하여 왔는데, 오자마자 사자에게 물려 팔을 다치게 되어 왼쪽 팔이 온전치 못하여 평생 어깨위로 팔을 올리지 못했다고 알려져 있습니다. 모펫의 딸 메리 모펫이 그를 극진히 간호해 주었습니다. 그리고 어느 날 그 아몬드나무 아래에서 리빙스턴이 청혼을 했다고 전해집니다. 그리고 시간이 지나 두 사람은 결혼했습니다.

리빙스턴은 아내와 아이들을 두고서 다시 더 내륙지역으로 홀로 탐험하며 흑인들에게 선교하였고, 그 유명한 빅토리아폭포를 발견하게 됩니다. 이로 인해 영국 왕실로부터 훈장을 받기도 했습니다. 몇 년이 지난 후 언젠가 리빙스턴이 다시 아내와 아이들이 있는 선교센터로 돌아왔을 때 아이들이 무척 자랐고 아빠인줄 알아보지 못했다고 합니다. 아이들의 교육 때문에 할 수 없이 리빙스턴의 아내가 그들을 영국으로 보냈습니다. 리빙스턴은 빅토리아 폴이 있는 잠비아의 그의 집 침대 곁에서 기도하는 것처럼 무릎을 꿇은 채 하늘나라로 갔는데 심장과 내장은 아프리카 땅에 묻고, 시체를 상하지 않게 보존하기 위해 미라로 만들어 흑인 동역자 두 사람이 메고 9개월의 힘든 여행 끝에 수백 km 떨어진 해안까지 이르렀고 이어 선박으로 영국까지 운구해 갔습니다. 영국에선 리빙스턴의 장례식까지 참석하는 충성된 현지 동역자들이었습니다. 리빙스턴의 선교는 이전의 서구 선교사들과는 달리 특별한 면이 존재합니다. 현지인들의 문명화와 가난의 극복을 위한 실제적인 상업에 관심을 두었다는 실화입니다. 단지 교회설립 복음전도나 말씀 전파를 넘어 그들의 실제적인 삶의 개선을 위해 아프리카의 산물을 서구와 무역하려고 애썼다는 점입니다. 오늘날 농어촌의 토산물을 도시교회들과 연결해서 직거래 판매하는 형태로 농어촌교회에 재정적 도움이 되도록 하고 있는 한국의 상황을 참조하면 이해가 잘될 것입니다.

빅토리아 폭포는 리빙스턴의 내륙선교에 있어 종착 지점입니다. 우리는 리빙스턴의 발자취를 따라 요하네스버그에서 영국 항공으로 리빙스턴이 발견한 빅토리아 폭포로 향했습니다. 브라질과 아르헨티나, 파라과이 3국 국경지대에 소재한 이과수 폭포, 미국과 캐나다 국경에 위치한 나이아가라 폭포와 함께 세계 3대 폭포 중 하나입니다. 남부 아프리카 잠비아와 짐바브웨 사이의 잠베지강에 있는 엄청난 폭포입니다.

윤 목사님의 아프리카 두 번째 방문은 2022년 10월에 이뤄집니다. 종교개혁 505주년을 맞이해 파라과이 장신대학교 기념 세미나의 주강사로 초청받아 가시는 도중이었습니다. 팬데믹 코로나19 사태로 온 세상이 문을 잠그고 있던 가운데 겨우 한숨 돌리면서 각국의 신학교들은 기지개를 켜기 시작합니다. 그때 갓 출간된, 스페인어 작품집을 한국어로 번역한 『토바Toba사람들의 새싹』(도서출판 카리타스)을 가방에 가득 넣고서 여행하셨습니다. 아르헨티나 토바부족 출신의 '실베리오 모니카'라는 한 아마추어 여류작가가 쓴 부족어 작품들로써 선교문화인류학적인 접근에 소중한 책이라고 했습니다. 그렇게도 무거운 책의 무게를 가볍게 여기고서 아시아에서 아프리카로 다시 대서양을 건너 남미로 들어가는 선교지 사랑과 정성에 놀라움을 금치 못했습니다. 함께 기도하며 또 기도했습니다. 중간 기착지점으로 아프리카에 다시 들리셨던 것입니다. 브라질-아르헨티나 선교지-파나마 정글 선교지 그리고 최종 목적지는 파라과이의 수도 아순시온이었습니다. 요하네스버그를 떠나면 에티오피아에서 유하고 대서양을 건너 브라질의 상파울로에 도착하기까지는 아무나 쉽게 가능한 일이 아니었습니다.

물론 빨리 가시려면 바로 미국에서 환승해 가면 되겠으나 가시는 길에 아우가 있는 아프리카 대륙의 저를 만나시므로 다시 아프리카와의 연결을 시도하신 어려운 걸음이었습니다. 공항에서 여권에 티가 묻은 것이 문제되어 급히 접수시켜 단기 긴급여권으로 교체하는 등 비상 시간을 보내면서 항공권 일정도 새로이 변경 발권하였습니다. 원래 예정된 스케줄대로면 아프리카에 더 머물 수 있었지만, 변경하여 남아공에서의 일정은 최소화하여 휴식을 취하며 가까운 지역의 포쳅스트룸대학교와 인근 선교지역을 돌아보았습니다. 저는 그때 박사과정의 연구가 끝나고 학위 취득 후 논문을 책으로 인쇄하는 시점이었습니다. 사도 바울이 4차 선교여행을 맞아 죄수 아닌 죄수의 몸이 되어 예루살렘에서 로마로 향해 출국했지만 사도는 여전히 로마의 감옥에서 선교지 교회를 염려하며 옥중서신을 썼습니다. 또한 그는 간절한 마음으로 스페인까지 가고자하는 선교적 열망이 있었음을 기억하게 했습니다. 우리는 끊임없이 기도했습니다. 이와 같이, 윤 목사님은 선교지 현장 선교사로서는 이미 은퇴하시고 70세 고희를 맞았음에도 파나마 열대 엠베라 정글에 세운 교회들과 아르헨티나의 토바 중고등학교를 위한 염려의 선교서신들을 저는 수시로 살펴볼 수 있습니다. 이렇듯 선교지 방문의 계획을 가지고 계속 선교를 수행하고 있습니다. 특별히 현지에 세운 사역자들을 향한 사랑과 신뢰의 마음을 가지고 계십니다. 이미 세워진 교회들은 노회로 조직되어졌고 미션 법인체를 달성해 놓았습니다.

    윤 목사님이 국내로 돌아오셨음에도 불구하고 현장의 사역자들이 자발적으로 사역을 이어 나가는 소식을 보내오니 감사하기 그지없습니다. 윤 목사님을 통해 선교지에 뿌린 복음의 씨앗이 계속 열매를 거두시기 기대합니다. 중남미 선교지에 같이 가기를 약속했으나 여건이 안 되어 지키지 못했는데 언젠가 그곳 대륙의 선교 현장에 함께 하기를 기다려봅니다. 그래서 남미 대륙과 아프리카 대륙의 만남이 현실화되기를 바랍니다. 올해 고희를 맞으시는 윤 목사님 삶의 여정에 주님의 크신 은혜가 함께하시기를 기원합니다.

삼일교회와 나의 스승

최 규 호
대구 아름다운교회 목사, 스리랑카 신학교 강사

존경하는 님, 당신은 나의 삶의 향방을 정하도록 제게 보내주신 스승입니다. "그분은 흥하여야 하고 나는 쇠하여야 하리라"고 하셨지요. 이 가르침을 주신 후 홀연히 서울로 떠나셨습니다. 당신의 30대 초반 차근차근하신 목소리로 듣고 싶습니다. 비록 내 바람으로만 끝이 날지라도 평생 잊지 않겠습니다. 그분 안에서 내가 쇠할수록, 그분은 쇠하여지는 내 안에서 강하여지리니, 나는 그분 안에서 온전해지리라.

영주시로 편입된 삼일교회와 하나님께서 나를 위해 보내주신 〈스승 윤춘식 목사님과 나〉라는 회상을 시작하려고 합니다. 윤 목사님의 고희를 맞아 어느새 흘러간 시간을 계수하면서 먼저 그리운 마음으로 축하와 존경을 표합니다. 나는 윤 목사님을 통해 복을 받은 사람입니다. 목사님은 복의 근원이셨습니다. 나는 어머니를 따라 영주시 금계 2리의 금계교회에서 신앙생활을 시작했습니다. 그 교회 출신이자 또한 소백산 아래 위치한 고신의 풍기삼일교회 출신입니다. 나는 목사로 장립 받았으며 개척 1세대의 멤버였습니다. 현재 섬기고 있는 '대구 아름다운교회'는 성경연구원에서 교회로 바뀌면서 출범하는 날부터 아름다운교회의 개척 1세대가 되었습니다. 나의 삶과 삼일교회와 윤춘식 목사님과의 관계는 주님 안에서 3위1체와도 같습니다. 윤 목사님을 만나 그 영향으로 나의 삶이 어떻게 바뀌어졌는지 가슴이 벅차기만 합니다.

초대 목사 부임과 전하신 말씀으로 내 삶의 방향이 정해짐

현재의 삼일교회가 삼일교회라는 이름으로 불리어지기 전에 여집사 3명, 여성도 1, 남학생과 남성도 1명으로 구성된 적은 양무리의 모임이었습니다. 신자들은 하나님의 말씀을 사모하면서 자발적으로 가정에 모여 예배드리기 시작했습니다. 글쓴이는 그 모임에서 유일한 청년이었습니다. 세 분의 여집사님과 한 분의 여성도로서 나에게는 어머니뻘 되는 분들이었으므로 일상 대화의 상대가 될 수 없었습니다. 그분들과 함께 예배를 드리면서 신앙을 나누는 일이 쉽지 않았습니다. 그런 가운데서도 예배 생활은 지속되었고 신앙 유지를 위해 무진 애를 썼습니다. 그때 하나님의 은혜로 윤 목사님을 맞이하게 되었고, 말씀을 제대로 전하실 분을 모실 수 있어서 모두에게 큰 기쁨이었습니다. 우리는 드디어 예배 처소에 모여 윤 목사님이 소속한 예장 고신교단에 가입하도록 중지를 모았습니다.

어른들은 나에게 안동에 가서 목사님을 만나 뵈어야 한다고 말했습니다. 1986년 겨울로 접어들자 당시 송형옥 집사님의 아들인 권기선 형제와 같이 안동에 계시는 목사님을 만났는데 그분이 윤춘식 목사님이셨습니다. 그때부터 나는 우리 모임에 부임하실 목사님의 이삿짐을 싸는 일로 분주했는데, 그분은 매우 진지하고 잘 생겼다는 느낌과 사모님께서는 상냥하고 첫 인상이 좋으신 분, 그래서 호감을 느낀 것 외에는 생각할 겨를이 없었던 것 같습니다. 그렇지만 하나님의 말씀을 전하실 설교자를 모실 수 있게 되었다는 사실만으로도 큰 영광이었습니다. 가슴을 진정시키기 어려울 정도로 감동 그 자체였습니다. 당시에는 고신총회 결의로써 전국에 2천 교회로 확산하는 〈교회개척운동〉을 막 실천하는 시기이기에, 목사님께서도 일생에 한 번은 교회를 개척해 보아야 한다는 마음가짐이었다고 합니다. 윤 목사님의 결단은 교단의 개척운동에 순응했습니다. 우리는 그렇게 초대 목사님을 모시게 되었습니다.

윤 목사님의 메시지들 중에 나의 사역의 방향이 된 말씀

그분이 오셔서 삼일교회라는 이름을 지으셨습니다. 윤 목사님은 부산의 삼일교회에 시무하시는 이금도 목사님과 신학은 물론 신앙적으로 존경하는 가까운 사이였습니다. 삼일교회를 개척하는 시기에 이 목사님과 끊임없이 교제하셨고 자문을 받은 것으로 듣고 있었습니다. 부산 삼일교회는 개혁주의 신앙으로 역사를 이어오는 말씀에 살아 있는 교회라고 어른들은 말했습니다. 그 교회와 같은 이름으로 내가 속해 있는 영주의 삼일도 역시 부산 삼일교회처럼 개혁주의 신앙이 살아 있는 교회로서 이 땅에 존재하겠다는 희망을 의미하는 것이었습니다. 앞으로는 개혁주의 신앙교육을 받으면서 개혁주의 노선의 신앙을 누리게 될 것이라는 소망의 시기였습니다. 저도 그때의 증인 중의 한 사람입니다.

하나님은 때를 따라서 돕는 은혜를 내리셨습니다. 설교 메시지들 중에 특별히 잊지 못할 말씀의 내용은 예수님께서 공생애를 시작하실 때 그분을 바라보았던 세례자 요한의 말이었습니다. '그분(예수 그리스도)은 흥하여야 하고 나(세례자 요한)는 쇠하여야 하리라' 는 말씀이었습니다. 나의 일기장에 기록해 두었기에 그 일기를 보고서 알 수 있습니다. 윤 목사님을 만나기 수년 전 중학교 2학년 때 하나님께 서원을 한 적이 있었습니다. 그 후부터 내가 고등학교를 졸업하고 군 입대를 앞둔 상황에서 윤 목사님의 설교 "그분은 흥하여야 하겠고 나는 쇠하여야 하리라" (요 3;30)는 말씀을 들었을 때, 나는 평생에 이 말씀을 붙들며 살아야겠다고 생각했었습니다.

삼일교회 성전건축 기공식을 회고하며

1986년 4월 16일 그날 아침에 나는 서울과 단양과 영주, 안동 등 전국에서 성전건축 기공식에 참석하는 외부 손님들이 앉을 수 있는 의자를 마련해야 했습니다. 그래서 나는 목사님께 금계 1리 회관에 있는 의자 30여 개와 이웃집의 리어카를 급히 빌리겠다고 제안했습니다. 그러면 기공식 장소까지 운반하는데 드는 비용을 절감할 수 있다는 의견에 허락을 받았습니다. 그리고 현재 삼일교회 교회당이 있는 밭까지 실어서 의자를 배치했습니다. 1백 명이 넘는 내빈을 모시며 그날 행사를 무사히 마칠 수가 있었습니다. 6월 30일 성전건축이 본격화되는 공사의 사전 준비 작업을 시작점으로 9월 6일까지 나는 성전건축공사에 참여하면서 기록하는 것을 사명으로 알았습니다. 우선 기억나는 일은 기공식 날에 건축부지인 밭에서 사방 경계면 표시를 하고서 윤 목사님은 공손히 노회의 선배 목사님들에게 모든 순서를 맡겨 드리는 것을 보았습니다.

 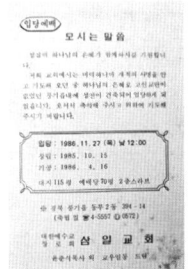

기공식 초대장 엽서

누구보다 삼일교회를 아끼시며 개척에 힘이 되어주신 분은 영주시민교회 백남석 목사님이셨습니다. 그리고 서울중앙교회의 주경효 장로님이 계십니다. 백 목사님은 시민교회를 통해 성도들의 사랑과 기도를 이끌어내셨고, 주 장로님은 전국 남전도회장으로서 일부 물질을 지원하셨습니다. 마산에 계시는 주경순 권사님은 과거 거창교회에 시무하셨던 주남선 목사님의 딸로서 주경효 장로님의 누님입니다. 주 권사님은 평생 처녀의 신앙으로 고아들을 위한 애린원을 운영하셨는데, 우리 교회 앞으로 당일 먹거리와 여러 개의 담요를 보내주셨습니다. 그 외에도 행현교회 김양희 목사님 등 여러 목사님들이 물심양면으로 협조하셨는데 기록이 없어 옮기지 못합니다. 기공식 때 우리 성도들은 시작부터 끝까지 눈물과 감동의 도가니였습니다.

삼일교회 성전건축의 은혜

1. 건축현장의 소리 ; 삼일교회의 건축공사는 1986년 6월 30일부터 시작되었습니다. 공사를 위한 부지는 갖추어져 있었습니다. 그 이전의 내용을 보면 1985년 10월 12일에 풍기제일교회 교인의 소개로 그 대지의 주인과 계약했습니다. 성전을 세울 땅은 건평 총 120평 정도이고 평당 8만 원 정도로 써 놓았습니다. 1986년 2월 7일 교회당을 지을 대지의 등기서류를 찾은 날입니다. 당시 교회 분들이 우리 집에 와서 어머니와 이야기를 나누는 것을 들으며 기록했습니다. 6월 30일 성전건축공사 작업의 추진력을 위해 내가 해야 할 일은 잡초 베기, 모래나 자갈을 실어서 공사장까지 운반할 경운기가 다닐 길 만들기, 개집과 토끼사육장 운반이었습니다. 이제 시작된 불도저 기계음은 성전건축이 끝날 때까지 이어졌습니다. 윤 목사님 가족은 사모님과 귀여운 신환(아명 형빈)이는 세 발 자전거를 타고, 에스더는 인삼 밭길을 아장아장 걸어서 여린 걸음으로 현장에 나왔습니다. 사모님과 자녀들은 건축할 동안 낮에 봉사할 일을 찾으시면서 공사장 옆에 있던 이웃 할머니 집에서 살다시피 하셨습니다.

다만 나는 9월에 입대했기 때문에 성전건축이 완공되는 것을 보지 못하였고 작업의 소리도 더 이상 듣지 못했습니다(성전은 그해 12월에 완공됐지만, 미말의 성도들은 감격하여 11월 27일 입당식을 거행했다는 소식을 접했습니다. 입당식 날 오전까지 윤 목사님은 작업복 차림으로 마무리 일을 하셨다고 합니다. 2층의 사택은, 좁은 공간에 고생하시는 교역자들을 많이 보아온 윤 목사님이 직접 설계해 거실과 서재, 큰 방 3개를 넣어 당시에는 주위 목회자들의 사택 공간 중에 가장 넓었다고 합니다. 온 교우들과 내빈들은 윤 목사님 가족의 눈물을 보았고, 부산에서 대구를 거쳐 올라오신 이금도 목사님 역시 눈시울이 뜨겁게 설교하셨다고 합니다. 무엇보다 삼일교회라는 이름에 부산 삼일교회와 자매결연까지 맺은 날이었습니다. 입당식 예배에 관한 이야기는 성도들의 간증을 통해 들어야 하겠습니다).

삼일교회 건축 현장에서의 불도저와 온갖 연장들의 소리가 제 귀에 남을 수밖에 없습니다. 여러 모양으로 어려운 상황 속에서 나오는 소음은 작업의 한계를 말해 줍니다. 그러나 성전건축 현장에서 기계들로부터 나오는 소리는 평화로이 하나님을 섬기고자 하는 사람들의 귀에는 그 도구들 소리가 의미 없는 소음으로 들리지 않았다는 사실입니다. 여러 사람들이 내는 삽질과 곡괭이 소리, 경운기에 모래와 자갈을 실어 나르는 소리, 엔진 소리를 내면서 곡선 코너를 돌고, 일군들의 작업 소리들이 어우러져서 미래의 뜻을 담은 소리로 들렸습니다. 나에게는 하나님이 역사를 이루시는 소리였습니다. 성스러운 일에 참여하는 백성들의 수고와 땀을 몽땅 기억하시겠다는 하나님의 소리라고 여겨졌습니다. 일군들에게 점심밥을 해 주면서도 피곤을 이기는 사모님과 어머니들, 늦은 시간까지 곁들이 하시는 분들, 짧은 시간이나마 현장에 얼굴을 내미는 분들까지 관련된 모든 역사에 대해서 하나님이 기억해 주시겠다는 약속의 음성입니다.

2. 건축현장에서 일하는 소리들 중의 한 분의 음성 ; 현장에서 직접 일하는 사람들의 소리는 다양합니다. 그 가운데서 나의 기억에 남는 음성은 공사장에서 담임이신 윤 목사님의 말씀입니다.

"그래도 최 선생이 큰 일꾼이다."

이 음성은 내게 가장 크게 들렸던 소리였습니다. 주님께서 나를 인정하시는 소리요 따뜻한 사랑의 소리였습니다. 그러면서 나를 기르시는 성장의 소리였습니다. 입대를 앞둔 나에게 크게 아파서 2~3일을 앓았던 적이 있었습니다. 그때도 나는 윤 목사님을 찾았고 그분은 병문안을 오셨습니다. 그 일이 내게 큰 위로가 되었으므로 잊지 못합니다. 정신을 차리고서 입대하기 하루 전에는 목사님과 여러 성도님들이 나를 위하여 주님께 예배드렸습니다. 그날 목사님께서 나를 권면하셨던 설교는, 목동 다윗이 순수한 신앙을 지켰던 것처럼 군대에 가 있는 동안 술과 담배를 금하며 군사로 선택받은 순수한 반열을 지키라는 것이었습니다. 나는 그 약속을 지켰고 오랜 세월이 지난 후에 목사님을 만났을 때, 나는 "목사님께서 주신 말씀하신대로 약속을 지켰습니다." 라고 보고했습니다. 군대에서는 주일에 찬양대원으로 주께 찬양을 드렸습니다. 그렇게 하지 못할 때는 예배의 간절함을 눈물로 제사 드렸습니다.

제자의 길 ; 전역 후에 나는 신학을 공부했습니다. 전도사, 강도사로서 맡은 일을 감당하였고 목사로 세움을 받은 후 지금까지 교회를 섬기며 말씀을 전하고 있습니다. 2003년부터 2024년 현재까지 한 교회에서 예배하고 섬깁니다. 내게는 제자의 삶이 성령님을 기쁘게 해드리며 보다 성숙한 제자도를 향해 나아가고자 합니다. 무엇이 경건한 삶인지를 사도 바울처럼 날마다 경험하고 있습니다. 모름지기 자신을 낮추면서 전지전능하신 하나님 아버지와 성령님을 높이는 충성된 삶이 지극히 당연하다고 아멘합니다. 그러므로 그때 윤춘식 목사님이 전하신 말씀 "그분은 흥하여야 하겠고 나는 쇠하여야 하리라" 는 말씀과 연결됩니다. 지난 2005-8년까지, 또 2011-24년 현재까지 태국, 스리랑카 등지의 신학교에서 성경 말씀을 강론하며 제자로서의 길을 지속하려고 힘쓰고 있습니다. 현지에 단기 선교를 떠나기도 하고 Zoom으로 강의하며 제자도를 실현하고 있습니다.

내 신앙이 눈뜨는 청소년 시절에 나는 영주시의 삼일교회 개척 멤버였습니다. 2003년 11월부터 오늘까지 섬기며 아름다운교회의 개척 사역자이기도 합니다. 아름다운교회는 박기묵 목사님을 중심으로 교수이신 그분의 연구실에서 사회복지학과 학생들을 초대해 성경공부 모임으로 시작됐습니다. 그때는 교회가 아닌 아름다운 성경연구원 시절이었습니다. 그분이 속한 대구대학교에서 학과 청년들은 그리스도의 제자로 거듭나고자 하는 마음으로 가득 넘쳤습니다. 사회복지학과 학생들이 주축이 되었던 모임은 2003년에 교회로 출발했습니다. 나를 포함해 새신자 한 사람 그 새신자의 자녀들, 그리고 미술치료학을 전공한 분으로 시작한 교회였는데 중형 교회로 거듭나는 중입니다. 나의 목숨이 다하는 날까지 복음의 길을 달려가고자 합니다. 내게 주어진 길을 다 달려간 후에 '나의 달려갈 길을 마치고 믿음을 지켰노라' (행 20:24 참조)고 고백하기를 기다립니다.

삼일교회에 회복된 처음 사랑과 순수한 전설 ; 어머니께 들은 이야기입니다. 윤 목사님은 성전건축 후에 크리스마스를 지내고 이듬해 봄에 서울 등촌교회로 떠나셨습니다. 개척과 건축을 이루시고 후임자에 대해서는 노회의 의견에 맡기고서 펼쳐보지도 못한 책 박스들을 그대로 실어 송별예배를 드렸다고 합니다. 어느 따듯한 날에 등촌교회의 대표되시는 신연식 장로님이 서울의 트럭 기사와 직원을 동반해 오셔서, 교인들과 문안하고는 그 많던 책 짐들을 싣고서 이동하셨다는 것입니다. 그날 성도들은 하염없이 울기만 했다고 합니다. 윤 목사님 내외분을 제대로 한 번 모셔보지도 못하고, 사례 한 번 드린 적이 없이 송별하는 시점에 윤 목사님은 건축 재정 회계이신 송 집사님께 그동안 써놓은 건축비 모금 장부를 드리면서 교회에 보관해 두라고 말씀하셨다는 것입니다. 그 장부에 새겨진 세미한 출납 적요는 삼일교회에 두고두고 오시는 교역자님들과 교회 앞에 귀감이 된다고 합니다. 한 치의 부끄럼 없는 재정수지의 장부이기에 오늘날까지 전수된다고 했습니다. 그날을 기억하면 야속한 트럭이었고 합니다.

윤 목사님은 이동해 가시는 마당에도, 건축비용을 다 갚지 못한 채 남아있던 부채를 걱정했습니다. 마침내 교인들에게 짐을 지울 수 없다고 판단하시고는 그분 스스로 부채를 안고서 떠나셨습니다. 대출 비용의 은행 담보물은 송 집사님의 주택이었습니다. 윤 목사님은 서울 등촌교회에서 받는 월사례로 꼬박꼬박 1년 동안 은행 부채를 모두 갚았습니다. 사모님께서는 적은 생활비 부담과 자녀 양육에 재정적 어려움이 왜 없었겠습니까? 집을 담보했던 그 여 집사님 댁은 나중에 남편이신 분이 초대 장로가 되는 복을 받았습니다. 교회는 변화하는 시대 속에서 부흥하여 장로님 세 분과 많은 권사님들이 계셨습니다.

윤 목사님 가족은 해외선교 조기은퇴를 선언하시고 한국으로 나오셨습니다. 아신대학교(ACTS)에서 교수로 초빙된 시점이었습니다. 그때 삼일교회에는 담임이 공석 상태였습니다. 윤 목사님께서 한국으로 나오셨다는 소식을 접한 삼일교회는 그 반가움에 70세 은퇴까지 위임 목사로 모시자는 기운이 번져나갔습니다. 임시 오인국 목사님이 노회에 추천장을 접수시켰고 임시 당회장이 오셔서 공동의회를 주재했습니다. 부표 하나 없이 기권 1명에 모두 가표였습니다. 주변 목사님들의 정평은, 교회가 초대 개척자인 윤 목사님을 기다리다 못해 오매불망寤寐不忘이라고 말할 정도였다고 합니다. 하지만 주변 목회자 중에는 심지어 질투의 눈길도 없지 않았습니다. 결과는 위임목사 청빙건은 진행되었으나 아신대학교의 교수직으로 인해 2중직을 할 수 없다고 부임하시지 않았던 것입니다. 그렇지만 오랜 세월에 30년 가까이 사모해 왔던 순수한 성도들은 교회의 전설을 만들어 놓았습니다. 윤 목사님을 다시 청빙하지는 못했지만, 제대로 월사례를 드려보자는 성도들의 진심은, 마음속에 12번도 더 모시고 살았습니다. 사탄이 아무리 훼방하여도 예수 그리스도의 보혈을 통한 사랑의 본질은 손 댈 수가 없습니다. 현대에도 전설은 존재합니다.

싱가포르 ACTI 〈아시아 선교교육훈련원〉 8개월 코스, 11개국 14명 참여 1991

III
월드 미션

- 경애하는 아브라함 윤 박사님 회상
- 거제가 맺어준 세계선교적 만남
- 남미의 한 국가를 넘은 라틴아메리카 선교신학자
- 아마존이 주를 찬양할 때까지
- 라틴타임스 프롤로그
- 번역서 출간을 기뻐하며

경애하는 아브라함 윤 박사님과의 회상

안 성 덕 (요셉)
Joseph Ahn. 대학생성경읽기선교회 외교관 자비량 선교사
사역지, 시카고 노스이스턴대학

고희古稀기념 문집에 동참하며 주님께 감사드립니다. 제가 20여 년 전 처음 뵙고 알게 된 아브라함 윤 박사님은 선교현지에서 라틴을 사랑하는 열정이 넘치는 분이셨습니다. 목사님으로서, 신학대학 교수, 아르헨티나 선교사, 문인이요, 또 저술가였습니다. 더욱이 그 열정을 실체화 시키시는 동원력, 조직력, 영직 리더십이 탁월하셨습니다. 영적인 '체 게바라' 같은 혁명정신의 기수라는 인상이었습니다. 한번은 라틴 대륙에 와 계시는 한국 시니어 선교사님들이 함께 모여 - 선교학 세미나와 컨퍼런스를 여는데 동참하겠냐는 소식을 접하게 되었습니다. 각자의 신앙 간증, 선교역사, 사례발표, 선교지 상황과 활성, 기도제목 등 상호 교류를 통해, 상부상조하며 라틴-선교를 극대화해보자는 좋은 제안이었습니다.

저희 부부는 그때까지, 자체 선교(라틴 및 전 세계학원선교)에 열중하고 있었습니다. 그러나 라틴 전체에 하나님이 역사하시는 선교, 특히 한국 선교사들에 의한 라틴선교 전체 맥락에 대해선 관심을 갖지 못한 채 있었습니다. 이를 위해 기도하며 상호 협력하자는데 공감이 갔습니다. 이제는 그렇게 할 수 있고 해야 할 때가 되었다는 생각이 들었습니다. 그러던 가운데 두 번째 모임 장소를 쿠바에서 가지게 될 것이라는 소식에 더 큰 관심과 필요를 느끼고 참

석하게 되었습니다. 저희 UBF가 라틴 33개국 학원 선교를 담당하는 중 쿠바에 한 선교사(Isaias Kang)를 파송한지 수년이 지난 때였습니다. 그분이 그 당시 한국 정유회사 쿠바지점에 파견되어 일하는 중 병을 얻어 곧 한국으로 돌아가야 하는 상황이었습니다. 그러나 어떻게 들어가서 알아볼 길이 없었습니다. 그 당시 UBF 중남미 전체 책임을 맡고 있던 저로서는 이런 기회에 평상인 출입국이 제한(금지) 되어있는 쿠바를 한번 심방, 소속 선교사를 만나는데 큰 의의가 있었습니다. 이것이 윤 박사님이 몸담고 있는 아세아연합신학대학(ACTS) 라틴연구원 주관 회합이었기에 참석하는데 큰 계기가 되었고 의미있는 심방이 되었습니다.

뒤이어 페루 리마, 파나마 시티, 워싱턴 DC, 브라질 마나우스, 니카라과, 베네수엘라, 이과수 3국경 지역, 아르헨티나 부에노스아이레스 등지에서도 모였습니다. 덕분에 마추픽추 탐방, 남극 빙하 등 잊을 수 없는 세계 명승지들을 믿음의 용사님들과 돌아보며 하나님 찬양하는 은혜도 크게 입었습니다. 무엇보다 라틴-한인선교사 전략대회를 통해 중남미 여러 나라에 파송된 선교사님들의 간증, 현지 사례들을 통해 하나님께서 자유자재 여러 계층, 다양한 방법으로 하나님 나라 확장과 라틴 여러 나라들에 이루시는 것을 직접 보고 배우는 좋은 계기였습니다. 몇 가지 예로 김상돈 목사님의 과테말라 1000여 명이 넘는 한국교민 및 현지인 목회, 정금태 선교사님 부부의 파라과이 현지주민, 아동선교, 전재덕 선교사님의 극적인 입국, 거주가 불가능한 쿠바 주변선교, 브라질 아마존 지역 열악한 원주민 선교를 담당하시던 안승렬 선교사님 부부 의사 선교사님(얼마 안 있어 현지 풍토병과 암으로 인해 하늘나라로 불러 가셨다는 소식 듣고 애도했던 것 기억납니다). 정경석 선교사님의 베네수엘라와 쿠바 선교 및 현지인 목회자 양성 신학교육 등. 참으로 힘든 노고와 사랑을 아끼지 않는 선교사님들을- 라틴에서 반대쪽인 먼 우리 한국에서 파송 하고 계시는- 우주적인 우리 하나님의 손길을 느끼며 감사 찬송하는 좋은 시간들이었던 것을 기억합니다.

기본적으로 윤 박사님의 강인한 리더십과 그 열정에 버금가는 헌신에 있어 저희 선교가 실제의 활동뿐만 아니라, 이론과 학구적으로, 또 성경적으로도 든든한 받침이 되도록 저희를 도와 주셨습니다. 윤 박사님의 라틴 신 구교 역사에 관한 논문, 강의를 통해 라틴에 끼친 구교의 막대한 영향과 현지 무속 등 종교적으로 혼합된 토양과 현재도 복음전파에 상당한 거부와 반대를 겪어야만 하는 라틴선교 문화와 풍토를 알아가는데 큰 도움이 되었습니다. 그리고 저도 무조건 선교 활동만 해오던 데서, 이에 자극 받고 힘입어, 저희의 그간의 라틴선교 활동에 대해 실제와 이론을 겸한 선교학박사 공부를 시작하는데 동기가 되었습니다. 또한 박사논문 요약 (대학생성경읽기선교회 사역에 대한 효과 제고提高: 외교관 평신도 자비량 선교사에 의한 멕시코 대학생 사역을 중심으로, 윤 박사님께 보내드린 첨부* 박사논문 P.114-158 참조) 발표의 기회도 주셔서 이를 나누는 은혜도 기억합니다. 모일 때마다 〈여기에 모인 우리, 주의 은총 받은 자여라!〉를 '주제곡'으로 삼고서 스페인어로 번역해 모두가 열창하며 모임을 시작했던 감명이 지금도 생생히 남아있습니다.

그 후 윤 박사님의 박세이 사모님께서 몸이 불편한 중 수술을 받으셨고, 또 에스더 따님을 프랑스 청년 사위 프랑수아에게 보내시는 가운데, 양평에서 신학대학 교수직에 이사회의 발령을 받아 한국으로 가시게 된 것 같고, 그 후 파나마 정글에 원주민교회 개척 사업에 근거지를 두어 힘을 쏟으신다는 소식 들으며 기도했던 것 기억합니다. 최근에는 라틴대륙 내 박사학위 취득자들 중심의 '라틴 정원 가꾸기' (LATIN PH.D'S GARDEN 밴드)를 만드셔서 다시금 라틴선교에 청춘을 바쳐온 목사님, 교수들, 선교사들이 모일 수 있는 장을 개발하셔서 감사합니다.

윤 박사님께서 성역 45년과 고희를 맞아 저희가 그 기념집 발간의 편집위원을 맡게 되었습니다. 그간의 라틴-세미나와 수양회, 기도회 때 나누었던 것을 종합하여 그중 특히 외교관 평신도 자비량 선교사로서 중남미 학원선교 관련 주제를 아래에 요약해서 나누어 보고자 합니다.

▶ **1966년부터 활동해온 대학생성경읽기선교회(UNIVERSITY BIBLE FELLOWSHIP) 사역 요약:** 1961년 고/이사무엘 목사와 배사라(미 남장로교) 선교사 두 분의 동역으로 한국 광주에서 학생복음 운동으로 시작되었다. 1950~53년 한국동란으로 거의 폐허된 한국, 젊은 학생들은 혁명에 이어 반독재 데모 등 거리로 쏟아져 나와 학교폐쇄, 교회는 노인들과 부녀들로 구성, 젊은이 부재 현상이 짙었다. 이에 두 분은 젊은 학생들을 복음으로 살려야 한국이 살고 세계에 기여할 것을 믿고 기도로 성경을 가르치기 시작하였다. 광주 조선, 전남대 캠퍼스 성경공부 그룹이 100여 팀으로 되면서 주변학교, 나아가 대전, 대구, 서울 및 전국으로 확산되어갔다. 곧 이어 세계선교의 성령의 바람이 불었다. 1960년대 말, 1970년대, 한국에서 서독 간호사, 미국 의사, 유학생, 대사관, 지상사 파견 요원 등으로 미주, 유럽, 아시아, 라틴 아메리카에, 1980-2000년대는 구소련, 중국, 아프리카, 호주, 5대양 6대주 100여 개국에 현지 대학생 선교를 위한 평신도 자비량 선교사가 1,500여 명 파송되는 역사가 있었다.

무엇보다 이제까지의 대학생성경읽기의 세계선교 패턴에 주목할 필요가 있다. 이제까지의 모든 선교 패러다임을 포스트모던 새 시대에 맞는 패러다임으로 서서히 바꾸는데 주께서 은연중에 그 모델들을 제시했다는 데 있을 것이다. 종전은 목회자 중심의 목회였다. 즉 평신도들은 비행기의 승객처럼 안전벨트를 차고 비행사인 목회자의 이끄는대로 가만히 시키는대로 하기만 하면 된다는 식의 사역이었다. 이에 대해 UBF 본국사역은 전 회원 제자화, 나아가 전 제자, 평신도 신자 선교사화의 새 패러다임이 성공한 케이스이다. 즉 신학교를 졸업, 안수 받은 목회자중심의 선교 패러다임을 평신도들도 선교사가 될 수 있다는 새 장을 열었다.

이와같이 한국 대학생들에게 말씀되신 예수의 역사가 전국과 전 세계로 번지게 하였을 뿐 아니라 멕시코 등 여타 대륙, 라틴 현지인 대학생들 사이에 똑같은 패턴의 역사가 반복되었다는 점이다. 즉 도무지 선교를 한다는 것은 꿈도 꿀 수 없던 피 지배민족 근성에 찌든 멕시코, 라틴 대학생들에게 철저한 말씀 공부, 말씀에 대한 순종의 사역을 펼칠 때 이들에게서 복음적 리더들이 나왔다. 더 나아가 현지 멕시코인들이 선교사로 그것도 평신도 자비량 선교사로 나갔다는 놀라운 재생산의 결과였다. 또한 선교사들의 자녀들, 2세, 3세 선교사들이 자라 평신도 자비량 선교사로 조금씩 파송되는 역사가 시작되고 있다.

▶ **외교관 평신도 자비량 선교사로 라틴, 세계캠퍼스 개척에 참가 하게 된 신앙 간증:** 제 한국이름은 안성덕 (영어 Joseph Ahn, 서어 Jose Ahn) 1946년 해방 이듬해, 8남매 중 셋째로, 한국 대구에서 태어났다. 모태 신앙, 주일학교 다니며 반장, 착한 우등생, 명문 경북 중고등학교 다니며 평탄하게 지내다 고2때 어머님이 갑자기 돌아가셨다. 이때 모든 삶이 허무해 졌다. 잠언의 "헛되고 헛되며 모든 것이 헛되도다"를 되뇌며 목적 없는 인생 일찍 죽어버리자고 생각했다. 그때 누나 초청으로 성경공부 모임에 참석했다. 말씀을 통해 저의 내면이 천하에서 제일 못된 죄인, 그것도 바리새인처럼 착한 척한 외식하는 죄인, 지금 죽으면 지옥행 1호임을 깨닫게 되었다. 동생들을 미워하고 때린 살인자요, 예쁜 여학생들을 볼 때 마음으로 많이 간음한 자요. 부자 친구들의 옷과 신발, 필통들을 훔치고 싶은 도둑이었다. 과연 나는 벌레보다 못했다. 오, 하나님! 저를 이 지옥불로 향하는데서 좀 건져내 주십시오! 이때 십자

가, 부활 복음 말씀과 찬송들이 산울림처럼 들려왔다. "갈보리 산 위에 십자가 섰으니!", "웬 말인가 날 위하여 주 돌아 가셨네!", "주의 보혈 능력 있도다. 주의 피 믿으오!" 내 죄 위해 흘리신 그 피, 부활하사 새 생명 주심으로 저를 새로운 피조물이 되게 했습니다. 그 은혜가 고마워, "최후 승리 얻을 때까지 주의 십자가 사랑하리!" 찬송처럼 내 일생을 이 주님께 드리겠다고 기도했다.

그러나 그 6개월, 인생 사망의 골짜기를 헤매던 고2 때, 나의 성적은 일등에서 꼴찌 근처로 떨어졌다(그간 내 머리가 좋아서 늘 일등 한다고 뽐냈었다. 그리고 꼴통, 꼴찌를 무시했다. 이때 꼴찌도 인생의 무슨 문제 때문이로다. 또 하나님 안에서 모두가 평등함을 깨달았다). 남은 고등학교 재학 기간 동안 기도했다. 열심히 공부, 서울에 가서 더 큰 하나님 영광 위해 살게 해 달라고. 그 결과 1965년 기적같이 서울법대에 합격했다. 그러나 당시 4.19, 5.16으로 캠퍼스는 데모, 단식, 최루탄으로 눈물만 흘리다 일 년이 갔다. 김일성이 서울에서 회갑잔치한다는 우리나라, 또 아버지까지 돌아가신 가정, 학교 등록금도 내기 힘든 고아 같은 가난한 자신에 나는 다시 한 번 절망했다. 1966년 서울법대 2학년 때 [대학생성경읽기선교회]가 광주에서 전주, 대전을 거쳐 서울 문리대, 법과대학 근처에 문을 열었다. 나는 영어도 배우고, 무엇보다 곤고한 내 영혼이 갈 곳이 없었기에 일 년간 배사라(Sarah Barry) 선교사의 영어 성경공부 모임을 매일 아침 학교 가기 전 8~9시에 공부했다. 그리고 고/이사무엘 선교사님의 주일 메시지를 매주 들었다. 성경 읽고, 생각하고, 적용 실천하기를 학교가 닫힌 동안 매일 공부한 결과, 영적인 Green Veret(영적사관생도)가 되었음을 알게 되었다. (이것이 내가 현재 그린베레 쓰고 다니는 이유이다). 그 결과 바로 안드레의 고백과 같은 효과를 내게 되었다. "시몬! 내가 오늘 메시아를 만났어!" 그리고 비린내 나는 형제 어부 시몬을 설득하여 예수께 데려오니 그를 베드로로 변화시켜 주셨다. 이같이 말씀공부는 꿀보다

달았고, 새 술과 같아 낡은 가죽부대를 찢는 새 역사를 내 마음에서부터 시작 주변으로 퍼지는 역사가 시작되었다.

그때까지 '말씀은 목사님이 가르쳐야 한다. 선교는 선교사가 해야 하지. 나는 서울 법대생으로 공부 잘해 법관이 빨리 되어야지, 그리고 아리따운 자매와 결혼하고, 떵떵거리며 일생을 호의호식 잘살면 된다'. 그런데 말씀은 흐드렛물 같은 나를 모든 사람이 좋아하는 극상품 포도주로 만들어 가셨다. 대학 3학년 시, 서울법대 수재 신입생들 입학식 때였다. 학장님이 말했다; "후배들에게 격려해 줄 선배 나와서 한마디 하라." 아무도 감히 나오지 않았다. 이때 한 수줍은 시골 출신 3학년이 나와 말했다. 친구들도 놀란 것이 그간 있는지 없는지도 몰랐던 바로 나였기 때문이었다. 모두가 데모, 단식, 나라 사정에 신경 끄고, 사법고시나 열심히 해라 하는 말을 기대했다. 그런데 내 입에서는 이와 정 반대의 말이 나왔다. 예수님이 길과 진리요, 생명이다. 이 예수님을 먼저 만나고 우리 근본 죄 문제를 해결해야 한다. 그러면 일생 행복하고, 또 많은 나쁜 사람의 죄를 심판할 뿐만 아니라 그 죄인들을 새사람으로 만드는 법조인 본래의 목적을 달성할 수 있을 것이다. 그렇지 않으면 이기적이고 남을 해롭게 하는 괴로운 법관이 될 것이다. 이 말은 이기적인 세리 마태를 세상의 빛으로 바꾸신 예수님을 배웠기 때문에 가능하였다. 그 주간 20여 명의 신입생이 말씀 공부하러 UBF에 나왔고 몇 명이 일생 하나님을 섬기는 목자가 되었다.

이렇게 졸지에 나는 캠퍼스의 친구들, 후배들의 성경 그룹 스터디의 인도자가 되었다, 좀 더 나아가, 제자 양성가가 된 것이다. 바로 나의 한 친구도 하나 배우고 남을 가르치는, 즉 다른 반을 인도하는 인도자가 되었다. 이제 보니 UBF에서의 매일 말씀 공부는 오병이어로 5천 명을 먹이듯, 한 사람의 친구, 아니 한 캠퍼스를 능히 먹일 힘이 되었다. 즉 매일 꾸준한 말씀공부는 바로 일대일 성경공부, 그룹 공부, 또 전체 앞에서 말씀전하는 설교자 등으로 길러 주었다. 이같이 대학 4년간 말씀 공부, 또 배운 말씀 되새김질하는 소감쓰기, 실천하기, 또 곧 친구, 후배들에게 가르치기, 매일 아침 하늘 만나(QT: 일용할 양식) 먹고 나누기(하늘 만나 안 먹으면, 아침 식사 먹지 말라는 훈련)를 통해서, 코코넛 열매와 같이 어떤 사막 같은 환경에서도 살아남고, 또 열매를 맺는 영성을 훈련 받은 것은 내 인생에 큰 기초가 되었다. 이것은 곧 군에 가서 군대 선교사로, 곧 결혼한 가정의 남편으로, 아이들을 2세 목자요 또 선교사로, 내 자신이 세계 어느 곳에 가서도 평신도 자비량 캠퍼스 선교를 시작할 수 있는 힘을 주었다.

1968년 졸업이 가까울 무렵, 세계선교의 부르심이(마태 28:19, 가서 모든 족속으로 제자 삼아라!) UBF 전체에 주의 절대명령으로 임하기 시작했다. 성서한국을 넘어, 세계선교로, 쓰나미 같은 성령의 물결이 일어났다. 그 당시 약 200여명 리더들이 동해안 여름수양회에서 태평양을 넘어 전 세계를 바라보며, 당시 세계 155개 국가 중 한 나라씩 이름을 말하며 "나를 보내주소서"라는 기도를 드렸는데 그들 대부분이 선교사로 나간 것을 목격할 수 있었다.

그 당시 "주여 어디든지 가겠나이다. 순종하겠습니다." 말했지만 곧 나의 고정관념이 주께 이의를 제기케 했다. "주님, 선교는 미국인이나 해야지요. 세계선교는 우리 한국인은 하면 안 됩니다. 모두가 웃을 것입니다. UBF는 선교비 지원할 형편이 안 됩니다. 또 누가 여권을 만들어 준답니까? 신학교에 가서 목회자나 선교사보다 저는 법관이 되려고 서울법대에 들어왔습니다. 사법고시나 합격시켜 주시지요." 그때 갑자기 외교부에서 주관한 3급 공채 외교관 국가고시가 생겨났다. 그래서 남은 일 년 간 이것을 합격하여 선교사가 되게 해주시라고 방향 잡고 공부를 시작했다.

그런데 문제가 생겼다. 마태복음 6장 33절 ("너희는 먼저 하나님의 나라와 의를 구하라") 이 성경말씀은 외무고시 공부, 합격보다 그때까지 해왔던 말씀 공부, 양치는 것부터 먼저 하라는 도전이었다. 나는 말했다. "저에게 고시합격 시켜주시면 일생 선교사로 살겠습니다. 먼저 합격시켜 주십시오." 그러나 그간 배운 말씀은 양보나 타협 없이 도전해왔다. "너는 먼저 그의 나라를 구하라."

이때 나는 도서관에서 1분도 아끼면서 시험 공부하는 수재 친구들을 뒤로 하고 매일 말씀을 공부하고자 향할 때, 이렇게 매일 2~3시간을 보내면, 시험도 떨어지고, 목자 체면도 깎이고, 그러면 법대 후배들이 더 이상 성경 공부하러 오지 않을 것인데 하며 걱정했다. 그러나 말씀이 저를 북돋아 주었다. "하나님을 믿으라!" 이런 가운데 시험을 보고, 드디어 외무고시 제3회 시험 결과가 1969년 졸업 전에 나왔다. 1000여 명 수재들 중 18 명이 합격했다. 나와 나의 일대일 말씀 공부하던 친구도 합격했다. 반기문 전 UN 사무총장도 이때 고시 동기로 합격했다. 이로써 외교관평신도자비량 선교사로 나갈 수 있는 길을 주님께서 열어주셨다.

그 뒤의 선교사 생활을 요약하면 1965~69년 대학시절을 캠퍼스 성경공부 소그룹 말씀인도, 70~73년 군입대와 군선교 활동, 1973년 결혼 후 평신도외교관자비량 선교사로 약 50년간, 스페인 (1975~76 및 1988~89), 과테말라 (1976~79), 멕시코 (1982~85), UN (1987~88), 그 후 1990~현재까지, 미국 시카고 UBF 세계본부 North Eastern 대학생 선교, 특히 20여 년간 라틴과 전 세계 미션 코디네이터로 (매년 3~4개국 거의 7~80여 개국 선교 심방) 쓰임 받았다. 이제 나의 외무고시 동기였던 반기문 UN 사무총장과 많은 친구들은 이미 퇴임했다. 나 또한 모든 직책에서 은퇴했지만, 아직도 미국 대학교 개척사역을 위해 매주 2~3번씩 캠퍼스 성경공부 그룹에 동참하고, 현재까지

100여 개국 개척을 넘어 전 세계 233개 국가 학원선교를 위해 필요시 언제든지 조언, 기도지원, 심방할 수 있는 하늘나라 대사로 계속 쓰임 받고 있다. 주께서 Retire, 즉 타이어를 새로 갈아 끼워 써 주고 계신다.

▶ **이상 세계의 여러 모임에서 발표했던 것 중 필자의 간증**

UBF의 외교관평신도자비량 선교사로서 과테말라, 멕시코 및 라틴 현지 캠퍼스 젊은 학생사역 중심으로 기술해 보았다. 모쪼록 윤 박사님의 고희 기념 문집이, 그의 성역 45년과 더불어, 그간 힘 기울여 섬기셨던 모국 교회들, 선교사들에 의한 라틴선교 전반의 사역, 언론출판과 신학교사역, 학교설립 등 현장 사례들이 같이 수집되어, 라틴의 복음 역사 정리가 될 수 있게 복 내려 주셨고, 이를 바탕으로 각종 선교사역이 서로 격려, 도전, 협력으로 이어지기를 기도합니다.

나아가 한국 선교사들에 의한 하나님의 총체적 라틴-선교 발전에 좋은 밑거름으로 활용되게 하시기를 바랍니다. 이제 100세 시대에 고희는 80세 아래로 젊은 청년 범주에 속한다고 하는데, 윤 박사님 내외분의 건강, 영력 더욱 충만케 하셔서, 라틴 선교역사의 리더로서 여생에 더욱 크게 써 주시기를 축원합니다.

2024. 2. 16. 미국 시카고에서 안요셉 드림

거제가 맺어준 세계선교적 만남

허 성 욱
한국창조과학회 이사, 거제교회 기관목사, 부산크리스천문협 고문

윤 목사님 부부와의 만남은 주님의 은혜요 인도였다. 창조과학 강연을 위해 나는 거제도에 다른 지방보다 더 많이 방문했다. 지금은 거가대교를 이용해 거제도는 쉽게 찾을 수 있는 거리라 할 수 있다. 과거엔 마산을 거치고 고성을 지나 통영을 통과하고 거제대교를 건너야 도착할 수 있는 고을이었다. 1985년부터 시작된 나의 창조과학 강연 활동은 아내가 운전하면서 함께 다니는 때가 많았다.

1. 거제에서 윤 목사님과 맺은 선교적 사명

2000년 여름, 그날도 거제 염광교회(당시 담임 고/박금철 목사)로 특강 가는 길에 아내가 동행해 주었다. 고등부 수련회 특강이 있는 날이었다. 오전 강의를 마치고 점심시간에 윤춘식 목사님을 만나게 되었다. 마침 윤 목사님 부부는 2차 안식년으로 염광교회 선교관에서 생활하고 계셨기 때문이다. 어쨌거나 그날 두 차례의 식탁 교제를 하게 된다. 처음 만났을 때 윤 목사님은 창조과학회 활동을 하고 있는 나에 대해 어느 정도 알고 있는 듯 친근하게 대화가 이뤄졌다. 나는 〈월간고신〉과 〈기독교보〉에 창조과학에 관한 글을 여러 차례 게재한 적이 있었다. 그 덕에 지금도 나를 처음 만나면서도 나의 옛 직장명을 기억하고 말씀하시는 분이 계신다. 이날의 만남으로 인해 부산 삼일교

회 선교회 헌신예배에 윤 목사님을 강사로 모시게 되었고 후원교회가 되어서 오늘 날까지 여러 모습으로 윤 선교사님과 함께 교제하는 계기가 되었다.

따지고 보면 윤 목사님과의 첫 만남도 1년 더 당겨질 수도 있다. 내가 속한 부산크리스천문인협회가 거제도로 문학기행을 갔을 때 '거제 포로수용소'에서였다. 당시 부크문 회장이었던 거제도 출신 남송우 교수님(부경대)과 윤 목사님은 1977학년도 고려신학대학원의 입학 동기로서 재학시절부터 이미 서로 잘 알고 지내는 사이였다고 한다. 남 교수님은 재학 중에 교통사고를 당해 그 후유증으로 신대원 학업을 한 학기 후 그만두게 된다. 그뿐 아니라, 훗날 부산대학 대학원에서 국문학을 연구한 동문이 되었다. 그래서 거제포로수용소 탐방 때, 거제도 지리를 잘 아는 남 교수님이 연락하여 그 행사에 윤 목사님이 오게 된 것이다. 그때 우리는 서로 알지는 못했지만, 가까운 발치에서 스치는 사이가 된 것이다. 사람의 만남이란 딱 한 번의 만남으로 끝나기도 하고, 서로 연락하며 공사 간에 끈끈하게 이어지기도 한다. 윤 목사님은 '크리스천타임스' 라는 공적인 스페인어 신문사 이름으로 된 메일을 통해 소식을 보내 주셨고 지금까지도 서로 교통하고 있다.

2. 저술 활동을 통한 지성의 검증과 영혼의 교류

2001년 6월 윤 목사님의 첫 시집 「풀잎 속의 잉카」(문학수첩, 2001)와 같은 시기에 두 번째 출간된 시집 「저녁노을에 걸린 오벨리스코」(예영, 2001)를 선물 받았다. 작품에 제목을 앉히는 것, 작품집에 이름을 붙이는 것은 만만치 않은 작업이다. 그 자체가 창작이기 때문이다. 시집 제목이 목사님의 삶의 현장이 어딘가를 알게 해 준다. 그가 만난 남미는 '팜파'와 '파타고니아', '엘도라도' 그리고 안데스 산맥의 '잉카'이고 흔히 '인디오'라 불리는 원주민이다. 지금 그 땅에서 살고 있는 백인 주류들은 도래인일뿐, 남미 원주민이 아니다. 그래서 그에게는 "마추픽추가 머리를 치켜들고 / 유프라테스와 티그리스강의 / 작은 돛단배들을 비춘다 // 시들지 않고 / 뾰죽한 혀를 내밀어 / 바위들의 가슴팍 조각난 제국을 빨며 / 마지막 전분을 핥아내는 천년 풀잎" 이 보인다 〈시, 풀잎 속의 잉카에서〉.

연이어 출간한 「저녁노을에 걸린 오벨리스코」에는 그의 남미 선교에 대한 사명감과 복음의 열정이 곳곳에 묻어있다. 시집 제목으로 사용된 그의 시는, "오직 우리는 복음의 옹호자 … 우상으로 얼룩진 위선의 도시에 / 자유를 향해 돌진하는 이정표가 되어 … 나는 죽고 십자가를 살리는 / 순결의 노래를 부르자꾸나 / 순교의 노래를 부르자꾸나" 라고 읊고 있다. 〈나는 아름다운 서정시를 쓰고 싶다〉에서 그는 원주민에 대한 관심을 "태곳적 인디오의 얼굴을 그리고 싶고" 라고 나타냈다. 그의 시에서 독자들은 쉽게 그의 신앙고백을 발견할 수 있다. 목사님은 시집을 선물하면서 낙관을 찍어두는 경우가 있다. 그런데 추수秋收라는 글이 들어 있었다. 무슨 뜻인지 질문을 했다. 만 30세에 목사 안수를 받고서 안동에서 동일한 교단의 교회를 단독으로 섬길 때의 일을 들려주신다. 개척의 시기를 막 벗어난 이후라 재정이 넉넉지 못했단다. 주일마다 성미를 모아 보관하는 쌀독이 있었는데 쌀이 떨어졌고, 학창시절 때 친한 친구(목회자)가 방문했는데 사모님이 곁에 있던 다른 오래된 쌀독에서 독 아래쪽에 붙어 있는 쌀을 모아 밥을 지어 손님 대접을 했다고 한다. 그때의 일을 서로 잊었다가 남미 선교사로서 총회파송을 받은 후 6년이 지나자, 그 목사 친구가 남미를 방문했다고 한다. 브라질을 거쳐 아르헨티나를 순례하는 중, 멘도사 시티에서 장로교 예배당을 건축한다고 고생하고 있을 무렵 그때, 그 친구 분이 "친구의 이름이 춘식이니 어디를 가든지 심는 일만 하는구나. 이제는 거두기도 하게"라며 '추수秋收'라는 아호를 지어 드렸다고 들려주었다. 젊은 시절 30대 초반의 일화이지만 마음이 아릿했다. 윤 목사님과의 교제에 대한 질문을 하면 목사님은 지난날의 수첩을 찾아 그 당시의 일을 짚어내어 얘기해 주신다. 나는 기록을 잘 남기지 않는 편이라 딱할 때가 있다. 그래서 놀랍다고 했더니 아무것도 아니라며, "기록은 힘이다"라는 말이 있다고 하신다.

2005년 8월 1일 나는 목사님께 메일을 보냈다. 목사님이 우리에게 버려달라고 부탁한 가방이 있었다. 그렇다고 막무가내로 버릴 수 없어 가방을 열어보았다. 영수증이 든 봉투, 작은 액자, 와이셔츠 3장과 노트북이 들어 있었다. 9월에 아세아연합신학대학교(현, 아신대학 2004. 3.~2008. 12. 당시 조교수) 강의 시에 필요하실 것으로 여겨졌다. 우선 급하게 필요한 파일들을 사용하실 수 있는 방법을 찾아볼 필요가 있다는 생각이 들었다. 그래서 메일을 보냈다. "가방, 아무렇게나 버리면 안 되겠는데요. 이 노트북 지금 목사님께는 대단히 급하게 필요할 것이라 여겨지는군요. 특별히 L. A의 에반겔리아, 복음대학교 강의안이 있는지 모르겠습니다. 우선 급한 대로 필요한 파일 열어서 메일로 보내는 방법은 어떨지 모르겠습니다." 목사님은 "강의 파일(usb)은 가져왔다"고 하며 노트북과 물품들을 간수해 달라는 답을 보내주셨다. 그 즈음에 목사님이 나에게 보내주신 「그의 하늘이 이슬을 내리는 곳」(예영, 2004) 스페인어 대역이 들어 있는 공동시집에는 라틴아메리카에서 사역하고 있는 열 시인들의 시편들로 엮어져 있었다. 이 공동시집의 제목은 목사님의 시작 노트 제목이다. 시작 노트에서 그는 "여름밤 / 슬프도록 맑은 시냇가에서 / 반딧불의 눈물과 마주치며 춤추다 / 돌아온 방 // 가난하여 아름다웠던 그녀는 / 지금 나의 아내가 되어 있고" 적어 내려가다 "섬돌에 벗어놓은 / 신 한 켤레 / 수선화 꽃잎같이 선이 부드러운, / 화려하게 피멍이 묻어있는 신발"을 보고서 "나에게 / 더 사랑할 이 없음을 아시고 / 당신이 그 방에 홀로 오셨어라" 라고 주님을 만난다. 그에게 남미 대륙은 한 마디로 〈그의 하늘이 이슬을 내리는 곳〉(신 33:28)이다. 그래서 현장에서 은퇴한 지금도 그 국가 아르헨티나의 영주권을 포기하지 않으신다. 그 영주권만 버리면 한국에서는 매월 35만원이라는 기초생활수급비를 받을 수 있음에도 불구하고... 경제가 넉넉해 여분이 있어서가 결코 아니라고 하신다.

  이 시집에 오른 윤 목사님의 시편들 맨 끝에 〈어머니 모습〉이라는 시가 붙어 있다. "아르헨티나 산産 쌀을 씻고 / 밥솥에 쌀을 안치다가 / 어머니의 모습"을 떠올린다. 이 땅에 생生을 받은 사람 가운데 어머니에 대한 그리움이 없는 사람이 있을까? 그것도 지구 정반대 쪽에서야 오죽하였으랴. 그 시는 "오호, 눈물로 밥을 짓던 / 그날의 아픔"이라고 매듭짓고 있다. 윤 목사님이 세 번째 안식년을 맞아 부산북교회(당시 담임 조서구 목사) 선교관이 있는 전포동 아파트에 머물 때도 목사님 부부와 우리 부부의 교제는 계속되었다. 2007년 늦은 가을에 나는 금정구 구서동 산복도로 위쪽으로 거처를 옮겼고, 윤 목사님 부부가 잠시 우리와 한 주간 함께 지내신 적이 있다. 그로 인해 서로 더 가까운 사이가 되었다.

  2008년 4월 목사님은 『로마 가톨릭교회 세계관 이해와 중·남미 선교전략』 쿰란출판, 2008)을 낸다. '라틴 아메리카의 세계관 이해를 위한 이론적 전제들', '가톨릭교회 세계관과 신앙체계', '아르헨티나 가톨릭 사회·문화·신학의 모델과 분석', '아르헨티나 선교전략'들을 포함해 여섯 부로 구성된 이 책은 500쪽이 넘는 남미를 품은 선교사들의 필독서이다. 세계선교를 위한 학문적 역작으로 손꼽힌다. 남미 선교현장과 국내 사역 등으로 분주한 가운데에서 명저를 남기셨으니 나에겐 도전이 되기도 했다. 그해 11월 어느 날 윤 목사님의 메일이 도착했다. 제4시집을 내게 되었다고 뒤표지에 짧은 글 하나 남겨달라고 하셨는데, 못해 드렸고 그것이 지금껏 부채처럼 마음에 남아있다. 그 메일 내용 가운데는 제주 신서귀포교회(당시 김대룡 목사)와 남제주교회(당시 이시용 목사)에서 설교하고 중문을 한 번 돌아봤다는 내용과 정방폭포 아래서 자녀들이 폭포가 어디 있느냐?고 물었다고 하는 코미디를 남겼다. 폭포라고 하면 웅대한 이과수를 떠올릴 자녀들에게는 전혀 어색한 발상은 아닐 터.

목사님의 따님 에스더양의 서울대 의대 특례입학 관련(해외교육 13년 되어 준비한 서류들)한 내용도 들어 있었다. 나중에 알고 보니 여러 가지 어려운 현실과 과정을 거쳐 에스더는 더 나은 곳 프랑스에 유학, 명문 말메종 국립콘세르바토리오에서 공부하여 수석 졸업했다. 또한 프랑스 교육부 주최 '세페뎀(CEFEDEM: 국립 음악교육학)'이라는 프랑스 음악 교수자격 고시에 응시해 1차 합격했으며 2차로 최종 논문(불어)과 면접이 통과됨으로써 음악 교수 자격을 취득했다. 이런 경사는 한국 여성으로서는 처음 있는 일이라고 한다. 2010년 11월 2일에 거제문화예술회관에서 '아이티 지진, 재난 회복을 위한 자선연주회' 개최(주관: 거제시 대우조선 중심의 기독연합신우회: 당시 박민규 회장과 거제교회연합회)로 연주회를 열어, 수입금 US$2천 달러 전체를 '한국 희망봉사단' (단장 명성교회, 김삼환 목사) 협회 앞으로 송금했다. 이듬해 2011년 서울 금호아트홀에서 귀국 독주회를 열었다. 현재는 국제적인 유명 플루티스트가 되었고, 파리 국립콘세르바토리로에서 플루트 실기와 음악교육론을 가르치고 있다. 프랑스 청년 프랑수아(장교로서 공군 오케스트라 단원, 음악교수)와 결혼해 슬하에 1남 1여를 두었다. 부부가 파리 한인장로교회의 충성된 집사가 되어서 행복하게 사역한다.

이렇듯 나는 좋은 일, 궂은 일 등 사명자로 살아가는 길이 얼마나 지난한 삶인가를 들여다 볼 수 있었고, 그런 중에서 주님의 은혜가 풍성함을 또한 느낄 수 있었다. 윤 목사님의 사역 현장은 동에 번쩍 서에 번쩍이었다. 2009년 2월의 메일에는 '호치민 공동체합심교회'에서 주일예배 후, '캄보디아 앙코르와트(사원) 앞에서', '프놈펜 자응래 원주민교회' 소식이 들어있는가 하면, 어느새 6차 라틴아메리카 선교전략회의가 8월 중순으로 다가오고 있다는 연락이 뒤따랐다. "함께 참여하여 말씀과 은혜의 충만, 상호 이해와 사명감의 신선함이 넘치시길 소원한다" 는 권면의 말씀을 덧붙이시면서, 목사님은 ACTS와 고려신학대학원에서 강의와 봉사로 수종 들고 있으며 오는 4월 하순경에 아르헨티나와 브라질로 들어가 브라질 선교사연합회와 연석협력 미팅을 가지려고 예정하고 있다고 했다. 자세한 안내의 말씀이 뒤따랐지만, 나는 그 당시 현직 교사여서 자리를 비울 수가 없어 함께 하지 못했다.

아련히 기억나는 것이 하나 더 있다. 윤 목사님은 2007년 경 1월에 몽골에서 오픈된 ACTS 선교대학원에서 실행하는 선교사연장교육 석사과정 프로그램에 교수가 되어 파견된 적이 있었다. 몽골의 1월 날씨에는 '조드(zud)'라는 혹한이 주기적으로 몰아치는데 한랭한 바람이 위협적이라고 한다. 마침 선교사 수업이 이 기간이라 목사님은 기온이 마이너스 30도 이하를 체험했다고 한다. 말발굽이 얼어 터져 죽게 되며 시베리아 바람보다 차다고 하셨다. 울란바토르 도시 가운데로 중앙난방 대관이 여기저기에서 지나가는데 완전히 건조되지 않은 석탄을 사용함으로써 하얀 눈이 내릴 때면 도시 전체가 석탄 연기에 그을려 천지가 잿빛으로 변한단다. 그런데 이러한 잿빛 눈이 내리는 가운데 한랭풍의 추위를 겪고서, 다시 2월에 브라질의 마나우스에서 '아마존개혁신학교'(당시 학장 고/안승렬 선교사)의 기독교교육학 학점제 특강을 어렵사리 수락했었단다. 몽골의 강의와 연결될 줄은 생각지도 못하고서 수락했기에 결강할 할 수가 없었다고 한다. 아마존의 2월은 1년 중 온도가 가장 높다. 평균 섭씨 40도를 웃도는데, 윤 목사님의 초점은 무엇을 강의한다는 위세가 문제 아니라, 기후에 있어서 인간의 육신이 감내하는 온도의 한계는 전체 3일 동안에 70~80℃ 차이를 견뎌낼 수 있다는 놀라운 체험이었다고 하셨다. 거기에서 하나님이 창조하신 몸이 최저의 한랭과 최고의 땡볕 더위를 극복할 수 있다는 창조의 섭리에 탄복했다는 간증이 더욱 중요하다는 메시지셨다. 우리들 육신의 한계가 경이롭지 아니한가? 이러한 내역은 모두 전자 메일로 주고받은 당대의 가치이기도 하다.

그런 분주한 와중에서도 목사님은 남미 선교의 사명을 감당하는 가운데서

분단된 한반도를 위해 기도하는 『북한 사회주의 교육과 선교』(예영, 2005) 와 『라틴 아메리카여 일어나라!』(ACTS 라틴연구원 편저, 2007)를 세상에 내어 놓았다. '라틴 아메리카여 일어나라'는 제1차 중남미 선교전략회의(과테말라, 2005. 주제: "중남미로 건너와서 우리를 도우라" 행 16:9)와 제2차 선교전략회의(쿠바, 2006. 주제: "주께서 행하시리라" 사 43:13)의 내용이 담겨 있다. 라틴아메리카 선교전략회의 제3차~7차 컨퍼런스 자료집이 『영혼과 흙의 치료 이야기』(마다바름 출판, 2012)라는 제목으로 나왔다. ACTS 라틴아메리카연구원 주최로 열렸는데 이는 윤 목사님의 기획과 구상에서 나온 일이라 여겨진다. 중·남미 대륙을 가슴에 품고서 하나님의 나라를 확장하는 사역에 헌신하려는 그의 구령의 열정에 의한 것이라 아니할 수 없다. 6차 컨퍼런스 때도 강사로 참여해 달라는 부탁이 있었는데 이때도 함께 하지 못하여 송구한 마음이 남아 있다. 2009년 5월 29일 목사님의 메일은 멀리 남미에 나가 있어도 조국의 상황을 안타까워하는 마음을 적고 있었다. "최근 한국에 무슨 불상사가 있었는지 만국의 조기를 보고서야 알게 되었습니다. 유사 이래 정치 파탄이 가장 극심했던 라틴아메리카에서 조차도 느끼지 못했던 슬픔과 울분, 소름끼치는 정치적 연약성을 다시 보게 되었습니다." 라고 울분을 토로하셨다. 어디에서 살고 있어도 모국에 대한 마음은 누구나 간절한 법인 듯하다. 이때부터 목사님의 메일은 현장 선교사역에 제6차 라틴아메리카 선교전략회의 개최 관련 내용들이 계속해서 뒤따랐다. 참여와 협력으로 중·남미 선교부흥에 반석이 되길 소망하며, "저희는 서툴고 부족하지만 중·남미 대륙에 하나님 나라를 세워가는 뜻 깊은 만남이 되도록 기도해 주시기 바랍니다" 는 기도요청이 들어 있다. 그 메일에 들어있는 "선교가 전개되는 장소에 그 지역 악령도 함께 존재하고 있는 것인가? 궁극에 받는 하나님의 은총" 문구들. 쉽지 않은 준비과정의 난관과 결국은 이뤄주실 주님 앞에서의 신뢰가 묻어있었다.

3. 거제도 이후 변함없는 열정과 교류

제6차 라틴아메리카 선교전략회의를 마치고 나서 상세하게 결과를 설명하는 메일을 보내 주시는 목사님. 어쩌면 목사님의 기록을 남기는 방법일 것이라는 생각이 든다. 다시 말하지만 2010년 11월 목사님의 따님이 연주자로 참여하는 〈아이티 재난회복 자선연주회〉가 거제문화예술회관 대강당에서 열렸을 때, 우리 부부가 참석하여 거제도는 윤 목사님 가족과 우리 가족 사이의 특별한 만남의 장소였다고 하겠다.

목사님의 사역 가운데 특별히 파나마 엠베라 부족에 대한 애정은 유난하셨다는 기억이 있다. "지난 2012년 11월 10~12일 2박3일에 걸친 엠베라교회 성전건축 헌당식은 우리 주 예수 그리스도 은혜 안에서 무사히 마쳤음을 감사드립니다. 그동안 기도와 물질로 지원해주신 교회와 목사님, 선교사님, 지인 성도님들께 진심으로 감사드립니다. 현재 저희 교회의 성인 성도들은 70여 명, 헌당식에 참석한 부족민들은 모두 300여 명이있습니다." 목사님의 리오 차그레 정글에 있는 엠베라 부족을 찾아 처음 교류 시작(엠베라 부족언어 있음)과 2010년 8월 박세이 사모와 함께 정글에서 교회개척 및 제자훈련과 섬김과 세례 베풀었던 일에 대한 메일 내용이다.

그런데 하나님의 나라를 위한 경이로운 기억이 있다. 2014년 11월 아내가 세상을 등지고 하나님 나라로 옮겨간 후의 일이다. 나는 아내의 유품을 정리하다가 세계 선교비 관련 예금 통장을 발견하고서 바로 윤 목사님께 연락을 드렸다. 마침 연구년으로 국내에 계신다고 했다. 그래서 미남 로터리 근처에 있던 어느 식당에서 직접 만나 예금통장에 들었던 금액 전체를 전달했고 목사님 부부는 아내의 산소를 찾아 주셨다. 2015년 2월 마지막 주에 [글로벌부족 인디오선교커뮤니티]가 결성되어 합천군 삼가면 기독교농촌지도자연수원을 수련회 장소로 정하고서 진행하는 모임에 참석하라는 권유를 받았다. 그

날이 이르자 즉각 동행했다. '글로벌 부족과 한국교회 미래선교'를 주제로 모였고, 회합의 고문이신 김만우 목사님이 주강사로 섬겼다. 그날 나는 〈창조론과 과학법칙〉을 제목으로 특강할 기회를 가졌다.

목사님의 제5시집 「슬픈 망고」 (예영, 2015)가 출판되었을 때 사직동교회, 천안 소재 신학대학원, 땅끝교회, 고신대학교, 부천 소재 참빛교회, 아세아연합신학대학교, 가덕교회 등에서 남미 인디오 토바중·고등학교 도서관건립 건축비 마련을 목적으로 제3회 월드미션 시화전이 2015. 6. 7~11. 15 사이에 열렸다. 사직갤러리(6월 7일)와 가덕교회(10월 31일)에서 드린 「슬픈 망고」 출판감사예배 시간에 나는 시편 103편 22절을 본문으로 "여호와를 송축하라"는 제목으로 말씀을 전했다.

윤 목사님은 2019년 서울 어느 헌책방에서, 심군식 목사님이 19살 되던 해에 인쇄했던 신앙시집 「괴로운 인생」 (고려 파수군사 발행, 1953)을 발견했다. 워낙 빛바랜 세월 덕에 갱지에 인쇄된 낡은 소책이라, 복원 사업에 일조했던 김상윤 장로(고신대학 아동교육학 교수)님이 조심스럽게 복사본을 만들었다. 이에 심 목사님 추모 20주기를 기념하면서 윤 목사님이 『현대인의 천로역정』(영문출판, 2020)으로 재해석하여 출판해 세상에 내놓아 화제가 되었다. 윤 목사님은 2020년 1월, 존 번연의 원작(영문판)을 고신대학 문헌정보관에서 빌려, 1887년 런던의 Farringdon House에서 낸 원서를 4개월 동안에 독파하고서, 심 목사님의 첫 작품집을 해설하기 시작했다. 그 근거로써 본문 중에 나타나는 각주를 통해 섬세하게 실어 놓았기 때문이다. 본서의 특성은 존 번연의 원서는 물론, 심 목사님의 첫 작품집과 여기 해설서를 합하여 총 세 권을 동시에 접하는 감동을 더하게 된다. 따라서 『현대인의 천로역정』에는 청소년기 심군식의 시련이 많았던 초기 시절과 복음이 보편적으로 필요한 인생에 대한 깨달음이 깊이 반영되어 있다고 하겠다. 심 목사님의 '괴로운 인생'은 당시에 박윤선 교장의 칭찬을 받았던 책인데 "왜, 이 작품집이 사라져 없어질 만큼 흔적 없이 되었을까?"라고 윤 목사님은 몇 가지 가능한 추리를 해 보았다. 그 가운데 심군식이 신학 공부를 결심했을 때, 세상의 문학서적을 불태웠던 일이 있다(심군식의 간증문 중에서). 그때 이 손바닥만 한 시집도 불태웠을 가능성이 높다."는 윤 목사님의 추리는 나에게 의미있게 들렸다.

2021년 연말에 나의 네 번째 시조집 「세월이 마주 웃는다」(카리타스, 2021)가 나왔을 때, 윤 목사님께서 서평을 써 코람데오 닷컴과 부산크리스천 문학지에 특집으로 게재해 주셨다. 2022년 봄학기에 나는 수강할 학업이 있어 6개월 학제로 한국기술교육대학교에 재학하며 지내고 있었다. 윤 목사님이 『시편의 표현과 이미지 – 교회공동체 예배를 위한 노래와 신학 산책』(예영, 2022)를 발간하시고 출판기념회를 서울과 부산에서 각각 가졌다. 서평을 내가 하게 되어 책을 읽으며 나에게 시편 연구에 있어 많은 공부가 되었다. 마침 천안에서 지내고 있었기 때문에 서울의 행사장인 크리스천 문학관을 찾기에 편리했다. 목사님은 같은 해에 연이어 아르헨티나 원주민 모니카 실베리오Mónica Silberio의 작품을 모아 「토바 사람들의 새싹」(카리타스, 2022)을 내어놓았다. 이 책은 문화인류학 연구를 겸한 기독교 '선교문학'을 명시한 책이었는데, 제1부 시집, 제2부 토바의 이야기들, 제3부 동물들과 토바 부족어 이름들, 제4부 채소의 이름들 그리고 제5부는 번역 후기로 구성되어 있다. 번역 후기에서 목사님은 내가 만난 모니카 실베리오, 토바 사람들의 새싹을 읽는 독자들에게, 문화 인류학과 원주민 모어, 선교문화 인류학이란, 번역 이후들을 다루고 있어 독자들에게 토바 부족민과 남미를 이해하는데 연계 도움을 주고 있다.

목사님의 여섯 번째 시집 「카누에 오신 성자」(카리타스, 2023)가 빛을 보았다. 제4회 월드미션 시화전을 준비하신다 하면서 내게도 작품 하나를 출품

하라고 권면하셨다. 〈세월이 마주 웃는다〉는 시조집 제목이면서 작품인 시를 출품했다. 밀알교회, 고현교회, 부전교회, 사직동교회에서 24편의 시화전을 가졌다. 그 가운데서도 부산의 부전교회에서는 '에젤 갤러리'가 갖춰져 있으며 윤 목사님이 2023년도 초대작가로 선정되었다. 한국에서 두 교회당 안에만 문화 공간을 위한 큐레이터를 두고 있다는데 곧 서울 사랑의 교회와 부산의 부전교회라고 들었다. 그동안 미술 분야의 화가들만 초대해 오던 갤러리에 미션 시화전은 처음으로 개최되는 영예를 안았다. 후에 알게 되었지만 상금도 준비돼 있었다. 해가 바뀌어 2024년에는 제5회째 맞는 월드·미션 시화전으로써, 나는 다시 사직동에 등장해 축사를 하며 격려해 드렸다. 이제는 시화전 최종회로서 경기도 양평의 ACTS 캠퍼스로 옮겨 10개월에 버금가는 미션 시화전 전체의 막을 내리게 될 예정이다.

하나님의 경륜과 관심 분야가 서로 몇 가지 겹치는 연유인지 모르지만, 윤 목사님 가족과의 교제가 이렇게 계속 이어지게 하시는 우리 하나님의 은혜에 감사드립니다.

남미의 한 국가를 넘어

라틴아메리카 대륙을 품은 선교신학자

박 중 민
그라시아스교회 목사, 파라과이 kpm선교사, 파라과이 장로교신학대학 이사장

제가 윤춘식 목사님을 처음 대했던 때는 1994년 8월 초순으로 기억된다. 폭염이 절정에 달한 때이다. 청년대학생 선교대회로 '선교한국 대회'가 열리고 있었던 한양대학교 캠퍼스였다. 개인적으로는 1992년 선교한국 대회에서 중남미 선교사로 결단 헌신하여, 대학을 졸업한 첫 해에, 내가 사역했던 대학생 선교단체에서 간사로 첫 해 임기를 시작했던 시기였다. 제4회 청년대학생 선교대회의 주최가 되어 선교한국 대회 운영위원으로 자원봉사를 하면서 대회에 참석했다. 당시 아르헨티나에서 첫 1기 사역 중, 선교현장의 열기를 듬뿍 간직한 윤 선교사님은 중남미 도시선교에 대해서 체계적인 선택식 강의를 했었다. 강의가 끝난 후에, 호기심을 가지고서 남미 선교에 대한 질문도 하고, 당시 궁금했던 사항들을 아르헨티나 선교현장의 사역 경험을 가진 선교사에게 직접 들으면서 남미 선교에 대한 비전을 좀 더 구체화할 수 있었다.

그 후 나는 선교단체 간사로 계속 사역하면서, 부산에서의 선교횃불, 청소년 선교횃불 대회 준비위원으로 섬겼고, 서울 본부 사무실에서 내가 몸담았던 대학생 선교단체의 해외선교국장으로, 대외적으로는 선교한국의 조직위원이 되어서 청년 학생들을 해외 선교에 동원하고, 헌신케 하며, 해외 선교사

로서의 삶을 살게 하는 선교 동원가로 사역했다. 미국 단기 선교사로의 짧은 기간을 중남미 이민자들이 있었던 다문화 교회에서 지내고, 고려신학대학원(고신대학교 신학대학원)에서 선교전공자로서 교단 소속 미래 선교사로서 준비하는 시간을 가졌었다. 당시 [월간 기독교보와 교단지에서 다루는 선교 관련 뉴스나 기사를 눈 여겨 보면서, 총회 선교사가 되기 위한 준비와 과정, 훈련, 파송에 대한 정보를 제공받았다. 중남미 지역 선교사로 헌신해 있었기에, 중남미 선교에 대한 기사는 흥미를 갖고서 읽었던 기억이 난다. 윤춘식 목사님이 주관하는 ACTS 세계선교전략을 다루는 〈중남미 선교전략 세미나〉 관련 기사가 인터넷에 실리기 시작했다.

KPM 선교사로 허입되어 2009년 1월 서울 GMTC(한국해외선교회) 훈련원에서 OTC 과정으로 위탁 훈련을 받던 시기에, 우리 가족은 목동으로 이사했다. 타 단체나 교단에서 허입된 선교사들과 함께 오전에는 강의 수강, 오후에는 기타 프로그램에 참여하면서 가족이 6개월 간 함께 공동체 훈련을 받으며 수료하는 과정이었다. GMTC 도서관에 비치된 선교 도서들을 읽고, 과제물을 제출해야 했는데, 윤 목사님이 저술한 선교관련 도서가 몇 권 있었다. 그 중에서 인상 깊었던 번역서는 『남미 인디오 부족문화의 다양성』이었다. 중·남미 인디오 문화와 역사의 근간을 이루는 부담 없는 분량이었다. 남미 인디오 부족에 관한 연구도서로서 아르헨티나 출생인 탐 무로(Tam Muro)와 문화인류학자 엘레나 아이센(Helena Aizen)이 엮은 공동저작이었다. 당시 중남미 선교에 대한 계획을 가지고 있었던 나로서는 윤 목사님이 번역한 그 책을 통해서 인디오 선교에 대한 개론적인 방향과 정보를 처음 접할 수 있었다. 이 번역서는 아르헨티나 네우껜(Neuquen)주에서 사역했던 마뿌체(Mapuche)부족의 사역 경험을 바탕으로 번역 출간된 책이었기에 현장감 있는 도서를 만난 기쁨이 컸다(마뿌체 관련 연구, ACTS 교수논문집 『신학과 선교』 2015년, 제15 p.209-275 참조). 2010년 우리 가정은 파라과이 원주민 선교사로 파송을 받았다. 2011년에 이과수 폭포가 있는 브라질의 포스 도시에서 KPM 주최로 선교세미나가 열렸다. 당시 본부에서는 김본부장이 참석하였고 중·남미 국가별 선교부 체계에서 이웃 나라를 포함하는 넓은 의미에서 지역선교부를 새롭게 조직하게 된다. 마침 파라과이-아르헨티나 지역선교부가 조직되어 선교부처의 체제가 만들어졌다.

우리 가족은 제1기 사역 후, 본국사역(안식년)으로 보냈다. 다시 파라과이로 재파송되던 시기에 파라과이-아르헨티나 지역선교부에서는 윤 목사님이 부장이 되고 나는 서기가 되었다. 이후에는 임원으로서 남미지역선교부를 섬기게 되어 좀 더 가까이 교제할 수 있었다. 지역선교부에 관련된 회무를 처리하면서 여러 가지 일들을 겪었다. 그 분주한 와중에도 윤 목사님은 결단력이 필요한 순간에는 과단성 있게 처리하셨다. 남미지역부 책임자로서 윤 목사님은 여러 번 파라과이를 방문하였다. 2014년 9월로 기억된다. 사모님과 함께 아순시온에 오셔서 2년간의 준회원 훈련을 마치고, 정회원으로 허입하는 후배 박선교사 부부를 위해서 박세이 사모님이 꽃을 준비하면 좋겠다는 말씀을 하셨다. 우리 부부는 시내에서 꽃을 사서 후배 박선교사님 부부에게 전달하고, 축하의 시간을 가지고, 기도를 해주셨는데 그때 선배님의 애정이 오래도록 기억에 남는다. 윤 목사님은 파라과이 선교부의 일들을 처리하실 때, 매우 난감한 경우가 생겼음에도 불구하고, 부에노스아이레스에서 항공으로 직접 오셔서 회의를 주재하셨다. 남미지역에 한정되어 있던 일이 아니라, 한국의 선교부에 근무하고 있는 모 선교사의 현실 문제들까지 연결된 사안이었고, 그 외 여러 선교사들이 연계된 복잡한 일이 엉겨있었을 때에도 당사자들이 다칠까봐, 일을 문제시 되도록 벌이지 않고 원리로써만 접근하여 안정시키면서 처리한 일도 몇 건 있었다. 이런 결과는 오랜 선교사 경험을 바탕으로 하지 않고는 지혜롭게 선처하기란 불가능할 것이다.

윤 목사님과 가장 기억에 남는 것 중의 하나는 2017년경 아르헨티나에서의 회상이다. 당시 파라과이에 있는 5가정의 선교사들이 지역선교부 정기총회와 조기 은퇴를 하시는 윤 선교사님 부부를 위해서 지역선교부와 아르헨티나 선교사들이 모여 조촐한 은퇴예식을 우리가 머물었던 호텔에서 가졌다. 오랜 세월 선교지에서 헌신하신 두 분을 위해 원래는 남미를 상징하는 근사한 장소에서 가지려고 의논했지만, 그 제안을 사양하셨다. 회원들은 아순시온에서 주문해 가져온 은퇴기념패를 드리면서 눈시울을 적시며 진심어린 박수를 쳤다. 이때 윤 목사님이 부에노스 근교에서 시우다델라에서 개척했던 에벤에셀교회에서 5년 동안이나 선교훈련을 받으며 전도사로서 사역을 배웠던 kpm 파송, 이태호 선교사님 부부도 함께 축하화환과 기념품을 드리며 감사를 표현하였다. 라틴 대륙내 피선교 국가 현지에서는 처음 있는 일이었다. 이 선교사는 후에 윤 목사님의 추천을 받아 한국으로 유학하여, 고신의 신학대학원(천안)에 무난히 입학했으며 3년간 불굴의 신념으로 목회신학을 이수한 후, 강도사 과정을 거쳐 목사 안수를 받았다. 현재는 파라과이의 두 번째 도시인 '시우닫 델 에스떼' 에서 학교사역을 하고 계신다.

하지만 윤 선배님 앞에서는 소박한 은퇴식을 차린 순서가 못내 죄송하기 그지없다. 두고두고 갚아야 할 사랑의 빚이 되고 있을 따름이다. 그때 목사님 내외분은 전체 선교사들을 초청해서 아르헨티나에서도 맛집으로 유명한 아사도 뷔페 식당인 [시가 라 바까 Siga la Vaca]로 초대하여 제대로 된 소고기 요리를 마음껏 먹여주었던 기억이 새롭다. 나아가 바다가 없는 내륙, 파라과이 후배들을 위해서 좋은 회식당에도 초대해 주셨다. 그때 한인식당 횟집에서 먹었던 맛난 바다회膾가 생각난다. 아르헨티나에서도 190년 된 오랜 역사와 전통을 자랑하는 유럽식 까페떼리아 [또르또니 Tortoni]에서 마셨던 '까페 또르따도' 의 짙은 향도 생각난다. 그것은 단순한 커피의 향을 넘어선 아르헨티나 내외분의 향기였다.

윤 목사님이 후배 선교사들을 만나서 대화할 때, 자주 하셨던 말이 네(4) 가지 있다. 나에게는 잊지 못할 교훈으로 남아있기에 정리해 본다.

첫째, 선교사는 항상 자신의 선교현장을 중요시 하라는 말씀이었다. "선교사는 자기가 사역하고 있는 선교현장에서 열매를 맺어야 한다. 선교지에서 일어나는 문제의 대부분은 현장에서 발생하기 때문에, 문제에 대한 해답도 현장에서 찾아낼 수 있다"고 하셨다. 선교사가 낯선 해외에서 사역하다보면, 선교현지의 여러 가지 상황과 때에 맞지도 않은 본부의 요청 등 필요에 의해서 때로는 현장을 떠나 본부에서 행정사역을 할 수도 있다고 생각한다. 그럼에도 불구하고 선교사는 오랫동안 선교현장을 떠나서는 안 된다는 것을 자각하게 되었다. 선교사는 자신의 현장에 있을 때, 가장 아름답고, 주님이 기뻐하시는 일을 할 수 있다고 사료된다. 선교 현장에는 예상치도 못한 일이 발생하지만, 선교사는 그 일들을 처리하면서, 선교지에서 몸으로 부대끼며 현지인들과의 사역을 통해서, 선교사로의 정체성을 유지하는 데에도 가장 유익하다고 생각한다.

예수님은 3년간의 공생애 기간 대부분을 사랑하는 제자들과 그를 따르는 많은 사람들과 함께 하면서 하늘의 복음을 증거하셨다. 제자훈련을 통해서 영향력을 끼치는 삶을 사셨다. 언어와 문화, 기후, 음식, 풍습이 다르고, 생활 방식이 다른 타국에서 외국인들과 함께 오랫동안 살아가는 일은 쉬운 일이 아니다. 그렇지만, 선교사는 굉장한 사역을 하지 못한다 해도, 비록 열매가 적을지라도 선교지의 사람들과 묵묵히 인내하며, 하루하루의 삶을 사는 것이 중요함을 깨닫게 하셨다.

둘째, 자신이 속한 지역에 대한 전문가가 되라고 말씀하셨다. 선교사는 자신이 사역하고 있는 지역과 국가에 대한 세밀한 리서치와 공부 및 답사를 통해서 그 지역 전문가Localist가 되어야 한다. 지역 전문가는 어떤 사람일까? 를 생각해 본다. 일반적으로 미개척 지역이나 나라에서 상품을 팔거나 이익을 남기기 위해서 특정 지역에 정통한 사람이 되는 것을 말할까? 이것은 지극히 경제적 시각에서 이익을 창출하기 위한 시장통 시각이라고 생각된다. 상당히 광범위하기에 좀 더 세밀하고 구체적이어야 한다. 내가 살고 있는 지역에서 일어나고 있는 문제점이나 상황에 대해서 성경적인 시각으로 통찰한다는 것은 중요하다. 따라서 가능한 현실에서 선교적 대안을 모색하는 일이라고 생각한다. 나는 내가 사역하고 있는 지역에 대해서 얼마나 알고 있으며, 복음전도나 영혼구령을 위해 얼마나 노력하고 있는가? 를 자문해 본다.

셋째, 지역과 나라의 전문가도 되어야 하지만, 작은 지역에 국한하지 말고, 대륙을 품은 선교사가 되어야 한다고 자주 얘기하셨다. 중·남미 지역의 특성은 유럽의 이베리아 반도의 국가인 스페인과 포르투갈에 의해서 수백 년 동안 식민통치를 받았다. 종교적으로는 로마가톨릭 세력과 문화적으로도 유럽과 유사한 영향을 받았다. 그러기에 종교적, 문화적으로 유사점이 많다는 것은 상식이다. 그럼에도 지리적인 위치나 개별 국가만이 가지는 독특한 특징도 무시할 수 없다. 라틴이라는 거대한 인종의 용광로(melting pot) 속에서도 개별적 특징이 있기 마련이다. 중·남미 국가에서 사역하고 있는 선교사로서 자신이 속한 나라의 정치와 역사, 문화, 종교, 산업, 선교지의 상황에 대해서도 잘 알아야 하겠지만, 시야를 키워서 라틴아메리카 대륙에 대한 비전을 가지고, 이 대륙에 대한 관심과 시각에 대해서도 넓은 마음과 열린 자세로 관찰해야 한다. 브라질과 콜롬비아 자국 선교사들이 아프리카 포어권과 스페인어권을 두고서 선교적으로 공략하고 탐구하는 이런 시점에 한국 선교사들이 연구하는 것은 자명한 이치이다.

예를 들면, Covid-19가 시작되기 수년 전에 당시 아르헨티나와 파라과이가 같은 지역 선교부였는데, 윤 목사님이 부장이었을 때, 당시 파라과이의 후배 선교사들 3명을 스페인어권의 다른 나라 선교지 체험을 위해서 중미권 파나마로 초청했었다. 당시 L선교사님은 학교사역으로 인해 비울 수 없다고 하여, 필자와 박종준 선교사와 함께 항공료의 절반만 부담하고, 파나마를 방문하게 되었다. 파나마 공항으로 마중 나온 여러 목사님들과 함께 베이스캠프로 갔었는데, 박세이 사모님이 직접 식사를 준비해 주기도 했었다. 무덥고 습한 파나마 시티의 정글 기후에 호텔이 아닌 현지인 대상 중간 캠프에서 윤 목사님과 사모님은 애써 준비를 하셨다.

한국에서 파나마로 집회 인도 초청을 받고 오셨던 사직동 교회 김철봉 목사님 내외분과 함께 하는 시간도 가졌다. 그때 가장 감명 깊었던 기억은 수도인 파나마시티에서 약 2시간 30분 정도 차를 타고, 윤 목사님 부부가 안식년 기간에 개척해 놓은 열대 밀림 속 인디오 부족의 교회를 방문했었다. 햇볕은 따갑게 살갗을 태우고 습윤했던 밀림 한 가운데 있는 인디오 부족 형제들을 만날 수 있었다. 나와 동행했던 박 선교사는 윤 목사님 부부가 개척한 엠베라 인디오 부족 교회에서 스페인어로 간증을 했었다. 내가 처음 예수님을 어떻게 믿게 되었으며, 현재 하고 있는 사역에 대해서 인디오 공동체교회 성도들과 나누었다. 그때의 방문을 통해 인디오 교회를 돌아보고, 교제하면서 윤 목사님 부부가 그 무더운 열대 정글에서 독충들과 전쟁하며 흘린 개척의 땀방울을 직접 체험할 수 있었다. 예배당 건축 또한 예배당 벽을 높이 쌓으며 중간 중간에 환기가 될 수 있도록 창을 내며 교실을 넣기 위해 복도를 만드는 근로(노동)는 어떻게 감당했을까? 그것도 전기가 들어오기 이전에 양면 벽을 잇는 철제형 가름대의 제작과 그것을 어떻게 용접하며 어떻게 이었을까? 그 건축물이 어떻게 입술의 말로써만 세워질 수 있을까? 그 기도의 눈물이 가슴에 전달되어 오는 것을 나는 깨닫게 되었다. 세상 사람들 아무도 알아주지 않는 멀고먼 열대의 밀림 속에서 무서운 뱀들과 눈에도 보이지 않는 미세 독충들,

이름 모를 피부병으로 남다른 고생을 하셨던 것도 알게 되었다. 모두가 다 자신의 좁은 우물(시야)에서 벗어나 보다 넓은 세계를 보았던 모델임에 틀림없다.

넷째, 후배 선교사들에게 자녀들(MK)을 잘 키워야 한다고 말씀하셨다. 선교사 자녀들은 부모의 선교사명을 따라서 그들의 의지와는 무관하게 선교지에서 살아가는 하나님의 권속들이다. 자녀들은 선교지의 1세대인 부모와는 다르게 어린 시절에 선교지에 살면서 언어와 문화를 자연스럽게 익힌다. 그들은 선교지의 개척 세대인 부모와는 다르게 2세대로서 선교지의 문화와 언어에 잘 준비된 미래의 선교자원이 된다. 그들은 세계 어느 곳에 가든지 월드미션 마인드와 [선교사의 삶]을 살아갈 귀한 예비 선교사들이다, 부모들보다 더 뛰어난 선교 일꾼들이기에, 이들을 잘 가르치고, 훈련하여, 영향력 있는 사람들도 살아가도록 격려해야 한다는 말씀이셨다. 어느 누구도 선교사의 자녀를 위해서, 그리스도 외에는 눈물로 기도해 주지 않는다는 비정함을 기억하라고 강조하셨다. "선교본부 역시 그들 자신의 자녀 키우기에도 버겁다" 는 말씀을 들려주곤 하셨다. 그럴수록 아비와 어미의 보살핌이 우선돼야 한다는 요지였다.

윤 목사님은 슬하에 1남 1녀를 두셨다. 나의 첫 안식년 때 한국에서 본국사역을 할 때이다. 따님이신 윤 에스더 양의 결혼식이 부산 H 교회에서 거행되었다. 예식장을 준비하기 위해 노심초사하시던 중, 고향교회 후배인 J 목사님이 담임하고 있는 그 교회로 정해졌다. 당시에 선교본부장이던 L 목사님도 결혼식을 축하하기 위해서 그 교회에 오셨기에 만날 수 있었다. 나는 그동안 말로만 들었던 신부 에스더 자매와 신랑인 프랑수아 티소 형제와 프랑스에서 오신 윤 목사님의 사돈되시는 부부를 직접 만날 수 있었다. 어머니를 닮아서 미인이었던 에스더 자매와 고운 한복을 이색적으로 차려입은 신랑의 어머니가 조화를 이뤄 아직도 생각난다. 사돈되는 프랑수아 청년의 아버지는 프랑스 남부지역, 위그노의 후손으로서 남부의 유명한 [베르동 Verdon 협곡 댐] 수력발전소의 엔지니어 팀으로 입사하여 부소장으로 간부직에 올라 퇴임했다는 말을 들었다. 결혼식장 하객들 앞에서 전체 인사는 사돈 되는 부부가 프랑스어로 하셨고, 번역된 한글 자막이 스크린에 나왔다. 그들은 며느리 나라인 한국의 문화를 존중하여 한국을 방문하여 자부가 될 한국의 가족과 친지들을 배려하여 한국에서 결혼식을 올려야 한다고 제안했었다.

여기서 잠시 윤 에스더 자매에 대한 얘기를 나누고자 한다. KPM의 MK로서 프랑스 교육부 산하 국립대 음악교수 자격을 취득하여 프랑스의 유명한 음악인들을 배출하는 귀중한 교육사역을 맡았다. 부모님을 따라 간 선교지 아르헨티나에서 7살에 취미로 시작했던 플루트 실력은 빈민촌 교회에서의 찬양을 넘어서 세계적 수준으로 평가받고 있다. 부에노스아이레스 국립의대에 입학했었던 에스더 양은 크고 작은 음악콩쿠르에 입상하면서 실력을 인정받게 되었고, 음악에 대한 이상도 커 갔다. 2004년 이탈리아 음악협회와 재아 이탈리아 대사관에서 협력 주최한 콩쿠르에서 관악 부문 최고 대상을 받아 이를 통한 수상을 계기로 이탈리아 정통 음악학교 순회와 프랑스 방문 등을 거쳐 유럽에 진출하게 되었다. 약관 20대에 프랑스 말메종 국립음악원(CNR) 최고과정에 입학하여 수석 졸업한 후, 한국인 여학생으로서는 최초로 프랑스 교육부 산하 음악교수과정(CEFEDEM)에 합격하여 화제가 되었다고 한다. 선교사 자녀로서, 복음의 일꾼으로서 세계 속의 다문화 플루티스트로 거듭나게 되고, 2010년 아이티에 발생한 지진 피해가 국가의 존망을 흔들 무렵, 그해 11월 2일 한국(거제문화예술회관)에서 아이티 재난복구사업을 위해 자선연주회를 열기도 했다(뉴_거제 신문게재). 사위인 프랑수와 티소도 프랑스에서 가장 정평 있는 '파리-국립고등음악원'(CNSM) 최고학부에서 교육을 받았는데, 현재 두 자녀를 두고 있다. 이렇게 훌륭한 KPM의 MK로서 프랑스에서도 영향력 있는 교수의 삶을 살고 있는 따님 에스더 자매를 통해서 하나님께 영광을 올린다. 더욱이 파리 한인장로교회에서 부부 집사로, 오늘의 '무릎 선교사' 로서 섬기고 있다고 하니 미래에 에스더 자매의 뒤를 이어서 계속 훌륭한 KPM. MK들이 배출되기를 소망해 본다.

윤 목사님은 자녀들의 자랑거리를 얘기하지 않는 분으로 알려져 있다. 선교지 아르헨티나를 깊이 사랑하는 현재진행형의 선교사이며, 또한 지금도 광활한 남미 대륙을 품고 계시는 목회자이시다. 그의 가슴은 언제나 선교 열정으로 충만하다. 아르헨티나의 부에노스아이레스와 멘도사 지역 및 포르모사와 차코 지역에서 주님의 몸된 교회를 개척하였다. 마침내 부부의 약속대로 남미에서 가장 가난하고 소외된 인디오 영혼에게로 달려가 그들을 지극히 사랑하고 있다. 그 힘든 인디오 영혼들과 함께 먹고 마시며, 그들 안에서 예배드리며 그들의 영혼 구원을 위해서 많은 희생을 감내하셨던 선교사이시다. 그분은 중·남미의 자연 환경과 역사와 사람들을 사랑한 목자이시다. 중남미의 동물과 식물, 과일과 채소, 광물과 자연의 풍광까지도 무척이나 사랑한다. 아름다운 시로써 하나님의 말씀을 직접 시화 액자에 담아 선포하는 설교자이다. 어찌 이 뿐이겠는가?

오늘날 중·남미 선교를 아우르는 여러 저술들 가운데 하나의 책을 들어보라 한다면, 나는 주저하지 않고서 (그의 여러 저서 가운데서도)『중·남미 선교전략』을 꼽겠다. '로마가톨릭교회 세계관 이해' 라는 부제를 달고 있다. 이 저술은 윤 목사님의 야심과 애정이 담겨 있는 박사학위 논문을 평이하게 재편집해 출간한 역작이다. 벌서 재판이 나왔다. 그는 중·남미 선교사, 목사 가운데서 처음 박사학위(Ph. D)를 취득한 분이다. 선교학자라는 존칭에 손색이 없는 탁월한 도서들을 집필하셨다. 그의 대표작이라고 해도 과언이 아닌 까닭은 근래에 발표된 중·남미 학위 논문 중에는 윤 목사님의 연구를 딛고서 서술하는 사례가 높기 때문이다. 그는 세계선교의 실제와 이론을 겸비한 선교신학자이시다. 그의 함성을 직접 들어보면,

> 오늘날 라틴아메리카 대륙에 파도치고 있는 종교적 이슈는 신新에큐메니즘과 은사갱신운동, 종교다원주의와 운동과 스스로 조성하고 혼합한 채 성체성사 안으로 들어오게 하는 가톨릭 문화의 제도적 메커니즘이다. 동시에 물오른 펜테코스탈 성령운동의 약진이다.

위 문맥 속에는 중·남미를 가리켜 라틴 대륙이라고 부르는 이유가 충분히 용해돼 있다. 기독교 신학이 풀어가야 할 현주소와 방향이 기록돼 있으며, 이 대륙에서 지성과 믿음을 갖춘 개혁 신앙인이라면 위의 단락이 무엇을 말해주려고 하는지를 눈치 채고 있을 것이다. 라틴 대륙에서 앞서 간 선교의 선각자 고·안승렬(브라질 내과 전문의) 선교사는 한인선교사전략회의가 개최되는 때이면 이 논지의 중요성을 하나하나 강론하기도 했다. 나 역시 예외이지 않다. 중남미 선교에 대한 이해도를 넓히며 장차 선교학을 연구하려는 이들에게는 이 책만 한 필독서가 따로 없다. 우리나라 유수한 대학 도서관과 신학교 도서관에 소장되어 있다. 이 책은 중남미 선교사나 선교지망생들에게 아주 유익한 양서이다. 로마가톨릭교회의 사상과 그것에 걸 맞는 세계관을 파악하며 이해하는데 안성맞춤이다. 가톨릭을 위해서가 아니라, 오직 하나님의 나라와 세계선교를 위해서이다. 수십 년 간의 선교적 삶을 통해서 중·남미 선교에 쓰임을 받으셨던 윤춘식 목사님의 남은 생애가 더욱 복되시기를 기원드린다. 윤 목사님의 성역 45주년, 벌써 맞이하시는 고희古稀에 경하드리는 마음 충만하다. 매주 강의와 미래의 저술을 통해서 주님께 영광이 되며 많은 사람들이 선교에 헌신하는 계기가 되기를 기도합니다.

〈파라과이 초청 세미나〉

종교개혁 제505주년 기념주간 초청 특강
장로회신학대학 주최

윤 교수님께서는 곧 개최될 파라과이에서 제가 몸담고 있는 장로회신학대학 종교개혁 특강 때 뵙겠다고 인사드렸다. 아프리카 남아공에서 김영무 선교사님 가족을 만나고 예정대로 에티오피아에 유하고 다시 대서양을 건넌다. 브라질 세미나 일정을 소화하시고, 파나마 원주민 공동체를 열흘간 순방한 후 이곳 아순시온에 도착하시는 긴 여정이었다.

저는 아순시온에 살면서도 '메노니타'(메노파, Mennonites)가 이민 개척하여 오늘의 도시를 이룬 공동체 마을에 갈 시간을 내지 못했었다. 하지만 윤 목사님과 동행해 그들의 투철한 믿음과 개신교 정신으로 무장한 신앙을 목도할 기회가 찾아왔다. 임성익 학장님도 파라과이 북부에 위치한 필라델피아 도시를 재방문하고자 하는 마음이 있었기에 4명의 견학 팀은 아침 일찍 출발하여 험한 도로 사정이었으나 무사히 도착할 수 있었다. 지구촌 여러 곳에 메노니타의 개척지가 있지만 특히 차코의 역사박물관에 전시된 초기 이민자들의 개척지(거주지와 농경지) 유물들과 유럽의 성경전서 사본들, 그리고 1920년대 시작된 차코전쟁 때의 총기와 병기류의 유물들을 볼 수 있었다. '차코 전쟁'(Guerra del Chaco)이란 대평원이면서 건조지역인 차코지방의 소유권을 놓고 파라과이와 볼리비아 사이에 일어난 영토 확대 전쟁을 말한다. 열대의 열악하면서도 척박했던 환경 속에서도 근처 인디오(과라니 부족) 마을에 들어가 어렵사리 복음을 전하고 교회를 개척한 메노니타 이민자들의 강렬했던 신앙과 선교열정, 근면 성실한 정신을 현장에서 배울 수 있었던 시간이었다. 당일 저녁에 시작된 특별 세미나 시간에 윤 목사님은 조금도 지치지 않은 열정으로 맡은바 특강에 임하셨다. 첫 시간에 학장님의 강사 소개와 더불어 윤 목사님은 참석한 전체 신학생들과 교수들 그리고 이사들에게 인사말부터 스페인어로 시작되었다. 3박 4일 간의 쉼 없이 열강을 해주셨다. 윤 목사님은 아르헨티나에서의 풍부한 선교경험을 바탕으로써 주제 설명을 하셨다. 즉 종교개혁 제505주년을 맞은 의의와 교회개혁에 바탕을 둔 호소력으로 감동, 깊은 울림을 주었다.

아래에 남미 동아일보 김경진 기자가 요약한 내용이다.

〈종교개혁 505주년 기념 특강 취재〉

파라과이 장로회신학대학 종교개혁
제505주년 기념 특강 3일 간 열려

파라과이 신학대학교(학장 임성익 박사. UEP SPP)에서 마틴 루터(1483-1546, 독일의 신학자, 종교개혁자, 성서 독일어 번역)는 1517년 종교개혁으로 개신교가 탄생하여 종교개혁 된지 금년으로 제 505주년을 맞아 기념 특강을 개최하였다. 일정은 2022년 10월 26일부터 28일까지 3일 동안 한국 아신대학교 윤춘식(Abraham C. S.

Yoon, 경남 거창 출생. 철학 박사) 교수를 초빙하여 유익하고 소중한 특별 강의를 공개했다.

종교개혁이란 무엇인가? 16세기에 로마가톨릭교회의 폐해를 비판하고 성경대로 돌아가자는 개혁을 주장하여 프로테스탄트(protestante) 교회를 세운 마틴 루터와 존 칼빈을 중심으로 한 기독교 개혁 운동이다. 강의 핵심 내용을 요약 서술한다. 총 주제는 종교개혁의 5대 강령과 팬데믹 이후 중남미 교회의 나아갈 방향 모색이었다.

첫째 날 (2022. 10. 26. 수. 19:00~22:00)
《종교개혁의 다섯 가지 강령》

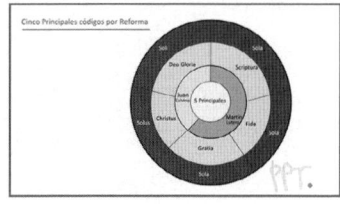

오직 성경(sola Scriptura) 오직 믿음(sola Fide) 오직 은혜(sola Gratia) 오직 그리스도(solus Christus) 오직 하나님께 영광(soli Deo gloria). 여러분들의 사역과 삶에서 그 중심이 하나님 말씀에 있음을 믿어야 한다.

둘째 날 (2022. 10. 27. 목)
《중남미 교회의 선교적 사명과 세계관 이해 및 상황화 전개》

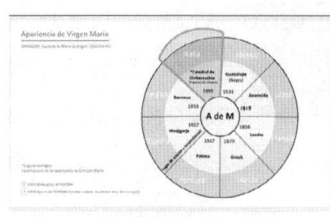

마리아 현현에 관한 로마-가톨릭측의 대표적 계보와 국명

그리스도와 교회의 관계성. 중남미 교회의 비전. 하나님의 주권 영역 안에 있는 마리아의 신앙. 그리고 가톨릭교회에서 천주의 모후로 추앙 받고 있는 동정녀 마리아에 대한 성경의 바른 가르침을 강론하였다.

셋째 날 (2022. 10. 28. 금)
《팬데믹 이후 중남미 교회의 나아갈 길》
"내적 확신, 외적 관용, 보편적 섬김, 변화(회심) 안에서의 나눔이 중남미 교회가 나아갈 방향이다." 라고 말했다. 개혁교회는 개혁되었기 때문에 항상 개혁을 추구하는 교회이다.

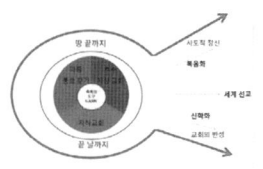
세계선교를 향한 복음화와 신학화 작업

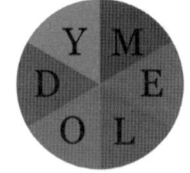
복음의 MELODY 원리와 역할 (습 3:17)

마지막으로 윤 박사는 세계선교의 우선권지역 윈도우 10/40창 이론의 극복과 비판(Luis Bush), 미전도 종족의 미래 전망과 그들에게 도달하는 남미의 관문(Puerta de Sudamérica)을 제안하였다.

〈동아일보 취재기자 박경진〉

[나의 참석 소감문]

윤 교수님의 열정과 체력은 여전하셨다. 예전과 거의 같았다. 전체 9일 간의 파라과이 방문으로 저희 신학대에 많은 변화를 가져다 주셨다. 공동 식사를 통해 신학생들과 교수들 사이가 좋은 분위기로 더 가까워졌다. 새벽에 공항 마중부터 시작된 한인교회 주일 설교와 북부 지역인 필라델피아 주에 건립된 메노나이트 공동체 방문 때는 기대하는 바가 많았다. 윤 목사님과 시종 동행하면서 그 공동체가 비춰주는 삶의 질에 대해 느낀 바가 컸다.

윤 교수님은 교육가다운 품격을 갖고 계셨다. 종교개혁 기념주간을 기해 간헐적으로 몰아쳤던 폭풍우에도 흔들림 없이 파라과이 방문의 목적과 세미나를 완수하셨다. 때를 같이해 장로회 신학대학에서 행하신 특강은 수강생들 모두에게 내려준 은혜의 단비였다. 신학생들의 얼굴에는 경이로움이 비쳤다. 특강 9시간 전체 강의와 토요일, 주일 예배 일정, 어제까지 촘촘했던 프로그램 속에서도 후배 선교사들을 위한 격려를 잊지 않으셨다. 진심으로 감사드린다.

저는 이번에 윤 교수님께서 3박4일간 종교개혁 세미나 인도를 위해 알차게 준비했던 연구 내용과 라틴 대륙 선교사로서의 미션 열정에 대해서 큰 도전을 받았다. 시공간의 어려운 여건 속에서도 파라과이를 방문해 주신 것만으로도 고마웠다. 귀중한 내용의 강의록을 다시 자세하게 읽고, 특강에 참석치 못한 사람들에게도 설교와 강의 내용을 전달해야겠다는 마음을 가졌다. 윤 목사님은 역시 라틴아메리카의 전문가이며 신학지이시다. 명불허전이었다.

3박 4일 기간에도 남미 사역 경험자로서 자신의 선교현장을 끝까지 봉사하고 통찰하는 책임 있는 미셔너리라는 것을 확신할 수 있었다. 이제 부에노스에 잘 도착하셨고, 장영관 선교사님이 에세이사 국제공항에 마중 나왔다 하니 안심이다.

할렐루야

파라과이 장신대 이사장, 아순시온 박중민 선교사 올림

아마존이 주를 찬양할 때까지

김 홍 구
재미총회파송 브라질(아마존) 선교사, 현 남미노회장

라틴아메리카 복음화를 위해 매의 눈길로 라틴 대륙의 각 나라를 바라보는 선교학자가 계신다. 1990년 파송 이후 앞장서 라틴아메리카 선교 전략을 수립해오던 윤춘식 목사님의 성역 45주년 문집으로 발간되는 이 기념 문집에 한 장을 쓰는 영광을 얻었다. 20여 년 전 제가 남가주 로뎀장로교회를 섬기고 있을 때부터 윤 목사님과의 친분이 시작되었다. 그 후 2003년 11월 아마존 선교사로 파송 받아 상파울로에서 포어 언어훈련을 받는 동안 윤 목사님의 사역지인 아르헨티나의 연방수도 부에노스아이레스에서 열린 재미 고신총회 남미노회에서 다시 뵈었다. 노회 장소는 윤 목사님과 박세이 사모님이 함께 개척한 에벤에셀 교회당에서였다. 2008년 8월에 브라질의 마나우스 개혁신학교(당시 학장 고/안승렬 목사)에서 열린 제6차 라틴아메리카 선교전략회의 때 다시 윤 목사님의 부름을 받고서 상봉하였다. 마침내 중남미 선교전략 수립을 위해 기도하며 라틴의 영혼 사랑을 배울 수 있었다. 지난 2022년 안식년 기간 동안 고국을 방문하였을 때도 선교의 열정을 계속 불태우고 계셨다. 경기도 양평의 아신대학을 거점으로 개원했던 GMTI(글로벌 선교교육원)에서 석사 이상의 연구원생들을 대상으로 강의할 기회를 주셔서 아마존 선교에 대한 단상을 공유하였다.

아마존으로 파송

아마존 선교에 관심을 가지고 사역하면서 앞만 보고 달려온 지 어언 20년이 흘러갔다. 평신도 전문인 선교사로서 3년간 소말리에서 긴급 구호사역을 마치고 웨일즈 웨스트신학교에서 신학을 공부하면서 회교권 선교를 생각하고 있었다. 목사 안수를 위하여 미국 남가주에 소재한 재미고신 총회 산하의 에반겔리아 신대원 목회학 석사과정에 편입했다. 그때, 신학대학교 총장 직속으로 아마존 선교회가 설립되어 있었고, 아마존으로 파송할 선교사를 찾고 있었다. 주위의 선교 전문가들이 재미 한인교회가 중·남미 선교를 감당하는 것이 선교 전략적으로 효과적이라는 의견을 제시하였다. 그 이유는 북미가 지역적으로 중·남미와 가까울 뿐만 아니라 문화 인류학적으로도 미국이 중·남미와 공통점이 많기 때문이었다. 또한 미국에 소재한 히스페닉과 라티노교회가 자립하고 성장하면서 축적해온 인적 물적 선교의 자산을 중·남미 선교에 활용할 수 있게 되었다. 이러한 운동을 일찍이 전개했던 분도 윤춘식 목사님이시다. 윤 목사님은 1995년경부터 워싱턴의 열린문교회를 중심으로 이를 강조해 왔던 것이다. 이미 북미의 여러 교회가 아르헨티나 선교지 교회와 연합되어 있었다.

영어권에 익숙한 선교사 후보자에게 포르투갈어나 스페인어는 상대적으로 속히 익힐 수 있는 이점이 있다. 2023년 목사로 안수 받고 그해 10월 총회에서 파송하는 선교사로서 가족이 아마존으로 향했다. 지난 세월을 돌아보면 선교의 주체이신 하나님께서 우리를 아마존으로 보내기 위하여 소말리아, 웨일즈, 남가주에서 훈련시키셨음이 확실해 보인다. 아마존 선교를 준비하면서 시편 67편에 반복되는 "모든 민족으로 주를 찬송하게 하소서"라는 기도를 선교의 목표로 삼았다. 그때부터 지금까지 아마존 선교 방향은 "아마존이 주를 찬양할 때까지"로 변함이 없다. 창조주 하나님께서 에덴동산과 같은 아마존을 만드시고 그곳에 갈색 피부 색깔이 짙은 사람들을 살게 하신 이유는 그들이 하나님을 찬송하고 예배하기 위함이라 확신한다. 아마존 강변의 도시인과 인디오들이 위대하시고 기묘하신 삼위일체 하나님을 만나 억제할 수 없는 기쁨으로 하나님을 예배하고 찬양케 하는 것이 하나님의 마음이며 우리의 소원이다.

체류 신분 문제

중·남미 대부분의 나라들이 가톨릭 국가이기 때문에 개신교 선교사들에 대한 적대감이 공산권이나 타 종교권에 비해 거세지 않다. 반세기를 넘는 이민 역사를 가진 중·남미 한인교회는 새로이 사역을 시작하는 선교사들의 신분 문제 해결에 큰 도움을 준다. 종교비자 취득 절차도 상대적으로 까다롭지 않고 유효 기간도 여유가 있는 편이다. 상파울로에 있는 고신 교단에 소속된 빌라델비아교회의 도움이 없었더라면 우리 가족의 영주권 취득이 쉽지 않았을 것이다. 2005년도에 1차로 신학교 부지 4만5천 평을 구입하면서 브라질 연방정부에 '삼국경 복음 선교회'(M.E.T Missà Evengéica Tê Fronteiras)란 종교단체 인가를 받았다. 신학교의 부동산과 재산을 선교회 이름으로 등록하였다. 이제 선교회는 미국, 한국, 페루, 콜롬비아 등 외국 사역자들의 영주권 취득을 위하여 초청장을 발부할 수 있는 자격을 갖추었다.

현지 언어 습득

영주권을 취득하는 기간 동안 포어 언어훈련을 받았다. 160년 이상의 역사를 가진 브라질 개신교회의 위상에 걸맞게 많은 선교사들의 포어 습득을 도와준 포어학교에서 실력있는 교사들을 만날 수 있었다. 언어 훈련을 마치고 사역지인 아마존강 상류 브라질, 콜롬비아, 페루 세 나라가 만나는 국경지역에 도착하니, 길 건너 편 콜롬비아와 강 건너 편 페루에서는 에스빠뇰(스페니쉬)을 사용하고, 강변 인디오 마을에서는 인디오들이 자기 부족어인 찌꾸나를 사용하고 있었다. 자연스럽게 에스빠뇰과 찌꾸나 단어와 문장들을 접하면서 습득하기 시작했다. 국경이라는 지리적 특성으로 말미암아 뽈뚜기쉬와 에스빠뇰을 섞어 사용하는 뽈뚱욜(Portunhol)이 이 지역 통용어처럼 사용되고 있다. 찌꾸나를 사용하는 인디오들은 브라질의 국가 공용어인 뽈뚜기쉬가 외국어이다. 브라질 정부에서 인디오 어린이들에게 초등학교부터 뽈뚜기쉬로 교육을 시키지만 교육의 질이 매우 열악하다. 인디오들이 뽈뚜기쉬를 사용하는 도시에 나오면 늘 열등의식을 갖고 있다. 삼국경 신학교에서는 고등학교를 졸업한 인디오들을 신학생으로 받아들이는데, 이들에게 신학교육을 시킬 때 가장 어려운 점은 포어 이해력 부족이다. 포어 성경을 읽어도 그 의미를 알 수 없어 찌꾸나 성경을 대조한다. 다양한 포어 자료를 활용하기 위해 아마존 인디오 교회 사역자들은 포어를 자유스럽게 구사할 수 있어야만 한다. 윤 목사님께서는 성경과 에스빠뇰 언어에 특별한 은사를 갖고 계셔서 동료 선교사와 현지 사역자들에게 귀감이 되셨다. 그것을 이상으로 나도 따라 가고 있다.

지역 특성과 문화 체험

미국 본토와 비슷한 크기의 아마존 지역은 광대한 열대 우림 지역과 세계 최대 담수량을 자랑하는 아마존 강으로 나누어진다. 아마존 강은 남미대륙의 서쪽 안데스 산맥에서 발원하여 동쪽 대서양으로 흘러간다. 아마존 지역의 2/3를 차지하고 있는 브라질에서는 이 삼국경 지역에 흐르는 강을 쏠리몽이스강 상류라고 부르고 콜롬비아와 페루에서는 아마존강이라고 칭한다. 이 쏠리몽이스강 남쪽에 125년의 역사를 지닌 벤자민 콘스탄트란 도시가 있고, 강 북쪽으로 콜롬비아의 레찌샤(Leticia)시와 인접한 곳에 브라질의 따바찡가(Tabatinga)시가 형성되어 있다. 이 따바찡가시는 벤자민 콘스탄트시의 한 구역으로 국경 수비대 주둔지였는데, 1983년도에 시로 승격된 신생도시이다. 20년 전 우리가 따바찡가에 도착했을 때만해도 제 모양을 갖춘 택시를 찾아보기 힘든 열악한 도시였는데 지금은 인구 8만명의 중급 도시가 되었다.

아마존 강변과 밀림 속에 사는 인디오들은 문명을 접할 수 있는 가까운 인근 도시에 나오는 것을 좋아한다. 아마존 주의 수도인 마나우스를 다녀온 온 사람은, 옛날 우리가 어릴 때, 시골에서 서울을 다녀온 사람과 같다. 인디오들이 도시로 몰려들고 있다. 지난 20년을 돌아보면 아마존에도 도시화의 물결이 거세게 밀려오고 있음을 확인한다. 한 예로, 따바찡가시와 육로가 연결된 우마리아쑤라는 마을의 인구수는 지난 20년간 3배로 증가하여 9천명에 달하고 있다. 자녀들을 잘 교육시켜 괜찮은 직장을 가지고 도시에서 살게 하는 것이 인디오 부모들의 바람이다. 브라질 교육부에서는 인디오 입학 쿼터를 도입하여 인디오 자녀들이 도시에 있는 아마존 주립대학과 전문학교에서 공부한다. 학위를 취득한 인디오들은 강변 인디오 마을에서 공립학교 교사와 보건소 간호 보조사로 일한다.

가톨릭 국가에서 낙태와 이혼을 허용하지 않기 때문에 10대 중반부터 아이를 낳기 시작한다. 소녀들의 경우 15살 생일을 중요하게 생각하고 친척과 친구들을 초청하여 성대하게 성인식 축하 파티를 거행한다. 아울러 이때 남자 친구를 내빈들에게 소개하고 공식적으로 동거를 시작한다. 물론 15살 이전에 아이를 가지는 경우도 허다하다. 인디오 마을에서는 교회설립 기념일을 성대하게 준비하고 인근 여러 마을에서 남녀노소 하객들을 초청하여 몇 일간의 축하연을 하는 것이 전통이다. 이때 대부분의 젊은이들이 짝을 찾게 된다. 가능하면 가까운 친척이 아닌 먼 마을 사람들과 결혼하길 원한다. 같은 인디오 부족 내에서도 온싸(아마존 표범), 두루미, 솔개 등의 하부 씨족으로 나뉘어져, 근친 간의 결혼을 회피하고 있다. 산모의 연령에 관계없이 아기가 태어나면 정부에서 육아 지원금 혜택을 제공할 뿐만 아니라 친족 친척들이 여러 모양으로 아기 키우는 것을 도와준다. 십대 미혼모가 아기를 낳았을지라도 윤리 도덕적으로 수치스럽거나 지탄받지 않고 자연스럽고 자랑스럽게 생각한다. 아기가 태어나면 엄마가 주로 아기를 돌보고, 아기 아빠는 떠나버리거나 아빠가 누구인지 모르는 경우도 종종 있다. 아이를 낳기만 하고, 잘 키우지 못한다는 지적이 많지만, 저출산이 가장 큰 사회적인 이슈가 되어있는 대한민국을 생각하면 전 인구의 절반이 어린이 청소년인 라틴아메리카에 오히려 희망이 있다고 본다. 하지만 아무리 긍정적으로 보아준다고 해도 문제는 따른다. 어린이와 청소년 전도, 교육, 훈련 프로그램의 도입과 개발이 절실히 필요한 현실이다.

인디오들의 교통수단인 까노아(통나무로 만든 배)에 가솔린 모터를 달아 도시로 나올 수 있게 되었다. 인디오들은 만지오까(카사바)를 삭혀서 볶은 파링야와 푸른 바나나 등을 도시에 내다 팔고 각종 생필품들을 사가지고 마을로 돌아간다. 또한 마을에 전기가 들어오기 전에도 발전기를 가동해 TV를 시청하였다. 지금은 브라질 정부의 정책에 따라 거의 모든 마을에 전기가 공급되었다. 전기가 마을에 들어가면서 인디오들은 냉동고를 사서 강에서 잡은 물고기, 사냥한 동물, 정글의 과일을 냉동보관하고 얼음을 만든다. 휴대폰이 들어오고, 정부가 공립학교에 위성 안테나를 설치하여 인터넷을 제공하자 도시와 마을 간에 소통이 이루어지게 되었다. 아직 보편화되지는 않았지만, 작년부터 미국의 스타링크가 아마존에 인터넷 서비스를 제공하기 시작하면서부터 인터넷 속도가 개선되어 화상 채팅까지 가능하다.

낮에는 무덥기 때문에 학교도 아침 일찍 시작하고 오전에 수업이 끝나고 야간 수업이 진행된다. 서늘한 저녁이 되면 밤문화가 시작되는데, 시원한 맥주와 음악과 함께 밤을 지새우는 음주 마귀가 아마존을 병들게 만들고 있다. 특히 주말에 밤새 술을 마시고 낮에는 곯아떨어지는 사람들이 많다. 맥주를 살 여유가 없는 가난한 자들은 까샤샤라는 알콜, 도수 높은 술을 콜라와 섞어 마시고 대로에 큰 대자로 드러누운 알콜 중독자들을 보는 것이 어렵지 않다. 밀림 깊은 곳에서 만들어지는 마약이 싼 값에 유통되어 어린 청소년들의 영혼이 잠식당하고 있다. 인디오들과 저소득층에게 베풀어지는 다양한 형태의 정부 지원금으로 공부하며 자기 능력을 개발시키고 땀 흘려 일해서 삶의 질을 높이고자 하는 의지와 결단을 무너뜨리기에 충분하다. 이들이 결코 잊을 수 없는 날은 정부 지원금을 받는 날이다. 인디오들은 지원금 지급일 하루 전에 따바찡가 도시에 도착하여 강가에서 하룻밤을 지새우고 은행 문 열기 3시간 전부터 줄을 서기 시작하여 곧 인산인해를 이룬다.

사역 방향 설정

모든 선교사역이 그 자체로서 가치를 지니고 있는 것이 사실이지만, 선교 대상 지역 특성에 좀 더 적합한 사역이 있다. 아마존 강의 본류와 샛강의 강변에 형성된 도시와 인디오 마을 인구의 반 이상이 어린이와 청소년들이다. 이들은 복음에 대해 호전적이라기보다는 수용적인 황금어장이다. 아마존의 엄청난 천연자원과 함께 8~9개월의 우기와 연중 열대 기후는 농수산물 생산에 적합하다. 이와 같은 인구와 환경적 잠재력을 갖고 있는 아마존이지만, 치안부재, 높은 실업률, 쾌락주의 문화, 음주, 마약, 부정부패, 뿌리 깊은 포퓰리즘 정치, 열악한 교육 환경 등의 여러 사회문제가 산재하고 있다. 우리는 이런 각종 사회 문제의 근본 원인이 개혁주의 지도자의 부재라고 결론지었다. 교회가 있고, 올바르게 생각하고 믿음을 갖고 있는 지도자가 세워진 인디오 마을은 술 마시고 놀기 좋아하는 마을과 현저한 차이를 보인다. 바른 시장이 세워지면 도시 전체가 바뀐다. 마을과 도시에 개혁주의 신학과 순결한 신앙으로 훈련받은 지도자를 세우는 일을 핵심 사역으로 삼고 2005년 후반기에 삼국경 신학교를 개교하였다. 삼국경 신학교의 존재 목적을 다음과 같이 선언하였다.

삼국경 복음 선교회는 성경 중심의 복음 진리와 개혁주의 신학사상을 따르는 초교파적 선교단체이다. 아마존 지역 브라질, 콜롬비아, 페루 세 나라가 만나는 국경 지역에서, 삼국경 신학교와 아마존 삼국경 복음 교단을 통하여 현지 교회 지도자를 양성하여 그들로 하여금 교회를 개척하게 한다. 아마존과 나아가 세계 선교의 사명을 감당케 함으로써 하나님께 영광을 돌리기 위하여 존재한다.

위와 같은 사명을 기초로 정하여 가시적인 비전 3대 목표를 세웠다. 2030년까지 (1) 150명 개혁주의 지도자 양성, (2) 100개처 교회 개척, (3) 10명 선교사를 파송한다. 삼국경 신학교에서 150명의 신학생 졸업생을 배출하고 이들이 100개의 아마존 교회를 섬기면서 100처의 교회들이 힘을 모아 아마존 출신 해외 선교사 10명을 파송케 한다. 오순절 교회와 침례교회 등이 거의 60년 전에 아마존 삼국경 지역에 들어왔으며, 미국, 한국, 브라질 국내 선교사들이 이 지역에 들어와 지금까지 사역해왔지만 아직까지 외부 지원에 의존하는 교회가 많다. 삼국경 신학교 출신 사역자들이 섬기는 교회는 경제적으로 자립하고 스스로 전도하고 치리하는 네비우스 3자치교회가 되길 소원한다.

선교회 운영과 신학교 사역

2005년도에 브라질 연방 정부에 삼국경 복음 선교회 설립 인가를 받아 지금까지 브라질 연방 세무부에 매년 재정보고를 하고 있다. 선교회 본부는 브라질 따바찡가와 콜롬비아 레찌샤 시내로부터 차로 10분 정도의 거리에 위치하고 있으며, 신학교 캠퍼스와 농장으로 활용되는 부지가 18만평 정도이다. 이곳에는 선교관, 강당, 강의실, 기숙사, 식당, 사무실, 사택, 양계장, 돈사, 양어장 그리고 농장 부속 건물과 시설이 있다. 선교회의 핵심 사역은 삼국경 신학교 운영으로, 2005년 9월부터 2학기 강의를 시작하여 지금까지 12회 졸업식을 거행하였으며, 38명의 졸업생들이 배출되었다. 코로나 시기 이후에는 일 년에 각각 6주씩 두 학기 집중 강의를 하고 있다. 신학교 초창기에는 인디오 마을에 고등학교를 졸업한 자들을 찾기가 어려웠다. 지금은 고등학교를 졸업하면 대학에 진학하려는 학생들이 많다. 신학교 개교 다음 해인 2006년부터 지금까지 16회에 걸쳐 아마존 현지 목회자의 교육과 훈련을 목적으로 삼국경 목회자 세미나를 개최하였다. 또한 2010년부터 13회에 걸쳐 차기 신학생 후보생 발굴과 청소년 교육을 위하여 청소년 집회를 거행해 왔다. 후방교회, 신학교, 아마존 현지 교회의 삼중 유익을 위하여 매년 단기 선교팀들을 초청하여 아동사역, 의료, 치과, 한의, 이/미용, 네일, 부흥회, 건축, 페인트, 영의 강의, 가족사진 촬영 등의 사역을 실시하고 있다.

교단 운영 및 교회 개척

신학교를 시작하면서부터 따바찡가 시내에서 교회를 시작하였다. 졸업생이 배출되고 자연스럽게 독노회가 결성되었다. 2013년도에 '아마존 삼국경 복음 교단' (IETFAM; Igreja Evangéica Trê Fronteiras do Amazonas)을 설립하여 브라질 연방 정부의 인가를 받았다. 현재까지 4회의 목사 안수식을 통해 11명의 목사들이 배출되었다. 타교단에서 허입된 사역자들을 합치면 50여명의 노회원을 갖고 있다. 후방의 교회들이 아마존 도시와 강변 마을에 교회당 건축 헌금을 지원하였다. 그리하여 지금까지 따바찡가 시내, 브라질, 콜롬비아, 페루 세 나라에 19개처의 교회당이 건축되었고, 현재 3처의 교회당이 건축 중에 있으며, 6처 독립교회가 저희 교단에 가입하여 교단에 가입된 교회가 28처가 되었다.

삼국경 농장 운영

2006년에 미국 남가주 모 교회 목사님의 은퇴금 헌금으로 신학교 부지 13만 5천 평을 추가로 구입하여 신학교 부지가 18만 평이 되었다. 이 넓은 부지를 허락하신 하나님의 뜻이 있으리라 믿었다. 이 아마존 지역에 복음이 들어온 지 반세기를 넘겼지만, 여전히 경제적으로 외부 지원에 의존하는 아마존 교회에 자립 기반을 제공하기 위하여 농축산 프로젝트를 실시하고 있다. 인디오 사역자들이 신학공부를 하면서 양계, 양돈, 양어, 농업 등의 농축산 기술을 익혀, 자기 마을에서 자립 프로젝트를 실시할 수 있도록, 농장에서 부화된 병아리와 돼지 새끼를 분양하고 있다. 아울러 농장에서 일자리를 창출하고, 생산되는 농축산물의 판매 수익을 신학교 운영과 교회 개척에 활용한다. 현재 4개의 양계장에서 500 마리의 닭을 키워 매일 180개 정도의 유정란을 생산하여 시장에 납품하고 있다. 100 마리의 돼지를 사육하여 연간 2톤 반 정도의 돼지를 출하하고 있다. 3개의 양어장에서 1톤 가량의 땀비끼(아마존 도미)를 출하하고 있다. 농지를 개간하여 푸른 바나나, 만지오까, 옥수수를 생산하고 있으며, 고수익 유실수인 아싸이 베리를 5천그루 심어서 첫 수확을 시작하였다. 4명의 사역자들이 매월 생활비 지원을 받으면서 농장을 운영하고 있다.

아마존 삼국경 지역에는 도시와 마을을 연결하는 육로가 없고 수로를 따라서 배를 타고 마을과 도시를 방문해야 한다. 단기 선교팀이 왔을 때를 고려해서 15인승 알루미늄 배를 구입하고 처음에는 60마력 조그마한 모터를 달았는데 속도가 너무 느려 6년 전에 250마력 모터를 달았더니 쾌속정을 타는 기분이다. 이 배를 등록할 때 배 이름을 '복음'의 뽈뚜기쉬인 '에반젤료' (Evangelho)로 정하였다. 강변의 도시와 마을에 복음이 증거되길 원하는 마음에서였다. 복음호를 타고 몇 시간씩 여행을 하면서 이런 생각에 잠긴다. 세계사를 보면 큰 강을 따라 문명이 발발하였는데, 이 큰 아마존 강에서는 문명의 흔적을 찾을 수 없는 이유가 무엇일까? 남미의 잉카와 중미의 마야 문명의 흔적이 있는데 아마존 강변의 인디오들은 여전히 원시적인 삶을 살고 있다. 다양한 접근과 해답이 있겠지만, 먹고 사는 생존의 위협을 극복하기에 충분한 식량과 안식처가 있기 때문이라 생각하였다. 강가에 그물을 치거나 창을 던져 물고기를 잡을 수 있고, 바나나와 만지오까를 심으면 양식이 생기고, 정글에는 과일, 사냥감, 집을 지을 수 있는 목재가 산재해 있다. 그러니 힘들여 큰 배를 만들어 이웃 마을을 침략하여 빼앗을 필요가 없고, 다른 이웃 마을로부터 침략을 당하여 빼앗길 위험도 없다. 일년내내 따뜻한 여름 날씨이니 길고 추운 겨울을 나기 위하여 식량을 저장할 필요가 없다. 비가 많이 오니 빗물을 받아 식수로 사용할 수 있으니 우물을 파야 할 필요도 없다. 지진이나 태풍과 같은 자연 재해도 없다. 이런 환경적 혜택이 아마존 문명 발생을 저지했다고 본다. **원시와 21세기 첨단 문명이 공존하는 아마존에 세상의 탁류가 흘러들어오기 전**에, 복음의 능력이 나타나 건강한 아마존 교회가 세워지고 개혁주의 문화가 뿌리내리는 날을 고대한다.

중·남미 선교를 위해 평생을 헌신하신 윤 목사님 부부께서 몇 해 전에 총회 선교부로부터 은퇴하셨지만, 후배 선교사들이 그의 뜻을 받들어 서로 소통하면서 연합하고 협력하고자 한다. 중·남미 각 지역에 적합한 선교 전략과 모델을 개발하고 실천하는 것이 우리의 꿈이다. 이곳 신학교에서 준비된 선교사 후보생을 윤 목사님이 개척한 중미의 파나마 정글 엠베라 공동체교회에 파송할 스페인어권 선교에도 물꼬를 트고 있다. 하여 라틴아메리카를 효율적으로 복음화하고 중·남미 현지교회가 세계 선교에 크게 기여하길 소원한다. 아마존이 주를 찬양할 때까지!

열대 정글 단기선교 참가는 축제이며 눈물!

파나마 엠베라 정글 선교

윤 수 정
미, 초교 교회교사, 워싱턴 열린문교회 단기선교팀

크리스천이라면 누구나 한 번쯤 선교에 대한 생각을 품는다. 선교란 하나님께서 인간의 구원을 위해 성령으로 일하고 계심을 말해주는 표적이다. 교회가 하는 일, 즉 하나님께서 교회를 통하여 행하기를 원하시는 모든 일이다. 나아가 역사 안에서 일하시는 삼위일체 하나님의 활동에 참여하는 모든 것을 포함한다. 그러므로 세계선교는 결국 하나님의 나라 개념을 구체화하는 것이며 구원은 마침내 세상 안에서 죄에서 벗어나 회심으로 나타나는 샬롬이다. 이 샬롬은 하나님과의 화목에 기초를 둔 인간과 하나님과의 새로운 관계성을 의미하며 선교의 주체가 되시는 하나님은 이 역사와 세계 속에 생존하는 전 인류를 그리스도 안에서 연합하게 하신다.

사도행전 1장 8절 "오직 성령이 너희에게 임하시면 너희가 권능을 받고 예루살렘과 온 유대와 사마리아와 땅끝까지 이르러 내 증인이 되리라" 명하신 말씀이 가슴 속에서 떠나지 않는다.

우리가 이 땅에서 누리는 삶은 평안과 행복의 추구에만 국한된 것이 아니라, 더 큰 하나님의 통치의 목적을 이루는데 동참함으로써 누리는 축복의 경험을 통해 하나님을 더욱 알아가기 위한 것이 아닐까? 선교는 나에게 항상 마음속에 부담과 사명감이라는 엇갈리는 감정으로 남아있는 단어였다. 그러던

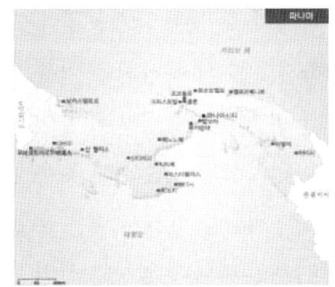
중미 파나마 지협

엠베라부족 선교기념교회(성전건축 전)

중, 올해 가족 모두 파나마 단기선교로 여름휴가를 쓰자는 결정을 내렸다. 처음으로 참여하게 되는 단기선교 팀이었다. 단기선교를 떠나기 전 12주에 걸친 선교 교육과 선교팀 단합을 위한 1박 2일의 수련회, 그리고 기금 마련을 위해 서로 힘을 합쳐 수백 개의 김밥을 싸며 도시락을 준비하는 시간은 잠도 부족하고 몸은 피곤했지만 신이 나고 즐거웠었다. 매주 팀 별로 모여 서로 기도하며 준비하는 기간 동안 팀원들과 벌써 서로 가까워져 있었다.

김경환 장립집사를 팀장으로 한 파나마 선교팀은 모두 가족으로 구성된, 조금은 특이한 팀이었다. 거기에 4명의 자녀가 초등학교, 중학교, 고등학교, 대학교 졸업생들이었다. 마치 졸업 특별 선교 그룹인 듯 했다. 선교지 지역별로 주의사항들과 미리 맞아 두어야 하는 예방접종도 있었다. 파나마 팀은 황열(yellow fever), 장티푸스(typhoid), 간염(hepatitis) A & B, 파상풍(tetanus), 말라리아(malaria) 등을 예방하는 주사와 약을 먹어야 했다. 그 외에도 수돗물과 수돗물로 씻은 채소나 얼음을 먹지 말 것과, 파리가 앉을 수 있는 포장되지 않은 빨대 사용 금지, 방충제를 부지런히 뿌리기 등이 주의 사항이었다. 파나마 단기선교 기간은 6월 23일부터 7월 2일까지였다. 출발 전날 정찬수 목사님이 팀을 위해 기도해 주셨다. 파나마에 오전 중에 도착하기 위해 팀은 출발 당일 새벽 3시 반에 교회에서 모여 안성철 집사님의 기도 배웅을 받고 파나마 항로에 올랐다.

정글 속의 엠베라선교기념교회 입구
열린문교회 단기선교팀

파나마 토쿠멘 국제공항에 도착하자 윤춘식 목사님을 처음 뵙고서 먼저 베이스캠프로 향했다. 고우신 사모님이 준비해 놓은 한국음식 점심을 맛있게 먹은 후 짧게 간추린 파나마 역사와 사역 대상인 엠베라 부족에 대한 브리핑을 받았다. 원래 파나마의 주인인 원주민 종족은 침략자인 스페인 민족에게 땅을 빼앗긴 후, 유럽 문명의 영향은 받았으나 혜택을 거의 누리지 못하며 사는 형편이었다. 그 중 엠베라 부족은 농경지를 찾아 오랜 기간을 콜롬비아 땅에 머물렀다가 반정부군과 마약 거래 게릴라들을 피해 다시 파나마의 이곳저곳으로 흩어져 정착했다고 한다. 파나마 역시 한때는 콜롬비아에 속한 주였지만, 파나마 운하의 개발권이 프랑스(개발실패)로부터 미국으로 넘어가면서 미국의 패권에 의해 한 국가로써 재독립하게 되었다고 한다.

운하를 통해 태평양과 대서양 사이의 지협 64km를 가로지르는데 선박 1대당 24시간 대기하며 통과에 약 8-10시간이 걸리는 가장 좁은 지형을 가진 파나마는 북미와 남미를 잇는 탯줄 같은 곳이다. 뉴욕에서 샌프란시스코에 이르는 기존 해상물류 루트는 약 2만2500km였는데 운하의 개통으로 약 9500km까지 줄일 수 있었다. 1999년 연말에 운하가 파나마 정부로 소유권이 반납되기 전, 약 90년 동안 미국이 운하의 경영권을 쥐고 있었다고 한다 (1904 착공, 1914 완공). 곳곳에서 미국의 한 세기에 달하는 경제통치권이 남긴 공익과 후유증을 볼 수 있었다. 그곳에서는 'Thank you'라고 인사를 표하면 'You're welcome' 대신 'OK'라고 대답한다. 백인 우월주의에서 나온 현상의 복사라고 한다. 미국에 대한 선망과 증오가 뒤섞인 채 전통 문화는 거의 잊혀가고 있었으며, 중국문화(음식)의 혼재와 그 안에서 아직 원주민들은 열악한 방식으로 생계를 유지하고 있었다.

첫 사역지인 엠베라 부족이 사는 마을은 시티에서 2시간 정도 떨어진 정글이었다. 이제 더는 의사가 당부했던 주의 사항을 따를 수가 없었다. 이제는 사역에 지장이 없도록 하나님의 보호와 인도하심이 함께 하시길 간구하며 모든 염려를 맡길 수밖에 없었다. 정글 안으로 들어가는 길에는 차량이 개를 피해 다녀야 할 정도로 개들이 많았다. 뼈가 앙상한 개들이었다. 정글 지역의 빈곤을 엿볼 수 있는 한 장면이었다. 엠베라 부족은 콜롬비아를 떠난 후, 세금을 내지 않고 생계를 유지할 수 있도록 값이 싼 정글 지역 땅을 구입해서 정착하기 시작했다고 한다. 정글에 기거하면서 도시에 일터를 갖고 봉급을 받는 사람은 아주 소수에 속하며 거의 저임금의 직업에 종사한다고 한다. 그리고 그런 직장을 가진 사람과 그 가족만이 도시의 국립병원 시설을 이용할 수 있다고 한다.

윤 목사님은 몇 해 전 아르헨티나에 계시는 동안 '라틴 시니어선교사 컨퍼런스'를 개최해 오던 중, 파나마 전략회의 때 워싱턴 열린문교회 김용훈 목사님을 비롯한 그 외 몇 목사님들과 파나마지역에 교회가 없는 곳에 교회를 세우자는 약속을 하셨다고 했다. 그 약속을 지키기 위해 안식년 동안 파나마에 와서 많은 지역탐사를 하시던 중 이곳을 알게 되어 수개월의 리서치와 고생을 거쳐 교회를 세우게 되었다고 하셨다. 사모님과 함께 처음에 엠베라 원주민들에게 다가갔을 때에는 그들은 가난과 굴욕적인 삶으로 인해 웃음이 없는 무표정 상태였다고 한다. 그곳에서 우리는 사흘 동안 노인, 장년, 청년 그리고 어린이들 모두와 함께 여름 성경학교, 어머니 교실 등을 하며 사역에 임했다. 첫날은 화장실을 만들기 위해 남자들은 땅을 파는 작업을 했다. 적도 가까이에 있는 파나마의 정글은 무척 후덥지근했지만, 팀원 남자 장년 2명과 청년 3명 그리고 원주민 형제들이 힘을 모아 정글 땅을 팠다. 캠프파이어를 하면서 예배드리기 위해 둘째 날 밤은 그곳에서 야영하기도 했다. 모기장 안으로 기어들어온 생전 처음 본 전갈을 신발로 압사시키고 시멘트 바닥 위에 이불을 깔고 다들 잠을 청하였다. 우리는 원주민들이 준비해 준 식사를 까맣게 몰려드는 파리들을 쫓으며 먹었다. 평범한 여행으로 집을 떠나왔다면 결코 경험할 수 없는 일들이었다.

여기는 전기가 들어오지 않아 꼭 전기가 필요할 때면 휘발유로 가동하는 발전기를 사용해 전깃불을 켰다. 밤이 되면 손전등만이 유일한 빛이었다. 아참, 달빛도 있었다. 모임 장소는 임시 교회당으로 쓰는 양철지붕을 올려놓은 시멘트 블록 담장이었는데, 비가 오면 여기저기서 비가 새기도 했다. 3일 동안 원주민들과 함께 준비해 간 스페인어 찬송을 율동에 맞춰 소리 높여 부르면서 하나님에 대한 갈급함을 서로 나눌 수 있었다. 그리고 그들과 함께 드린 예배와 찬양 안에서 우리의 마음은 감동되어 눈물을 멈출 수가 없었다. 준비해 간 놀이기구와 공작들을 아이들뿐 아니라 어른들마저도 너무 열심히 했다. 그들을 보면서 많지는 않아도 줄 수 있는 것이 있어서 감사했고, 나눌 수 있었던 시간이 소중했다. 막상 사역을 마치고 작별 인사를 할 때 마음이 뭉클해 옴을 막을 길이 없었다

두 번째 사역지인 오곱수쿤 섬은 윤 목사님 말씀대로 깜짝 이벤트였다. 그 섬은 말로는 설명이 안 되는 곳이라면서 오리엔테이션은 섬에 도착해서 하겠다고 하셨다. 국내 공항에서 1시간 정도 문이 삐걱거리는 야릇한 경비행기를 타고 하늘을 날았다. 위험 스릴이 있는 꿈속 같았다. 그런데 짚으로 엮은 지붕에, 손으로 쓴 간판이 달린 마치 헛간과 같은 섬 공항에 도착했다. 꿈속 같은 실재는 계속되었다. 그곳의 원주민인 쿠나부족 형제들이 우리를 오래 기다리고 있었다. 공항 나루터에서부터 교회당 어귀까지 카누를 타고 가는 동

두 번째 사역지인 카리브해 오곱수쿤 섬에서 본
게 모양의 물구나무 놀이

안. 푸른 하늘과 바다를 배경으로 짚으로 만든 원주민의 집들과 울창한 야자수의 풍경이 아름답게 눈앞에 펼쳐졌다. 그것은 볏짚이 아니라 야자수의 긴 잎이었다.

그 섬들은 카리브 해에 있었는데 카리브해안 365개의 작은 섬들 가운데 쿠나족이 대략 서른 여 개의 섬에 흩어져 살고 있으며, 각 섬에 '샤일라'라고 불리는 족장들이 자치제로써 통치한다고 했다. 그들은 대부분 섬에서 태어나 평생을 한 섬에서 산다고 말씀하셨다. 그 중 몇몇 섬은 외국 관광객들이 올 수 있도록 개방되고 관광객들을 위한 숙박시설이 있다고 하지만, 우리가 갔던 섬은 관광객이 올 수 없는 곳이었다. 전통적인 샤일라들이 권위를 지키며 외부 문화에 대해 규칙을 파수하는 섬마을이었다. 원래는 바닷물 건너에 있는 육지의 산이 그들의 땅이었는데 산에서 마을을 이루며 살 수가 없었기에 쿠나족에게는 영웅이었던 한 족장이 그들을 섬에다 분산 정착시켰다고 한다. 섬은 물이 짜기 때문에 그곳에는 코코넛과 노니라는 나무의 열매만이 난다고 했다. 그들은 산 쪽의 땅을 가리키며 '곡식 창고'라고 불렀다. 각자에게 배분된 땅에 카누를 타고 건너가서 그들이 먹을 유까와 열대 과일을 가지고 와 식생활을 한다고 했다. 주요 영양은 소규모 고기잡이에서 얻는다. 조개들, 소라, 문어, 바닷게, 해초류 등이다.

교회에 도착하니 폭신한 양탄자처럼 녹색 잔디가 깔려 있었고 섬에서 보는 푸르기만 한 카리브 해는 더욱 아름다웠다. 그곳에는 윤 목사님이 협력하시고 있는 후안 콜만 목사님이 목양하는 지역이었다. 콜만 목사님과 윤 목사님은 육지에 있는 어느 식당 겸 까페에서 우연찮게 같은 테이블에 앉은 것이 만남으로 알게 되었다고 했다. 섬 출신으로 도시에서 대학 교육을 받는 것은 힘든 일이었다. 대학 교육을 받던 중, 콜만 목사님은 같은 종족을 위하여 도시 생활을 포기하고 섬으로 들어와 교회를 시작하였다고 한다. 처음 13명으로 시작했던 교회가 윤 목사님과 협력 선교로 발전한 후 성년 교인들이 100명이 넘게 부흥이 되었다고 콜만 목사님이 말씀하셨다.

그곳에서 우리는 축호 전도를 통해 얻은 약 150명 정도 되는 어린이들이 마음을 모아 여름 성경학교를 할 계획이었다. 우리가 도착한 후 얼마 안 있어 아이들이 몰려오기 시작했다. 그곳의 아이들은 수줍어하고 얌전했던 정글에서 본 엠베라족의 아이들과는 많이 달랐다. 다수가 좀 얼굴이 태양에 그을어 억세 보이기도 하고 무척 활동적이었다. 어린 아이들은 여기저기 뛰어다니고 뛰다가 나 보아라는 듯이 물구나무를 서서 두 팔로 걷기도 하고 공중에 있는 두 발로는 게처럼 기어다니는 기술을 부렸다. 그 중의 몇 명은 올림픽 선수처럼 몸을 날려 공중 곡예를 보여주기도 했다. 그리고 아이들은 우리의 이름을 물어보고 대답해주면 또 물어보며 쫓아다녔다. 우리들을 환영한다는 표현이었을까? 사는 지역에 따라 사람들의 행동과 특성이 다름이 참 흥미로웠다.

윤 목사님의 안내에 의하면 얼마 전 이곳의 청년들에게 부흥이 일어났다고 한다. 전기도 없고 크지 않은 섬에 갇혀 살듯 살아가는 그들에게는 마약이 큰 유혹이라고 한다. 정기적으로 콜롬비아에서 상인들이 밀입국 배를 이용해 와서는 생활용품과 함께 마약도 가지고 와서 판다고 했다. 아직 어린 나이인 13-4살이면 마약을 시작하는 경우가 많다고 했다. 마약을 사기 위해 물건을 훔치기 시작하여 섬 자치 감옥에 가기도 한다고 한다. 감옥이라는 곳은 허름한 가정집의 창고같은 곳이다. 우리가 만난 청년 중 하나가 그랬다. 알비노(백색증)라는 흰색 외모도 비정상이었고 불우한 가정에서 자란 청년이라고 했다. 그는 뜨거운 적도의 햇볕에 피부를 보호하느라 무더운 날씨임에도 긴 옷을 입고 다녔다. 가릴 수 없는 부분의 피부는 트러블로 흉한 부분이 많았다.

마약과 도둑질을 하며 자치 감옥에 드나들던 그 청년에게 한 친구가 그렇게 희망 없이 살지 말고 교회에 가자고 전도했다고 한다. 친구의 권유로 교회는 나왔지만, 처음에는 성경 말씀을 도저히 이해할 수 없었고 그저 와서 예배당 앞의 의자에 길게 누워 쉬거나 자거나 했다고 한다. 그런데 교회 청년들은 서로 순서대로 누워있는 청년 곁에 가서 성경 구절을 돌아가며 읽어주었다고 한다.

우리가 갔을 때에는 그 알비노 청년은 열심히 교회 행사에 참석하며 우리를 도와주었다. 그 청년과 함께 한마음으로 열심을 다해 교회 일을 하는 청년들의 모습은 참 교회의 모습이었다. 그들은 수시로 교회에 모여 찬양하며 말씀을 나누었다. 그러다 밤이 되었다. 우리는 어디가 끝인지도 모를 깜깜해진 바다에 둘러싸여 쏟아질 듯이 하늘을 수놓은 찬란한 창조의 별들을 보며 쿠나 청년들과 함께 한밤중 몇 시인지도 모르고 찬양을 불렀다. 우리 팀은 카리브 섬에서 선교가 아니면 도저히 만날 수도 없었던 청년들과 한 형제자매가 되어 천국을 경험했다.

사흘 동안 오곱수쿤 섬에서 펼쳤던 여름 성경학교에는 예상했던 150명의 두 배가 넘는 350명 가까운 숫자의 아이들이 몰려왔다. 찬양소리가 섬을 뒤덮었고 게임과 공작을 하며 즐거운 시간을 보내는 아이들을 보며 우리도 벅차고 힘들긴 했지만 참 보람 있고 즐거운 초대교회 시간을 보냈다. 콜만 목사님의 가족이 해주신 가끔은 재료가 무엇인지 알 수도 없었던 식사들, 나중엔 귀엽게까지 보이던 바닷가에 널빤지로 만든 화장실(바닷가에 벽만 세운 자연친화식) 벽에 기어 다니던 카멜레온들, 그리고 섬의 사람들과 함께 했던 시간이 오래 갈 것처럼 마지막 밤을 맞았다. 우리는 사흘 째 밤에 섬의 청년들이 작별인사로 선사한 공예품 선물들을 들고 베이스캠프로 돌아왔다.

이제 10일간의 파나마 단기선교를 마치고 미국에 돌아오니 익숙하던 모든

엠베라선교기념교회 정글에서의 놀이시간 자매들 코이노니아

것들이 왠지 새롭게 느껴졌다. 파나마 정글과 카리브 섬에서 미션을 배우고 느꼈던 것을 이제 일상의 생활에 어떻게 적용하고 살아야 할까 하는 생각이 들었다. 하나님께서 허락하셨던 단기 선교의 10일은 하나님이 우리를 위해 준비해 놓으신 축제의 느낌이었다. 그곳에서 '나'라는 굴레에서 벗어나 세상 모든 민족을 사랑하시고 구원하시려는 하나님의 계획을 몸으로 느낄 수 있었던 고귀한 시간이었다.

이 소중한 경험이 거름이 되어 바쁜 일상생활 속에서 잊혀가는 것이 아니라 하나님 안에서의 삶이 계속 새로워지기를 소원한다. 단기팀을 은혜로 이끌어 준 팀장님, 배후에서 헌신하며 팀원의 안전을 위해 지원하며, 두 부족의 교회와 역사와 문화를 그리고 두 대양을 아우르면서 일일이 성심성의껏 통역해주시고 말씀으로 먹여주신 윤 목사님과 사모님께 감사한 마음을 드린다. 세계선교의 일선에서 세계선교의 사명을 지닌 성숙한 신앙인이 되어가는 발걸음이 되기만을 기도한다.

라틴타임스 Prólogo

로베르토 아사티 Roberto Asati
아르헨티나 장로교대표의장, 라틴타임스 자문위원

이 신문 사설집(가제본)이 나에게 왔을 때, 성과는 1년간의 끊임없는 노력의 결과입니다. 이 신문은 정보뿐 아니라 기독교교리의 진정한 강단(플랫폼)이기 때문에 라틴아메리카 복음주의 환경에서 큰 기능을 수행합니다. 우리가 타인의 삶의 적절성을 존중하며 살아가지만, 오늘의 위험한 시대에 윤 박사님이 감수한 이 출판물은, 그리스도를 믿는 성도들이 성경을 읽을 때, 참 그리스도인의 영혼을 오염시키는 독단과 거짓 교리의 전파에 대한 경종도 울립니다. 성경전서에는 나오지 않는 가짜 회중; 부적 봉헌, 공동 예배에서 나타나는 비성경적 표현, 사도주의적 주장을 하는 지도자의 등장, 고성, 하나님의 말씀에 담을 수 없는 왜곡과 묘사 등의 분별은 우리 삶에서 신문의 필요성을 웅변적으로 말해줍니다. 진정한 성경적 교리가 확증되는 TIEMPO LATINO와 같은 신문의 경험에서 나타납니다.

윤 박사님은 이 가치 있는 문서선교에 헌신했을 뿐만 아닌 그의 삶 자체가 전도이며 교회 목회자로서의 사역을 대변할 때, 죄에 맞서 영적 참호에서 싸우는 모습입니다. 그는 아르헨티나의 가장 가난한 곳의 내부를 잘 알고 있으며, 또한 삶의 저변에서 물질적 비참함에 빠져 있는 주민들을 열정적으로 돕는데 주저하지 않습니다. 그의 가족 특히 하나님의 참된 여성인 그의 아내 사라도 이 일을 지지하고 나섰습니다. 주님께서는 TIEMPO LATINO 신문의 창립 1주년을 기념하는 사설로써, 능히 성공으로 이끄셨고, 마음속으로 성경의 참된 교리를 깨닫기 원하는 모든 신자들이 이 책을 읽기 바랍니다.

2004년 11월 라틴타임스 자문위원
변호사, 로베르토 아사티 목사

번역서 발행을 기뻐합니다

탐 무로 Tam Muro
아르헨티나 파타고니아 국립박물관 행정 이사, 박물관 디자인 책임자

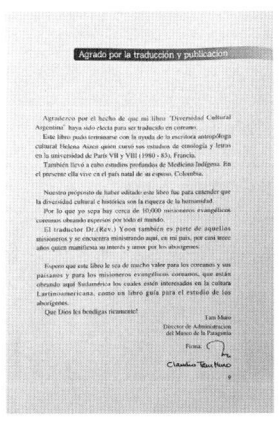

나는 내 자신의 책인 「아르헨티나 인디오 부족 문화의 다양성」이 한국어로 번역됨을 기뻐합니다. 이 책을 공동으로 발간한 엘레나 아이센(Helena Aizen) 여사는 아르헨티나 태생으로 파리 제7대학과 제8대학에서 인종학과 유럽 문학을 연구(1980-83)한 문화인류학자입니다. 그녀는 인디오 의학에 대해서도 조예가 깊습니다. 현재는 콜롬비아가 모국인 남편을 따라 콜롬비아에서 살고 있습니다.

이 책을 집필하게 된 우리의 취지는 풍부한 인간성에 관한 다양한 문화를 보다 가까이서 이해하고자 함입니다. 제가 알기에는, 오늘날 세계 각국으로 파송되어 사역하는 한국의 개신교 선교사는 약 일만 명에 이르는 줄 압니다.

제 책을 번역한 윤 박사님도 그 중 한분이시며 우리나라에 파송되어 13년 가까이 선교하시면서 원주민들에 대한 관심과 애정을 쏟고 있습니다. 이 번역서가 남미에 거주하는 그의 한인 동포와 이곳에서 활동하고 있는 한국 개

신교 선교사들과 라틴아메리카 문화에 흥미를 갖고 있는 모든 분들에게 원주민을 사랑하는 안내서가 되기를 바랍니다. 하나님의 풍성한 축복이 함께 하시기를 기원합니다.

                      2003년 7월 바릴로체, 파타고니아 국립박물관
                                                탐 무로

아신대학교 세계선교의 날 기념대회 2018

IV

기독교 교육과 현장

- ■『현대교회와 선교교육』 저서와의 만남
- ■영혼과 흙의 치료 이야기
- ■『현대교회와 선교교육』의 현장 GMTI 취지와 3년 커리큘럼 목록
- ■선교교육에 대한 효용과 제자의 마음
- ■신학교육에 관한 인문학적 역사 이해
- ■멘도사의 교회교육 동역자(한국 방문)

싱가포르 하가이 지도자 인스티튜트 수료기념, 설립자 존 하가이 박사의 초청, 세계 80명 4주간 2 클래스 리더십 코스

저서와의 만남

『현대교회와 선교교육』

Missiological Education in the Contemporary Church

김 병 원

전, 고신대학 총장, 상담학 교수

한국교회의 지난 역사 속에 가장 회자한 용어 중의 하나가 '부흥'이었다면, 현재는 '선교'라는 느낌이 든다. 이러한 현상은 어쩌면 자연스러운 현상이 아닐 수 없다. 복음을 전해 받은 교회가 성장하려면 부흥의 역사가 있어야 하고, 부흥하는 교회는 다시 복음에 진 빚을 갚고자 선교에 대한 관심을 가지기 때문이다. 1960년대까지만 해도 한국교회의 성도는 국민의 5%에 불과했던 수치가 70년대와 80년대를 거치면서 20%에 이르게 되었다. 이러한 성장과 더불어 한국교회는 선교에 대한 관심과 열기가 더해 왔다. 지금까지 한국교회의 선교는 주로 열정에 따라 움직여왔기 때문에 여러 가지 시행착오를 일으키기도 했고, 선교하는 교회가 가진 선교신학 내지 선교교육의 부재를 공감하게 하였다.

금번에 아르헨티나에서 원주민을 선교하는 윤춘식 선교사님이 미국 풀러신학대학원에서 목회신학 박사(D.Min.) 과정 학위를 위해 '현대 교회의 성경공부를 통한 선교교육 연구'라는 제목으로 논문을 쓰시고 Fuller 교수회에 통과되었음을 기뻐하며, 경험을 바탕으로 하는 학문적인 노력이 세계선교의 비전 성취를 위한 『현대교회와 선교교육』이라는 저서로 출판되는 것을 축하해 마지않는다. 본서는 선교하는 교회를 수원지로 이해하면서 수원지가 메마른 상태에서는 생명수를 힘있게, 보다 멀리, 그리고 지속적으로 보낼 수 없다는 원리를 파악한 연구라고 할 수 있겠다. 다시 말하면 선교하는 교회가 메마르지 않는 선교의 능력과 바른 지식이 배양되어야만 효과적인 사역을 지속할 수 있다는 사실을 발견하고, 지역교회가 성경공부를 통해서 수행해야 할 선교교육에 대하여 구체적으로 정리하고 있다.

본서의 장별 내용을 간략히 정리해 보면 제1부에서, 기독교교육의 본질적인 요소들을 고찰하면서, 선교교육의 이루어지는 목적을 수행해야 하는 당위성들을 밝히고 있다. 제2부는 기독교교육을 통하여 수행되어야 할 선교교육이 예수 그리스도의 오순절 비전을 재현하는 방향으로 나아가야 할 것을 밝히면서, 현대의 대조적인 두 선교신학의 경향인 Missio Dei(하나님의 선교)와 교회를 중심으로 하는 선교를 비교 분석하고, 그들이 참된 진리의 구심점을 둔 통합의 방향으로 나아갈 것을 요청하고 있다. 제3부는 교회의 선교교육이 이루어지는 장으로서 〈가정〉, 〈구속그룹〉 그리고 〈교회〉에 대한 원리와 개념을 파악하면서, 그러한 장들이 완수해야 할 선교교육의 역할과 전망들을 고찰한다. 제4부는 선교교육을 효과적으로 수행하고 있는 미국의 New Hope Community 교회, 영국의 Gold Hill 침례교회, 그리고 한국의 등촌교회, 전주 안디옥 교회와 낙현교회의 경우들을 제시하면서 선교교육이 어떠한 방향에서 성취해야 할 것인가를 보다 구체적으로 제시하고 있다. 이러한 내용의 본서는 교회가 선교사역을 활발히 지속하기 위해서는 '선교교육'이 잘 이루어져야 한다는 당위성을 보여줄 뿐만 아니라 신학대학 내 선교신학의 여러 교과목들 가운데 하나로 자리매김해야 할 필요성을 발견하게 한다. 본서는 선교현장의 사역자들뿐만 아니라 선교사역을 지향하는 본질적인 공동체로서 교회의 목회자들이 교회교육을 통하여 실천해야 할 선교교육에 대한 아이디어를 얻는데 도움이 될 것으로 사료된다. 본서를 통해서 독자들이 많은 참고와 도전을 받게 되기를 기대하면서 이에 추천하는 바이다.

영혼과 흙의 치료 이야기

Divulgaciones Sanadoras del Alma y la Tierra

김 영 욱
전, 아신대학 총장, 북한선교학 교수

    아신대학교(ACTS)를 통해서 라틴아메리카 선교전략자료집이 간행됨에 축하를 드립니다. ACTS는 세계선교와 교육을 향한 기독교 선교운동의 새로운 장을 연 대학입니다. 아시아 교회들의 성장과 제 3세계 선교발전, 그리고 아시아 복음주의 운동의 확산에서 출발하였고, 1968년 싱가포르에서 개최된 아세아-태평양 복음주의협의회와 한국복음주의 신학운동에 그 뿌리를 두고 있습니다. 이에 각 대륙-지역별로 선교연구기관을 두어 그 지역에 대한 영혼 사랑과 선교학 연구발전을 격려하고, 오랜 기간 동안 선교사역자들을 위한 기도와 지원에 관심을 두어 왔습니다. 그 가운데 라틴아메리카 선교연구원은 라틴대륙의 시니어 선교사들을 대상으로 매년 선교전략 컨퍼런스를 개최해 왔습니다. 이제 때가 되어 명실상부한 전략자료집 제 2권 「흙과 영혼의 치료 이야기」가 탄생하게 되었습니다.

    여기 방대한 자료의 편집과 감수에 직접 헌신한 윤춘식 교수님은 라틴선교연구원장으로서 7년 동안 라틴대륙현장에서 전략 컨퍼런스의 진행을 프로그래밍하고, 인도하며 그리스도의 사랑으로 섬겨 왔습니다. 고신·장로교단 총회로부터 파송된 선교사가 현지 대륙의 초교단 선교사들을 대상으로 대화하며 함께 숙식을 나누면서 전략을 토의하는 일은 결코 쉬운 일이 아닐 것입니다. 하나님께선 그를 사용하셔서 라틴 대륙의 한인선교사들을 묶는 영적 벨트 역할을 맡기셨고, 전략자료집을 간행케 하심은 이 시대를 향한 특별한 섭리가 있는 줄로 압니다. 놀랍게도 여기 두 번째 자료집이 ACTS 선교대학원 출신의 중남미 선교사들이 단결해서 편집했다는 것에 가슴 뿌듯한 일입니다.

세계선교는 현장에서의 치료를 동반합니다. 영혼구원은 물론 삶의 전 영역에서 일어나는 상처들을 치유하고 악한 영으로부터 자유를 얻게 하시는 성령의 역사입니다. 하나님께선 이스라엘 민족을 불러서 열방으로 흩어져 나아가 증거공동체인 제사장 나라를 세우라고 하셨습니다. 마침내 우리 자신을 소명하여 당신의 세미한 음성을 듣게 하시고 그 구원을 열국에 증거하도록 하셨습니다(시 67편).

본 저술에 소개된 과테말라의 '알모롱가'는 70년대 이전엔 가난과 질병과 우상숭배로 황폐화된 전혀 무기력한 땅이었는데, 신비스럽게도 획기적인 기도로써 생기와 풍요가 넘치는 '초록색 옥토'로 변하였고, 도시 인구의 97%가 그리스도인이 되었다는 실화를 싣고 있습니다. 흙의 치유, 곧 흙의 회복이 이루어진 흔치 않는 실례 중의 하나입니다. 민족들이 저절로 모여든 것이 아니라 하나님이 땅의 모든 족속을 복 주시겠다고 약속하였고, '아브라함의 씨'로 말미암아 그렇게 하시겠다고 약속했던 언약을 통해서 이루어집니다(창 22:18). 이 언약 위에서 하나님의 백성들이 지켜가야 할 아름다운 신앙의 유산인 '복음주의'와 '신본주의'가 라틴아메리카와 더불어 세계 전역에 퍼져 나가기를 기도합니다.

이 책의 발간이 라틴 대륙을 연구하는 모든 선교단체와 기관에 주옥같은 정보가 되리라 확신합니다. 북미로부터 안데스산맥 남단 칠레에 이르는 다양한 연구발표들이 마치 밭에 숨겨졌다가 지상에 드러나는 보화처럼 전개되고 있기 때문입니다. 이 자료집이 지구촌 선교사들에게 사랑을 받고, 다음 세대에 이어갈 전략 모델과 숨 쉬는 역사가 되기를 바랍니다. 시간과 물질을 아끼지 않은 편집진에 감사드리며 선교전략을 대하는 모든 이들에게 하나님께서 주시는 은혜와 평강이 함께 하시기를 기도합니다.

Glocal Mission Training Institute

대학원 과정의 선교교육원
2020년 4월 설립 오리엔테이션

GMTI 선교교육원

임마누엘. 선교교육원 개설의 취지에 의해 참여자 중심으로 초기 학과를 진행하게 됩니다. 9명 전체의 민주적 동의로써 출발합니다. ACTS 라틴선교문화연구원 부설 교육원으로 본부를 양평에 두며 등록금은 없습니다. 자치회비로 교육기자재 등 운영비로 사용합니다. 참여자 1인이 하나의 직책과 재능을 기부합니다. 클래스의 모니터로부터 재정과 대학원 교육기술부 및 경건회, 해외선교부의 직무를 맡아 섬기기로 합니다.

일반적으로 한국의 선교대학원 현상은 교과와 학원과 교수 중심으로 교육과정을 고수해 왔습니다. 대부분의 원생들은 자신이 연구하고자 하는 실질보다 학과의 명분에 이끌려 학기가 지날 때, 학위를 받는다는 것 외에는 짜여있는 수강 체제 안에서 인내해 온 것이 사실입니다. GMTI는 획일화 된 권위적 폐단을 지양하고자 합니다. 참여자들이 학과의 중심이 되어 선교학 연구와 세계선교를 조명하며, 선교지 언어훈련에 준비되어 오는 참여자들을 격려하고자 합니다. 동시에 공동의 목표와 영적인 유익을 성취해 가고자합니다. 따라서 post_corona 일상을 맞아 각 교회의 미션 방향이 재정립되는 오늘의 현실에 적합한 수준 있는 대학원 과정이 될 전망입니다. ✡ 마태 28:19-20

GMTI ▶ 2020년 4월 23일 양평 부설 클래스에 즈음하여: 선교신학과 선교훈련의 접목 창에서 대략 6가지 범위로 나누어집니다.

1. 선교의 성경적 기초 2. 선교학개론 3. 세계선교 역사 4. 선교·문화인류학 5. 초대교회/과거/현재/미래의 선교전략 6. 선교의 실제(실천, 개척, 현장에서의 협력, 이양, 환경, 생태학 등).

2. 전반기 과목으로 선교학 총론, 선교신학, 종교와 신학(타종교), 선교문화인류학.

3. 후반기(선교사 연장교육) 과목으로 종교 다원주의와 선교, 사도행전과 선교적 이슈, 세계선교역사, 사역을 위한 엘렝틱스 등

4. GMTI는 보수 장로교회의 뿌리 깊은 신앙과 교회의 영성을 전통으로 하여 탐구하며 계승하고자 합니다. 피선교지 간의 불신으로 희망을 상실하는 듯 혼돈의 시기에 절망하지 않고서 소망이 GMTI를 통해 재창조되기를 기도하십시다. ⌂ 계시록 7장 9절,

▶설립 목적: 선교에 관심이 있고 선교를 어떻게 준비해야 할지 체계적인 이해와 그 과정을 알기 원하는 대학원생들을 위해 모집. 교회 내 선교 관련 직분자들과 해외선교의 실천 경험을 토대로 하는 선교학 수업에 참여하는 것을 목적으로 설립합니다. 선교현장의 생생한 목소리를 들으며 선교지 언어 준비를 잘할 수 있도록 돕는데 있습니다.

▶의의: 코로나 시기에 해외선교 현지에 나가지 못하는 선교 관심자들에게 문화적 지성 소유와 익혀야 할 실행 부분들을 제공합니다.

【시기-학기별 이수할 과목】

연도	학기	과목	목표	수강자 반응
2020	1	세계선교전략사	세계 교회의 발전과 선교에 대한 바른 역사관 정립. 각 세기별 **선교전략적 방법론과 모델**을 연구해 선교사의 선교 실제에 안목을 넓혀 주기 위함	초대교회 이후 교회사를 기초로 시대별 대륙별로 선교의 물결이 이어져 오는 만큼, 하나님께서 세우신 **인물들과 선교전략에 관해 숙지**하다. 각 민족과 문화적 특성에 따라 다양한 방법론으로 접근해야 함을 배움
2020	2	문화 인류학	타문화에 대한 실용성 있는 이해와 더불어 복음 자체가 우리와 혈통이 다른 이방의 현지인들에게 적실하게 전해지도록 성경중심의 **비판적 상황화**에 접근	세계 속 다양한 문화를 인지하며 **인종 간의 접촉점**과 관계를 맺고, 그들에 대해서 외부자, 내부자로서의 이해. 내가 중심된 이해와 방식의 우월성이 항상 바른 것이 아니라 **서로 다름을 인정**하는 것을 배움
2021	3	성경적 선교신학	신구약 성경을 중심한 선지자들과 예수 그리스도의 구체적인 선교 말씀을 재음미하며 특히 4복음서 기자들이 강조한 **선교 구문을 균형있게 분석**하며 선교실천의 이론적 근거로써 적용함	구약 선지자들에게 명하신 이방선교의 배경과 실례 분석. 신약 4복음서에서 제자들에게 보여주신 대로 **하나님의 나라 실현과 제자들 각각의 선교적 접근방식**을 배움
2021	4	도시선교학	도시의 정의, 구조와 성경적 유래와 태동에 대한 역사 연구. 인구집중과 타락의 과정을 강론. 다음으로, 바울의 선교와	단일민족에서 점점 다문화 사회로 치닫는 한국의 상황과 유럽 및 북·남미의 여러 난민정책들을 비교해본다. 복음화 차원

			도시 거점을 통한 선교전략 정치, 경제, 사회, 문화의 중심인 도시에서 하나님 나라의 가치를 증거함	에서 그들을 어떻게 섬기며 증거해야 하는가를 폭넓게 배우며 접근할 수 있었음. 도시화와 민족·문화와 혼합에 있어 '**멜팅 포트**'(Melting Pot)에 관한 구조적 안내도를 인지하다
	5	사도행전 I	약속하신 **성령강림**에 의해 초대교회가 태동하고 복음의 확장이 예루살렘과 안디옥 교회를 통해서 나타나기 시작한다. **사도 바울의 4차에 이르는 선교적 순종과 열정**을 따라가 본다. 바울과 함께 한 인물들 연구와 그들이 기도한 선교적 묵상 그리고 지역마다 나타난 **복음의 능력**을 추종하기 위함	윤 교수님의 강의안 「**사도행전의 묵상과 산책**」을 따라 토의식으로 진행하는 교수법을 배웠다. 〈QT형식〉으로 읽기, 묵상. 기도, 이미지 기억 등 설교가 아닌 강해로써 사도행전 한 장 한 장을 베드로와 바울의 거친 숨소리와 함께 따르며 감동으로 걸어보는 시간이 된다
2022	6	로마서	기독교 교리서로서 믿음에서 난 **칭의**와 **구속**의 도리와 **은혜**의 진수를 관통한다. 당시 로마교회는 유대인 크리스천과 이방인들에 의해 세워져 있었다. 기록 목적은 **롬 15:22-24**에 나타난다. 1세기의 국제적 선교를 위해 서바나로 갈 전초기지로서 로마에 있는 교회는 위대한 교량이 될 수 있었다. 복음을 통한 구속교리와 생활 속의 실천적 영역을 다룬다	윤 교수님의 저서인 「**로마서강해 노트북**」(영문 출판)을 부교재로 사용했다. 복음의 **교리적 체계**를 적용함에 있어 논리적 해석을 배웠다. 나아가 그리스도의 사랑을 실천하며 현실에 적용하면서 언제 일어날지 모르는 거짓 교훈을 방지하는데 그 비전이 제시된다

	7	시편	시편을 히브리 문학의 유형별로 나누어 **제의적 시편** 장르에 들어있는 교리를 살펴본다. 전체 150편에 이르는 장엄한 기록 안에서 이스라엘의 구속사를 이해한다. 성전 중심과 시온주의, 메시아 기대 사상과 **하나님의 창조역사와 왕권을 찬양**하는 동시에 이스라엘 공동체를 통한 예배와 오늘의 **교회상**을 대비시켜 이해한다	교수님의 저술이 출간되기 이전, 신대원 석사 논문으로 집필되었던 강의안 「**시편의 표현과 이미지**」(예영커뮤니케이션)를 통해 코로나 시대에 교회공동체 예배와 시편의 신학사상을 이해하다. 세계선교에 이르기까지, 모세 5경에 견줄만한 방대한 시편의 규모와 구약신학 배경을 배움
	8	룻기	하나님의 명칭을 통해서 하나님과 **계약 관계**에 있는 룻과 나오미의 등장을 소개한다. 유대 백성의 삶속에 현존하는 하나님의 능력과 **보아스의 계보**를 통찰한다. 헤세드(사랑)와 구속의 은총(카리스) 특히 선택과 언약이라는 도식의 원리에 대해 강론	오직 **선택**과 **언약**의 사랑에 대해 깊이 깨닫게 되었다. 하나님의 섭리와 때에 대한 부분이 인상적이었다. 우연은 없다는 성경적인 확실한 샘플을 얻었다. 이스라엘뿐만 아니라 이방에서도 실현된 언약적 사랑에 대한 부분도 새로운 시각으로 볼 수 있었다.
2023	9	사도행전Ⅱ	Ⅰ부에서 추종했던 사도행전의 문자적 묵상을 기반으로, 선교 여행의 실제를 **로드맵**으로 짚으면서 참여자들의 몸이 바울과 직접 동행하는 과정을 경험한다. 1세기 험한 육로에서의 피곤한 걸음과 지중해에서의 지루하던 선박 여정과 사건들, 생	선교적 **팀워크**의 중요성과 교차문화 사역이 **교회개척** 확장에 반드시 수행해야 할 선교훈련지침서인 것을 새롭게 깨닫게 되었다. 하나님의 관점으로 사역현장에 서는 자 되기를 배운다. 현대교회에서 사역할 일꾼으로서 **세계선교 거점**들을 파

			명에 위협을 주었던 풍랑 등 함께 경험하며 교제하는 형식으로 사도들과 무명 **신자들의 활약상**을 살펴본다	악하고 **교회성장**의 실천과 원리를 재정비할 수 있었다
	10	서신서 연구	4복음서가 하나님 나라의 머리요 **얼굴**이라 말할 수 있다면 사도행전은 분명 복음을 전달하는 **발**이다. 서신서는 그 **심장**이다. 서신서야말로 복음의 가슴 속에 들어있는 교회의 헌장과도 같은 것임을 토의하게 한다. 신약의 서신서에는 오늘날 교회 안에서 논의되는 사역자의 모든 **설교 주제**와 성도들의 생활편이 마련된다	사도행전과 서신서는 따로 분리될 수 없는 심장과 발의 역동적인 관계이다. 복음을 접한 처음에는 두 부분이 서로 떨어져 있는 별개의 분야로 보일 수도 있겠으나, 이번 수업에 참석함으로써 그것이 발과 심장으로 연결된 유기체라는 것을 배웠다. **유기체** 속의 서신서가 가슴을 뜨겁게 했다. 모든 참여자의 하나같은 **고백**이다
2 0 2 4	11	복음서와 제자도	No Cross, No Crown 4복음서를 섭렵함으로써 예수께서 걸어가신 갈릴리로부터 갈보리 십자가의 길까지 제자들이 따르며 **성장·성숙**해지는 과정을 현실감 있게 전개한다. **제자도**는 하나님의 나라와 사역자들이 현재 소속된 교회와 더불어 행동화되어야 할 사명이자 과제이다	제자도는 그리스도와 함께 통과하는 현실의 문이다. 나의 최선이 제자도가 아니라, **그리스도의 최선**이 내속에서 성령으로 역사하심을 다시 깨닫는 계기가 되었다

▶ 참여교수진: ACTS 선교학 교수들과 이병수, 김영무, 김은호, 이강호 박사 (Ph. D) 외

선교교육에 대한 효용과 제자의 마음

한 경 우
목사, 아신대학신학대학원 석사과정(제자)

1. 과목에 대한 기대와 결과

2018년 6월 윤 교수님께서 정년은퇴를 1년 앞둔 '교회와 선교교육론' 수업시간이었다. 새로운 학문을 접한다는 것은 설렘이 따르기 마련이다. 그 길이 힘들고 고단할지도 모른다. 어려운 과정을 지난 후 그에 따른 열매를 얻는 것은 경험으로 알게 된 내용들이다. 실제로 이 과목에 대한 기대감 속에서 강의 중에 펼쳐질 무한한 내용들을 상상해보며 시작하는 수업이었다. 공부에 손을 놓은 지 오랜 기간이 지났기에 여러 가지 과제물이 있다는 부담감도 없지는 않았다. 현지의 선교경험은 있었으나 선교가 무언지 자세히 알지도 못한 상태였다. 이제 겨우 알아가는 과정에 있었기에 현실에서 풀어내지 못한 어려운 문제들을 해결하고 싶었다. 선교교육의 신학이라는 과목이 무언가 해답을 줄 수 있을 거라고 기대하며 시작하게 되었다. 그렇게 가슴 떨리게 시작한 강의시간, 내 생각은 적중하였다.

이번 학기 첫 시간에 나는 궁금해 오던 것들을 질문하였다. 사실은 그 내용이 아닌 다른 것을 질문하고 싶었었는데 교수님께서는 그 내용까지 이미 알고 계셨고, 그 문제에 대한 변두리 생각까지도 아시고 확실하게 풀어주셨다.

이 놀라움! 기쁨! 경이로움마저 들었다. 과목에 대한 기대치보다 오히려 더 훨씬 충분히 만족하도록 강의는 계속 되었다. 중형교회의 목사인 나에게는 이보다 더 큰 기회가 없을 듯했다. 현재의 목회현장에서 벌어지는 문제들이 교수님의 강의를 통해서 하나씩 풀어지기도 했고, 시간이 지나면서 그 문제들을 해결할 수 있는 의식의 전환을 발견할 수 있었다. 첫 시간부터 가졌던 떨림과 기대감은 강의를 마치는 종강 때까지 계속되었다. 나는 강의가 있는 월요일 새벽부터 준비하고 피곤함을 잊은 채 학교로 달려갈 수 있었다. 성령이 20여 명 수강생 모두에게 계심을 느낄 수 있었다. 교수님의 강의가 얼마나 나에게 큰 힘과 용기를 주었는지 전부 다 표현할 수 없음이 안타까울 따름이다.

대학원의 체계적인 강의를 통하여 고만고만한 상식수준의 지식으로가 아닌 전문적인 사고를 할 수 있게 되었음도 고개 숙이며 감사드릴 깨달음이다. 사실 직접 쓰신 교수님의 선교교육론의 책 내용이 배우는 학생들에게는 탐색하는 체계가 있고 좋아서 선교에 관심을 가진 이들에게 그대로 전해주곤 하였다. 나에게 있어서 첫 강의로 시작된 현대의 선교적 교육과목은 기대치도 컸지만 완벽하게 나의 마음을 채워주었고 풍성한 선교를 체계적으로 정리할 수 있도록 만드는 감동의 학기였다고 고백한다.

2. 교회를 위한 선교신학 과목으로써의 효용

폭발적이다! 목사나 평신도 전문인이 선교사 파송으로 선교를 한다고 해도 실제 현장에서 체험하는 것들은 이론과 다를 때도 있다. 오히려 부족함으로 상황에 잘 대응하지 못하는 경우도 많다. 뿐만 아니라 교회 안에서 목양하는 중에도 잘 알지 못하면 성도들의 불만이 발생하고 문제가 일어나지 않은가. 그런데 이번 선교교육의 내용은 선교의 일을 하기위한 필요한 것뿐 아니라 교회에 목양을 하는데 있어서도 반드시 필요한 강의이다. 윤 교수님의 저서였기에 더구나 저자이므로 좌우의 내용이 깊이 있을 것이라고만 생각했었는데, 내용은 그리스도인이라면 누구나 알고 익혀야할 내용들이 수록되어 있음을 강조하고 싶다. 첫 시간부터 놀랐던 '오순절 프락시스' 내용부터 가슴을 떨리게 하였고 성경의 내용들이 또 다른 시각과 관점으로 볼 수 있음도 체험하였다. 교회에서 성도들에게 말씀을 전할 때 나는 이 책의 내용들 중에서 여러 가지를 전하였고 성도들 역시 내용들을 이해하고 깊이 은혜를 나누는 시간들이 많았다.

교재 후반부에 가면 성경공부와 오순절, 사례연구까지 통합적이고 포괄적인 내용들로 하여금 그리스도인에게는 누구나 필요한 내용들이 배우는 자들의 마음을 노크한다. 가슴속에 있는 빛을 이 선교적 교육의 과목을 수강하면서 큰 빛으로 나타날 수 있었다. 내 자신이 정리하지 못했던 부분들이 질서정연하게 자리 잡고, 모르고 있던 내용들을 폭 넓게 이해하게 되었다. 이렇게 습득된 내용을 성도들에게 전함으로써 교회 성도들도 체험하게 되는 것을 보았다. 선교에 있어서, 목양에 있어서, 평신도에게도 누구나 선교 신학과목으로써 막중한 효력을 줄 수 있는 과목임을 과장 없이 말할 수 있다.

3. 강의에 참여한 학문적 유익과 교수법에 관해서

윤 교수님은 첫 모습부터 세밀한 모습으로 강의를 시작하셨다. 전혀 지칠 줄도 모르시는 것처럼 보였다. 따뜻한 분이라기보다는 한 치의 실수도 용납하실 수 없는 분으로 보였기에 다소 걱정도 있었다. 그러나 내가 가장 환영한 것은 매주 써내는 페이퍼였다. 매주 써내는 페이퍼는 즐거움이었다. 왜냐하면 나는 수십 년 동안 계속해서 지금까지 책을 읽고 요약하고 인상 깊은 내용을 기록하는 습관이 있기 때문이다. 나는 이러한 교수법을 교회 어린이 주일학교 교사를 하면서 시작할 때마다 실행했던 교육방법의 한 분야였다. 주일 설교할 때도 마찬가지로 우리 교회 성도들은 지금도 여전히 그렇게 설교를 정리하고, 읽은 책들을 정리하는 습관들을 가지고 있다. 윤 교수님께선 적어도 공부하는 학생들이 폭넓은 내용들을 읽고, 습득하기를 원하는 마음임을 알기에 기뻐하면서 연구 페이퍼를 제출하였다. 참 좋은 교수법이라고 생각한다.

교수님의 또 하나 특색 있는 교수법은, 텍스트북에 담긴 내용뿐만 아니라 목사로서 실제 경험한 내용들을 말씀해주심으로 인하여 많은 힘이 되었고 더 많은 것들을 폭 넓게 깨닫게 되었다는 것이다. 그저 선교사였던 교수님으로서 계신 것이 아니라, 해외 선교사와 지역교회 사역자의 균형 있는 모습을 추구하면서 해답을 제시할 때는 쏘는 듯한 강의법이 나에게는 아주 인상적이었다. 한 예를 들자면 5월의 첫 주 강의시간에 목회자뿐만 아니라, 성도들도 지쳐 쓰러질 수(burn out) 있다고 하시며 성도들을 인정해주고 격려하는 것도 반드시 필요하다고 강조하셨다. 그날 수업 때 어느 교회의 커피숍을 실례로 드셨다. 이미 이론적으로 알고 있었으나 그날의 그 내용은 나로 하여금 다시 한 번 우리 성도들을 생각하게 하는 금쪽같은 시간이었다. 나는 일반 대학원에서 심리학을 전공한 적이 있었다. 그런데 그것은 신학과 선교와 목양에 그다지 도움이 되지 못했다. 그러나 이번 아신 대학원에서 첫 강의를 듣는 선교교육과 신학 전반을 공부하며 큰 힘과 지혜를 얻었음에 귀한 교수님의 가르침에 깊은 감사를 드린다.

신학교육에 관한 인문학적 역사 이해

최 덕 성
브니엘신학대학 총장, 전, 고려신학대학원 교회사 교수

신학교를 영어로 세미나리(Seminary)라고 한다. '세미나리'는 보육원을 의미하는 라틴어 'seminarium'는 '모판'을 의미한다. 볍씨를 뿌려 키워 논에 이식시키는 모판이었다. 고대 로마에서 씨앗을 심고 정원을 유지하는 책임을 맡은 군인을 일컫는 용어이기도 하다. 오늘날의 신학교(Seminary)는 주로 프로테스탄트 성직자, 목회자, 신학자 교육과 훈련을 위한 전문신학 기관이다. 목사후보생 교육기관이다. 목사로 안수를 받아 사역을 하고 있지만 교육이 불충분한 사람들을 위한 재교육 기관이기도 하다.

신학교를 영어로 '데오로지칼 세미나리'(Theological Seminary)라고 일컫는다. 간혹 '데올로지칼 스쿨'(Theological School)이라고도 한다. 종합대학교 안에 있는 신학교는 대부분 '디비니티 스쿨'(Divinity School)이라는 이름을 가지고 있다. 단과대학에서 신학을 가르치는 학교를 '데오로지칼 칼리지'(Theological College)라고 한다. 한국과 미국의 경우, 신학교는 대학 과정에서 인문학, 사회학 등을 수학한 학생을 입학시켜 3년 동안 공부하게 한다. 유럽은 대학 과정에서 신학을 공부한다. 고등학교 학생 때 라틴어, 비평적 사고, 철학을 공부한 자들이 입학한다. 미국에서도 1900년 초까지, 한국에서는 1950년경까지 대학과정에서 신학을 공부했다. 대학 졸업자를 신학교에 입학시키는 까닭은 신학이라는 특수성이 대학이 제공하는 인문학적 능력 곧 철학, 논리학, 비평적 사고, 성경지식 등을 전제로 하는 까닭 때문이다. 한 손에는 신문을 들고 한 손에는 성경을 든 목회자가 되려면 학문성을 갖춘 신학도여야 하기 때문이다.

기독교가 출발한 얼마 동안은 별도의 신학교육 기관이나 조직이 없었다. 디모데가 바울을 스승삼아 개인적으로 배우고 봉사하는 형태였다. 그러나 예배를 인도하기에 필요한 글을 읽을 수 있는 능력을 갖추어야 했다. 예배를 인도할 수 있는 어느 정도의 소양을 갖춘 지식인이 목회를 했다. 당시에는 글을 읽을 수 있는 사람이 많지 않았다. 대부분의 여성들과 하층민 남성들은 글을 읽지 못했다. 중세기의 어느 황제는 글자를 읽지 못했다. 알파벳 문자판을 베개 밑에 깔고 자기도 했다. 그렇게 하면 유식해 진다고 생각했다. 유럽어의 글꼴이 유행하기 시작했다. 예배 인도자는 이스라엘의 역사와 예수에 대한 어느 정도 지식을 갖고 있었다. 예수 사역 안에 활동하는 하나님의 일을 해석하고 설명할 줄 알았다. 이 활동에는 수사학(Rhetoric) 지식이 필요했다. 수사학은 말을 조리 있게 우아하게 하는 능력을 가르친다. 오늘날의 스피치(Speech)에 해당한다. 설득 목적의 문장과 언어 사용법, 특히 대중 연설 기술을 연구하는 학문이다.

초대교회 지도자들은 서로 간에 편지를 주고받음으로써 서로 연결시켰다. 그 편지들은 오늘날까지도 남아 있다. 이는 당시의 지도자들이 상당한 작문 실력을 가지고 있었다는 증거이다. 제2세기 교회 지도자들 중 상당수가 글을 읽었고, 읽은 내용을 해석할 수 있었다. 동료들과 편지를 주고받을 수 있을 정도였다. 이 인문 기술은 하루아침에 익힐 수 있는 것이 아니었다. 초대교회의 지도자들은 어디서 누구에게 어떻게 이것을 배웠을까? 이교도들이 가르치는 학원이나 개인 교습 방식으로 문법, 수사학, 철학을 배웠다. 초대교회 시대에 기독교인들이 세운 학교가 있었다. 순교자 저스틴(유스티누스)은 로마에 학교를 세웠다. 기독교야말로 진정한 최고의 철학이라고 생각하여 그것을 가르치려고 학교를 세웠다. 진리를 추구하거나 기독교에 호기심을 가진 이교도들도 이 학교에서 공부를 할 수 있었다.

알렉산드리아의 '기독교 교리 학교'는 세례 후보자 교육을 위한 기관이었다. 목회자를 양성하기 위한 기관이 아니었다. 시간이 지나면서 이 학교는 교회 지도자들 곧 목회자들을 배출하는 교육기관이 되었다. 신학 연구의 중심지로 발전했다. 이 학교는 신학교(Seminary)라고 일컬어지는 않았지만 오늘날의 신학교육 기관의 원조이다. 안디옥에서도 이와 비슷한 학교가 세워졌다. 주로 '하나님을 경외하는 자들'과 유대인으로서 기독교로 개종하는 자들이 수학했다. '하나님을 경외하는 자들'은 유대교 언저리에서 하나님 외에 다른 신을 섬기지 않으면서 이스라엘의 율법을 수용하는 자들이었다. 이들은 예수 복음을 듣고 믿고 개종하는 즉시 세례를 받았다. 예수의 복음이 이스라엘 종교에 대해 잘 알지 못하는 이방인들에게 점차 퍼져나가면서, 이방인 개종자들은 세례를 받기 전에 교리 교육을 받았다. 세례 후보자 교육 기간은 다양했다. 약 2년 또는 3년 동안이 소요되었다. 강도 높은 금식, 기도, 침묵 생활, 성과 음식을 절제 하는 훈련을 했다.

기독교 초기에는 일반 신자 교육과 성직자 교육의 구분이 따로 없었다. 그러나 교회를 지도하고 예배를 인도하던 감독, 장로, 집사 등 목회자들은 다양한 학문적 소양을 갖추고 있는 경우가 많았다. 콘스탄틴(콘스탄티누스) 황제가 기독교로 개종 뒤인 4세기에 이르러 세례 후보자 교육에 큰 변화가 있었다. 짧은 시간에 갑자기 많은 사람들이 교회로 몰려들자 교회는 그들을 일일이 교육하기에 시간과 여력이 부족했다. 그래서 세례자 교육 기간이 점차 단축되었다. 이 시기의 목회자 교육은 목회자의 서재나 예배당에서 개인지도 곧 개인학습 형태로 진행되었다.

중세기 내내 신학神學(theological science)은 학문의 여왕(queen of science)이었다. 철학을 신학의 시녀 역할을 했다. 오늘날에는 신학을 과학이라고 함은 부당하다는 주장이 있다. 그렇다면 인문학, 역사학, 철학, 사회학, 문학 등은 과학에 해당하지 않는가? 신학은 자연과학 개념의 학은 아니다. 그러나 신학을 '학' 이 아니라고 할 근거는 없다. 제11세기 말 유럽에 대학교들이 설립되기 시작했다. 기존의 수도원 학교나 대교회당학교는 대학교와 경쟁하고 갈등을 겪다가 점차 대학교와 융화되거나 편입되었다. 이 무렵 파리에는 대교회당학교보다 더 많은 학생들이 모이는 일종의 교수, 교수 길드(조합)가 존재했다. 이 조합을 라틴어로 유니베르시타스, 영어로 유니버시티라고 한다. 제12세기에 유럽 각 도시마다 대학교들이 등장했다. 파리의 파리대학, 영국 옥스퍼드대학, 스페인 살라망카대학은 철학과 신학 중심의 대학이었다. 영국 케임브리지대학, 네델란드 라이든대학 등도 신학을 가르쳤다. 누가 대학에서 철학과 신학을 가르쳤는가? 당대의 지식인들은 성직자와 수도사들이 대학교 교수직을 맡았다. 학생들 가운데는 성직자로 안수를 받고 학교를 다니는 자들도 많았다. 성직자 교육 수준이 낮았다. 주기도문, 사도신경, 10계명, 기도서 등을 배우는 정도였다. 제14세기에도 사제나 주교들 가운데도 문맹자가 많았다. 15세기 중엽에 공동생활 형제회와 자매회가 등장하여 고대 기독교 저자들의 글을 필사하고 번역하는 작업을 했다. 형제회는 자체적으로 학교를 세웠다. 이곳에서 글 읽기와 산수, 철학과 신학을 포함한 광범위한 교육이 이루어졌다. 제15세기와 제16세기에, 독일의 신비주의 사상가 토마스 아 켐피스, 종교개혁자 마르틴 루터, 교황 하드리아노 6세, 인문주의자들의 왕자라고 불렸던 네덜란드의 에라스무스가 등장하여 명성을 떨쳤다. 이들은 저마다 스콜라주의적 추론, 예수 그리스도의 가르침, 고대 교부들의 삶과 가르침을 배웠다. 라틴어, 헬라어, 히브리어 그리고 신학 공부에 열중했다. 제

16세기의 종교개혁자들은 "근원으로 돌아가자"(ad fontes)고 외치면서, 성경을 신앙의 최종적 권위로 여겼다. 신학생들은 히브리어, 헬라어 라틴어, 논리학, 역사, 물리학, 심리학, 신학 등을 공부했다. 이와 관련된 책들이 출판되었다.

종교개혁을 거치면서 논쟁적인 신학 공부가 시행되었다. 프로테스탄트 신학도들은 자신들을 이단으로 정죄하며 괴롭히는 로마가톨릭 반대자들에 대처하는 능력을 배웠다. 칼빈의 〈기독교 강요〉는 이 시대의 요구를 만족시킨 중요한 신학교재였다. 반종교개혁의 일환으로 모인 트렌트공의회(1545-1563)는 대교회당을 가진 교회들(캐데드랄)에게 학비를 충당할 수 없는 가난한 성직자나 성직 후보자들에게 교육을 제공하는 기관을 세워 운영하도록 했다. 최초의 신학교는 로마가톨릭교회가 16세기에 개신교 종교개혁에 대한 반응으로 설립했다. 개신교의 가르침에 맞서려고 더 잘 교육받은 사제를 양성하려고 신학교(Seminary)를 세웠다. 신학교는 영국에서 처음 시작되었다. 메리 튜더가 잉글랜드의 왕으로 있는 동안 영국의 로마가톨릭교회 세력을 회복시키려고 성직자 양성학교를 시작했다. 익나티우스 로욜라가 설립한 예수회는 각 주교 관구에 교구 사제 양성을 위한 수련 과정을 운영하도록 했다. 프로테스탄트 운동에 저항하는 로마가톨릭 성직자 후보생들을 훈련시키는 교육 기관을 세웠다. 1551년에 설립된 로마의 '콜레지오 로마노'(Collegio Romano)를 세웠다.

신학교와 신학대학 아이디어는 빠르게 널리 확산되었다. 신학교는 유럽 전역과 결국 세계 전역에 설립되었다. 인문학과 자연과학과 성경과 신학을 가르쳤다. 익나티우스와 함께 파리에서 공부를 한 칼빈은 스위스 제네바에 제네바 아카데미를 1559년에 설립했다. 이곳에서 공부를 한 스코틀랜드의 교회개혁자 존 낙스는 이 학교를 일컬어 "예수님의 제자들 이후에 세워진 가장 위대한 신학교"라고 했다. 제17세기의 정통주의 전통을 따르는 신학교는 치열한 논리적 추론과 논쟁을 특징으로 지니고 있다. 이 학풍을 중세 스콜라주의의 모습을 재현했다고 하여 부정적인 의미로 '17세기 스콜라주의'라고 일컫는다.

현대 신학교는 신학 논쟁가를 양성하기도 한다. 필립 멜랑톤을 따르는 필립주의자들과 강경 루터파 사이의 논쟁, 칼빈주의자들과 아르미니우스주의자들 사이의 논쟁, 경건주의와 개신교 정통주의의 대립, 로마가톨릭 성직주의와 개신교 만인제사장주의의 갈등을 해결하는 신학도를 교육시켰다. 미국에는 이 나라가 독립한 후에도 교육받지 못한 목사들이 많았다. 날이 갈수록 상황은 악화되었다. 1960년대까지도 침례교 목사들은 대부분 정상적인 신학교육을 받지 못했다. 미국 감리교도들은 대학을 포함한 다양한 교육기관을 설립했다. 신학 분야만이 아니라 모든 지식 분야를 망라한 방대한 교육 사업에 힘을 기울였다. 근대의 자유주의와 근본주의 사이의 충돌은 여러 신학교들이 세워지는 계기가 되었다. 정통신학과 자유주의 신학의 대결이 심해졌다. 진보계 신학교는 성경의 권위와 기독교의 핵심 교리들을 하나의 신학이론으로 간주했다. 자유주의 신학을 거부하는 그룹은 기존 학교와 결별하고 새로운 신학교를 설립했다.

종합하자면, 신학교육의 역사는 오래되었지만 현대 개념의 신학교의 역사는 오래되지 않다. 종교개혁 이후에 본격적으로 그 모습을 드러냈다. 신학교(Seminary)는 교역자 양성 교육기관이다. 스쿨(School)이라는 이름을 가진 신학교들도 동일한 목회자 양성 기관이다. 신학교는 신학지식과 영적 훈련을 집약적으로 가르치고 공부하는 곳이다. 신학교에서 훈련을 받지 않은 사람도 신학자, 설교자, 목회자로 활동할 수 있다. 그러나 신학교에 입학하여 훈련을 받는 것이 최선의 길이다. 신학교 3년 과정은 가장 효과적으로 신학을 공부할 수 있는 신학교육 제도이다.

신학교 입학 전에 갖추어야 할 지식은 철학, 인문학 일반, 비평적 사고, 논리학, 글쓰기-논문쓰기와 학술 에세이 쓰기, 히브리어, 헬라어, 성경 등이다. 신학교는 성경학교가 아니다. 충분한 성경 지식을 갖추지 않은 채 신학교에 입학한 신학도는 과외로 부지런히 성경을 배우고 체계적인 지식을 쌓는 것이 필요하다. 분석, 판단, 종합, 창의적 적용하는 능력은 주로 학술논문쓰기, 비평적 글쓰기로 연마된다. 신학교육 방식은 커다란 전환기를 맞고 있다. 초고속연결망 시대, 유비쿼터스 시대, 메타버스 시대에 걸 맞는 신학교육 방식이 등장했다. 강의는 시간과 공간, 국경과 언어의 장벽을 넘어서는 교육 플랫폼으로 진행된다. 237개국의 젊은이들이 각각 자기 나라 언어로 공부하게 한다.

이스라엘 성지순례보다 한국 방문으로

〈월간고신〉과 인터뷰 하던 날

에밀리오 R. 헬베스
멘도사침례교회 담임목사, 안데스지역 선교방송국장

서울 등촌교회 박현진 목사님의 초청을 받고 윤 목사님(Dr. Abraham Yoon)과 함께 지구 반대편 항로에 올랐다. 예장 총회선교부는 지난 1990년 아르헨티나에 선교사를 파송하여, 현재 멘도사 시티 서민지역에 멘도사장로교회가 세워져 있다. 개척 초기에 신도수가 적은 한인침례교회에서 봉사하던 스데반 C 목사님을 통해 윤 목사님을 알게 되었다. 장로교회의 기초가 전혀 없는 멘도사에서 그에게 동료가 필요했음을 직감할 수 있었다. 물론 소수의 한인 이민자들이 상업에 종사하며 삶의 터전을 닦고 있지만 윤 목사님의 선교 대상은 오로지 현지인 중심이었다. 한국의 교회에서는 이러한 구별이 엄격한 줄을 처음에는 잘 몰랐다. 윤 목사님의 간증에서도, 한인들을 선교 대상으로 하려면 한국이 훨씬 넓은 밭이 아니겠느냐고 말한 적이 있다.

윤 목사님은 초기에 우리 집에서 거하면서 나의 자녀들 3명에게 영어를 가르쳐주었다. 영어 교재는 그가 필리핀에서 준비했던 것인데 영어로 제작된 스페인어 문법책이었다. 이 책을 제록스하여 나눠 공부하는 가운데 각자가 편리한 대로 잉글레스(영)–에스빠뇰(서) 또는 에스빠뇰(서)–잉글레스(영)로 순행과 역행을 거듭하면서 서로 교환식으로 공부하기에 적합한 교재였다. 약 3개월 동안 우리 집에서 숙식하며 가까운 가족이 되었다. 주일에는 우리 교회에 출석하였다. 매주 예배 때 장로교식으로 '기도와 축도'(고후 13:13)를 스페인어로 해 주셨다.

윤 목사님의 스페인어 회화 발전 속도는 우리 가족을 놀라게 했다. 가끔 청년부 성경공부를 지도하기도 했다. 그는 자녀들에게 항상 "노력에 이길 천재가 없다"고 말했고, "신앙에는 인간의 노력보다 기도가 더 중요하다"고 노래했다. 중간에 몇 차례 부인되시는 박사라(박세이) 선교사님도 자녀들과 방문하여 가족과 같이 신뢰가 쌓였다. 우리 가족은 그를 가리켜, 하나님이 보내신 사람이 틀림없다고 감사를 드렸다.

나는 한국 도착 후 첫 주일에 등촌교회서 설교했다. 박현진 목사님께서는 멘도사에 오셔서 선교 현장을 다 경험하셨고 이미 우리 교회와도 교제를 나눴기에 서먹함이 없었다. 등촌 교우 송 집사님이 거주하는 큰 아파트에 편하게 유할 수 있도록 배려해 주셨다. 통역은 윤 목사님이 편하게 하셔서 나의 입과 귀가 되어 주셨다. 설교를 한 후, 교제 시간에 귀한 자리가 배석되었는데 그때 L 장로님이 사업 관계로 볼리비아 이야기를 꺼내면서, 남미 대륙과의 친교가 화기애애하게 진행되었다. L 장로님은 곁에 앉아계시는 양복점을 경영하는 장로님께 양복 한 벌을 맞춰드리면 좋겠다는 선심을 쏟았다. 나는 하나님의 사랑으로 깨달았지만, 주님의 종을 최선의 겸양으로 섬기는 교회 중직자들의 선물에 황송한 마음을 금할 수가 없었다.

이어 울산교회 정 목사님 교회에서 말씀을 전하고 윤 목사님의 고향인 거창이라는 곳에 버스를 타고 갔다. 큰 형님 댁에서 형님께 절을 하기에 처음 보는 광경이었고 나도 처음 경험해 보았다. 절하며 엎드리다가 넘어질 뻔 했다. 형님도 외국인에게는 처음 받아보는 절이라고 웃으셨다. 웃음으로 가득 찬 집안이었다. 한국 기독교는 선조들에게 제사 때 절을 하지 않지만 살아 계시는 부모 형제 친척 간에는 절을 함으로써 전통과 예절을 지킨다고 강조했다.

거창제일교회에서 수요일 예배 설교를 했다. 일정은 2박 3일로써 치과 병원장이신 정 장로님이 자원해 그의 집으로 안내 받았다. 가정 분위기가 쾌적하며 친절하였다. 나는 김포에 계시는 윤 목사님의 누님으로부터 한국의 한복 한 벌을 선물 받았다. 내 몸에 잘 맞는 치수였다. 착복하기에는 손질이 많이 가는 한복이지만 채색된 옷감이 마치 궁중에서 귀족들이 입는 예복 같았다. 그의 안내를 따라, 남하면이라는 곳에 가문의 정각이 있는 [심소정]에도 올라가 보았다. 주변의 수목들과 전망이 탁 트인 강가의 경치가 아름다웠다.

교단의 언론과 출판이 있는 고신대학교 캠퍼스 안에 자리 잡은 사무실에서 기자 자매로부터 인터뷰를 가졌다. 먼저 한국 교회의 방문에 계획이 있었느냐고 묻는다. 나의 대답이 계획은 하나님이 하셨고, 이스라엘의 성지순례 보다는 한국 교회 방문이 더 우선이있다고 대답했다. 그리고 한국 교회 방문에서 인상 깊은 면이 무엇인가를 묻는다. 모두 표현할 수는 없지만 하나하나 배우며 리서치도 하고 공부도 하고 있다고 대답했다. 현재로서 가장 인상 깊었던 점은 새벽기도회였다. 성도들이 각자 자신이 소속한 교회당에서 새벽에 예배드린다는 말을 아르헨티나에서부터 귀에 가득하도록 들었지만, 처음에는 잘 이해가 되지 않은 부분이었다. 그런데 새벽 4시 30분에 잠에서 깨어 아파트 식구들이 질서 있게 주차장으로 내려갔다. 평소에 출근하듯이 성경 가방(완전무장)을 들고서 자동차를 타고 시내를 돌아 예배당으로 향했다. 예배당 문이 열리기 전까지는 꼭 이렇게까지 해야 하는가 싶었다. 드디어 내가 새벽기도회 장소로 나아갔고 조용한 조명등의 안내를 받아 의자에 앉으려는 순간, 실내 전체에 밝은 전등이 켜졌다. 나는 그 순간 경악을 울릴 뻔 했다. 수백 명은 된 듯했다. 나도 모르게 이곳이 천국인가? 지상인가? 경이로운 신앙에 압도 당할 수밖에 없었다. 나도 모르게 〈세뇨르!〉 (주님) 라는 고백이 터져 나왔다. 뿐만 아니다. 주일 예배 때 시간 배정에 따라 성도들이 달라지는데 찬양대석에 단원들이 단정하게 정복을 갖추고서 앉아 있는데 천사 같았다.

그런데 나는 같은 대원들이 시간마다 가운만 갈아입고서 등장하는 줄로 알았다. 나중에 윤 목사님에게 물어보니 각기 다른 대원들, 다른 지휘자와 다른 피아니스트라는 대답에 나는 할 말을 잃고 말았다. 과연 이스라엘의 성지에 간다면, 이러한 천사들의 은혜로운 합창과 시간마다 각종 다른 찬양 음악을 들어볼 수 있겠냐고 반문했다. 이제 두 주간 지났으니 지금부터 정신을 바짝 차리고 주님께서 예비하신 계획들을 자세히 살펴보며 은혜를 받아서 돌아가겠다고 간증했다. 우리 교회에서도 이렇게 이른 새벽에는 어렵겠지만, 아침 식전에 기도하는 방을 만들겠다고 결심하게 되었다.

이번에 윤 목사님께서 고국에 들어온 기도의 동기와 제목이 있었다. 앞으로 멘도사 서민지역에 준비할 〈예배처소〉와 예수의 젊은 제자들이 거처할 〈제자의 집〉에 대한 건축 대안들을 지도자들과 나눔에 있다. 그리고 교단의 선교사 후보생들이 받는 정규 훈련과정에서 남미 지망생을 알아보며, 남미대륙으로 불러들이는 큰 숙제가 있는 것이다. 나는 이번 한국 일정을 마치고 멘도사로 돌아가면 윤목사님에게 건축설계사 형제를 소개해 주리라고 생각했다. 그 형제는 침례교인으로 멘도사시티에서는 평판이 성실한 설계사이다.

1995년 6월

아래는 〈월간고신 1995년 7월호〉 취재한 내용

윤춘식 아르헨티나 선교사(40)가 현지인 E. 리카르도 헬베스 목사(55)와 함께 지난 6월 3일 고신대학과 월간고신 본사를 찾았다. 그는 이번 방문의 목적을 총회선교부와 원주민 대상 개혁신학교 운영의 커리큘럼 의논과 중고등학교 과정 미션스쿨 설립을 위해 그 기초안 협의라고 밝혔다. 윤 선교사는 5월 6

남미 원주민 선교와 비전 속의
한국 교회 방문

일 입국해서 6월 20일에 시작되는 고신선교훈련원(KMTI)에서 첫 주간 동안 남미선교 상황과 전략의 주제(남미 신규 선교사 동원)를 강의하고 6월 말에 출국할 예정이다.

윤 선교사는 총회에서 90년 10월에 파송되어 지금까지 원주민을 대상으로 93년 4월 17일 멘도사 주에 멘도사장로교회와 부에노스아이레스 외곽 시우다델라 지역에 92년 5월 1일부로 에벤에셀 장로교회를 개척했다. 윤 선교사 부부가 세운 두 군데 교회와 특히 안데스산맥 지역의 멘도사시에 세운 교회는 장로교로서는 처음이 된다고 한다. 윤 선교사는 현재 멘도사장로교회를 담임하고 있다. 그와 동행한 헬베스 목사는 안데스 중부지역 선교국장직을 맡고 있으며 아르헨티나 기독교 방송 설교를 전담하고 있는 침례교 목사이다. 상호 지역신교 정보를 주고받는 등 멘도사 주민의 구령사역을 위해 가까운 사이이며, 윤 선교사가 아르헨티나의 멘도사시에서 적응하는 데 많은 도움을 주었다고 한다.

헬베스 목사는 한국에 머물 동안 주로 서울 등촌교회에서 헌신하시는 최윤희, 송순주 집사님(현, 은퇴장로 권사) 댁에서 지내며, 방문의 목적을 한국교회의 성장하는 모습을 직접 확인하기 위해서라고 말했다. 그는 한국 교회 성도들의 친절과 교회를 사랑하는 열성과 질서정연한 거리가 인상에 남는다고 했다. 특히 새벽기도회 모임에서 성도들의 역동적인 신앙에 감동을 받았으며, 돌아가서 이른 새벽은 아닐지라도 기도를 실천하며 설교에 삽입해 간증할 것이라고 말했다. 윤춘식 선교사의 아르헨티나 선교사역기는 추후 본지를 통해 발표할 예정이다.

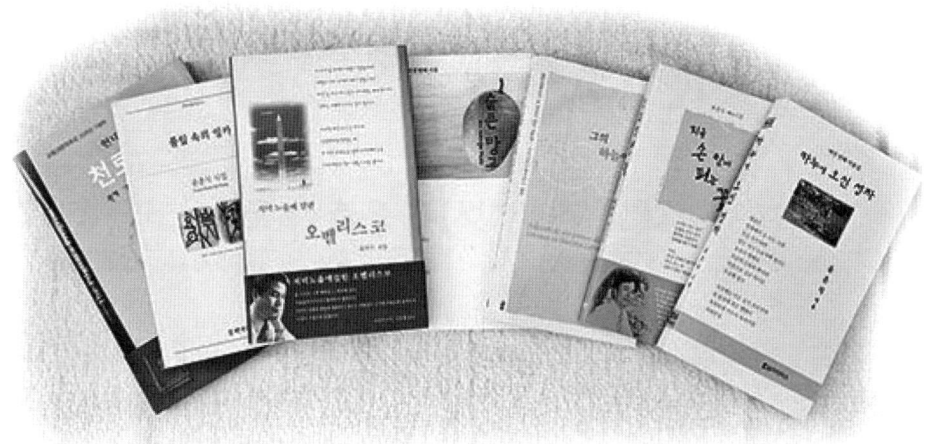

서정시 작품 단행본 7권 상재, 창작 연대 1991~2023 / 예영, 문학수첩, 카리타스, 라틴타임스 출간

V
문학과 서평

- 나의 50년 문학지기 윤춘식 목사
- 『시편의 표현과 이미지』를 읽고
- 『시편의 표현과 이미지』 저작과 영향력
- 시편의 표현과 이미지와 신학 산책

- 탈문명적 시학의 향기
- 존재에 대한 향수, 그 시적 형상화
- 한 초월주의자의 인문주의적 연주법
- 깨어있는 시간 (스페인어 대역)
- 시인의 존재성과 본질 지향의 근원성

- 남미의 정글에서 만나는 희망
- 윤춘식 교수 시집 『슬픈 망고』의 환희
- 카누에서 맞이한 그분의 선견자
- 『카누에 오신 성자』 작품 세계

나의 50년 문학지기 윤춘식 목사

정 돈 화
광혜교회 원로목사, 시인

　　1973년 암남동 산의 34번지 고신대학교 캠퍼스에서 신입생인 윤춘식 목사를 만났다. 당시 캠퍼스는 정비되지 않은 투박한 공간이었으며 군데군데 나무 아래 풀밭이 있고 그곳은 우리들의 휴식 공간이었다. 나는 이 나무 아래에서 윤춘식 목사를 처음 만났다. 그는 단순히 목사가 되기 위해 신학교에 왔다기보다는 문학을 활용한 신학을 하고자, 자기에게 있는 문학적 소양을 최대한 길러보고자 하였고 이 점에 대하여 나와 일치하는 부분이었다. 나는 당시 신학과 3학년에 재학 중인데 그동안 친하게 지냈던 친구들도 군복무나 개인적인 사정으로 휴학을 하고 고적하게 지낼 때 윤춘식 목사가 다가왔다. 대학 캠퍼스였지만 신학대학의 특성상 신입생을 위한 환영 파티나 그룹 활동이 기도 생활에 비해 활발하지 못했다. 서로의 글이 교내 신문에 실리자 나의 시를 보고 일부러 만남을 시도한 것 같았다. 문학에 관한 대화를 나누다보니 금방 가까워졌는데, 당시 나는 영미 시선을 탐독하며 에즈라 파운드나 엘리어트에 빠져있었는데 마침 윤 목사가 학보사 기자로 활동하게 되었다고 하여 '문학을 하려면 기자를 하지 말아야 한다' 는 에즈라 파운드의 말을 인용했더니 그 말에 충격을 받은 듯하였다. 그 이후 몇 번 문학적 대화를 나눈 것으로 기억된다. 문학에 대한 열정이 있었고 공부도 다방면으로 하는 대단한 학구파였으며 신앙의 기반도 잘 갖춰있었다. 그로부터 50여 년 동안 친분관계를 이어왔다.

군복무로 휴학을 하고 2년 후에 복학을 하다 보니 4학년을 같이 다녔다. 당시 나는 신대원에 진학할 마음이 없었기 때문에, 또한 다른 뚜렷한 목표도 없이 방황 가운데 4학년을 보냈는데 학예지 〈미스바〉 발간 관련으로 대화를 가졌지만 내가 고사하였고, 대신 북유럽 루터파 신학자들에 대한 관심 가운데 아울렌이나 니그렌의 서적을 읽고 대화를 가졌던 기억이 난다. 나는 대학 4학년을 마치기 전 해에 어머니를 여의었고, 그동안 친했던 사람들도 없는 상태라 활기 없는 학교생활을 하였는데 당시 윤춘식 목사와 문학적인 대화를 갖는 것이 유일한 낙일 정도였다. 시도 역시 감정의 표현이기에 취향과 경향이 다를 수 있다. 시문학에 있어서 윤 목사와 나는 서로 다른 경향이 있었으므로 가령 나는 낭만적이면 윤 목사는 고전적인 것처럼 가까우면서도 먼 부분이 있었고 윤 목사는 자기 취향에 관한 확신이 굳은 사람이었으며 이점은 원활한 대화의 장벽이 되었다.

우리는 에덴공원에 자주 갔으며 당시 에덴공원은 자연 그대로의 시골 풍경을 가졌으므로 정겨웠고 음악다방에서 시간을 보내는 것이 좋았다. 하루는 사귀는 여자 친구와 함께 왔다. 지금 사모님이 된 박세이 양이었다. 매우 가녀리고 여성스런 모습에 폴란드 공주 같은 의상을 입었던 것이 인상적이며 바이올렛을 연상시키는 처녀였다. 동심초나 수선화 같은 가곡을 곧잘 부르고 시를 좋아하는 음악소녀였다. 그 이후로 여러 차례 함께 에덴공원을 다녔던 것 같고 윤춘식 목사는 박세이 양에게 매우 정성을 기울이고 있었다. 친해지다 보니 이런저런 개인적인 이야기도 나눴으며 교편생활을 하시는 형님과 누님의 얘기며 언젠가는 모시겠다고 다짐하는 어머니의 편지도 보여주었다. 미농지에 단아한 세로 글씨로 쓴 엄격한 교육가의 면모를 보여주는 편지였다. 지금쯤 많은 묶음의 편지를 간직하고 있는 줄 안다. 아마 윤 목사에게 있는 글재능은 어머니께 물려받은 것으로 생각된다.

신학대학을 졸업하고 집안의 반대도 있고 소명감도 없던 터라 알바 식으로 이일 저일을 해보다 당시에는 독일 학문이 선망이었기에 광부로 취업해 독일에 가볼까 하여 탄광(석탄공사)에 들어갔다가 이미 광부 파독이 끝나 광부생활을 청산해야 했지만, 어렵게 석탄공사에 발을 들여놓은 터라 쉽게 나오지 못하고 햇수로 3년을 보낸 후, 다시금 진로에 관하여 고민하게 되었다. 그동안 자유로운 몸으로 지내며 신학에는 멀어졌지만 막상 진로를 고민해보니 신학에 다시금 끌리게 되었고 자유주의 신학에 접해 볼까 하여 서울 한신대학원도 몇 번 찾아가고 입학에 필수과목으로 있는 독일어 공부도 나름대로 준비하였는데 어느 날 기적같이 하나님의 임재를 체험하게 되었다. 요한복음 11장 나사로의 부활에 관한 기사를 읽다 40절에 "네가 믿으면 하나님의 영광을 보리라"는 말씀이 크나큰 감동으로 다가왔다. 나의 문제는 내가 머리로만 신학을 하려고 했지 가슴으로(믿음으로) 하지 못했다는 깨달음이 왔고 동시에 성경이 하나님이 말씀임에 대한 확신이 쓰나미처럼 밀려들었고 뜨거운 감동을 주체할 수 없어 당시 밤이면 영하 20도를 오르내리는 태백 산골짜기에서 창문을 활짝 열었더니, 높은 산꼭대기로 달이 넘어가는 새벽녘인데 천지만물이 하나님의 창조임에 대한 확신이 생겼고 창조주 하나님에 대한 찬양이 절로 나왔다.

이후로 나는 진로에 대하여 더 이상 고민하지 않고 서울로 가는 대신 부산행 열차에 몸을 실었다. 대학시절 갑갑하게만 느꼈던 칼빈주의에 대한 새로운 매력을 갖고 1980년 고려신학대학원에 입학하게 되었다. 그때 윤춘식 목사는 군복무를 마치고 부산대학원에서 교육학 석사 과정도 마친 후 신대원에 입학하여 2학년에 재학 중이어서 선배가 됨으로 껄끄러웠지만 기왕의 친밀 관계를 유지하였으며 특히 그가 구약학회에 있었으므로 구약학회에서 교제를 계속 이어갈 수 있었다. 윤 목사와는 개인적으로 문학을 베이스로 대화하는 편이어서 신학에 관한 이야기도 주로 자유주의 학자들에 관하여 헤르만 궁켈이나 폰 라트, 존 브라이트 등에 관련된 대화를 주관적 관점에서 나눈 것 같다. 당시 윤 목사는 모 교회 교육전도사로 섬기며 박세이 양과 결혼하여 행복한 가정생활을 하였으며 궁켈의 시편 연구에 몰두한 것으로 기억하며 훗날 그와 관련된 논문도 만든 것으로 기억한다. 비평학이란 신학적인 입장에서 보면 자유주의 학문이라지만 문학적인 성향이 강하기 때문에 문학적 성향이 있는 신학도들에게는 상당한 매력을 느끼는 것이 사실이다. 나는 대학생활에 소명 없는 신학 공부를 하다 보니 허황된 것에 관심이 많았지만 3년의 광산 생활의 방황을 거쳐서 보니 신학적인 안정감을 주는 보수주의에 안착하게 되고 구약에 관심이 많았기에 정통파 헹스텐베르그를 위시한 보수 구약학자들의 매력에 빠졌지만 폰 라드와 구스타프 아울렌 같은 루터파 학자들에도 관심이 많았기에 이런저런 대화들을 자주 나눈 것 같다.

신대원 졸업 후 윤 목사는 경북에 있는 의성중앙교회에서 담임 사역을 하였으며 나는 울산남부교회에서 부교역자 사역을 하며 1984년 여름휴가를 함께 보냈다. 우리에게도 두 아이가 있고, 윤 목사에게도 두 아이가 있었는데 첫째 형빈이가 우리 둘째와 같고 그 아래로 당시 돌이 안 된 에스더가 있었다. 지금 생각해 보니 당시 사모님이 힘들 때인데 우리 식구까지 끼어서 며칠 동안 많이 힘들었을 것이다. 둘째 에스더는 정말 인형같이 예뻤으며 윤 목사가 손에 놓기 싫을 정도로 예뻐했던 기억이 난다. 당시에는 우리 모두에게 자가용이 없었기에 대중교통으로 오가며 빙계계곡에서 한여름에 얼음을 만져보는 신기한 체험을 하고 함께 즐거운 시간을 보냈던 추억이 새롭다. 틈틈이 그동안 만든 작품(시)을 보여 주었는데 정말 좋은 시를 쓰고 싶은 집념이 대단했으며 공든 탑을 쌓듯이 공들여 시를 쓰는 것이 역력히 보였다. 이후로도 윤 목사는 다방면에 책을 출간하였지만 역시 여러 시집을 정성들여 냈고 기독교 문학에 대한 자부심이 그 누구보다 컸을 만큼 일생 동안 시詩 작업에 심혈을 기울여 왔다.

그 이후 나는 둘째 아이를 교통사고로 잃는 불행을 겪게 되었다. 윤 목사는 나를 위로하고자 다시금 의성으로 불렀다. 그때 노회 안에 교역자를 찾는 교회에 단독사역자로 소개하고자 윤 목사의 안수식을 겸한 노회 모임에 참석했던 장로님과도 만남을 주선하였는데, 교세가 있는 교회여서 일단 목사로 임직 된 분을 찾는 것 같아 아예 포기하였지만, 정서적으로 딸을 잃고 임지를 옮겨야 하는 나의 사정을 위로하고자 하는 측면이 보여 고마운 마음이 들었다. 노회 기간 동안 윤 목사의 안수식도 있어서 자연히 하객이 되었다. 당시 경안노회의 단란한 모임 가운데 이보민 교수님을 초청하여 설교함으로 모처럼 큰 감동을 받았다. 이보민 교수님은 신대원 재학시절 조직신학을 신정통주의와 아스라이 줄타기 하며 감동적인 강의를 하신 분으로 존경하는 마음을 품고 살았는데 돌아오는 길에 한 열차를 타고 세 시간 넘도록 대화를 나눌 수 있었던 행운을 가졌던 것은 윤 목사의 덕인 것 같다.

나는 1985년 5월에 광주에서 개척교회를 시작하여 정신없이 지내며 시나 문학에 대한 관심과 열정은 놓고 지내는 상태였는데 어느 날 윤 목사가 광주를 방문했다. 근황을 모르고 지냈는데 윤 목사는 기독교문학에 대한 연구를 놓지 않고 무슨 학위 논문을 준비하는 차에 광주에 들러(조선대학교에서 자료를 찾고자) 무등산 기슭에 있는 김현승 시비를 함께 방문한 적이 있다. 정작 나 자신은 광주에 살아도 시비의 존재를 몰랐는데 윤 목사는 그만큼 탐구열을 가지고 문학에 열중하였으며 애써 찾은 김현승 시비에는 기독교문학의 대미를 장식한 '눈물'이란 시가 새겨 있었으며 나 자신도 시에 대한 새로운 열정을 얻게 되어 돌이켜 보니 이점에 대하여 윤 목사에게 고마운 마음이 든다. 그 이후 평소에 자주 연락하지 못하고 지낸 터에 근황을 몰랐는데 윤춘식 목사는 국내외에서 남미 선교를 꾸준히 준비하여 총회로부터 아르헨티나 선교사로 파송되는 시점이 되었다. 당시 개척교회로 재정적인 여유가 없었지만 윤춘식 목사의 선교 후원에 참여함으로 그 이후 아르헨티나 선교사 윤춘식으로 관계를 맺게 된다.

　나이도 네 살 위였으며 처음 고신대 입학도 2년 선배였던 터라 나보다 목사 임직 선배가 되었지만 정형이라 불렸고, 나는 선배가 된 윤 목사를 '윤목사님!' 이라 부르며 다소 어색한(?) 관계를 유지해 왔다. 윤 목사는 머리도 뛰어났지만 하고자 하는 일에 대한 저력이 대단한 나머지 아르헨티나 현지어도 능숙하게 구사하며 남미 문화에도 쉽게 동화된 느낌이었다.
　첫 안식년을 맞아 귀국했을 때 온 식구가 아르헨티나 초원지대에서 목축 생활을 하는 가우초 복장을 하고 왔는데 윤 목사에게 썩 잘 어울릴 만큼 그쪽 문화에 동화된 것을 보고, 타고난 선교사라는 감탄이 나왔다. 아르헨티나는 스페인계 천주교(87%)가 성행하는 곳이며 당시 개신교(4%)가 절대 열세일 뿐 아니라 주로 빈민층에 몰려 있기 때문에 교회를 일으키는데 여간 어려운 일이 아니었다. 윤 목사는 특유의 열성을 기울여 어린이 선교, 청소년 선교에 심혈을 기울이며 작은 예배당을 채워나가며 원주민 선교에도 애를 썼다. 윤 목사는 교회 개척에만 열을 올린 것이 아니라 계속해서 공부하고 탐구하는 학자로써 현지에 있는 교민 사회에서 문학과 언론을 주도하며 그와 관련된 많은 글과 작품을 만들어 문화선교에 기여하는 바가 컸다. 또한 현지 교회 목사님과도 활발한 교제를 하며 함께 개신교회를 세워가는 데 일익을 담당하는 역할을 하였다. 언젠가 현지 침례교회 헬베스 목사님을 대동하고 한국을 방문하여 여러 교회를 순회하던 차에 나에게도 들러 교제할 기회를 가졌는데 '아르헨티나 개신교회는 하층민이 주류인데 한국교회는 엘리트층이 주류를 이루는 것 같다' 면서 이점을 부러워하는 말을 한 것으로 생각난다. 그만큼 선교라는 어려움에 더하여 아르헨티나 풍토가 개신교를 세워가기 어려운 점을 실감하게 되었다.
　아르헨티나에서 목회 사역은 그들의 문화에 동화되지만 고신교회의 정통과 순결을 유지한 보수 교회를 세워가려는 노력도 병행한 것은 물론이다. 그 일면으로 윤 목사의 딸 에스더가 15세 성인식을 할 때 교회에서 현지 교우들과 함께 예배를 드렸는데, 축하하러 온 학교 친구들 가운데 권면하기를 성인이 되었지만 혼전 순결을 지켜야 한다고 하니 초대된 친구들이 "그런게 어디 있어요!" 하고 이상한 듯 놀렸다는 일화가 있다. 그 이후 공사간 국내에 올 때마다 만남을 가졌고, 문학(시)에 열성이 더 풍부해지는 것을 보며 상대적으로 목회에 전념하느라 문학에 소홀한 나와 대화가 어려울 정도였다. 아울러 그는 현지 원주민 부족사회와 남미문화에 대하여 고대로부터 현대에 이르기까지 폭넓은 관심을 가지고 효과적인 선교정책을 모색하려 한 혹독한 연구를 계속하였다. 아르헨티나 인구는 4,800만 정도로 우리나와 비슷하지만 우리나라(남한)보다 30배가량 큰 넓은 국토를 가졌으며 서쪽으로는 지구상 가장 긴 안데스산맥을 경계로 칠레와 볼리비아와 맞닿았으며 동부지역 아래쪽으로는 팜파스평야가 펼쳐져 있으며 그 아래 남하할수록 원생대 지형을 보존한 파타고니아가 자리 잡고 있다. 인구의 97%는 유럽계 백인들이며 나머지 3% 정도가 남미 원주민이나 비유럽계라 할 수 있다. 이 가운데 윤 목사는 4% 개신교와 3%의 부족민 선교를 위해 헌신해 왔다. 이 수치는 그가 얼마나 힘든 사역을 하였는지를 반증하는 것이나 윤 목사 자신은 선교의 열정에 남미문화에 대한 애착심이 더하여 아르헨티나만이 아니라 안데스산맥을 타고 칠레와 페루, 에콰도르와 콜롬비아를 오가며 잉카문명을 인류학적 차원에서 선교에 활용하는바 전략 방안을 연구한 것은 그의 큰 업적이라 할 것이다. 이 외에도 고신의 파송선교사인 방도호 목사님과 김해진 목사님을 중남미로 불러들여 교단선교를 위해 페루에 포석을 놓는 한편 코스타리카에서 정규 스페인어 언어 연수 코스를 밟도록 배려했다. 이렇게 자리 잡게 한 것은 안데스선교의 선점을 준비했던 유비무환의 선교를 위해 미리 예비했음을 볼 수 있다.

윤 목사가 문화선교에 애쓰는 것을 보고 나는 전에 감명 깊게 읽었던 레비스트로스의 「슬픈 열대」를 선물한 것으로 기억한다. 레비스트로스는 아마존 지역 원주민들과 함께 지내며 인류학 학문에 구조주의를 접목한 것으로 유명한 프랑스 인류학자이다. 그가 원주민들과 인류학적으로 접하는데 상당한 도전이 되었을 것으로 생각되는데 그의 선교 후기 사역에서는 원주민(토바부족)의 학교교육과 문화적 교류에 심혈을 기울이는 것을 느낄 수 있었다. 그 결과 '라틴아메리카여 일어나라!'는 방대한 책을 내기도 하였다. 그즈음 나는 갑자기 목회지가 바뀌게 되어 같은 노회(전라) 월계교회로 부임하였다. 그곳에서도 윤 목사와 교제는 이어져서 고국에 올 때마다 만남을 가졌고 선교활동을 지원하였다. 그러나 불과 4년 뒤 내가 개척하여 사역하였던 교회 건물(광혜)이 무너지는 일이 발생하였고 같은 노회에서 방관할 수 없어 다시금 돌아가 두 번 개척 사역을 하면서 교회당도 건축하고 교회도 재건해야 하는 어려움을 겪으면서는 사실상 후원을 계속할 수 없었다. 그동안에 윤 목사는 국내에서는 아신대학원에서 남미선교의 정책을 수립하는 라틴연구원장의 청빙을 받고서 전임 교수로 발령되어 선교학 강의도 하며 남미선교대회를 준비하는 등 분주한 활동을 전개하였다. 최근 우리나라에서도 남미지역의 문화와 자연에 관한 관심이 높아지고 탐방기들이 널리 유포되고 있다. 윤춘식 목사는 이미 2000년대 초반부터 우유니 소금 호수나 마추픽추, 남극 같은 지역을 소개하였고, 그 무렵 남미선교대회를 개최하게 되어 나를 한 번 왔으면 하는 의사를 가졌지만 당시 무너진 교회를 재건하느라 경황이 없었고 남미문화에 대한 특별한 관심이 없었기에 참여하지 못했던 것이 이제 와서 아쉬운 마음이 든다. 남미 선교에 대한 전문적인 지식이 없던 나로서는 윤춘식 목사의 선교전략과 관련된 여러 콘텐츠를 이해하기는 쉽지 않지만 그의 열정만큼은 이해할 수 있었으며, 그의 열정의 결실로 남미 선교에 대한 지평을 열어주는 『영혼과 흙의 치료 이야기』라는 방대한 선교자료집을 제작하였다. 이 부분에 대해서는 아신대학교 안팎으로 순회 강의도 하고 국내에서는 다방면으로 알려진 것으로 안다.

특히 아르헨티나 사역 후기에는 원주민 부족 단체들의 삶을 이해하고 후원하는 일에 힘썼다. 부족민들은 대부분 교육받지 못하고 가난하고 열악한 삶을 살아가는 사람들이며 역사적으로 백인들에게 주인의 자리를 빼앗긴 피해의식을 가지고 사는 사람들인데 그들 가운데 나름 교육을 받은(중학교 과정을 마친) '모니카 실베리오'라는 여류시인이 있었는데 고단한 삶 속에서 틈틈이 습작한 것을 발견하였다. 투박하지만 대지의 원초적인 순수한 감정을 표현한 시들을 스페인어로 기록하였는데, 신선한 감동을 주는 시들이다. 윤 목사는 이 작품을 초야에 묻어둘 수 없어 직접 한국어로 번역하여 「토바 사람들의 새싹」이라는 이름으로 카리타스 서원에서 출간하였다. 자연환경과 고단한 삶에서 나오는 순수한 감정들이 전달되는 시들로 엮어있다. 이런 일은 문학을 병행하지 않은 단순한 선교사로서는 할 수 없는 일이지만 그의 문학적 감수성이 이 어려운 일을 해낸 것으로 그의 문학은 남미 선교를 위해 준비된 은사이며 최대한 활용된 것으로 여겨진다.

아르헨티나 초원에서 유목해도 될 만큼 다부진 윤 목사이지만, 이제 고희에 이르러 사역을 은퇴하는 마당에 이르렀다니 새삼 인생무상을 느낀다. 돌이켜 보면 참으로 열심히 살았고 남미 선교사역에 최적화된 최선의 사역을 하였음을 인정할 수밖에 없을 것이다. 나는 그 부분에 대해서는 일반적인 견해에 불과하지만, 그의 삶과 사역의 기반이 된 것은 문학이었다고 확신한다. 그가 가진 기독교문학에 대한 열성은 후배들에게도 본이 될 것이며 그의 공든 탑으로 쌓아 올린 600여 편의 시 작품들은 오래도록 회자되리라고 믿는다. 윤춘식 목사의 이런 훌륭한 삶의 여정에 50년이란 적지 않은 세월 동안 작으나마 동행하였다는 사실에 고마움을 느끼며 앞으로도 남은 생애 동안 문학을 위해 아름답게 헌신할 것을 기대해 마지않는다.

서 평

『시편의 표현과 이미지』를 읽고

김 은 호
중화교회 목사 은퇴, 필리핀 선교사

　이 책은 저에게 구약 시편에 대한 안목을 새롭게 해주었습니다. 우선 이 책을 통해서 시편이 하나의 거대한 예배의 시로 보였습니다. 말씀 중심의 삶으로 하나님이 인정하시고 축복하시는 의(義)의 제사를 말하는 시 1편으로부터 하나님의 피조세계 안의 만물, 자연의 비, 우박, 번개, 광풍, 용과 바다와 호흡이 있는 모든 생물들을 이 거룩하고 웅대한 우주적 예배로 초대하고 있습니다. 시편의 마지막 부분에 이르기까지 모두 거룩한 예배의 시입니다. 교회의 예배 속에 있는 찬양과 경배, 기도와 애원, 메시아 기대, 메시지 선포와 회개와 결단, 순례와 축원 등 시편 안에는 삶의 모든 요소들로 충만합니다. 시편은 참된 예배의 교과서입니다.

　이 예배의 책은 시편을 이스라엘의 제의와 밀접히 연관된 것으로 이해하게 했습니다. 애초에 이스라엘은 제사로써 하나님과 언약한 백성이요 당대의 제의는 그들의 삶이며 문화 자체였습니다. 여기에는 삶의 경험과 시상이 형상화되어 나타나는 시문학으로서 제의시가 주류를 이루게 된 것은 당연하다 하겠습니다. 역사적 Occasion이나 절기에 정기적으로 함께 성전에 모여 구속사를 낭독하고 순종의 결단을 선언하며 증인을 세우고 다시 해산하는 제의는 예물의 드림과 영적 갈구와 속죄와 화해를 충실히 드러내었습니다. 백성들이 하나님과의 만남에서 교호작용이 있어 신앙을 표현하였고 그들의 신앙이 제의에 의해 향상되고 성장된다는 윤춘식 박사(저자)의 지론에 저는 전적으로 동의합니다. 오늘의 예배를 통해 성도들의 신앙이 성장하는 것과 같은 이치입니다. 이 제의는 이스라엘 출애굽의 목적이며 First Service, Second Service를 넘어 천국에서 Eternal Service에까지 연결될 것입니다. 저자가 끊임없이 강조하듯, 그 제의로 신앙공동체가 이루어지며 성장 됐습니다. 그들의 기도와 찬양, 고백과 메시아 기대, 구속사와 축원이 모두 신앙공동체 안에서의 고백이며 공동체를 위한 공동체에 의한 것임을 알게 해줍니다. 찬양, 기도 민족적 감정의 시문 지혜들은 고대 이스라엘의 제의를 가장 완전히 실현해 줍니다. 윤 박사의 이 점에 관해 그리스도께서 시편 150편 전편을 통해 기도하셨으며 또한 그리스도께서 신앙공동체의 입을 통해 직접 기도하고 있다고 말합니다.

본서의 가장 중심적 내용은 그 제목이 묘사하고 있듯이 시편의 표현과 이미지입니다. 이 부분은 윤 박사의 독보적이며 전문적인 분야로서 독자들이 상당히 관심을 기울여 살펴야 할 요소입니다. 시문은 표현과 이미지가 생명입니다. 저자는 그들의 기도와 지혜와 심상의 형상화가 어떻게 인간의 언어로 표현되고 이미지로 나타나는가 하는 점을 잘 설명하고 있습니다. 저는 이 부분에 대해 더 많이 배워야 할 것 같습니다. 시편 84편에 적용해서 생각해 봤습니다. 주의 '자비'가 내리는 제단은 여호와의 궁정에 참새도 제 집을 얻고 제비도 새끼 둘 보금자리를 얻는다는 이미지의 형상화 대구(짝), 리듬, 운율, 심상의 구체화가 잘 녹아진 표현이라 봅니다. 이 본문으로 한번 멋있는 메시지를 만들어 봤으면 좋겠습니다. 여기서 저자는 시의 운율, 색깔, 언어 등을 언급하며 기발한 착상으로 성막의 구조와 에봇 등에까지 형상화됨을 강조합니다. 저는 저자인 윤 박사님이 본 단원의 표현과 이미지를 통해서 차세대를 위한 선교문학의 시대를 열어갈 것이라 예견합니다.

시편의 제유형과 다양성에 대해서 많은 지식을 일깨워 주었습니다. 즉 찬양시 애원시 감사시 제왕시 메시아시 순례시 저주시 답관체와 회개에 이르기까지 그 내용과 형식, 구조에 아르기까지 분류해 놓았습니다. 시편의 이해를 도와주고 바른 예배, 정당한 제사를 하나님께 대한 바른 인식 즉 교의에 대해서는 우리가 당연히 하나님을 바로 믿고 경배하기 위해서는 하나님을 바로 알아야 하기 때문에 신관, 인죄관, 구원관, 메시아 신앙, 내세관, 성전관, 시온과 하나님의 섭리 등의 교의가 시편에 녹아있는 개념을 정리하여 2장에서 설명해주고 있습니다. 우리는 시편을 통하여 분노도 찬송으로 귀결시키는 하나님의 통치원리를 깨닫게 되고 거기에 따른 바른 메시지도 선포할 수 있다고 확신합니다.

마지막 부분, 시편의 효용에 대해서는 세계 선교적 관점과 개인의 경건을 선포한 메시지 3방면을 생각할 수 있습니다. 시편이 내뿜는 선교의 메시지는 매우 강력합니다. "너희 모든 나라들아 여호와를 찬양하라! 너희 모든 민족들아 주를 경외할지어다"(시 117편). 예배의 본질을 회복하고자하는 팬데믹 이후 시대적 요구와 그리스도의 복음 중심의 확실한 메시지를 소망하는 이때에 시편의 가치와 효용을 말해줌에 전적으로 동의합니다. 개인적으로 올바른 예배와 신앙생활을 위해 공적으로는 신앙공동체의 바른 길을 제시해줄 메시지의 질적 향상을 위해 시편의 가치와 효용을 재조명해 주는 역작으로 사료됩니다. 이에 1독 2독 3독 교회와 개인 서재의 장서로 확대해도 손색이 없으리라!

반백년 시편을 묵상하며 산책해 온 윤 박사님의 경험과 지식, 비전과 기원이 녹아있는 역작입니다. 우리가 놓쳐서는 안 될 귀중한 포인트가 있으니 곧 시편의 심장, 예수 그리스도, 예언적 메시지로 나타나 있고, 죽으시고 부활하신 예수 그리스도는 시편의 심장으로 시편의 현장에서 숨 쉬고 계시는 동시에 읽고 듣는 우리에게 끊임없이 영적 생명의 피를 수혈하며 박동을 건강하게 하고 있습니다. 요한복음 5장 39절, 제자들이 깨닫도록 하시기 위해, 시편에 나를 가리켜 기록한 것이라 말씀했습니다. 음미해 보아야 할 좋은 표현들을 살펴봅니다. 시편에서 사용되는 비유나 이미지는 자연 속에서 겪는 흙냄새를 풍깁니다. 혹은 인생이 딛고 사는 토대이며 우리 영혼이 깃들어 호흡하는 육체의 본질입니다. 시편은 개인의 신앙적 정서 표현과 결합하여 고대 이스라엘의 제의를 가장 완전하고 능력있게 실현하는 책입니다. 감정의 굴곡을 정화시킬 재료와 함께 일어나는 정화의 재료는 체험하는 대상의 속성과 성령에 의한 감동적이고도 인상적인 면에 따르는 구체화된 감성입니다.

윤 박사님은 시편을 가리켜 '신구약 성경의 본거지를 이루는 히브리어 시문학의 성소'라고 정의를 내립니다. 이러한 기도의 책은 오직 하나님의 방법으로 이스라엘의 예배 공동체를 만나는 시간이자 공간이며 사건인 것입니다. 시편에 계시된 로고스는 경험의 언어이며 최상급 경건의 언어입니다. 속된 인간의 언어로 쓴 경건한 언어만이 성령의 친히 감동된 시편의 지성이라고 시편의 정수를 말해주고 있습니다.

그리스도인은 시편을 살아내고 매일 호흡하며 기도하고 노래하도록 부름 받았습니다. 독자들은 다음과 같은 저자의 정성어린 호소를 외면치 말아야겠습니다. 시편의 언어는 기도와 찬양 탄식과 감사 시온과 메시아 소망, 저주와 내세의 교향악을 지나 세계선교의 지평을 새롭게 인식하도록 고무시켜 줍니다. 시편 저자들이 혼신을 다해 읊조리고 있는 표현과 이미지를 주목하십시오. 그들이 세찬 음성으로 호소하고 있는 이미지와 은유를 붙잡고 이해해야 합니다. 시편은 히브리어의 평범한 말의 예술이며 선지자들이 글로써 지은 감정과 시적 체험인 것도 간과하지 말아야 하겠습니다.

선교교육원 GMTI 강의실

서 평

윤춘식 교수의 『시편의 표현과 이미지』 저작과 영향력

나 삼 진
전, 고신총회 교육원장, 에반겔리아대학 교육학 교수, 샬롬교회 담임

하나님이 인간을 자기 형상으로 지으셨다는 것은 인간이 하나님의 지성, 감성, 의지를 닮은 정서적인 존재라는 뜻입니다. 성경에 시와 희곡과 다양한 문학적 장르들이 등장하는 것도, 도처에 수많은 시와 노래를 만나는 것도 그와 같은 이유에서입니다.

첫 사람 아담이 하와를 만나 "내 뼈 중의 뼈, 살 중의 살"이라는 사랑 노래를 불렀고, 홍해를 건너면서 모세와 미리암이 하나님을 찬양했습니다. 광야에서 이스라엘 공동체는 40년 동안 온갖 불평의 노래를 주제곡으로 불렀습니다. 또한 메시아의 길을 예비했던 수많은 예언자들이 오실 그리스도를 노래하였고, 그를 만난 마리아, 천군 천사들, 목자들, 그리고 시므온이 하늘의 은총을 노래했습니다. 우리들은 장차 천국에서 하나님의 크신 역사를 노래할 것이며, 마지막 날에 "아멘, 주 예수여 오시옵소서"라고 노래할 것이 분명합니다.

고등학교 때부터 시를 썼던 제가 신학대학의 문을 두드렸을 때, SFC에서 만난 선배를 제외하면 가장 먼저 〈미스바〉라는 책자에서 시인 윤춘식 선배님을 만났습니다. 저는 고신대 신문사 기자를 하면서, 그가 대표로 있었던 〈로뎀문학회〉 동인으로 참여해 동인지 [로뎀]에 이름을 올렸고, 개교 30주년 시

화전에 두 편의 시를 걸었으며, 또 친구들과 4인 시집을 내기도 했습니다. 그리고 군입대를 하고 제대 후에는 학문에 증진하기 위해 시문학의 길을 떠났습니다.

그러나 윤 시인은 한결같이 시인의 길을 걸으셨고, 부산대학 대학원에 진학, 문학 연구와 사유의 깊이를 더하셨습니다. 그는 젊은 날에 수준 높은 비유를 구사하기 시작했습니다. 하늘의 사명으로 남미에 선교사로 파송 받아 가서는 복음을 위한 부름 앞에 인디오가 되어, 향토색 짙은 구슬들을 꿰어 2000년 두 권의 시집에 보석을 가득 담아 나타내셨습니다. 서초동에 자리 잡은 총회회관에서 개최된 그 출판기념회에 참석했던 저에게는 너무나 큰 자극이 되었고, 시심을 회복하는 계기가 되었습니다. 윤 선배님은 학자로서 깊이 있는 학술 서적들을 여러 권 출간했고, 여섯 권의 시집을 출간하며 앞서 걸어갔습니다.

평론으로도 등단한 윤춘식 시인이 심군식 목사의 1953년판 손바닥만한 희귀본 시집을 구해 『현대인의 천로역정』 해설판을 펴내시더니만, 이번에는 만물이 창조의 신비를 노래하는 새봄에 시편을 처음 대면한 이후 주빌리를 맞아 『시편의 표현과 이미지』(예영커뮤니케이션 2022)를 상재하셨습니다. 이 땅에 많은 그리스도인 시인이 있고, 목회자 시인도 많지만, 시인이 쓴 시편 연구서는 드물다고 봅니다. 목사로서 임직을 받은 이 땅의 성직자 가운데 평생 헌신해온 교회 앞에서 시편에 관한 책을 써 보고자 하는 이가 어찌 한 둘 뿐이겠습니까!

향리의 고등학교 시절부터 시편을 들고서 시심을 어루만지시던 그가 시업詩業 50주년을 돌아보는 대단한 일입니다. 우리의 만남과 동행도 얼추 그 세월이 되어가고 있으니, 만남의 섭리가 참으로 깊다고 할 수 있습니다.

윤춘식 교수요 시인됨의 시에는 그리운 고향과 어머니가 있고, 하늘 본향과 하늘 아버지가 있습니다. 시인의 감성과 학자의 지성이 서로 만나 시편의 깊은 자리에 이르는 결과물을 낳았습니다. 그가 출간한 『시편의 표현과 이미지』 저서는 설교자는 물론 시인들에게 적지 않은 도전을 주며 시인이 가야할 앞길을 비춰주며 가리킵니다. 그는 시편의 오솔길을 걸어가는 우리들 후학들에게 때로 소소한 즐거움을 주고, 때로 천둥과 번개가 번쩍이게 하고, 나아가 이스라엘의 다윗과 같은 목자의 시인을 만나게 합니다. 시편의 시인들은 흔들리는 세상에서 흔들리지 않는 나라를 바라보게 만듭니다. 그의 책은 목사가 설교로 살아야 하듯이, 시인으로서 시편을 살아가도록 이끌어줍니다.

늘 앞서 걸어가는 윤춘식 선배 시인의 시는 제게 시심을 불러일으키고 새로운 도전으로 이끌어 주었습니다. 시편과 함께 50년 동안 읽고 또 읽으며 이제는 주빌리를 맞아 이 책을 출간했으니 우리가 함께 기뻐합니다. 오늘 모인 모두가 크게 축하할 일입니다. 그가 주는 새로운 도전을 따라, 저도 〈복있는 사람〉에 4년 동안 연재하고 묵혀두었던 [시편 산책]과 함께하는 하루를 다듬어 다시 펴내어야겠다는 다짐을 해봅니다. 감사합니다. 이상 독후감과 축하에 대합니다.

서 평

『시편의 표현과 이미지』와 신학 산책

교회 공동체 예배를 위한 노래와 신학 산책

김 종 화

평화교회 장로, 남촌문학관장, 고신 SFC & CE 역사관장

부제에서 보듯 이 책은 시인과 목사로 교수로 평생 시편과 동고동락하면서 50년간 묵상한 이야기를 풀어낸다. 팬데믹 시대에 교회와 멀어진 사람들에게 더 가까이 다가가게 하려는 몸부림의 열매이다. 시인은 타고 난다. 시인의 가슴 속에는 하나님과 그 피조세계에 대한 남다른 감탄과 찬미가 상존한다. 아무도 그와 그의 시작을 막을 수 없다. 그래서 우리는 그러한 이들을 시인이라 부른다. 소설(노블) 쓰는 소설가(노블리스트), 수필(에세이) 쓰는 에세이스트 등과는 달리, 시인(포우잇)이 쓰는 시(포우임)가 포우잇트리이다. 그러므로 시는 쓰는 게 아니라 속에서 솟아오르는 노래를 읊조리는 것이다. 하나님의 만드신 바 '포이에마'(엡 2:10)에서 포우임이 유래된 인상을 이 책에서 받게 되었다는 추천사에 눈이 갔음도 우연이 아니다. 그리고 '인간 자체가 시로 창조되었다' 는 저자의 시각에 또 한 번 놀랐다.

현존하는 인류 최초의 시는 니느웨판 4천 년 전의 길가메시 서사시로 세상에 알려져 있다. 내용은 백성들의 죽음 문제 해결을 위해 불사약을 구하러 떠나는 왕의 여정을 읊고 있다. 시 가운데 노아의 홍수 사건이 나오는 걸 보아 구약 역사가 와전된 것으로 보인다. 시편 대부분은 이스라엘의 노래 잘하는 자 다윗과 그 성가대의 노래들, 그리고 기원전 14세기경의 모세의 기도도 한

편의 시로 편집돼 있다. 그러나 인류 최초의 시는 아담의 시로, "남자에게서 취하였으므로 여자라 이름하리라....내 뼈 중의 뼈요 살 중의 살이로다"가 있다. 예수님의 기도 "이 잔을 내게서 떠나가게 하옵소서" 역시 한 줄의 시이다. 예언서들 가운데도 시로 구성된 단락이 나온다. 기독교는 시의 종교이다.

나드림 칼리지에서 히브리 시편의 원문을 강조하는 나에게 있어 『시편의 표현과 이미지』란 제목의 이 책은 눈이 번쩍 뜨이는 좋은 텍스트였다. 다음 학기에 교재로 쓰려고 예고해 놓았다. 강의 중에 시편의 히브리 원문에 운도 있고 율격도 있음을 발견하였다. 한시는 4성과 운으로 구성되었으나 '시절가조'의 준말인 우리 고유의 시조는 700년을 내려오지만 운율보다 노래(시조창) 덕분이었다. 본서에서도 시편의 운율에 대해 다루고 있어 많은 도움이 되었다. 시편의 원제가 '세페르 테힐림'(찬양집)이며 헬라어 '살모이'는 현악기에 맞춘 노래라는 뜻이며, 나아가 시편의 주제를 기도, 찬양, 감사, 메시아 기대, 순례, 교훈으로 명쾌하게 구분지은 점이 시편 이해에 길잡이가 되었다. 형식 면에서 운율과 구성, 제의로서의 이스라엘 공동체 노래, 찬양시 애원시 저주시 등 시의 유형으로 분류하고, 내용 면에서 신학적 조명을 하고 있다. 저자는 교수요 시인으로서 시편을 말하고 있어 다른 학자의 시편 해설과는 차이가 확연히 느껴진다. 시인은 어떤 사물이나 사건을 만날 때 어떻게 하면 언어가 윤택하고 이미지가 선명하며 거기에 담긴 사상이 맑고 심금을 울릴까 먼저 생각하는 사람이다. 이 책 역시 논문이라기보다 시 세계로의 초대이면서 동시에 신앙권유서의 성격을 띠고 있음을 읽어가면서 느낄 수 있다.

이론적 뒷받침으로 헤르만 궁켈, 지그문트, 모빙켈, 베스트만 등 시편 학자의 탁설을 소개한 것과 대구법(동의대구 반의대구 종합대구)과 운율 즉 모빙켈의 바이콜라와 트리콜라(2음절 구절과 3음절 구절의 양식적인 평행법 두줄

시, 세줄 시)의 설명과, 답관체踏冠體(Acrostic)의 세로 드립(drip)- 삼행시처럼 세로로 어구를 이루도록 한 시의 형식을 선보인다. 특히 시편 119편은 히브리어 알파벳 순서로 22자음이 각 행의 첫음절로 나온다(잠언 31장 참고). 그리고 태초의 흑암, 풀색, 팥죽색, 아롱진 색, 채색 옷 등 시편의 색깔과 더불어 창세기의 탐구도 색다르게 다가왔다. 운율이 중요한 것은 이태리 중등학교 교과서에 실려 있는 시를 택시 기사도 줄줄 왼다는 단테의 신곡(라 코미디아 / 신성한 희곡)에서 보아도 알 수 있다. 신곡은 모두 3연체 11음절의 절묘한 구조를 이루고 있다. 각 연의 첫 행과 끝 행의 운이 맞추어져 있고 가운데 행은 다음 행의 첫 행과 끝 행의 운과 일치한다. 동기나 프레이징에서 벗어나 조금씩 반복되며 끝없이 다채롭게 이어지면서 한국의 국악이나 서양 음악의 동형 진행 등 오스티나토(고집-옵스티나투스) 기법처럼 잘 짜여 있다.

나는 윤 교수님의 저작을 여러 번 되풀이해 읽으면서, 현재 우리가 사용하는 시편 번역과 단락의 구조가 시의 형식을 살리는 쪽이 아닌 산문체로 되어 있음이 마음에 걸렸다. 그러는 중에 발견한 한글 번역(게일譯, 신구약전서 1925)에 시적 운치를 살리느라 노력한 흔적이 보여 흥미로웠다. 비록 행은 나누지 않았으나, 시편 19편의 "날은 날에게 말하고 밤은 밤에게 지식을 전하니 언어가 없고 들리는 소리도 없으나 그 소리가 온 땅에 통하고 그 말씀이 세계 끝까지 이르도다"를 "이 날 저 날이 영광을 말함이여 / 이 밤 저 밤이 그 조화를 보이도다 / 음성 없이 말함이여 소리 없이 들리도다 / 그 소리가 세계에 통함이여 / 그 말씀이 땅 끝까지 이르도다"로 번역해 놓았다.

    여호와 목자 되심이여
    내가 풍족하리로다
    청청한 풀밭에 누이심이여
    잔잔한 물가로 인도하시도다　 (시 23편 서두)

로 되어있으며, 행을 "~이여"로 하여 행을 저절로 나뉘게 한 것이 시가로서의 보다 나은 번역으로 보여 히브리 시의 또 다른 번역본을 기대한다.

본서에서는 제의시로서의 찬양시(찬미) 애원시(탄식) 감사시(은혜) 제왕시(메시아 왕권) 순례시(성전에 올라가는 노래) 저주시(분노) 등으로 시편의 유형을 구분한다. 한편 저주시의 성립과 관련하여, 탄식과 불평은 긴급한 구원에의 요청과 종말적 심판, 전 이스라엘에 대적하는 무리에 대한 경고, 기도와 찬양으로 끝남을 직시할 수 있어 시편 이해를 돕는다. 윤춘식 교수의 본서는 팬데믹 이후 시대에 진정한 예배를 갱신하는 희망의 비전을 제시한다. 이러한 결론에 도달하기 위해 과거의 시편을 연구한 누구보다도 시편의 이론과 실제에 대해 고심한 흔적이 가득하다. 모세5경에 맞추어 다윗의 5경이라 부르는 위트로 분류한 혜안도 놀랍다.

> 1권은 창세기로 주제는 창조와 인애(주로 다윗)
> 2권은 출애굽기로 해방과 구속을(다윗과 고라 자손)
> 3권은 레위기로 성소와 예배를 주제로(아삽)
> 4권은 민수기로 방황과 고난을(저자 미상)
> 5권은 신명기로 완성된 예배를 읊고 있다(다윗시)

저자는 결론 부분에서 이 책을 시로서의 분석보다 하나님의 말씀으로 믿으라는 권면까지 완벽하다. 오늘날 성경을 비평으로 분석하고 믿음이다 아니다, 행함이다, 아니다 하며 교리 주장에 빠져 말씀과 영역에서 멀어져 있음을 탄식한다.

마지막으로 총회(고신) 선교사의 안목답게 세계 선교와 연관된 〈각 나라와 족속과 방언으로... 땅의 끝까지 이르는 백성들이 하나님을 찬미〉한 시편의 예언을 다루고 있어 한층 돋보였다. 저자가 누구인가? 고교 SFC시절 점심시간 SFC 동료들과 함께 학교 교정의 뒷동산에서 기도회하고 중학교 학급으로 내려가서 칠판에 성구를 써놓고서 교회로 초청했던 저자이다. 윤 교수님과의 관계는 제가 고려신학대학 후배이다. 당시 김성수 총장님이 전임강사로 부임했을 당시 저자는 고신대 로뎀문학회 회장이었다. 평생을 바쳐 역작을 상재한 선배님께 주님의 사랑에 매여 함께 시인된 사람으로 감사를 드린다. 이런 책은 일생에 처음이다.

선교교육원 GMTI 강의실

윤춘식의 시정신 詩精神

탈문명적 시학의 향기

오 세 영
서울대학 교수, 문학평론가

　윤춘식 시인이 남미 아르헨티나에서 귀국하여 시집을 내었다. 그의 시에는 무언가 풋풋한 향내 같은 것이 풍긴다. 라일락 향기일까 아니면 아카시아?
　조그마한 명리에 사로잡혀 아등바등 문단 처세에 매달린 국내 시인들과는 비교조차도 할 수 없는 그에게는 어떤 문학적 순결함 같은 것이 있다. 아아, 이렇게도 티 없이 맑게 문학을 사랑하고 인생을 사랑하는 삶도 있었던 것일까. 그의 시는 지구의 탈문명권에서 승화시킨 절제된 언어와 영성이 균형을 이루고 있다.

　윤춘식의 시는 크게 남아메리카 사역에 관한 시와 선교와 관련된 생활 서정시로 대별되는 듯싶다. 그에게는 또한 많은 분량의 기독교 신앙시가 있는데 그것은 별도로 한 권의 독립된 시집을 엮는다니 이 시집과는 무관하다. 윤춘식의 남미 시편은 물론 남아메리카의 자연 풍광과 풍물, 인디오 부족의 문화 그리고 역사의식과 유적 등을 대상으로 다룬 것이 대부분이다. 그러나 여타의 기행시들처럼 단순히 여정의 감회를 감상적으로 토로하거나 서정적으로 묘사하지만은 않는다. 거기에는 삶에 대한 깊은 명상과 고뇌가 형상화되어 있다. 아마도 그것은 특히 그가 이미 소멸했거나 소멸해가고 있는 남미 원주민의 문화와 역사를 깊이 통찰한 데서 연유한 것이 아닐까 한다. 가령 그는

'태양의 돌'(잉카의 해시계)에 관해 영원한 잉카 위에 / 돌들의 어머니는 폐허의 강물에 흐르고 / 태양은 황토빛으로 걸어와 / 뼈대 있는 인디오의 자손처럼 / 묵묵히 산정을 깔고 앉았다.' (잉카의 해시계 1)고 말하는데 이는 그의 시 정신이 삶을 초역사적 시야에서 이해하면서 탈 문명권적 시점을 가지려 노력하는 그의 문명사관의 일단을 획득하는 것이라고 할 만하다.

그의 서정시는 무척 진솔하고 다감하다. 거기에는 고단한 삶에 대한 아픔이 있고 선교 활동에서 오는 보람이 있고, 인디오들에 대한 깊은 애정이 있고, 고국에 대한 끝없는 그리움이 서려 있다. 그러나 무엇보다 인상이 깊은 것은 인디오들과의 끈끈한 공동체 의식이다.

> 교육이 무언지 설명은 못하나
> 사랑이 무언지 말할 수는 있어요
>
> 흙을 일궈낼 트랙터는 없으나
> 흙이 말해주는 것을 들을 수는 있어요
>
> 시민권에 이름 한 번 남기지 못해도
> 컬럼버스가 이땅 위 깃대도 꽂기 전
> 우리는 여기 씨 뿌리고 살았어요
>
> 우린 아시아의 인디오가 아니에요
> 생존과 행복의 그네를 찾아
> 고향을 떠나 온 이민도 아니에요…
>
> 〈IPA 공동체〉 1~4연

이와 같은 그의 인식이 500여 년 전 기독교의 이름으로 아메리카의 인디오들에게 자행된 역사적 범죄에 대해 같은 기독교인이 바치는 문명사적 회개의 헌사라 하면 헌사라 할까. 어떻든 시에 비치는 그의 기독교관은 '불타는 얼음(buming ice)'이 아니어서 좋다. 이 하늘 아래 누구나 인간이 인간답게 사는 그것이야말로 기독교가 추구하는 최상의 목표라 한다면 아마도 그 첫 걸음 또한 기독基督이 가르친 '사랑'의 정신일 터이다. 윤춘식이 이 지상에서 사라져가는 민족에 대하여 문화와 민족과 어떤 의미에서는 종교까지 초월해 보여주는 그 사랑의 실천이야말로 실은 이 시집이 우리를 감동케 하는 원천이라고 나는 생각한다.

내 젊음을
흔드는 당신
잎은 싱싱히 무성하고

봄날, 푸른 새처럼
춤추고 꿈꾸어도
당신의 부름 앞에
어엿이 서 있는
한 그루 나무

품속의 하늘 꺼내어
노래하고
별들을 불러
눈물을 씻고

속고름을 풀어

사랑을 벗어주는
한 그루 나무

〈나무 1〉

그러한 의미에서 윤춘식은 한 그루의 나무이다. 그러나 그 나무는 단순히 생존을 영위하는 나무가 아니라 그가 이 시에서 고백하고 있듯이 당신의 부름 앞에 서 있는 나무이며 '속고름을 풀어 / 사랑을 벗어주는 / 나무' 이다.

여기서 '당신' 이라는 존재를 굳이 해명할 필요는 없다. 그것을 꼭 기독교 신이라고 단정 지을 필요도 없다. 신이든 조국이든 무엇이든 그가 어떤 절대적인 것의 소명을 받아 사랑의 실천자로 우리 앞에 선다는 것, 그 중에서도 가장 연약하고, 핍박받고, 사라져가는 것에 대해 마지막까지 헌신하는 자의 존재로 남는다는 그것이 중요할 따름이다. 시인으로서의 윤춘식, 말씀의 대언자로서 그리고 문화 화해자로서의 윤춘식의 앞날에 기대를 걸어본다.

2001년 5월

제1시집 『저녁노을에 걸린 오벨리스꼬』 해설

존재에 대한 항수, 그 시적 형상화

유 승 우
소사제일교회 장로, 인천대학교 교수

하나

신화학자 조셉 캠벨은 "에텐 동산은 시간에 무지한, 대극에 무지한, 말하자면 더할 나위 없이 순진무구한 상태의 메타포"라고 했다. 그러니까 에덴 동산의 주인공이었던 아담과 이브는 시간도 인식하지 못했으며, 너와 나라는 대극도 인식하지 못한 순진무구 그 자체였던 것이다. 일체의 관념이 배제된 존재 자체였다는 말이다. 이러한 에덴동산을 신화학에서는 원형原型(Archetype)이라고 하고, 기독교에서는 본향本鄕이라고 한다. 아담과 이브가 이 본향에서 쫓겨났고, 인간은 그 원형을 상실하게 된 것이다. 이것은 모든 인간이 고향을 떠난 존재이며, 인간 본래의 모습인 원형을 상실한 존재라는 것의 메타포이다. 인간은 모두 본향을 떠나온 떠돌이에 비유되며, 기독교적으로는 하나님의 형상을 상실한 죄인임을 말해 주고 있다.

하이데거는 원형을 상실한 인간 존재의 본질적 구조를 '걱정(Sorge)'이라고 표현한다. 인간이 세계와 '관심(Begorge)'이라는 관계를 갖게 되는 것도 이 '걱정'이라고 부를 수 있는 인간 존재의 본질 때문이라고 했다. 하이데거의 이 '걱정'을 다른 말로 표현하면 상실한 본향과 원형에 대한 그리움인 '향수'라고 할 수 있겠다. 그래서 인간에게는 언어와 상상력이 주어졌던 것이다. 그러나 대부분의 사람들이 인간 존재의 본질적 구조인 '걱정'과 '향수'를 마음의 창고 속에 깊숙이 감춰 두고 아예 관심을 갖지 않는다, 참으로 많지 않은 사람들만이 '걱정'과 '향수'로 해서 잠 못 이루며 언어와 상상력을 가꾸고 있는 것이다. 시인이란 바로 이 언어와 상상력을 사랑과 꿈으로 가꾸어 꽃을 피우고 열매를 수확하는 사람이라 할 수 있다. 기독교적인 표현으로 바꾸면 언어는 말씀이며, 상상력은 믿음이고, 꿈은 소망이다. 여기서 언어와 말씀, 꿈과 소망은 이해할 수 있으나 상상력이 곧 믿음이라는 것은 이해하기 어려울 것이다. 상상력 이론가인 코울리지는 "인간의 원형인 하나님의 형상(Image)을 그리는 힘이 곧 상상력(Imagination)"이라고 했다. 그런데 히브리서에서는 "믿음은 바라는 것들의 실상"이라 하지 않는가? 종교적으로는 바라는 것 곧 기원이지만 문학적으로는 그리는 것 즉 형상화이다.

바라는 것이나 그리는 것은 다 인간 존재의 본질이다. 이 인간 존재의 본질을 문학적으로는 '존재에 대한 향수'라고 하며, 시작품이란 이 '존재에 대한 향수'를 형상화한 것이다. 그런데 내가 만난 시인 중에 윤시인은 누구보다도 이 '존재에 대한 향수'가 강렬한 사람이다. 그래서 그는 시인과 목사의 길을 함께 걷고 있는 것이다. 이 길은 고난의 길이며 십자가의 길이다. 그러나 포기할 수 없는 길이며, 결코 포기해서도 안 되는 길이다. 왜냐하면 주께서 먼저 가신 길이며, "네 십자가를 지고 나를 따르라"고 명령하신 길이기 때문이다.

둘

T. S. 엘리어트는 〈종교와 문학〉이라는 논문에서, "문학의 위대성은 문학적 기준 만으로서는 결정되지 않는다. 다만 문학인가 아닌가라는 사실만이 문학적 기준에 의해서 결정될 따름이다"라고 했다. 이것은 문학의 '위대성'을 위해 종교는 필요한 것이지만, 어떤 종교적 사상^{思想}이 문자화되었을 때 그것

이 문학인지 아닌지는 문학적 기준에 의해 결정된다는 뜻이다. 다시 말해서 윤시인의 기독교 사상은 문학의 '위대성'을 위해 필요한 것이지만 그의 시가 문학인지 아닌지는 문학적 기준에 의해 결정됨을 시사한다. 여기서 말하는 문학적 기준이란 곧 '시적 형상화'를 의미하는 것이다. 그러면 윤시인의 시작품들을 분석함으로써 그의 기독교 사상이 어떻게 시로 형상화되고 있는지를 알아보기로 한다.

창을 던져 본다 그러나 과녁이 없다
화살을 쏘아 본다 그래도 과녁은 없다
내가 최첨단 인터넷을 열고 우주의 찬엄燦嚴한
별빛과 교신한다 해도
과녁이 없긴 매 한 가지일 것이다

시가 적중할 수 있는 과녁이 없다는 사실을 깨달은 지금
그렇다고 과녁을 만들어 세워 놓을 마음은 없다
날이 선 창이 날고 열정의 화살이 날아가지만
얼마나 팽팽한 긴장의 속도와 언어의 질감과
생명의 뿌리까지 타들어 가는 탄력을 자아내었는지…
나는 시작詩作이란 과녁을 맞추는 행위가 아닌 곧
현실적으로 진행하는 사랑이라고 믿고 있다
그러기에 질그릇에 담긴 인간처럼 무참히 깨어질 수도 있다

또한 나의 시는 내 믿음의 대상이다
어머니의 사랑에서 아내의 사랑으로,
다시 삶과 자연의 사랑으로 전환되기도 하고 동시에 체험되기도
한다

나의 창과 살이 파아란 창공을 날고 있는
새 떼를 공격하지 않기를 바란다
화살과 창날이 샘가에 조요照耀히 떨어져
숲속 샘물가에서 영혼을 위한
기도의 집을 짓는 기둥이 되고 창문이 되었으면 좋겠다
나의 전全 생애에 걸친 날과 씨의 진실이 한데 모여
마음이 가난한 사람들에게 한 벌의 포근한 옷을 지어 입혀주는
직조의 천이 되었으면 좋겠다

그렇게 나의 시는
오늘의 험한 파도를 타고 가는 여객들에게
길동무가 되어 주고 싶다
〈시의 하루〉

위의 작품은 시로 쓴 윤시인의 '시론'이며 '인생론'이다. 윤시인은 이 시집을 가리켜〈선교 시집〉이라고 했다. 그는 시인이라는 칭호보다 먼저 목사로 불리던 사람이다. 그러나 등단이라는 의례적 관문을 통과하여 시인이 되는 것보다 인간 존재의 본질이 바로 '시인'이라는 인식이 중요하다. 사실 인간은 모두 시인으로 태어난다. 사람은 '존재에 대한 향수'를 운명으로 지고 태어나기 때문에 살아가는 것 자체가 바로 시詩이다. 그래서 윤시인은 자신의 삶을 상징하여〈시의 하루〉라고 명명한 것이다. 이〈시의 하루〉가 모여 그의 삶이 되고, 이 삶의 연속이 그의 생애가 되는 것이다. 그런 만큼 그의 시론은 그의 시 세계를 이해하는데 있어 매우 중요한 의미를 지닌다. 이 작품은 윤시인의 시 세계로 들어가는 관문이라고 할 수 있다. 한 시인의 시론은 곧 그 시인의 시관詩觀이며 인생관이다.

그러면 시는 어떠한 것이며, 인생은 무엇인가. 윤시인은 "창을 던져 본다 그러나 과녁이 없다 / 화살을 쏘아 본다 그래도 과벽은 없다"로 형상화하고 있다. 작시作詩나 인생에 있어선 하나의 고정된 답이 있을 수 없다. 그래서 윤시인은 "시가 적중할 수 있는 과녁이 없다는 사실을 깨달은 지금 / 그렇다고 과녁을 만들어 세워 놓을 마음은 없다"고 고백한다. 왜냐하면 작시나 인생은 과학의 법칙이나 수학의 공식처럼 한 번 외우는 것으로 끝날 수 있는 것이 아니기 때문이다. 과녁이 없기 때문에 오히려 더 열중하게 된다. 열중하는 것 자체가 시인의 실존이기 때문에, "날이 선 창이 날고 열정의 화살이 날아가지만 시작詩作이라는 과녁을 맞추는 행위가 아닌 곧 현실적으로 진행하는 사랑이라고 믿고 있다"고 노래하는 것이다.

사람에게는 '존재에 대한 향수'가 주어졌기 때문에 사랑하는 것과 작시하는 것이 벗어날 수 없는 운명이다. 그러나 이 운명에 순응하는 길은 고난과 십자가의 길이다. "그러기에 질그릇에 담긴 인간처럼 무참히 깨어질 수도" 있지만 "나의 시는 내 믿음의 대상"이기 때문에 그 고난의 십자가를 결코 내려놓을 수 없는 것이 된다.

이상에서 고찰한 바에 의하면 윤시인의 시 세계는〈삶=시작詩作=사랑=믿음〉이라는 구체적 장치로 요약된다. 하나의 시 작품에서 이러한 공식을 추출할 수 있다는 것은 그 시인의 시관詩觀과 인생관이 확고하다는 것을 의미한다. 한 시인의 이처럼 확고한 세계관은 문학(특히 시)에 있어서 장점일 수도 있고, 결점일 수도 있다. 엘리어트의 말대로 문학의 위대성을 위해서는 장점이 될 수 있지만, 시적 형상화를 위해서는 결점이 될 수도 있다는 말이다. 위의 작품에서도 "창을 던져 본다 화살을 쏘아 본다"라는 비유로 산뜻한 시적 출발을 한 것은 좋았는데, 중반에서 후반까지는 관념적 서술이 나타나고 만다. 에즈라 파운드는 '대리석과 같은 시, 뼈다귀와 같은 시'를 강조했다. 그래서 엘리어트의 「황무지」 초고에서 반이 넘는 시행을 버리게 했다는 것이다. 하우스만은 "시는 말해진 내용이 아니라 말하는 방법"이라고 했다. 윤춘식 시인의 이번 시집에는 '말해진 내용의 시'도 있고, '말하는 방법의 시'도 있다. 첫 번째 시집 「풀잎 속의 잉카」에서 예각적 생명성을 독특히 갖춘 '말하는 방법'의 시들이 대부분이었다면 여기 두 번째 시집에선 '말해진 내용의 시'도 들어있다. 선교 시집이라는 목적성 때문이라고 생각한다. 다음 시에서 우리는 신화로 나아가는 하나의 격조를 만나게 된다.

날 저물어
나의 모닥불
바삭거리며 그대 집 앞을 거닐 때
그리워 자라가는 덩굴손을
안으로 말리고

별빛 녹은 마당가
다시 얼은 새벽에
등뼈를 굽혀 기도를 심는
광야의 모내기

그리움도 만나지 못하면
스스로 남이 되고
나그네를 맞는 팔은 짧구나

하나 둘 관심 두며
알아가던 첫사랑
산이라도 옮길 듯

이마 맞대다
어느새 고목되어
새순을 기다리고

이른 봄 고드름처럼
홀로 초점을 모으는
손 시린 순례자

〈순례자〉

"시는 신화神話이다"라는 것은 오늘날 보편화된 현대시의 내용적 정의이다. 그러면 신화는 무엇인가? 신화는 〈첫째 신들의 이야기, 둘째 신과의 대화, 셋째 신의 말씀〉이라고 풀이된다. 여기서 첫째의 '신들의 이야기'는 서사시와 극시에 대한 정의이고, 둘째의 '신과의 대화'는 서정시에 대한 정의이며, 셋째의 '신의 말씀'은 종교적인 풀이다. 지금 우리는 윤시인의 서정시, 곧 '신과의 대화'를 엿듣고 있는 것이다. 그러면 어떻게 신과의 대화가 이루어질 수 있는가. 이것이 바로 시의 나라에 들어갈 수 있는 비밀의 문이며, 시인만이 그 문을 열 수 있는 열쇠를 가지고 있다. 에덴에서 쫓겨난 인간에게만 주어진 향수와 상상력의 소산인 사랑과 꿈이 바로 그 열쇠이다. 이 '사랑'과 꿈(소망)'이야말로 '신과의 대화'를 성사시켜 주는 열쇠라는 말이다. 그런데 신과의 대화가 성사되려면 신의 소리를 들을 수 있어야 한다. 유난히 많은 사랑과 꿈으로 해서 가슴이 뜨거운 사람만이 신의 음성을 들을 수 있으며, 시인이 될 수 있다는 말이다. 신의 음성은 귀로 듣는 것이 아니라 가슴으로 듣는 것이기 때문이다. 그래서 시는 곧 체험이라고 하는데, 문학에서는 이 체험을, "남은 못 보는 것을 나만이 보고, 남은 못 듣는 것을 나만이 듣는 것"이라고 한다. 이것은 가슴으로 보고, 가슴으로 듣는 교감交感을 의미한다.

신 곧 하나님의 음성을 들을 수 있을 때 '서정시인'이 된다. 이때의 하나님의 음성이란 '부름 소리' 곧 '사명'인 것이다. 이러한 의미에서 '시인'은 부름 받은 사람이며, 시인처럼 부름 받은 사람으로서의 딴 이름으로는 순례자, 예언자, 목사 등이 있다. 그런데 윤시인의 작품 중에는 〈순례자〉, 〈예언자〉, 그리고 〈목사〉라는 제목의 시가 모두 들어있다. '순례자'의 길은 구도求道의 길이다. 구도의 목적은 하나님과의 만남이며, 하나님의 음성을 듣는 것이다. 순례자는 "날 저물어 / 나의 모닥불 / 바삭거리며 그대 집 앞을 거닐 때"에서 보듯이 영혼의 모닥불을 소유한 사람이다. 그의 실존 자체가 '모닥불'이다. 그래서 하나님의 음성을 들을 수 있으며, 그 '부름 소리' 때문에 고난과 십자가의 길은 끝날 수가 없는 것이다. 그리고 원형에 대한 향수 때문에 "그리워 자라가는 덩굴손을 / 안으로 말리고 / 별빛 녹은 마당가 / 다시 얼은 새벽에 / 등뼈를 굽혀 기도를 심는 / 광야의 모내기"에서 보듯이, 그리움 때문에 자라는 '덩굴손'을 가진 사람이며, 얼어붙은 새벽에 영혼의 '모닥불'을 다시 지피기 위해 '등뼈를 굽혀 기도를 심는' 사람이다. 그러나 순례자는 결국 "이른 봄 고드름처럼 / 홀로 초점을 모으는 / 손 시린 순례자"라는 이미지로 형상화된다. 일반적으로 순례자나 목사라는 제목의 시는, 시작詩作 자체도 어렵겠거니와 '하고 싶은 말이 많은 시' 곧 '말해진 내용의 시'가 될 가능성이 매우 높다. 그러나 윤시인의 경우는 그와 엄격히 반대이다. 위의 작품에서 우리는 순례자의 이미지가 얼마나 깔끔하게, 그리고 절실하게 형상화되었는가를 볼 수 있다.

그리고 "나의 세월은 / 언제나 출발 / 해바라기 키 만한 깨끗한 펌프가 / 좁은 길, 종從의 길을 힘껏 빨아올린다 // 황금벌판에 / 비 피할 마구간을 설계해 놓고 / 엎드리며 엎드리며 장비를 손질해 / 부서진 하늘 길을 고치고 있다."(〈목사〉 후반부)에서 보듯이, 하나님만을 바라보며 종의 사명을 다하기 위하여 고난의 길을 걷고 있는 목자의 이미지가 명확하게 형상화되었다. 이 작품들은 그야말로 버릴 것은 다 버린 뼈다귀와 같은 시, 대리석과 같은 시로 형상화되었다. 그러면 어찌하여 이런 현상이 일어날 수 있는가? 그 이유는 간단하다. 시인이 자기 자신을 형상화해서 보여주려고 할 때 자신을 죽이기 때문이다. 믿음에서도 내가 죽어야 주님이 살듯이 문학에서도 내가 죽어야 시가 산다.

    내가 죽어
    여름 밤
    아이들의 꿈이 되면

    쉬임 없는 불의 율동으로
    아이들의 손바닥에
    반디가 되면

    귀보다 눈이 밝아
    병든 모습 지켜 볼 수 있고

    생계는 땅에서 취하여 회전하지만
    나의 삶, 주면서 빛나는 빛

    반짝인다 부추기지 마오
    내가 비참해야 세상이 안심한다면
    나의 작은 불빛
    세상 위해 불타리라

                         〈자화상〉

아내의 머리맡에서
나는 타는 촛불을 보았다

촛불만한 방에서
아이를 재우고 잠들지 못하는 여인

촛불은 결코
주위를 태우지 않고
자신을 태울 뿐이다

촛불 곁에 앉으면
아이는 평안히 새근거리고
차라리 나는 작아지며 겸손해진다
〈촛불〉

메디슨 카운티 다리도
우리의 맨발을 덮어주진 못한다

뼈 속에서 살을 깎던
톱날의 사랑도
이슬보다 강하진 못하다

새벽은 가물거리며
습한 달빛에 손가락을 찍어
불변의 얼굴을 그린다
〈새벽 그림〉

'사람'이란 말은 '살다'라는 동사에서 온 말이다. 〈살다-살음-삶-사람〉이라는 과정을 거쳐 만들어진 말이다. '사람'이라는 말이 '살다'에서 왔다는 것은 살아 있어야 사람이 될 수 있다는 것을 암시한다. 그런데 개나 돼지는 살아서 뛰어다녀도 사람이라고 말하지 않는다. 그렇다면 무엇이 살아 있어야 사람이 될 수 있는가? 그것은 말할 것도 없이 영혼이다. 다른 동물들은 육체적인 생명만 살아 있으면 존재가 가능하다. 그러나 사람은 영혼까지 살아야 '인간존재'가 구현되는 것이다. 샤르트르는 인간을 제외한 모든 자연을 '존재'라 하고, 인간은 그 존재를 상실한 '없음(無)'이라고 했다. 그래서 인간에게는 언어가 주어졌고, 이 언어의 길(詩)을 통해서만 존재를 구현할 수 있다고 하이데거는 말했다.

시의 길은 예술의 길이다. 예술은 생명을 싹틔우는 일이다. 예술이란 예(藝) 자를 자전에서는 '종야(種也)'라 하고, 우리말로는 '심을 예'자라고 했다. 이것은 생명이 숨겨져 있는 종자를 심어서 키우는 일이 곧 예술이라는 의미이다. 소리를 살려 놓으면 음악이 되고, 빛깔을 살려 놓으면 미술이 되며, 말 곧 언어를 살려 놓으면 시가 된다. 시를 언어 예술이라고 하는 이유가 여기에 있다. 앞에서도 말했지만 언어를 살리는 것은 영혼을 살리는 것이며, 사람이 되는 길이다. 그렇지 않으면 고난과 십자가의 길인 시 창작을 왜 포기하지 않겠는가. 나는 윤시인의 시를 깊이 읽으면서 이러한 시 창작의 거룩함을 다시 느낄 수 있었다. 앞서 말했지만 시를 창작한다는 것은 내가 죽는 일이다. 그래서 시인의 자화상은 "내가 죽어 / 여름 밤 / 아이들의 꿈이 되면 // 쉬임 없는 불의 율동으로 / 아이들의 손바닥에 / 반디가 되면"과 같이 형상화되어 있다. 시인으로서, 목사로서, 순례자로서의 자화상이기에 '내가 죽어'로 시작하여, "반짝인다 부추기지 마오 / 내가 비참해야 세상이 안심한다면 / 나의 작은 불빛 / 세상 위해 불타리라"로 마무리하는 것이다. 이 작품에서 보여주는 중요한 사실은 '내가 죽어'야 시가 살수 있다는 것의 여실한 반영이다. 이처럼 간결하게 시인, 목사, 순례자의 이미지를 형상화할 수 있으려면 하고 싶은 나의 말을 죽여야 한다. 시의 언어가 긴 말을 싫어하면 하지 말아야 한다. 이를 가리켜 시는 시인이 쓰는 것이 아니라 언어가 쓰는 것이라고 한다. 그 다음의 작품 〈촛불〉은 시인의 자화상이 아니라 시인의 아내의 초상화이다. 아내의 초상이라기보다 어린이가 보는 엄마의 초상이다.

"아내의 머리맡에서 / 나는 타는 촛불을 보았다"에서처럼 현란한 비유나 상징과 같은 수사를 구사하는 것도 아니요, 아이 곁의 엄마의 초상을 담담하게 그려서 보여주고 있다. "촛불은 결코 / 주위를 태우지 않고 / 자신을 태울 뿐이다."와 같은 누구나 알고 있는 상식을 끌어다가 아기를 재우고 있는 엄마의 초상을 그리고 있다. 그런데 이 그림에서 거룩한 분위기를 느끼게 되는 것이다. 한 편의 시는 하나의 성전이 되어야 한다. 시라는 말 자체가 말씀(言)의 성전(寺)이기 때문이다.

시와 종교는 그 뿌리가 같다. 그 뿌리는 본향과 원형에 대한 그리움인 '존재에 대한 향수'이다. 그래서 사람에게는 언어와 상상력이 주어진 것이다. 이러한 인간의 본질을 하나로 묶어서 표현한 것이 '사랑'이다. 사랑은 인간의 영원한 본질이며, 종교와 문학의 영원한 주제이다. 이렇게 크고 무거운 주제를 8행 3연으로 완벽하게 그려낸 작품이 〈새벽 그림〉이다. 첫째 연은 에로스적인 사랑을 상징하고, 둘째 연에선 "뼈 속에서 살을 깎던 / 톱날의 사랑도 / 이슬보다 강하진 못하다"고 하여, 아무리 뼈아픈 사랑이라도 위로부터 내리는 은혜와 은총만은 못하다고 노래한다. 사랑에는 에로스와 같은 '가로 사랑'과 위로부터 내리는 '세로 사랑'이 있다. '가로 사랑'은 공간의 제한을 받는 장소적 상황이며, '세로 사랑'은 영원한 시간적 사랑이다. 이 두 사랑을 모은 이미지가 마지막 연의 '습한 달빛'이며, 이것으로 '불변의 얼굴을 그린다'고 하여 사랑의 초상이 완성되는 것이다.

셋

예술 작품을 빚는다는 것은 계속 죽는 일이며 또한 계속 사는 일이다. 시를 창작하는 일도 예술이므로 나는 계속 죽어야 하고, 언어는 계속 살아야 한다. 이 말을 종교적으로 바꾸면 나는 계속 죽어야 하고 절대자는 계속 사셔야 한다. 이것이 하늘의 법칙이며 영혼의 길이다. 언어에는 두 가지 종류가 있다. 일상어와 시어가 그것이다. 일상어는 나를 위한 언어이며, 시어는 내가 죽고 거듭난 언어이다. 그래서 일상어는 도구의 언어라 하고, 시어는 존재의 언어라고 부른다. 내가 하고 싶은 말(Message)이 많으면 언어는 내 메시지를 전달하기 위한 도구로 전락되고 만다. 이를 가리켜 '도구화한 언어' 혹은 '산문의 언어' 라고 한다. 그렇지만 다음의 시들을 보면 남아메리카에서의 체험을 절제 있게 형상화시킨다.

> 나는 불에 타 상처 난 거대한 뿌리의 손들과
> 땅에 묻힌 나무의 비밀과 깊이 파고드는 식물의 근육을 만지고 싶다
> 펜에서 폭포처럼 세차게 뿜어져 나와
> 공기로 스미는 광채를 붙들면서…
> 그러나 음절의 뼈에 부딪쳐 진동하는 자연의 현악을 켜지는 못한다
>
> 나는 나의 시어에 인류와 문화의 배경을 담고 싶다
> 한반도의 견고한 그릇 안에 알타이어족의 지순한 뿌리를 내리고
> 갠지스와 나일의 상류와 메소포타미아 도성을 향한
> 건설의 창을 내면서…
> 그러나 한 편의 문화인류학을 쓰지는 못한다
>
> 〈나는 아름다운 서정시를 쓰고 싶다〉에서

> 우상으로 얼룩진 위선의 도시에

자유를 향해 돌진하는 이정표가 되어
해마다 화산을 터뜨리며 핏빛 진달래가 피어나는 잔인한 봄에
우리의 조국은 천국이라 이름한 오순절의 노래를 부르자꾸나

쓰라린 눈물로 독립을 쟁취한
저, 오벨리스코 탑처럼
저마다 굳건한 천국 열쇠를 들고, 신앙고백을 들고
곳곳에서 일어나는 조용한 폭풍이 되어
복음을 위해 생명을 바쳤던
동지들의 무릎이 되자꾸나

〈저녁노을에 걸린 오벨리스코〉

나의 가슴 위에서 세월이 달립니까?
세월의 머리 위에서 내가 달립니까?
하얀 숲 위의 비구름도 나이테를 내게 보이며
열방을 사랑하느냐고 물어 봅니다
지평선위로는 까아만 소떼가 달리면서
동양인을 처음 본 듯 힐끔 힐끔 나의 세월을 쳐다봅니다
내일 누군가의 뱃속에 저장될 그 자신의 운명을 저울에 달면서,
마지막 저녁노을을 마시며 식탁보처럼 달력을 펴
또 하루의 빗금을 날짜 위에 내리긋는
나의 세월은 잠시 연필소리를 냅니다

〈남아메리카〉에서

노래하는 새 노래하고
울부짖는 새 여전히 운다

팔짱을 끼고 지저귀기도 하고
짝짓기를 하다 짧게 눈물을 보이기도 한다

이윽고 무거운 새벽을 서쪽 바다로 밀어내고
안데스 산맥 위로 풍금 같은 태양을 끌어올리는
연약한 새의
가파른 노래

마뿌체 부족을 깨우고
너와 내 속에 잠든 영혼의 새를 깨워 놓고
산 끝으로 떠나는 새

언젠가 잃어버린 날개를
아침햇살에 새롭게 펼쳐보는
인디오 마을의 견고한 나뭇가지

〈떼무꼬의 아침〉 전문

　　윤시인은 〈나는 아름다운 서정시를 쓰고 싶다〉고 했다. E. A. 포우는 서정시의 조건으로 짧은 시와 음악성을 들고 있다. 또한 현대시의 조건으로는 감각적 이미지의 형상화를 빼놓을 수 없다. 그렇다면 현대적 서정시는 어떠해야 한다는 것이 짐작된다. 윤시인의 시적 특기는 그 비유에 있다. 위의 작품에서 "나는 불에 타 상처 난 거대한 뿌리의 손들과 / 땅에 묻힌 나무의 비밀과 깊이 파고드는 식물의 근육을 만지고 싶다 / 펜에서 폭포처럼 세차게 뿜어져 나와 공기로 스미는 광채를 붙들면서"에서 보듯이 비유의 이미지가 매력적이면서도 화려하게 펼쳐진다. 이미지 자체의 충돌과 접촉에서 생기는 리듬감이 신비에 가깝도록 울려온다. 기독교의 방언 기도와 같은 느낌이다. 시는 그 시인의 방언이다. "거대한 뿌리의 손들과, 땅에 묻힌 나무의 비밀과, 식물의 근육을 만지고, 공기로 스미는 광채를 붙들면서, 음절의 뼈에 부딪혀 진동하는" 등의 비유적 이미지는 신비로운 방언이다. 그런데 방언은 하나님과의 대화이기 때문에 방언으로 끝나야 한다. 서정시도 신과의 대화이기 때문에 이미지로 끝나야 한다. 방언을 통역하는 것은 사람을 위한 것이다. 하나님을 제외시키는 일이다. 이미지를 통역하면 언어 자체의 감각과 리듬이 사라진다. 내가 살면 믿음에서는 예수가 죽고, 시에서는 언어가 죽는다. 비교적 긴 시를 쓰려고 할 때에 윤시인은 이러한 서사시적인 함정이 있음을 감안해야 할 것이다.

다음으로 〈저녁노을에 걸린 오벨리스코〉는 "아르헨티나 '개신교 대행진의 날'에 부쳐"라는 부제가 붙은 행사시이다. 행사시는 예술적 형상화보다는 시적 내용이 더욱 중요하다. 그러니까 로마가톨릭 국가인 아르헨티나에서 열리는 '개신교 대행진의 날'의 의의와 개신교도들의 사명감이 잘 나타나야 한다. 놀랍게도 위에 인용한 앞 연에서는 그 도시의 상황이 잘 묘사되어 있다. 그리고 다음 연에서는 "쓰라린 눈물로 독립을 쟁취한 / 저 오벨리스코 탑처럼 / 저마다 굳건한 천국 열쇠를 들고, 신앙 고백을 들고 / 곳곳에서 일어나는 조용한 폭풍이 되어 / 복음을 위해 생명을 바쳤던 / 동지들의 무릎이 되자꾸나"에서 보듯이 선교의 사명이 잘 형상화되어 있다. 한 시집의 표제는 그 시집의 시 세계를 상징한다. 그런데 이 〈저녁노을에 걸린 오벨리스코〉라는 작품이 시집의 표제가 되었으며, '선교 시집'이라는 전제를 붙인 것으로 보아, 윤시인의 시 세계가 〈삶=시작=사랑=믿음〉이라는 것을 다시 확인할 수 있다. 그가 목사가 아닌 일반 시인이었다면 행사시의 제목을 시집의 표제로 쓰지는 않을 것이라 본다.

다음으로 〈남아메리카〉는 이방에서의 체험을 형상화한 작품이다. 이 작품은 "새싹 한 잎 돋으면 / 온 세계에 봄이 오는 줄 알고 / 국경을 넘으면 온 세계가 내 안에 있는 줄 알고 / 단벌옷에 웃음으로 길을 떠납니다"로 시작된다. 그렇다면 이 작품은 선교 사역을 위해 출발할 때를 작품화한 것으로 비교적 긴 행에 속한다. 이렇게 될 때 서경적인 것은 서정시로 형상화 될 수 있지만 서사적인 것은 관념적 서술로 흐르기 십상이다. 하지만 윤시인의 〈남아메리카〉는 서경적으로 잘 다듬어져 있다. 들판의 소 떼를 바라보면서 그 풍경과 자신의 정신적 내면 풍경을 연계해서 형상화하는 기교는 매우 탁월하다. 소 떼가 "동양인을 처음 본 듯 힐끔 힐끔 나의 세월을 쳐다봅니다" 라든가, "그 자신의 운명을 저울에 달면서" 와 같은 표현이 그 좋은 예이다. 그리고 "마지막 저녁노을을 마시며 식탁보처럼 달력을 펴 / 또 하루의 빗금을 날짜 위에 내리긋는 / 나의 세월은 잠시 연필 소리를 냅니다"에서는 너무나 완벽한 시적 형상화를 만날 수 있다.

시는 연속적 시간의 흐름이 아니라 한 순간의 형상화이다. 곧 순간의 풍경이나 영상을 영원으로 형상화하는 작업이다. 시에는 서론, 본론, 결론이 있는 것이 아니라, 한 순간의 풍경이나 느낌을 완벽하게 그려내어야 한다. 한 장면 한 장면이 모두 완벽한 시로 형상화된 다음 그것이 다시 한 편의 시로 종합되어져야 한다는 말이다. 아무리 이방의 체험을 제재로 한 장편의 시라도 시는 시일 수밖에 없기 때문이다. 타국 선교지에서의 체험을 '아침' 이라는 한 순간의 시간으로 잘라 시로 형상화한 작품이 〈떼무꼬의 아침〉이다. 이 작품의 마지막 두 연에서 우리는, "마뿌체 부족을 깨우고 / 너와 내 속에 잠든 영혼의 새를 깨워 놓고 / 산 끝으로 떠나는 새 // 언젠가 잃어버린 날개를 / 아침 햇살에 새롭게 펼쳐 보는 / 인디오 마을의 견고한 나뭇가지" 와 같은 너무도 아름다운 서정과 감각을 만날 수 있다. 이것이 서정시의 본령이다.

이제까지 윤춘식의 시 세계를 살펴보았다. 그 결과, 윤춘식은 누구보다도 강렬한 '존재에 대한 향수'의 소유자임을 알 수 있었다. 그런 만큼 그의 시에 대한 열정은 참으로 놀라운 것이었다. 그의 시를 한 편 한 편 읽어가면서 나는 윤시인의 뜨거운 숨결을 느낄 수 있었다. 그의 삶이 곧 시이며, 믿음이며, 사랑임을 알 수 있었다. 엘리어트의 말대로 종교는 문학의 위대성을 위해 필요하다는 데에 공감했다. 그러면서 종교(특히 기독교)와 시가 다 같이 '신과의 대화'에서 출발하지만 그 형식은 다르다는 것을 다시 확인할 수 있었다. 이는 시인으로서의 사명과 종교인으로서의 사명이 다르다는 말이다. 발레리의 말에 의하면, 시 정신은 목적성이 없는 순수한 표현인 춤에 비유할 수 있지만, 종교적 사명은 선교라는 궁극의 목적성에서 벗어날 수 없기 때문이다. 이러한 양면성에 대한 윤시인의 숙고와 고뇌는 어제 오늘의 일이 아님을 그의 서정시편에서 발견할 수 있었다. 서정시 본령의 사명을 오래 더 깊이 생각해 보아야 할 과제로 남기면서 그의 시 세계를 마무리 하고자 한다.

제2시집 『풀잎 속의 잉카』 해설

한 초월주의자의 인문주의적 연주법

신 중 신
중학교 문예부 은사, 1962년 〈사상계〉 신인문학상 당선, 대한민국 문학상수상

윤춘식의 첫 시집은 그의 삶의 내력 또는 시에 경도된 세월의 흔적과 불가분의 관계에 있으며 매 시편들은 이를 정직하게 반영하고 있다. 이런 현상을 두고 우리는, 대상에 대한 관심의 직정적 편중이라 정의할 수 있을 것이다. 예컨대, 페트라르카가 오직 관심을 내부로 향해 쏟았고 자신의 내적 '나'와만 대화를 나누었기 때문에, 자신의 모순을 깨달았다는 최초의 평가를 받은 점과는 상반된다.

그의 삶의 내력은 이러하다. 신학대학원을 나와 기독교 목회자가 되었으며, 시 「모국어 2」로 추정해 보자면, 필리핀과 싱가포르 등지에서의 타문화권 적응과 연구생활을 거쳐 10여 년간 남미 아르헨티나에 상주하며 활동해왔다. 이렇듯 장기간 해외 체재는 그를 어쩔 수 없이 문화적 코스모폴리턴으로 만들었음이 분명하다. 때문에 영성적으로는 기독교 신앙인으로 일관해 오면서 근년에는 시인적 기질로 '인문주의자'의 성향을 강하게 나타낸다. 아마도 종교적 소명과 환경적 요인이 그를 자신과 대화하며 내면의 모순을 형상화하는 계열과는 동떨어지게 할 수밖에 없었을 것이다.

두 번째는 시에 접근해 간 세월의 추이이다. 짐작하기로는 청소년 시기부터 시에 접목이 되었을 것이고, 신학과 연계 학문에 매진하면서 시적 정진의

농도가 옅어졌다가 남미의 강렬한 햇볕 자연의 신성神性과 특이한 문화 풍속으로 에스프리가 촉발되어 불혹의 나이에 창작에의 활력을 얻은성싶다. 이로써 첫 시집은 시에 천착한 지 20여 년의 기간을 추슬러 담은 결과가 되었다. 산천이 두 번은 변할 이 장기 우회로에서 그의 시적 소재는 다양하게 개발되어 왔으며 그것을 시집 한 권에 집중시키기엔 공간이 생길 수밖에 없었을 게다.

윤춘식의 첫 시집을 대하면서 이러한 배경이 감안되어야 마땅하다. 그럼에도 불구하고 그의 전 시편을 일관하는 흐름은 일목요연하다. 하나는 기독교 신앙의 언어적 육화肉化이고, 다른 하나는 남미 인디오의 음영에 대한 애착과 그 문화 및 풍광에 대한 인문주의자로서의 이해이다. 특히 두 번째 갈래에서 그는 시적 성취를 탁월하게 이루고 있어, 우리 시단에서 확실한 개성을 확보하는 것으로 믿어진다.

1

잘 아시다시피, 신앙은 신에의 절대적 긍정과 전폭적 위탁을 전제로 하는 데 반해, 문학은 삶에의 회의와 모순을 부정적으로 바라보며 기존 질서에 의문을 표현하는 데에서 출발한다. 인간에게서의 진선미 추구, 그 목표는 동일하지만 접근 방법은 판이하다. 시는 이의 조화 내지 통합이 요구되지만 그 경지에 오르기란 지난하다. 전자 쪽으로만 순진하게 치중하면 도그마에 얽매여져 예술적 흥취를 잃기 십상이고, 후자에만 곧이곧대로 나아간다면 진리의 빛을 상실하고 말 터이다.

그 갈등의 경계에서 윤춘식은 〈시의 하루〉를 통해 진솔하고도, 호흡과 메시지가 격조를 얻는 어떤 덕의德義에 다다른다.

　　나는 시작詩作이란 과녁을 맞추는 행위가 아닌
　　곧 현실적으로 진행하는 사랑이라고 믿고 있다
　　그러기에 질그릇에 담긴 인간처럼 무참히 깨어질 수도 있다

또한 나의 시는 내 믿음의 대상이다
어머니의 사랑에서 아내의 사랑으로,
다시 삶과 자연의 사랑으로 전환되기도 하고
동시에 체험되기도 한다

나의 창과 살이 파아란 창공을 날고 있는
새 떼를 공격하지 않기를 바란다
화살과 창날이 샘가에 조요照耀히 떨어져
숲속 샘물가에서 영혼을 위한
기도의 집을 짓는 기둥이 되고 창문이 되었으면 좋겠다
나의 전全 생애에 걸친 날과 씨의 진실이 한데 모여
마음이 가난한 사람들에게 한 벌의 포근한
옷을 지어 입혀주는 직조의 천이 되었으면 좋겠다
〈시의 하루〉 부분

인간은 신의 피조물인 이상 완전할 수 없으며, 시의 화자話者가 어떤 지식과 열정을 가지고 노력하더라도 인생의 궁극적인 목표를 다 통달할 수는 없다. 이 시편에서 '과녁'은 인간 한계를 증명하는 오브제이다. 다만 시작詩作으로 대입해 볼 때 그것은 '현실적으로 진행하는 사랑'으로 환치할 수는 있을 것이다. 나의 지식과 열정이 '창공을 날고 있는 새 떼'로 표상되는 순수 또는 선성善性에 피해를 주는 것이 되어선 안 되고, '영혼을 위한 기도의 집'을 짓기 위한 기둥이나 창문, 또는 '마음이 가난한 사람들에게' 몸을 가릴 따스한 천이되길 희망한다. 이것이 시인에게 있어 현실적이며, 진행형의 사랑- 다시 말해서 자기 시에의 기대와 소망이라고 피력한다.

기독교 신앙은 창조주에의 찬양과 예배가 우선되어야 하지만 동시에 그것이 실천적 사랑, 그 행위와 결부되지 않을 때에는 사명을 다하지 못한다. 윤춘식은 창날, 화살 같은 예각적인 낱말로 화두를 연 다음, 새 떼의 천진무구성을 거쳐 창문과 직조의 천이라는 따스한 서정적 시어로 귀착시킨 언어 이행移行의 묘를 보여준다. 기독교의 사랑--〉시--〉현실적 소망이, 그야말로 '밝게 비치어서 빛남'이라는 뜻의 '조요'란 낱말이 시사하듯 큰 덩어리로 화하는 이미지의 확산에 이바지한다.

> 한 해가 순간에 머무는 크리스마스 이브에
> 여름밤도 한살 더 나이를 먹으며
> 사랑을 쏘아대는 풍속도를
> 흐린 가슴으로 그려낸다
>
> 보라, 이 지구상의 허다한 상처들이
> 마른 피를 흘리며 비상하는 크리스마스 이브를
> 저기 또렷한 유방만 한 위성이
> 내일은 무엇 되어 빛나고 있을까?
>
> 〈크리스마스 이브〉 부분

이 시에서 '보라'라는 명령어로 시작되는 두 행은 매우 강렬한 메타포를 작동한다. '상처'는 신이 사랑으로 창조한 세계에 대한 인간의 훼손이며 죄업이다. 그러나 크리스마스 이브가 있기 때문에 '비상'의 추진력을 얻을 수 있으며, 종내에는 '유방만 한'이라는 육감적 언어가 마술을 일으키며 구원을 암시한다. 이 시구는 저 16세기 영국의 시인 크리스토퍼 멀로우의 '보라, 그리스도의 피가 하늘을 난다 / 저 한 방울만으로도 구원을 얻을 것'을 연상시킨다. '그리스도의 피'와 '상처들의 마른 피'라는 상이성이 있음에도 불구하고 신의 은총으로 향하는 길은 한 가지다.

이 밖에도 「인디오 가는 길」은 아름다운 기도문에 값하고, 「예언자」는 선교 현장에서의 불에 덴 듯이 접촉한 성찰을 상상력으로 용해시킨 시편이다. 간밤에 입안이 소금덩이와 화저로 가득했다는 진술은 상상력이 빚어낸 환유이지만 전달의 리얼리티는 명징하다. 이것이 정련을 더하면, 시인이 꿈꾸는 이른바 비유를 전제로 한 마술적 상상력의 단계까지 도달하게 되는 것이다. 윤춘식의 시에 있어 이 계열의 진경을 보여주는 시편은 「선교지에서의 어린 주검 1」이다. 두 살 난 어린애의 시신 곁에서 그는 선교사로서, 시인다운 인인애隣人愛로써 현상 이상의 차원으로 심화시킨다. 이방인으로서 그의 관조의 색조는 우연하게도, 남미의 암울한 현실을 신비적 색채로 표현한 칠레 작가 호세 도노소의 「광야의 집」한 문단과 궤를 같이한다.

> ① 파랗게 숯이 되어가는 입술 사이로/우리는 열린 하늘을 보았고/세마포 위엔 한 그루 나무가 자라고 있었습니다//나무는 꺾여진 곳에 생즙을 내면서/불처럼 피어올랐습니다/사세히 보니 그것은 나무가 아니라/새싹이었습니다

> ② 아마데오가 숨을 거둘 때를 알아차리는 일은 어려운 일이 아니었다. 누구나 임종시엔 그렇듯이 파리하고 투명하며, 머리칼과 속눈썹과 눈썹들이 너무나 맑고 입술엔 빛깔이 없다. 식물적인 빛과 물기의 근접함 속에서 그의 윤곽은 돌연히 어떤 경계선을 넘어설 때 완전히 티 없이 맑게 변하였고, 그의 피부는 마치 태아처럼 흐릿하면서도 정태적으로 화했다.

　이 두 글의 비교는 영락없이 시와 산문의 고유성과 변별성辨別性을 가름한다. ①은 시적인 일루전(illusion)으로 포장되면서 '파랗게 숯이' 된 현실감에서 '세마포 위엔 한 그루 나무'가 자라는 이미지의 변용이 있는 대신, ②에서

는 즉물적인 관찰로 시종하며 주검의 변화가 화학적으로 기술되는 데에 만족한다. 시 ①의 '세마포'라는 서정적 어휘에 의해 나무가 자라는 메타포가 연결되어 비약의 약동성이 뚜렷한 데 비해 ②는 '피부는 마치 태아처럼 흐릿하면서도 정태적으로 화했다'고 평면화시키는 점이 시와 산문의 예술적 속성을 분명하게 구분 짓는다.

2

『풀잎 속의 잉카』에서 형상화된 시편 상당량이 남미 사역 중에 씌어진 것들이다. 말할 나위가 없겠지만 이 시편들은 그중 근년의 소산이고, 윤춘식 시는 이에 이르러 현저하게 상징과 비유로 무장한 현대시의 의장(意匠)을 퍽 세련되게 드러낸다. 그는 아메리카 3국으로 지칭되는(또한 이과수 폭포 유역인) 아르헨티나, 브라질, 파라과이뿐만 아니라 잉카 문화의 요람인 페루와 원시적 밀림지대를 점유한 칠레를 제재로 삼아 많은 시편을 쓰고 있다.

이 계열의 시편의 특징은 우리 시단에 만연한, 보고 들은 국외자의 여행시편의 카테고리를 뛰어넘어 동화된 자, 빛과 아픔을 공유한 자의 눈으로 그 풍광과 현실을 노래하고 있다는 점이다. 사실 이방인으로서 다른 지역의 풍물, 역사, 문화인식, 생활상을 시적 대상으로 파악하기란 용이한 일이 아니다. 그렇게 되기 위해선 지고한 통찰과 풍속적인 육화 과정을 거쳐야 할 일인데, 윤춘식의 시는 웬만큼 신뢰감을 갖게 하기에 충분하다.

수록 순서대로 몇 편의 인상적인 시행을 나열해 보면, 그의 관심과 표현의 숙성에 다가들 수 있을 것 같다.

　　팔짱을 끼고 지저귀기도 하고
　　짝짓기를 하다 짧게 눈물을 보이기도 한다

　　이윽고 무거운 새벽을 서쪽 바다로 밀어내고

안데스 산맥 위로 풍금 같은 태양을 끌어올리는
연약한 새의
가파른 노래

〈떼무꼬의 아침〉 부분

바다는 목청을 돋운 채 탱고를 추고
소년은 황급히 자라나
옥수수빛 잉크를 철철 쏟으며 스무 편의 애정시와
한 편의 절망의 노래를 줍는다
노래는 억센 암초의 뿌리까지 흑진주 빛깔로 스며든다

마침내 청년은
다인종 세계를 이슬라 네그라의 품에 안고
사회주의자가 되는 고통의 꿈을 꾸었다

〈이슬라 네그라〉 부분

백년이고 천 년이고
끊임없이 펄럭이는
흰 옥양목 천
(중략)

태양의 무게로도
그림자 지을 수 없는
얼음같이 순수한 태고의 대리석
그 단단한 석면에 어리는
시린 숨결

〈안데스 산맥〉 부분

촘촘히 서 있는 탄력의 숲
산새도 끼어들 수 없어
숲 위로 뒹굴고
바람의 무게로도
결코 숲을 쪼개지는 못한다

신청한 진동
히아신스는 더욱 신선하고
숲은 우주를 감싸 안았다

〈이과수 폭포 3〉의 1,2연

천 년 풀잎은 시들지 않고
뾰족한 혀를 내밀어
바위들의 가슴팍 조각난 제국을 빨며
마지막 전분을 핥아낸다

쿠스코를 수호하던 독수리조차
긴 입술의 정釘으로 시간의 각질을 쪼아내며
돌그림자의 탑을 쌓아만 가고

오늘의 혁명은
이 칼칼한 풀잎에 살갗을 맡기고
바위의 궁전을 찾아
마추픽추를 오르는 일이다

〈풀잎 속의 잉카〉 부분

윤춘식이 남미에서 접하는 새는 생명 개체로서의 한 종種의 소묘일 터이나 그건 연약하지만 가파른 노래를 지으며, 거대한 자연 풍모를 지닌 안데스 산맥이나 고대 잉카제국, 이과수 폭포는 단지 풍광만으로 조감되는 게 아니라 태양의 무게 혹은 바람의 무게로도 풍화되지 않을 영원한 신성의 의인화이고, 탱고를 추는 소년은 자연아에 그치지 않고 현상 타개의 고뇌자로 떠올려져 경애감을 부각시킨다. 여기에 연작시 〈잉카의 해시계〉를 더한다면 시인은 남미의 자연에서 햇볕과 침묵뿐만 아니라 '낮별들 사이에 사닥다리를 놓을 만한 시간이 있는 곳'으로 미래의 운명까지 투시코자 한다.

이런 시편들에서 윤춘식의 시어들은 비로소 탄력을 얻고 있다. 싱싱한 은유들이 '원형질'처럼 자리 잡고 '노래는 억센 암초의 뿌리까지 흑진주 빛깔로 스며드'는 상상력이 가미된다. 바다의 발톱을 인식하는가 하면 '무덤 위에서도 그대의 성城은 펄럭인다'라는 강렬한 이미지로 형상화한다. 이들 언어들은 파격적인 힘을 발휘하면서 포에지의 영역으로 진입한다. 천 년을 펄럭이는 옥양목 천(안데스 산맥)이나 우주를 감싸 안는 숲(이과수 폭포)은 자연을 경외케 하는 호소력을 띠고, 짝짓기 하던 새가 짧은 눈물을 보이는 거나 한 편의 절망의 노래를 줍는 빠블로 네루다 초상은 남미의 사회 현실에 대한 직정적直情的 연민인 동시에 그 역사인식에의 해박한 참여이다.

윤춘식은 이런 시편들에서 자연에의 이해를 넘어서는 어떤 관계를 획득한다. 그 '어떤 관계'는 멕시코가 낳은 탁월한 지성, 옥따비오 빠스의 「이중 불꽃」에서 언급되는 다음과 같은 문장으로 설명될 만한 그린 성질이다.

'인류가 우주와 인척관계에 있다는 생각은 사랑에 관한 생각이 싹트게 되는 바로 그 순간에 나타난다. 그것은 최초의 시인들과 함께 시작되는 믿음이고, 낭만주의 시들을 뒤덮고, 그리고 우리에게 건네져 왔다. 하나의 산과 한 여인, 한 남자와 한 그루 나무 사이의 혈족관계는 사랑의 감정에 있어 핵심에 해당된다. 과거에 그랬던 것처럼 오늘날 사랑은 자연과 화해를 이루는 길이 될 수 있다. 우리는 자신을, 봄 또는 떡갈나무, 새 또는 황소로 바꿀 수는 없지만 우리는 그것들 속에서 〈우리 자신을 기억해 낼〉 수는 있다.

3

윤춘식의 시의 토양이 기독교에 바탕을 두고, (옥타비오 파스의 표현대로라면) 남미와 혈족관계를 맺으면서 그는 확연히 치열한 언어 감각과 이미지의 비약적인 표현을 추구하기에 이르렀다. 이 사이에 모종의 갈증, 갈등이 싹텄을 것임은 필지의 사실이다. 그것은 모국어에 대한 애정과 거리감에서 비롯되는 고뇌로 나타난다.

그는 '모국어'라고 제목을 붙인 시편도 두 편이 있는 바, 〈모국어 1〉에서 '석탄처럼 붉게 타들어가는 모음들 / 음절마다 그리움에 파도치는 자음의 총돌'이라고 그 연연한 정서를 표출하고 있다. 뿐이랴, 〈예언자〉에서는 자신의 내면을 변명하려 할 때도 '모국어로 다가오는 천둥소리'라고 표백한다. 모국어는 말인 동시에 시인에게 있어선 모든 통로, 관계의 원천일 터이다. 자신이 갖고 있는 온기, 추억, 지성, 혹은 살아가는 기력의 그 모든 총합체이다. 때문에 그의 모국어에 대한 그리움은 동백기름 반지르한 어머니의 다른 지칭일 수 없으며, 북한의 꽃제비에 대해 불쌍히 여김과 통일에의 갈망, 어머니 소시절의 옛날 이야기와 이음동의어가 아닐 수 없다.

이러한 시편들은 남미 시편에 비해 시적 긴장감과 예각성이 떨어지는 편이다. 현대시는 직정적인 정서만으로 성과를 얻을 수 없다는 교훈의 한 증좌가 되리라. 이 지적은 동시에 윤춘식이 시의 길에서 일취월장해 왔다는 반증이 되겠기에 오히려 고무적이다. 〈잉카의 해시계 1〉에서 '시간은 물을 주어 바위를 지켰구나' 했던 그 시간이 윤춘식의 시에도 물을 주었기에.

한 시인의 첫 시집을 두고서 예단키는 매우 조심스럽지만, 나는 윤춘식이 어느 경지에서 관심의 초점을 기독교 신앙시로 회귀할 여지는 있다고 판단한다. 단지 목회자로서의 입지만을 고려한 예감뿐 만은 아니다. 그 스스로도 「나는 아름다운 서정시를 쓰고 싶다」]에서 예표하고 있거니와, 자연에서 신성을 발견한 터에 창조자의 신성으로 넘어가고 싶은 유혹을 떨치기는 미상불 어려울 터이니까. 그때에도 아무렴, 안데스와 이과수와 잉카를 노래한 인문주의적 자세를 견고히 지켜나가기만 바랄 따름이다. 부언하여 그의 고백시를 받쳐놓음으로써 새삼 자신의 다짐을 환기시키고자 한다.

나는 불에 타 상처난 거대한 뿌리의 손들과
땅에 묻힌 나무의 비밀과
깊이 파고드는 식물의 근육을 만지고 싶다

펜에서 폭포처럼 세차게 뿜어져 나와
공기로 스미는 광채를 붙들면서…

〈나는 아름다운 서정시를 쓰고 싶다〉에서

제3시집 『그의 하늘이 이슬을 내리는 곳』 스페인어 대역

깨어 있는 시간

秋收 윤 춘 식

"부에노스 아이레스여 깨어 있으라!" 는 포스터를 기억한다. 표제 아래, 아르헨티나의 상징인 오벨리스크(부에노스 아이레스 창건 기념탑)를 눈 안에 꽂아 넣고서, 동공을 수직으로 받치고 있는 기상천외의 발상인 그림이 확대되어 그려져 있었다. 눈꺼풀이 감기지 못하도록 눈에 대리석 기둥을 세운 충격 요법…

아아, 그렇다. 우리에겐 자극이 필요하다. 그렇지만 충격으로써 잠을 자지 않는다고 탤런트와 직무를 다 성취시킬 수는 없는 일이 아닌가. 3천 년 전, 이스라엘의 시성 다윗은 "비파야 수금아 깰찌어다 내가 새벽을 깨우리로다" 라고 그의 깨어 있는 신앙을 시위한바 있다(시 57:8). 사도 바울 역시 "세월을 아끼라" 라고 설파하였다(엡 5:15). 원래의 뜻은 값을 지불하여 시간을 사라는 말이 된다.

시작정신詩作精神이 이처럼 치열해야 하리라. 시작은 체험이 언어라는 매개를 통해 굴절과 순환의 이미지로 몸을 입고 깨어나는

부에노스 아이레스여 잠들지 마라

창조 행위이다. 일상의 현상 저편에서 천국의 언어로 경배와 생명과 자연과 인생을 이야기할 수 있어야 하겠다.

여기 라틴권에서 사역하고 있는 11명의 한국 크리스천 시인들이 정성을 모아 신작시 100편을 정선하였다. 출판 비용을 서로 맞추며 함께 기도했다. 북미에서 활동하고 있는 네 분의 시인들도 동참했다. 이들 시인들은 고국을 떠나온 후 각기 중요한 위치에서 라틴아메리카와 이웃의 영혼들을 섬기고 있는 분들이다.

우리는 시(詩)가 인간을 구원한다고 외치는 사람들도 아니며, 시 지상주의자들도 아니다. 그러나 시는 그리스도 예수 안에서 구원 받은 사람들의 마땅한 찬양이요, 구도자가 직조한 천국의 언어임을 의심하지 않는다. 가장 낮은 곳에서 가장 높이 뜬 별을 비추는 우물처럼, 별 것 아니라 하면서도 매달릴 수 있는 문학적 순결로써 라틴 시편들을 독자들께 내놓는다. 시울대 중남미 문학 연구소와 한동대 국문학 교수팀이 라틴 시편들에 관심을 갖고 이 시집의 출간을 기다리고 있다. 그래서가 아니다. 우리는 모국어 없이 하루도 살아갈 수 없지 않은가.

본 엔솔로지를 한데 모으기 위해 성의껏 시를 보내주신 분들, 스페인어 대역을 도와준 K. Islet 선생님, 그리고 끝까지 헌신하며 곱게 엮어주신 예영커뮤니케이션 김승태 사장님과 조현철 과장님에게도 감사의 말씀을 드린다.

팜파평원을 포함한 남미 대륙이야말로 "그의 하늘이 이슬을 내리는 곳" (신 33:28)이다. 올 한해에도 남미 땅에 구원 받는 백성이 늘어나기를 기원한다.

2004. 1. Tiempo Latino 발행인

제4시집 『지금 손 안에 피는 꽃』 해설

시인의 존재성과 본질 지향의 근원성

남 송 우
전, 부경대 인문대학장, 현, 고신대 석좌교수, 문학평론가

1

영어의 공용화로 소수 언어가 지상에서 사라지고 있다. 비록 사라지는 소수 언어가 생겨나긴 하지만, 전 지구의 소통 정도는 더욱 빨라지면서 다문화 시대가 열려진다. 다문화 시대가 펼쳐지면서 언어의 다양성을 경험하게 된다. 언어의 다양성은 다문화의 표상이기는 하지만, 시인의 경우 이 현상이 심화될수록 일차적으로는 곤혹스러운 경험들을 하게 된다. 시인은 모국어의 원천성을 부인할 수 없기 때문이다. 이중 언어를 일상화하면서, 시를 창작한다는 사실은 새로운 언어감각에 눈뜨게도 하지만, 시의 언어는 근본적으로 번역될 수 없다는 점에서 이중 언어 사용의 강점과 약점을 생각하지 않을 수 없다. 윤춘식 시인의 시편들을 읽으면서 먼저 떠올리게 된 시와 언어에 대한 단상이다.

윤춘식 시인은 남미에서 선교사역을 오랫동안 계속하였고 지금은 신학대학원에서 후진들을 가르치고 있다. 그런데 그는 선교사이기 이전에 시인이었다. 70년대 후반 대학원 시절 우리가 현대시를 논하고 있었을 때, 그가 썼던 시편들을 머릿속에서 아련히 떠올려 보면, 분명 그는 선교사이기 이전에 시인의 자질을 먼저 내보였던 것임에 틀림없다. 선교현장에서 이국어를 일상화

하면서 모국어로 시를 써야 하는 시인의 의식 속에 이 이중 언어의 자리는 어떻게 작용하고 있었을까? 이것이 필자가 그의 시편들을 읽으면서, 주의 깊게 살펴본 첫 번째 관심사였다.

시와 언어의 문제만큼 끈질기고 고집스런 현상도 드물다. 시는 언어의 미학에서 출발하기 때문이다. 이는 시인의 존재성은 언어로부터 출발함을 의미한다. 그래서 시인의 시에 대한, 언어에 대한 집착은 근원적이다. 윤춘식 시인의 제 4시집에서 시 자체를 노래하는 시편을 자주 만나는 이유가 여기에 있다.

집 떠나면
함께 떠나는 시詩
집은 혼자 남는다

대문 나설 때
나보다 먼저
고뇌는 길을 오른다

저 앞에
맹목으로 서 있는 표지판,
나는 길의 마음으로 시를 쓴다
이국의 강가
놀빛 환희로 깨어나는 시를 …

부드러운 연필처럼
버드나무에 음표를 그리는 따뜻한 깃털
시는 깃털이다

일어나야 할 자리에서
애틋하게 움이 트는
아침의 숨소리이다

시는 언제나
캄캄한 어둠을 열고
볏짚처럼 가난한 아침을 가꾸지만,

황홀한 성터에
침략자의 칼끝을 치켜들고
먼 데를 찾아온다
〈시의 자리〉

시가 위치한 자리를 노래하고 있는 시편이다. 시의 자리란 시의 본질을 말하면서, 시인이 생각하는 시의 속성을 노래함이다. 시인이 생각하는 시란 집처럼 한 공간에 고착되어 있는 실체가 아니라, 끝없이 열려 있는 길의 이미지를 닮아 있다는 것이다. 그래서 시인은 〈길의 마음으로 시를 쓴다〉고 노래한다. 길의 속성은 어디로든 이어져 있기 마련이고, 그래서 끝이 없다고 할 수 있다. 시의 속성이 이러한 길의 속성과 닮아 있어 집처럼 고착되거나 고정되어 있는 것이 아니라, 상상력에 의해 끝없이 펼쳐져 나가는 성질을 지니고 있음을 노래하고 있는 것이다.

시인이 생각하는 시란 길의 마음과 통하기도 하지만, 시는 〈깃털이〉며 아침의 숨소리〉로 정의되기도 한다. 깃털의 속성과 닮아 있는 시란 시의 어떤 부분을 말하는가? 시인은 단순한 깃털이 아니고 〈부드러운 연필처럼 버드나무에 음표를 그리는 따뜻한 깃털〉로 환유하고 있다. 우선 부드럽고 따뜻함이라는 수사에 눈을 줄 필요가 있다. 인간의 본성 중에서 가장 부드럽게 움직이며 따뜻함을 내비치는 부분은 이성이 아니라 감성이다. 시는 일차적으로 감성의 산물이라는 점을 깃털로 노래하고 있다고 해석하면 어떨까? 이는 윤춘식 시인의 시의 자리를 분명히 보여주는 시에 대한 인식으로 보인다. 이번에 선보인 그의 시들은 이성의 메마른 토양에 바탕을 둔 이미지 중심의 시가 아니다. 그의 시편들은 감성에 기초한 전통적인 서정시에 뿌리를 두고 있다. 윤 시인이 시를 깃털로 비유한 것의 연유를 여기서 읽게 된다.

그의 서정시가 지닌 특징은 〈아침의 숨소리〉로 이어진다. 이 아침의 숨소리는 단순한 숨소리가 아니라, 〈일어나야 할 자리에서 애틋하게 움이 트는〉 숨소리라는 특징을 지닌다. 〈일어나야 할 자리〉라는 표현에 유의할 필요가 있다. 이는 부자연스럽거나 인위적이 아닌 자연스럽고 당위적인 숨소리라는 점에서, 정상적인 인간의 정서를 자연스럽게 풀어놓은 것이 시라는 점을 암시하고 있다. 이지적이거나 지성적인 조작이나 이미지 만들기보다는 자연스런 감정의 유로가 만들어 내는 정서의 표출이 시라는, 시에 대한 인식을 말한다. 이러한 윤 시인의 시에 대한 인식은 다음 시에서도 그대로 이어지고 있다.

그 때는
메마른 이미지라야 지성적 시라고 해서
사막을 노래했었지
사람들은 그를 낙타라 불렀지
그리고는
감성을 지배해야 지성적 시가 된다고 해서
시퍼런 뼈다귀와 낫을 노래했었지

사람들은 그를 예각銳角이라 불러 주었지

방금, 커피 밭에서 온 편지 한 통 읽으니
낙타도 예각도 아닌
잊어버렸던
엘살바도르 고원의 커피나무 꽃

낙타 발아래 채집해 두었던
농장이 건네준 선물
우주를 건드리는
다섯 줄기 신비롭고 영민한 꽃

고원에 올라 먼 도심을 바라보던
식물성 향기이다
커피나무 숲 가득히
하얀 열대가 열린다

긴 사막을 뚫는 빗소리
투덕거린다

〈커피 밭에서 온 편지〉

    메마른 이미지가 중심이 되는 사막을 노래하는 낙타라 불리는 시, 감성을 지배하는 예각이라 불리는 지성적인 시가 있음을 노래하고 있다. 그러나 시인은 이러한 이미지 중심이나 감성이 사라진 지성적인 시보다는 〈엘살바도르 고원의 커피나무 꽃〉이 더욱 시적이며, 그 자체가 시임을 분명히 예시하고 있다. 이는 앞선 시에서 확인한 바와 같은 부드럽고 따뜻한 깃털로 상징되는 서정시의 객관적 상관물이다. 그것을 시인은 〈식물성 향기〉로 명명하며, 이것이 사막을 노래하는 지성적 시를 넘어선다는 것을 〈긴 사막을 뚫는 빗소리〉

로 상징하고 있다. 식물성 향기를 지닌 서정시가 이미지 중심의 시보다는 더욱 시의 효용이 크다는 것을 인식한 결과로 보인다.

  이러한 시인의 서정시에 대한 선호는 그가 지닌 기독교적 미션과 무관해 보이지 않는다. 서정시는 근본적으로 시인과 시를 분리하지 않는다. 시적 화자라는 서정적 자아를 가면으로 내세우기는 하지만, 시적 화자는 세계와의 동일성을 지향함으로써 하나 됨을 추구하는 특성을 지닌다. 시인의 삶의 자세가 시에 그대로 반영되어 나타나는 서정시의 일반적 경향은 이러한 서정시가 가진 특성에 기인한다. 다음 시에서 「빙어와 시인」을 동일시하는 시인의 태도는 이러한 서정시의 특성을 잘 보여 주는 예가 되기도 한다.

    평생
    눈을 뜨고 잠자는
    꼿꼿한 자세

    예민한 오감五感은
    잠자리조차 옮길 수 없구나

    묵상 중에도
    눈꺼풀 하나 깜빡이지 않고
    지느러미 작을수록
    아름답도다

    이 호수에서
    가장 작은 너
    작지만
    유랑할 줄 아는 너

네 몸무게로
호수 저쪽 끝을 받치고
네 입김을 불어
이쪽 수면을 닦고 있구나

여하간
유리조각 같은 얼음 위에
무슨 글을 남기려나?
〈빙어와 시인〉

　평생 눈을 뜨고 잠자는 꼿꼿한 빙어의 자세에서 시인의 삶의 자세를 읽어내고 있다. 빙어라는 시적 대상과 시인을 동일시하려는 시인의 의지가 나타나는 장면이다. 빙어의 삶에서 읽어내는 시인상의 모습은 여기에서 그치지 않는다. 묵상 중에도 눈꺼풀 하나 깜빡이지 않는 자세, 호수에서 가장 작지만 유랑할 줄 아는 생리 등을 통해 시인이 지녀야 할 속성과 동일시를 시도한다. 그래서 결국은 〈유리조각 같은 얼음 위에 무슨 글을 남기려나?〉라는 질문을 통해 시인 역시 이같이 시 작품을 남겨야 하는 존재임을 환기시키고 있다. 즉 얼음 언 호수 속에서 살아가고 있는 빙어의 자태를 통해서 시인의 존재성을 다시 한 번 일깨우고 있는 것이다. 이러한 시인의 존재성에 대한 시인의 의식은 시와 언어에 대한 문제에로 나아가고 있다.

내 왼팔을 베고
잠든 네 봉곳한 유방은
고요하고도 매끈한
보리수 나뭇잎

내 손이 가 닿으면
달빛처럼 바스스
눈을 뜨는 한 밤 …

"언어가 전보다
 거칠어져 있군요"

아, 여울 소리인 듯
내 입술에 십자가를 남기는
새벽 숨결

사랑도 오래하면
그리움이 거칠어진다네

절연한 종이도 톱날이 될 수 있느니,
거친 언어가
가장 부드러운 것을 만날 때
더 거칠어질 수 있느니
〈시와의 한 밤〉

    시인이 시를 창작하는 과정 속에서 만나는 언어와의 관계성을 노래하고 있다. 시는 언어의 예술학이라는 점에서 언어는 잘 닦여져야 한다. 그런데 시인이 시 작업 과정에서 확인한 시 언어의 모습은 언어가 전보다 거칠어져 있다는 것이다. 중요한 것은 시인은 이러한 언어의 거칠어짐을 부정적으로 바라보고 있지 않다는 점이다. 오히려 사랑도 오래하면 그리움이 거칠어지듯이 거친 언어가 가장 부드러운 것을 만나면 더 거칠어질 수 있다고 변호하고 있다.

이런 시어에 대한 시인의 생각은 지금까지 확인한 바와 같이, 윤 시인의 서정시에 대한 인식으로부터 비롯된다. 그는 시는 이미지의 조작으로, 인위적으로 만들어지는 지성적인 시보다는 진실한 감성을 자유롭게 드러내는 감성의 시를 선호하는 입장이었다. 이러한 서정시에 대한 입장은 시어를 빛나게 닦아 화려한 언어의 집을 만드는 것보다는 언어는 거칠지만 진실된 감성을 실어내는 언어가 더 필요함을 강조하고 있는 모습이다.

어떻든 윤 시인은 시와의 「오래된 연인」 관계를 어찌할 수 없음을 직설적인 언어로 고백하고 있다.

    새벽 두 시 반
    잠에서 깬 아내가
    서재로 나오면
    나는 한국어로 시를 쓰다 말고

    다시
    복음서 주석을 써야 한다
    장절마다 무덤에서 뛰쳐나온
    스페인어로 …

    내가 두 일을 계속할 수 있는 까닭은
    너와 내가 로고스로 만났기 때문
    너는 나를 한 번도 사랑한 적이 없기 때문

    우리는 오래된 불화(不和)처럼
    오래된 연인,
    어찌 이 일이 가능한가

묻지 말라
우리는 피차 불감증에 걸린
로고스이니까
〈오래된 연인 – 시와의 대화〉

한국어로 시를 쓰다가, 다시 스페인어로 복음서의 주석을 써야 하는 이중 언어의 고통 속에서도 시와의 인연을 끝낼 수 없는 숙명적인 시와의 관계성을 말하고 있다. 이중 언어의 고통 속에서도 이 작업을 계속할 수밖에 없는 이유는 로고스로 만났기 때문이라고 치환시킨다. 그의 많은 시편이 이러한 이중 언어에 대한 시인의 의식을 드러내며, 항상 시의 존재성에 민감하게 반응함을 보여 준다. 그래서 그의 시에는 「시학」, 「시는 아름답다」, 「시와 빨래터」, 「시여 침을…」, 「라 뽀에시아」, 「제사장 언어」, 「루벤 다리오를 만나려거든」 등 시의 존재성을 사유하는 시편들이 지속되고 있다.

2

윤춘식의 시편에는 앞서 살핀 바와 같이, 시에 대한 혹은 시인의 존재성에 대한 자의식이 부단히 드러나기도 하지만, 그의 시편의 한 축은 또한 근원에 대한 의식이 충일하게 드러나고 있다. 이 근원의식은 고국을 떠나 이국에서 선교사로서 활동하면서 새롭게 자각하게 된 의식이라는 점에서 색다른 의미를 지닌다. 이 근원의식은 유년의 추억이 서려 있는 고향 땅에 대한 노래와 선조에 대한 뿌리의식, 그리고 나아가서는 어머니에 대한 모성의식에로까지 나아간다. 인간의 뿌리의식은 일차적으로 물리적 공간인 고향으로 나타나기도 하지만, 더 근원적인 고향의식은 모든 인간의 원형적 고향인 모성의 품에서 확인할 수 있기 때문이다.

누이야,

우리가 다시 그 시냇가에서
여름밤 까아만 조약돌에 비친
하얀 종아리를 가진
반딧불을 잡을 수 있을까

은하수를 반사하는 반석 위에서
아기자기한 물장구를 칠 수 있을까

솔로몬과 술람미가 함께 밟았던
그 잔디밭을
잠든 맨발로 걸을 수 있을까

둥근 잔 같은 네 배꼽에
푸른 시냇물을 부어
허리와 눈빛으로
촉촉한 모음母音 부딪치면서
위험한 어둠을 밝힐 수 있을까

삐삐 줄기를 다시 뽑아 지그시 깨물자
솜털 같은 추억의 종소리를
달콤한 밤하늘에 날려 보내자

그 시냇가에서
새벽 동이 트기 전
우리가
다시 그렇게 할 수 있을까

〈하얀 밤 이야기 – 그렇게 할 수 있을까?〉

시인은 유년의 추억이 고스란히 남아 있는 시공간 속으로 빠져들고 있다. 지금은 회복할 수 없는 기억 속의 공간이다. 시인이 이 시의 부제를 '그렇게 할 수 있을까?'라고 내세우는 것은 다시 그 유년의 시공간으로 되돌아 갈 수 없다는 현실을 인정하고 있음이다. 현재를 과거로 되돌리기는 근원적으로 힘들기 때문이다. 그러나 그 때의 시공간을 회상하고 있다는 것은 그 과거의 시공간을 다시 한 번 소유하고 싶은 열망의 표현이다. 이 시공간은 지나간 시공간이지만, 지금 생각하면 가장 순수하고 아름다운 시공간이다. 그 순수하고 아름다운 시공간을 한 번 더 향유하고 싶은 시인의 근원적 욕망이 표출되고 있다. 즉 그 시공간을 이제 다시는 향유할 수 없음에 대한 안타까운 감정이 강렬하게 드러나고 있는 것이다. 즉 고향 공간의 원형이 점점 사라져가고 있음에 대한 시적 대응이 다시는 회복할 수 없음에 대한 안타까움으로 드러난다. 그래서 그 유년의 순수한 추억이 서려 있는 고향의 공간들이 사라져가고 있다는 것에 대한 노래는 계속된다.

내 유년이 흐르는
허기진 강을 들여다보자

버들강아지 이른 봄볕이 꺾어가기 전
차갑게 머리를 빗질한 잉어가
물안개 속을 헤엄치던 새벽 강가로 나가본다

...

잠수하여

인내한 숨이
페넬로페가 직조한 실을 다시 풀듯이
캄캄한 밤을 내어 쫓고, 푸우- 하며
아침을 맞으면
백년보다 더 긴 희망을 선사하던 숨결

그 강은
지금
어디 있는가?

〈고독한 강 - 유년의 영호강〉 중에서

　유년의 강은 희망을 선사하던 숨결이 있었던 곳이다. 그러나 그 강을 지금은 찾을 수 없음을 노래하고 있다. 세월의 흐름은 모든 것을 변화시킨다. 유년에 놀았던 강 역시 세월의 흐름 속에서 옛 모습은 사라지고 없다. 문명을 넘어서던 원시적 생명력을 상실한 채 유년의 강은 강물 따라 흘러가 버렸다. 앞선 시에서 확인한 바와 같이 세월 따라 흘러가버린 유년의 시공간은 지금 이 순간 다시 회복할 수는 없다. 〈그 강은 지금 어디 있는가?〉라는 절규에 가까운 희원은 이러한 회복 불가능성에 대한 확인이기도 하며, 그 시공간으로 돌아가고파 하는 열망의 표현이기도 하다. 이런 고향의 유년 시공간으로의 회귀는 선조들에 대한 관심으로도 나타난다. 즉 시인의 근원의식은 선조들의 뿌리를 찾는 것으로 그 방향이 나아가고 있다.

　'윤관' 할아버지는 여진족을 징벌할
　뽕나무 활을 만드시고
　백성을 입힐 명주옷 같은 시를 썼지만
　나는 장군의 노트를 끝내

찾아내지 못했다

〈윤관 장군 묘소〉

　윤관 장군의 묘소를 찾아, 윤관 장군을 할아버지라고 명명함으로써 뿌리의식을 드러내고 있다. 윤관 장군의 역사적 위업과 그의 업적을 확인하고, 자신과의 관계성을 설정함으로써 선조들을 통한 나의 확인이 이루어지고 있다. 이러한 뿌리의식은 자신이 태어나 자란 고향에 대한 공간의식을 넘어서는 근원의식이다. 고향의식은 자신이 태어나 그 근본을 형성한 장소라면 선조에 대한 의식은 자신의 생명을 이어준 혈육의식에 해당하기 때문이다. 즉 혈육이 존재하기에 자신이 태어날 수 있으며, 태어난 이후에 고향이라는 장소성이 형성되기 때문이다. 시인의 시에서 확인할 수 있는 또 다른 근원의식의 모습은 모든 인간의 모태인 어머니에 대한 갈구이다. 어머니는 모든 생명의 태반이며, 존재의 근원이라는 상징성을 가진다. 단순한 혈육이 아니라, 생명 탄생의 직접적인 산실이라는 점에서 어머니란 자리가 더욱 근원적인 자리에 놓인다.

　　나는 어머니 찾으러
　　집 밖으로 나왔어요
　　깜박 대문을 열어놓고
　　나오는 바람에 두고 온
　　지성$_{知性}$을 도둑맞았어요

　　내 어머니 내어 놓아라 하면
　　흐르던 강물도 목말라 합니다

　　어머니 내어 놓아라 하면
　　까치는 하늘로 사라져 버립니다

어머니 찾아 주며
대통령이 되라 하면
대통령이 될 게요

내 어머니 찾아 주며
착한 사람 되라 하면
착한 사람 될 게요

나는 예수쟁이
어머니를 땅에 묻지 못하고
내 무릎 뼈에 묻고선
어머니 두 팔 벌려 기뻐하시던
절 한 번 하지 못하고

어머니 계신 곳 저 천성 알면서도
어머니 단어 땜에
어머니를 찾습니다

〈예수쟁이〉

이 시는 지상에 존재하지 않는 어머니를 찾고 있다. 가버린 어머니에 대한 애틋함이 강하게 묻어나고 있다. 〈어머니를 찾아 주며 대통령이 되라 하면 대통령이 될 게요〉 라는 표현은 그러한 어머니에 대한 그리움을 과장되게 노래한 결과이다. 그런데 중요한 것은 단순히 가버린 어머니를 찾는 것이 아니라는 점이다. "어머니 단어 땜에 어머니를 찾습니다" 라는 언표 속에 이러한 의미가 내재해 있다. 즉 어머니라는 단어를 떠올리면 모두가 공감하는 모성의 근원적 이미지 때문에 어머니를 찾고 있다는 것이다. 다시 말하면 시인은 나 개인의 어머니를 찾는 것에서 출발했지만, 시의 마지막 연에 와서는, 이제 어머니를 찾는 것은 어머니란 단어 속에 내포된 어머니의 원형성 때문이란 것이다. 모든 어머니들이 가진 원형성, 그것은 생명의 근원성이다. 이 근원성은 선조의 혈육성보다 더 강하며, 유년의 고향의 근원성을 넘어선다. 그래서 어머니의 근원성은 유년의 고향이 지니는 근원성과 선조의 혈육성을 모두 포괄하고 수렴한다.

이러한 근원의식은 앞서서 확인한 시인의 존재의식이나 시에 대한 자의식과 맞물려 있다는 점이 윤춘식 서정 시편들이 지니는 의미이다. 서정시는 단순이 자연을 통해 시인의 자의식을 드러내기도 하지만, 근원이나 본질에 대한 지향의식을 내보인다. 윤 시인의 시편에서 만나는 많은 자연과 계절을 노래하는 시들이 자연 그 자체의 단순한 형용이 아니라, 그 대상에 자신이 지향하는 세계를 언제나 투영하고 있는 이유가 여기에 있다. 따라서 그가 자연을 노래하면서도 문명 비판적 시각을, 기독교적 비전을 나아가 원시적 생명력을 끊임없이 추구하고 있다는 점에서 한국 시단은 큰 수확을 얻는다.

그런데 그의 시편들 중 자연과 계절을 노래하면서, 자신이 지향하는 세계를 꽃 이미지로 드러내고 있다는 점도 집중해 볼만하다.

> 이름 부르면,
> 금방이라도 창호지 문
> 열어 줄
> 너 순결한 봄볕
>
> ...
>
> 이름 부르면,

금방이라도 달려 나올
네 부드러운 버선발
하늘을 가득 담고

갓 피어난
네 꽃잎 속 가파른 절벽 아랜
계곡을 흐르는
바람소리 들린다

하얗게 살아 있는 누에고치도
이런 백조白鳥의 집을 짓지 못하리

너는
봄을 멈추는 꽃들의 어머니
모든 신경이 죽어서도 꽃피는
영원한 봄꽃 충전

〈산목련〉

꽃은 고통하며 부러진 틈새로
목을 길게 빼어
바깥 세상을 내려다본다

그렇지만
기형畸形일 수 없는 나의 시

논리도 아닌 것이

눈물도 아닌 것이
홀연히 전율하며
열매를 맺기 위해

지금,
내 손 안에서 꽃으로 핀다
피고 있는 한
나의 소망은 영원한 현재이다
〈지금, 손 안에 피는 꽃〉

「하늘이시여」,「국화꽃 형상」,「손에 피는 꽃」,「무엇을 위해 꽃을 보내는가?」,「탱고의 집」,「드라이 로즈」,「국화꽃 이미지」 등에서 꽃 이미지와 만난다. 꽃 이미지는 윤 시인이 지향하는 근원적 이미지인 모성처럼 시인이 지향해야 할 미적인 원형 이미지 중의 하나이다. 이렇듯 꽃 이미지를 지닌 윤 시인의 시편들 가운데 국화꽃 이미지가 보여 주는 응축과 시적 완성도는 그가 앞으로 작품화해야 할 서정시의 한 모형으로 여겨진다. 윤 시인의 시가 또 다른 단계로 진입하기 위해서는 이 시에서 노래하고 있듯이 〈아직은 장작불 지펴줄 긴 겨울이 기다리고 있〉는 시점이기에.

가장 견고한 국화에게도
꽃잎엔 하얀 미열이 묻어 있습니다

가장 부드러운 국화에게도
꽃잎엔
억새의 숭고한 뼈가 배어 있습니다

계절은 바뀌고
꽃들은 피고 지어도
자신을
지키는 향기는
송이송이 휘날리며
가을의 절정을 알려 줍니다

하늘에 가 닿은
시원한 눈빛
단정한 미소를 손가락 끝에 감추고
터질 듯 아름다운 노란 목덜미…

아직은
장작불 지펴 줄
긴 겨울이
기다리고 있기 때문입니다

〈국화꽃 이미지〉 전문

제5시집 『슬픈 망고』 해설

남미의 정글에서 만나는 희망

『슬픈 망고』의 역사와 이미지

금 동 철
아신대학 교수, 문학평론가

남미, 가난하지만 아름다운

　같은 캠퍼스 교수인 윤춘식 시인의 다섯 번째 시집을 만난다. 시집은 그 시인의 초상화이다. 그의 사유와 체험이 시어로 태어나기까지 우리는 그가 읊조리는 시 세계의 궤적을 대하며 그의 시를 신뢰하게 된다. 이번 시집에서 우리가 발견하는 것은, 오랫동안 원주민을 선교하며 남미에서 살아온 시인의 의식 속에 두 개의 세계가 공존하며 교섭하고 있다는 점이다. 시인 자신의 출발점이요 뿌리인 고향으로서의 한국과 현장에서 만나는 다른 세상으로의 남미 사회에 대한 인식이 바로 그것이다. 이 두 세계는 시인의 의식 속에서 서로 교류하고, 교섭하여 풍성한 의미의 세계를 만들어 내고 있는 것을 본다. 거기에는 여러 가지 차이들이 있어서 서로 간에 독특한 문화와 환경을 드러내기도 하고, 인간이라면 누구나 공유하는 보편성의 특질을 서로 공유하는 정서를 만들어 내기도 한다. 이번 시집의 진정한 가치는 바로 이러한 두 세계 사이에서 시인이 만들어 내는 정서적 공감과 보편성의 확인이 아닐까.

　윤 시인의 이번 시집에서 형상화되고 있는 남미는 아픔과 슬픔이 강하게 자리 잡고 있는 대륙의 이미지로 그려진다. 열대의 정글이라는 일견 아름답기도 한 자연을 품고 있지만, 그 속에서 영위하는 삶은 결코 만만치 않음을 인식하는 자리에 시인은 서 있는 것이다. 가난이 일상에 강하게 영향력을 미치고 있는 자들의 삶의 자리가 있는가 하면, 지진으로 고통당하는 아픈 현실 속에서도 희망을 잃지 않으려는 힘겨운 삶의 자리도 그려진다. 이 시집의 제목이기도 한 '슬픈 망고'는 바로 그런 남미와 카리브의 모습에 대한 축약된 표현일 것이다. 어쩌면 카리브와 남미에 대한 이러한 인식은, 그저 스쳐 지나가는 여행객의 시야에는 잡히기 어려운 것으로, 오직 그 사회 속에 파고들어 가서 그 사회의 속살들을 진하게 경험한 자에 의해서만 잡힐 수 있는 아픈 현실일 것이다.

내 몸이 익으려면
산호 빛 무더운 하늘이
내려와
날 깨워 주어야 해요

망부석 굳은 몸이 익으려면
시퍼런 피부를 후려치는
소낙비가 내 대신
울어 주어야 해요
… 중략 …

바람기 없는 날,
갈 곳 없는
사람들이 지나가는
가난한 길목에서
내 심장은
그늘처럼 우뚝 서

뜨거운 밥이
되어 주고 있어요
〈슬픈 망고〉 중에서

　시의 제목 그대로 '슬픈' 사람들의 삶의 모습이 축약되어 드러난 이 시를 통해, 시인은 인디오들의 삶을 내리누르고 있는 가난이라는 아픈 현실을 지그시 응시한다. 시인의 눈에 들어오는 정글은, '바람기 없는 날'에조차도 '갈 곳'이 없는 사람들이 살아가는 서글픈 땅이다. '갈 곳'이 없다는 것은 자신에게 허여된 그 삶을 구체적이고 현실적으로 살아 내야 하는 자리에 선 자들에게는 너무도 심각한 이야기가 아닐 수 없다. 그것은 곧 자신이 마땅히 할 수 있는 일을 찾을 수 없다는 말이며, 정당한 노동을 통해 먹고 살 것들을 마련하고 자기를 발전시킬 수 있는 길을 찾기 어렵다는 말이 되기 때문이다. 이는 자신의 삶이 부딪힌 가난이나 여러 가지 힘겨운 삶의 조건들이 자신을 억눌러서, 앞으로의 날들이 더 나아질 것이라는 희망조차 포기하게 만드는 아픈 현실을 보여 주는 것. 결국 그러한 삶에는 생동감이 사라지고, 무기력하고 무의미한 시간들만 가득하게 될 것이다. 이들에게는 자신의 삶을 영위하기 위한 한 끼 식사조차도 귀한 것이 될 수밖에 없기에 잘 익은 망고 하나가 그렇게 커다란 의미를 지니게 된다.

　시인의 눈에 비친 '망고'는 바로 이런 이들의 생존에 꼭 필요한 '뜨거운 밥'이 되는 것. 그런데 이러한 '망고'의 이미지는 다른 관점에서 보면 '슬픈' 것인 동시에 '진정한 축복'이 되는 것이 아닐까? 가난하고 힘든 삶을 영위할 수밖에 없는 이들이 보내야 할 힘겨운 하루하루를 아픈 가슴으로 보여 주는 것이 바로 이 망고라면, 역으로 이 망고 덕분에 오히려 먹고 살 수 있는 기본적인 것을 해결할 수 있다는 의미에서, 그 망고가 하나님께서 자연을 통해 주시는 또 다른 축복이 아닌가. 그 망고가 "산호 빛 무더운 하늘"과 "시퍼런 피부를 후려치는 / 소낙비"의 고통스러운 현실을 통과하고서야 "뜨거운 밥"이 되는 이유가 바로 여기에 있을 것이다. 남미에서는 너무나 일상사인 무더위와 소낙비가 제공하는 그 고통스러운 일상을 감내하고 넘어설 때, 가난한 이들에게는 꼭 필요한 '뜨거운 밥'이 되는 이 진실 앞에 시인은 마주 서 있는 것이다.

폭염을 향기로 바꾸는
뼈의 헌신
뼈조차 녹아 알몸만 남은…
절망을 열매로 바꾸는
영혼의 소신
한 줄기에
수백 개 희망을 키워 주는
자연은 말이 없다

〈바나나〉 중에서

어쩌면 정글이라는 자연은 피상적으로 볼 때 그 속에서 살아가는 사람들에게 크게 노력하지 않고도 풍성한 먹거리를 마련할 수 있는 곳으로 보일 수도 있다. 그런데 시인은 자연이 주는 그러한 열매들이 결코 쉽게 생겨난 것이 아님을 명확하게 보여 준다. 삶의 자리가 주는 "절망"들을 "뼈조차 녹이는 알몸"으로 던져 넣는 진정한 헌신을 통과해야 만이 자연은 가난한 이들이 먹고 힘을 얻어 "한 줄기에 / 수백 개의 희망"을 키워 나갈 수 있는 열매를 만들어 내는 것이다. 이것은 남미라는 자연 속에서 살아가는 이들의 삶에 대한 시인의 인식이요 은유일 것이다. 가난하고 힘겨운 삶들이 넘쳐나는 곳이지만, 그 가난이나 고통이 삶의 몰락으로 연결되는 것이 아니라 그것을 넘어서서 아름다운 열매를 맺어가는 아름답고 향기로운 삶들이 열어 가는 은유의 세계. 현실은 만만하지 않지만, 그러한 현실 앞에 마주 선 시인의 시선은 오히려 그 너머에 존재하면서 그 세계를 아름답게 물들이고 있는 것을 향해 열려 있는 것이다. 오히려 그곳에서 발견한 그것으로 시인은, 막다른 골목에 다다르고 있는 우리 시대의 삶의 방식에 대한 하나의 대안을 찾아낸다. 가난하고 피폐해진 남미의 인디오들이나 카리브 해협 크리올들의 삶 속에서, 부유하고 발전한 사회 속을 살아가는 이들에게서는 발견하기 어려운 삶의 긍정들을 읽어 내는 것이다. 이는 모든 것들이 넘쳐나다 못해 낭비되고 버려지는 풍요의 세상을 살면서도 만족하거나 행복해 하지 못하는 우리네 삶에 대한 또 다른 간접적인 비판인 것. 시인은 오히려 그곳에서 인류의 새로운 길을 찾을 수도 있다는 희망을 발견한다.

시인이 발견하는 희망은 이들의 삶 속에 강인하게 내재되어 있는 끈질긴 생명력이기도 하며, 하나님 앞에 순수하게 서는 이들의 삶에서 찾아내는 순전한 신앙의 아름다움이기도 한 것. 선교 현장에서 만나는 다양한 삶들 속에서 시인은 이 무기력한 세대를 일깨울 수 있는 새로운 삶의 에너지를 찾는 것이다. 지진으로 무너진 카리브해협 아이티의 폐허 속에서 찾아내는 새로운 희망이 바로 그러한 에너지의 한 양상이다.

    거리에서는 대화가 혼돈되고
    사람들은 카오스를 외치지만
    크리올, 이들의 언어는
    힘겹게 카리브의 바벨탑을 넘는다

    새벽에 일어나 기도하는
    아이티 사람들 –
    대성당 앞 낡은 천막을 치고서라도
    불어로 공부하는 어린이가 있고

분노 대신 웃음으로
구두 통을 든 어린이가 있는 한
아이티의 새벽 달빛은
외롭지 않다

〈아이티 달빛〉 중에서

 강력한 지진으로 전 세계의 이목을 끌었던 아이티의 처참한 지진 현장에서, 시인은 절망을 딛고 오히려 한 줄기 희망을 발견한다. 대통령 궁마저 무너지고 사회의 모든 것들이 혼돈에 빠져서 정상적이고 편안한 삶이 불가능해져 버린 공간 그래서 모든 것이 피폐해져 버린 공간 속에서도 시인은 그러한 현실을 뛰어넘는 밝은 이미지를 발견한다. 지진이 발생하자, "각하는 사라져 등을 돌리고 / 정부도 없이 바다 위에 떠도는" 아이티의 정치적 현실과 "병원도 복구 시설도 부족한 피로 멍든 섬"이 되고, 탈옥자들의 약탈과 강도떼와 전염병이 넘치는 거리가 되어 버린 힘겨운 현실의 장벽(「형제여 자매들이여」중에서) 속에서도, 오히려 시인은 이들 속에서 발견한 하나님을 믿는 순전한 믿음을 통해 새로운 희망의 세상을 열어가는 것이다. 파리에서 유학 중이던 딸 윤에스더(현, 리옹국립음악원 교수)가 돌아와 거제시 문화예술회관과 서울 금호아트홀에서 "아이티 돕기 플루트 자선연주회"를 열었던 것도 이런 맥락에서이다.
 "새벽에 일어나 기도하는 / 아이티 사람들"이 있고, "낡은 천막" 앞에서도 공부하는 어린이가 있으며, "분노 대신 웃음으로 / 구두 통을 든 어린이"가 있는 한 "아이티의 새벽 달빛"은 외롭지 않을 수 있는 것이다.

 시인의 눈에 비친 가난한 삶은, 조금 확대되면 벽에 부딪힌 현대 문명을 위한 새로운 미래를 위한 대안으로 자란다. 현대인들의 일상적인 삶이 이루어지는 이 도시 공간은 인간 욕망의 최대치를 끊임없이 조장하며 치열하게 자기의 이익을 탐하는 것을 조장하는 공간일 뿐만 아니라, 도덕적인 기준들마저 욕망이라는 제단 앞에 던져 놓기를 강요하는 타락의 공간인 것. 시인은 남미의 정글 속에서 오히려 이러한 타락에 오염되지 않은 아름다운 미래를 담보할 수 있는 새로운 희망의 한 자락을 보는 것이다.

>문명의 타락을
>도시의 궁핍을
>외모의 헛됨을
>이들은 이미 경험하고 있었다는
>말씀의 가르침을
>열방에 증거케 해 주소서
>
>나는 부패하였사오니
>그 무서운 죄로 인해
>이들에게 보내셨으니
>열국이 조용해지는 날
>아껴 두었던
>이들을
>돌 위의 돌처럼
>한층 사용해 주소서
>
> 〈인디오의 사명〉 중에서

>세상은 성탄의 멜로디로
>루돌프 사슴 코는 돈에 팔려가지만
>인디오 마을에선
>성탄절을 성탄으로만 안다

> 인디오 목수는
> 아기 예수의 부친이 목수였다 하면
> 그냥 목수로 알고
> 아기 예수의 모친이 동정녀였다 하면
> 그냥 처녀인 줄로 안다
>
> 〈인디오 목수〉 중에서

이 시들의 이면에는, 문명과 도시가 주는 안락함의 이면에 존재하는 타락과 몰락의 징후를 인정하는 시인의 시선이 깔려 있다. 이는 또한 인디오들을 향한 믿음과 희망이 어디에서 출발하고 있는지를 보여 주는 것이기도 하다. 현대의 자본주의적 도시 문명이 도달한 자리가 결코 인간의 행복을 담보해 주는 자리가 되지 못한다는 문명사적 시야를 동원하지 않더라도, 우리는 너무나 자주 파괴적이고 바쁘기만 한 도시적 삶에 치여 지치고 피폐해져 가지 않는가. 시인이 바라보는 인디오들의 자연 친화적이고, 순수하며, 순전한 삶의 자리는 이러한 현대 문명에 새로운 유형의 희망을 제공해 줄 수 있는 삶의 방식이 아닌가. 시인의 눈에는 이들의 삶이 현대 문명의 막다른 골목을 넘어설 수 있게 만들어 주는 새로운 희망일 수 있다는 것이다.

이들의 아름다운 삶을 규정짓는 가장 중요한 기준은, 사물을 사물 그대로 인식하고 진리를 진리 그대로 받아들이는, 순수하고 순전한 세계 인식 태도이다. 현대의 자본주의적인 도시 문명 속에서 그 원래의 뜻을 잃어버리고 돈벌이의 수단으로 변질되어 버린 성탄절이, 이 순수한 인디오 마을에 오면 원형의 의미망을 그대로 회복하여 진정한 의미의 성탄절로 다시 태어나는 순간을 시인은 만난다. 이러한 순수함은 진리 앞에서도 마찬가지이다. "아기 예수의 부친이 목수였다 하면 / 그냥 목수로 알고 / 아기 예수의 모친이 동정녀였다 하면 / 그냥 처녀인 줄로" 아는 인디오 목수의 그 순수함이 새로운 세상을 만들어 내는 힘이 되는 것이다. 세속화되고 자본주의화 되어 돈의 더께가 덕지덕지 앉은 그런 성탄절이나, 인간들의 욕망에 의해 타락하고 때가 묻어 더 이상 진리이기를 포기해 버리고 그저 하나의 말들의 잔치로 내려앉은 그런 초라한 진리가 아니라, 말씀이 내포하고 있는 의미를 있는 그대로 순전하게 받아들이고 또 그것을 순수하게 믿는 인디오 목수의 그 아름다운 믿음 속에서 시인은 새로운 세계가 열리고 있음을 보는 것이다. 그것이 머나먼 땅 중남미 대륙에서 시인이 찾아내는 희망이고 아름다움이라 할 것이다.

고향 혹은 어머니의 사랑과 그 기억

시인의 이번 시집을 지탱하고 있는 또 하나의 축은 어머니에 대한 기억이다. 오랜 선교 활동으로 열악한 남미에 나가 있던 시인의 의식 속에는 '어머니'에 대한 기억들이 중요한 자리를 차지하고 있음이 분명하다. 이번 시집에서 시인은 자신의 어린 시절을 아름답게 물들였던 그 포근한 어머니의 사랑에 대한 기억을 자주 들추어 낼뿐만 아니라 남미의 정글 속에서 만나는 삶 속에서도 그러한 포근하고 아름다운 어머니의 사랑을 만난다. 시인은 이 시집 첫머리에 실린 세 편의 "서시"에서 어머니에 대한 기억들을 보여 주는 시들을 배치하고 있다. 이는 시인의 의식 속에서 '어머니'가 얼마나 커다란 의미를 지니고 있는지를 보여 주는 대목이기도 하다.

하늘 업고
산을 안은
저 구부정한 겨울나무

가시 많은 바람
조금도 마다하지 않고
날 위해 다 벗어 주셨던

어머니의 일생

… 중략 …

어머니 편히 앉으실
방석 한번
되어 드리지 못해
하늘 업고
산을 안은
저 겨울나무 바라보며
오늘이나 내일이나
구부정히
다시 업히고만 싶네

〈어머니〉 중에서

시인에게 '어머니'는 "가시 많은 바람 / 조금도 마다하지 않고 / 날 위해 다 벗어 주셨던" 존재, 무한한 애정과 사랑을 베풀어 주신 분, 언제나 다시 돌아가 안기고 싶은 안식의 고향인 것이다. 고향을 떠나 머나먼 사명의 땅을 떠돌수록 이러한 어머니의 따뜻한 품은 더욱 그리워지는 것. 그러한 어머님을 여의고 난 다음에 발견하는 마음속의 빈 공간은 또한 더욱 크게만 느껴지는 것. 우연찮게 발견한 '겨울나무'에서 시인은 그 푸근하고 안온한 어머니의 품을 찾아낸다. 모든 것을 다 떨구고 구부정하게 서 있는 '겨울나무'가 사실은 "하늘 업고 / 산을 안"고 있음을 새삼스럽게 발견하는 것이다. 그렇기 때문에 시인은 "오늘이나 내일이나 / 구부정히 / 다시 업히고만" 싶은 그 그리움을 느끼게 되는 것이다.

시인에게 있어서 어머니는 또한 깊은 신앙과 헌신의 세계로 자신을 이끌어

주는 훌륭한 믿음의 선배이기도 하다. 그래서 시인은 어머니를 생각할 때면 "오오냐 내 아들 이제 오느냐 / 몸은 성하냐? 저녁 먹어야지-"(「어머니의 음성」 중에서) 하는 천국에서 들려오는 음성을 듣는다. 이러한 어머니의 이미지는 시인을 끊임없이 육신의 고향과 연결시켜 주고 있을 뿐만 아니라, 영혼의 고향인 천국 또한 연결해 주고 있음을 확인한다.

> 하늘엔 빈 구멍이 많아
> 섭섭함이 없다
> 욕심 쌓일 그릇 하나
> 받쳐 들 선반도 없이
> 비우기는 안성맞춤
>
> 바다는 가슴이 넓어
> 답답함이 없다
> 시원스럽게 달리는 고기떼
> 신호등 하나 없어도
> 스스로 비껴가네
>
> 자식을 바라보는
> 어머니의 눈길이
> 하늘이며 바다일진대
> 오늘도 아프기를 포기한
>
> 어머니는
> 맑은 하늘을 열어 주신다
> 거침없이

바다를 걸러 주고 계신다

〈어머니의 하늘〉 전문

어머니께서 열어 주시는 그 하늘이 "빈 구멍이 많다"는 것. 그래서 "욕심이 쌓일 그릇 하나" 놓아 둘 선반도 없어서 "비우기는 안성맞춤"인 하늘이라는 것은 참으로 의미심장하다. 자신의 욕망을 따라 끊임없이 이익을 추구하며 다른 사람들을 누르고 올라서야 조금이라도 더 쾌락을 즐길 수 있을 것이라는 왜곡된 신화를 부추기는 현대의 경쟁적 삶의 방식과는 전혀 다른 방식의 삶을 보여주는 것이기 때문이다. 모든 것을 꽉꽉 채워서 자기 몫은 철저하게 챙겨야만 그것들을 누릴 수 있을 것이라는 환상을 강요하는 현대인들의 삶의 방식. 그것은 인간의 가치를 근원적으로 훼손하는 치명적인 약점을 지닌 것이기도 함을 우리는 일상 속에서 얼마나 자주 만나게 되는가. 그런데 시인에게 어머니는 그러한 삶이 아니라 오히려 성글고 구멍이 많아 스스로를 비우기에 안성맞춤인 '하늘'이라는 이미지를 가져다주시는 존재이다.

뿐만 아니라 그 어머니는 "신호등 하나 없어도 / 스스로 비껴가"는 물고기들이 가득한 바다를 환기시켜 주는 존재이기도 하다. 자기가 세상의 중심이 되어야만 가치 있는 삶을 살 수 있을 것이라는 이기적인 자기중심주의의 강박증에 사로잡힌 현대인들의 극단적 인식 태도는 이러한 '어머니의 바다'와는 전혀 상반된 모습임이 분명하다. 그 많은 물고기들이 각자 자신의 길을 달려가면서도 "신호등 하나 없어도" 시원스럽게 달릴 수 있는 세상 그래서 답답함이 없는 세상을 어머니는 열어 주시는 것이다. 그런데 시인은 이러한 어머니를 시인의 내면에 간직되어 있는 기억 혹은 추억 속에서만 만나는 것이 아니라, 남미 오지의 그 정글 속에서도 만난다. 그렇게 만나는 남미의 '어머니'는 비록 단편적이기는 하지만, 고향의 어머니처럼 푸근하고 아름다운 하늘나라를 경험할 수 있게 만들어 주는 그런 헌신과 사랑을 품은 존재임이 분명하다. 가난하고 힘겹게 주어진 삶을 영위해 가야 하는 이들의 삶 속에서도 '어머니'는 그렇게 헌신적이고 그렇게 아름다운 사랑을 자식들에게 쏟아 부어 주는 아름다운 존재인 것이다.

세 아이 거느리고
힘겹게
전설의 철도 애길 주고 받는다
객실 손잡이엔
아직 오후의 더위가
둥글게 묻어 있고

칙칙폭폭 치익포옥
옛 메아리도 없이
긴 호수를 따라
정글로 돌진하는
파나마시티행 디젤 열차

정글은 깜깜하여
흑인 여인의 얼굴을
알아보지 못한다

세 아이는 어미 마음을
아는지 모르는지
등받이에 기대어
편안히 잠들어 있다

〈콜론 역 소묘〉 중에서

파나마시티행 열차를 기다리느라 지친 세 아이를 포근히 감싸 안은 그 흑인 여인의 모습 속에는 시인이 그렇게 아름답게 추억하는 어머니의 기억이 아련하게 묻어 나온다. 파나마시티를 향해 갈 그 기차는 "긴 호수를 따라 / 정글로 돌진" 하는 코스를 거쳐야 하는데, 그 길은 결코 밝지만은 않다. "정글은 깜깜하여 / 흑인 여인의 얼굴을 / 알아보지 못" 하는 것이다. 그 여인의 마음에는 그렇게 어두운 미래를 열어 가야 하는 무거운 짐이 어깨를 내리누르고 있는 것. 그럼에도 그 옆에서 세 아이는 참으로 평안하게 잠들어 있어서 대비를 이룬다. 흑인 여인은 그 근심의 무게를 홀로 감당하면서 세 아이들을 그렇게 평안하게 잠들 수 있도록 지켜 주고 있는 것. 이러한 이미지는 자연스럽게 "하늘 업고 / 산을 안은 / 저 구부정한 겨울나무"(「어머니」 중에서)와 같은 어머니의 기억과 겹쳐진다. 어쩌면 이러한 '어머니'의 사랑이 시인으로 하여금 정글을 대할 때 따뜻하고도 강렬한 희망의 시선을 줄 수 있게 만드는 것은 아닐까. 남미에서 만나는 여러 삶들에 대한 그렇게 푸근하고 희망적인 시선을 가능하게 하는 힘 중의 하나를 우리는 여기서 확인한다.

시인에게 어머니는 그리스도의 사랑을 경험하게 만들어 주는 기억 속 실체 중의 하나였다면, 그 사랑은 남미 현실에서 만나는 많은 사람에 대한 따뜻한 사랑으로 구체화되고 있는 것. 그렇다면 시인에게 어머니의 진한 사랑이 묻어 있는 고향의 포근하고 따뜻한 공간이나 뜨거운 햇살과 폭우가 쏟아지는 열대의 정글이라는 공간이 결코 둘이 아닌 것이다. 진정한 하나님의 사랑은 이런 삶의 자세에서 묻어나는 것이 아닐까. 이러한 자리에 설 때에야 시혜적 사랑이 아니라 한 영혼, 한 영혼을 그리스도의 마음으로 사랑하는 진정한 선교의 시야가 열리는 것이리라. 그러한 사랑만이, 막다른 벽에 부딪힌 우리 시대의 삶에 마주하여 새로운 희망의 미래를 열어 줄 수 있는 메시지가 되는 것은 아닐까.

이미지 속에 그려 넣는 사랑과 희망

　이번 시집에서 발견하는 또 다른 중요한 요소 중 하나는 이미지의 효과적인 사용이다. 사실 현대시에서 이미지의 중요성은 너무나 당연한 것이기도 하다. 그런데 이러한 이미지를 자신의 시 속에서 선명하고 유용하며 효과적으로 활용하는 문제는 분명 다른 차원이라는 점을 지적할 필요가 있다. 어쩌면 오늘을 사는 우리는 우리 주변을 완벽하게 점령하고 있는 듯한 이미지의 홍수 속에서 길을 잃고 헤매는지도 모르겠다. 다양한 대중매체들은 끊임없이 이미지들을 쏟아 내며, 광고나 동영상, 영화와 같은 영상들은 너무나 쉽게 우리의 시선을 빼앗아 가고 있다. 그러한 이미지의 홍수 속에서 쓸 만한 이미지를 찾거나 창조하여 자신의 사유와 영성을 적정하게 담아내는 것은 오히려 더 어려운 일이 되어 버린 모순된 상황에 우리는 처한 것이 아닐까.

　윤 시인이 그의 시작을 통해 보여 주는 이미지의 효과적인 활용은 바로 그러한 면에서 상당한 의미를 지닌다. 그의 시는 다양한 이미지들을 적극적으로 사용하고 있는데, 이를 통해 시인은 시적 대상이 되는 사물이나 사람 혹은 사유나 감정들을 효과적으로 전달하고 있는 것을 볼 수 있다. 시인은 시적 대상이 되는 사물에 대한 묘사를 통해 자신의 정서와 사유를 명징하게 담아냄으로써, 이미지를 성공적으로 활용하고 있는 것이다. 이것은 그의 시가 가지고 있는 또 다른 특징 중의 하나인 짧은 시행과도 많은 연관성을 지닌다. 그의 시는 많은 말을 주절주절 풀어놓는 것이 아니라 정제된 이미지들을 짧은 시행 속에 압축적으로 제시하는 시들이 대부분인데, 이러한 특징을 통해 우리는 이미지에 대한 시인의 지대한 관심사와 효용으로써 시적인 표현의 아름다움을 얻고자 하는 시인의 시작 방법을 확인하게 된다. 그리고 이러한 시도는 상당히 효과적으로 작동하고 있는 것이 사실이다. 이미지의 사용과 관련된 이러한 측면은, 시인이 중요하게 생각하는 시어의 개성과 인식 과정에서 정지용 혹은 김현승의 이미지 사용법과 맞닿아 있다. 시인 스스로 이 두 시인의 시 세계를 추구하고 있음을 내비치고 있는 바, 그 영향을 발견할 수 있는 것이다.

    누군가 옥천 생가에 갖다 놓은 쇠 화로
    화롯가엔
    할아버지, 형제, 친구가
    삼위일체로 도란도란

    오늘은
    얼룩빼기 황소 한 마리 앉아
    화롯가 파란 모더니즘에
    손을 쬐고 있다

    화로 안의 질화로엔 여전히 불씨가 타오르고
    질화로의 재는 식어 냉혹했던 시대를 품는다

                〈정지용 생가-질화로에 재가 식어지면〉 중에서

    무등산 돌비에 새긴 눈물을 만나면
    그대의 가장 나아중 지니었던 것
    소유물 중 가장 온전했던 것

    먼 하늘빛 넥타이엔

    명징한 눈물이 떨어지고
    시인들은 슬픔도 기쁨도 아닌

언어라는 신성한 보석을 캔다
그대 절대고독은
흰 물거품이 일어나는 백조
남미산産 까페에
라그리마눈물 한 방울 떨어진다

〈무등산의 눈물 –김현승〉 중에서

 이 시들을 통해 우리는, 시인이 정지용과 김현승에 대해 어떠한 감정을 지니고 있는지를 확인하게 된다. 정지용의 시 「향수」와 김현승의 시 「눈물」에서 사용된 이미지들을 주로 사용한 두 시편 속에서 우리는, 저명한 시인의 시에 부여되어 있는 유명세에 기대기 위한 얄팍한 패러디가 아니라 그 선배 시인들의 시정신과 인간성에 대한 진한 그리움과 경외의 마음을 읽을 수 있게 되는 것이다(윤 시인은 「상록수 문단」을 통해서 니카라과의 문호이며 남미 모더니스트의 선구자였던 '루벤 다리오'에 대한 비평을 쓴 바 있다). 그리고 그들의 시 세계가 보여 주었던 이미지의 효과적인 사용 방법을 더욱 발전시켜 나가고자하는 시인의 시작 태도 또한 확인할 수 있다. 이러한 시작방법에 대한 관심은 이번 시집에서 선명하고 효과적인 이미지 사용을 통해 발전적으로 드러난다.

당신은 하스민
부드럽고 향긋한
하스민

여름 무더운 날
파란 내 마음을 삼키는
시원한 빗소리

당신 손발은 부드러운 꽃받침
당신 가슴은 향긋한 꽃술
아무리 보아도 싱싱한
여름날 숲 속의 하늘빛 -

당신은 하스민
언제나
부드럽고 향긋한
민중 속의 하스민

〈여름날의 하스민 Jasmin 1〉

"주님께 드리는 기도"라는 부제를 달고 있는 이 시에서 우리는 재스민 꽃을 선명하게 묘사하는 시인의 시작과정을 살필 수 있겠다. 시각뿐만 아니라 후각과 촉각, 청각 등 다양한 이미지들을 효과적으로 사용하고 있음을 볼 수 있다. "부드럽고 향긋한 / 재스민"과 같은 장면에서 나타나는 촉각이나 후각뿐만 아니라, "파란 내 마음을 삼키는 / 시원한 빗소리"와 같은 시행에서 보는 시각이나 청각 같은 것이 바로 그러하다. 이러한 이미지들은 재스민과 그것이 자리하고 있는 배경으로서의 남미의 숲 속과 자연 사물들의 깨끗한 이미지들을 얻게 되는 것. 거기다 시인은 이러한 이미지의 단순한 제시에 그치는 것이 아니라 풍성한 의미망을 이 이미지 위에 덧입히고 있다. 재스민이 그저 열대 밀림 속의 것만이 아님을 우리는 "민중속의 재스민" 이라는 통찰을 통해 읽을 수 있게 되는 것이다. 즉 이미지가 객관적인 묘사로 그치는 것이 아니라 풍부한 사유의 진폭을 가지게 만드는 것이다.

여기에는 자연 사물들에 대한 차가운 묘사를 넘어서는, 남미 정글에 대한 시인의 따뜻한 시선이 자리 잡고 있음이 분명하다. 어쩌면 윤 시인의 이번 시집에서 발견하는 가장 중요한 요소는 이러한 시적 대상으로서의 남미 정글과 남미의 사람들 그리고 그 자연에 대한 따뜻한 시선이 아닐까. 이번 시집 제목이 보여 주듯 자칫 차갑게 가라앉을 수도 있는 이미지에 따뜻함을 불어넣는 것은, 쉽지 않은 삶의 현장을 힘겹게 살아가고 있는 인디오 부족들을 바라보는 시인의 애틋한 시선 때문일 것이다. 정글 현장에서 만나는 여러 생명들을 그저 차가운 대상으로만 지나치는 것이 아니라 함께 호흡하고 함께 살아가는 사람들로 만나고, 한 걸음 더 나아가서 하나님의 따뜻한 사랑으로 그들과 삶의 시간들을 함께 공유하는 자리에 서있는 시인을 우리는 여기서 만나는 것이다.

이번 시집이 우리에게 주는 감동의 깊이는 곧 이러한 따뜻함 혹은 사랑의 깊이로부터 말미암는 것임이 분명하다. 그 사랑이 시적 대상으로서의 여러 사람들과 사물들 속에 그리고 이미지들 속에 효과적으로 녹아들고, 형상화를 입어 우리 앞에 펼쳐지고 있지 않은가. 이런 점들이야말로 우리가 윤 시인의 시를 신뢰할 수 있는 증거들이다.

추수 윤춘식 교수 시집 『슬픈 망고』의 환희

김 용 식
경남정보대학 사회복지학 교수, 부산문협 부회장

6월의 초여름이었다. 사직동교회 주일 강단에 선 윤춘식 교수님은 시편의 말씀으로 설교를 시작했다. 오랜 남미 아르헨티나 선교지의 애환哀歡을 『슬픈 망고』 시 한편으로 대신하고 있었다. 그는 고신총회 선교부가 자랑하는 남미 선교사역의 역사적 증인인 목사요 교수요 시인임을 한 시간 지나면서 나는 직감할 수 있었다. 그는 이미 거창대성고등학교 시절부터 백일장에 입상하였고, 뛰어난 글 재능으로 교지를 편집, 건국대학교 주최 전국 중·고교 콘테스트에서 최우수상을 수상하는 문예반장의 실력을 유감없이 발휘한바 있다. 고교 졸업식장에선 재학생의 축사에 답하는 졸업생 260여 명의 대표로서 답사를 낭송하기도 했다.

또한 그는 부산대학교 대학원 석사논문도 〈다형, 김현승의 시정신〉을 탈고할 만큼 기독교문학에도 실력가였다. 고신 신대원을 졸업하고 남아메리카의 안데스 산맥을 넘고 아마존 강의 물줄기를 따라 흐르는 미지의 땅을 찾아 복음을 들고서, 가시 돋친 선인장에 찔리며, 독충들에게 당하며, 칠레의 남부 떼무꼬의 새소리에 잠을 깨고, 마뿌체 부족의 험상궂은 사람들과 친구하며 지난 20여 년간 전했다. 그가 펴낸 시집이 6권, 모두가 속속들이 사연이 깃든 책으로 풀어내었다. 그 바쁜 선교지 생활 속에서도 그의 시는 주님을 찬양하는 노래이며 기도였다. 얼마나 모국어(母國語)를 갈구했으면 〈모국어〉 라는 시 마지막 행에 "아아, 박하 냄새나는 나의 모국어" 라고 끝맺고 있다.

흔히들 이정도 아름다운 시를 읽노라면 윤 교수는 '선교지에서 삶을 잘 즐기며 사셨네' 라고 평할는지 모르지만, 그가 남긴 시 마디마디 속에는 선교지에서 일어난 수많은 갈등과 고통을 시라는 형식으로 아름답게 우리에게 선보여주고 있는 것이다. 우리가 시편 150편 전편을 읽노라면 이스라엘 백성들이 탈 애굽하여 지나온 온갖 고초의 눈물을 하나님께 호소하는 것을 너무나 생생히 알 수 있고, 그때 지도자들의 눈가에 쏟은 눈물이 백성을 위한 눈물의 기도였음을 지금에도 뚜렷이 알 수 있다. 모세, 다윗, 솔로몬이 간절히 하나님께 드리는 영혼의 찬미와 기도는 3천년이 지난 지금 시점에서도 은혜가 되고 신앙의 힘이 되지 않는가!

나는 이번에 전체 시집에 실린 것 중에서 제목 그대로 〈슬픈 망고〉를 수없이 읽어보았다. 지극히도 시인의 마음을 찾기 위해 노력하였다. 흔히들 동남아 여행 중에 많이 찾고 먹어본 망고, 지금은 거제도 순례길 도로에서 촘촘히 트랙에 써 붙인 글씨에 "망고 싸게 팝니다", 어디로부터 수입한 것인지 모르지만 망고는 우리가 잘 접하기가 쉽지 않은 과일로 맛의 느낌은 달콤해 아이들이 너무 좋아하고 나 역시 좋아하는 과일이다.

그런 과일이 왜 '슬픈 망고'로 태어났을까? 읽다가 문득 우리 예수님이 그려진다. 무엇 때문에 우리 예수님은 그토록 공생활 3년간 태양이 내리쬐는 열사의 나라에서 당시 유대인들에게 멸시 당하고 조롱당하며 침 뱉음을 당하면서까지 누구를 위해 굳건히 십자가의 길을 걸어가셨을까? 십자가 그 무거운 형틀을 지고 가다 쓰려져 시몬에게 잠깐 의탁했지만 그 길은 너무나 곤욕스런 길이요 치욕의 십자가로서, 더구나 겉옷은 제비뽑아 벗겨지고 수치와 모멸로 두 강도와 함께 오뚝 서신 나의 예수님, 주의 종은 "태양의 빨랫줄에 걸려 한 가닥 머리카락을 늘어뜨리며 운명인양 대지의 열기를 지켜야 해요"라고 망고를 노래했다. 이토록 슬픈 망고의 한 구절처럼 우리 예수님도 골고다 골짜기를 죽음으로 지키셨다.

수많은 사람들이 벌거벗은 모습을 조롱하며 손가락질하는 모습에서 시인은 말미 행에 "내 심장은 전설처럼 우뚝 서 뜨거운 밥이 되어 주고 있어요." 참으로 놀라운 시상詩想이다. 그렇게 우리 예수님은 슬픈 망고처럼 지금 나의 살을 먹지 않고는 결코 천국에 갈 수 없다고 하셨는데, 나는 길이요 진리요 생명이신 그 분 만이 오직 나의 구주임을 우리 성도들은 믿고 있는 것이다. 이제 〈슬픈 망고〉 노래는 그치고, 윤 시인의 노래가 천국 가는 길을 열어 천박한 땅, 망고는 생명의 젖줄이 되어 더 높은 곳으로 춤추며 찬미하며 하늘 곡조를 울릴 것이다.

나는 한 시간 예배가 짧도록 윤 교수님의 설교를 들으면서, 남미의 아르헨티나, 브라질, 페루와 칠레 그리고 파나마의 열대 부족민 정글에 편만해 있을 망고나무 숲길을 걷는다. 주님의 십자가와 고난의 길 그 좁은 문 안에서 환희로써 받는 구원의 길을 〈슬픈 망고〉에서 더듬어 찾아본다.

제6시집 『카누에 오신 성자』 해설

카누에서 맞이한 그분의 선견자_{先見者}

최 세 균

목사, 한국크리스천문협회장, 상록수문학 발행인

윤춘식 6시집

I. 그는 누구인가?

윤춘식, 그는 누구인가?

그는 카누에서 주님을 맞이한 그분의 '로에'(Roeh 선견자)이다. 윤춘식 박사, 그의 사역은 다양하고 진지하다. 선교사와 교수, 목사와 문인의 네 사역을 따라 어느 하나 작은 것이 없다. 선교사로서 머나먼 남미 대륙 아르헨티나의 오지 인디오 선교에 30대 이후를 바쳤고 신학대학원과 해외 대학에서 학문적 깊이를 유감없이 펼쳤다. 그리고 이미 여러 앤솔로지와 6권의 시집을 상재하여 시인으로서의 위치를 확고히 하였고 평론가로 등단하여 명실 공히 한국문단의 거목으로 우뚝 섰다. 뿐만 아니라 설교자로서의 전국적이며, 전 세계의 87개국에서 복음을 증거한 활동들, 동시에 에스겔이 체험한대로 쉼 없이 탐색하는 비상한 바퀴처럼 그 야말로 일인 4역의 환상적 움직임이라 할 만 하다.

그의 삶에는 내밀한 힘이 있다. 그 내밀한 힘이 카누에 오신 성자를 모시고서 어디든지 동행하는 종의 위치에 서 있는 것이다. 필요할 때마다 폭발적 힘을 발휘하여 카누에 오신 성자의 수종자가 되게 하는 그 힘이 설교가 되고 시가 되고 저술가가 된다. 그의 눈은 언제나 통찰력으로 빛난다. 에스겔이 본 바퀴에 눈이 가득하여 만물을 통찰하듯- 네 굴레로 돌아가면서 눈이 가득하듯 (겔 1:18). 이번에 발행하는 제6시집을 비롯하여 지금까지 출간한 600여 편의 모든 시작詩作들과 연구 저술들은 모두 그 통찰력의 산물이라 할 수 있다.

윤춘식은 하루아침에 태어난 시인이 아니다. 중·고교 시절 감수성이 절정에 달했던 시기 꾸준히 문예반 활동을 하면서 문학적 소양을 연마하였고, 그 성실성과 실력을 인정받아 중·고 6년간 문예특기 장학생으로 학비 감면 혜택을 받으면서 공부할 수 있었다. 고2때는 문예부장을 거치기도 했다. 고신대학시절에 벌써 대학 후배 전광식(前 고신대총장)과 함께 미션 시화전을 열었고, 기독교 문학의 토대 없는 보수 교단의 척박한 풍토 속에서 〈로뎀 문학회〉를 창립, 초대 회장을 맡으면서 스무 명의 동인지까지 낸 바 있는 그는, 신학도로서 비전공이었던 대학원 진학 준비를 하는 과정에서 거의 불가능하다는 시험에 합격하는 쾌거를 이루었다. 그는 문학교육론에 관심을 두었다. 이는 한국문학은 물론 특히 현대 시학에 관한 이론적 정립을 위해 기울인 학문적 노력을 인정받은 결과였다.

그러한 그가 총회로부터 해외선교사 파송을 받고 순수문학에서 멀어진 긴 세월을 복음증거와 함께 보내게 된다. "아마도... 제가 해외선교에 파송 받지 않고 한국을 떠나지 않았다면, 지금쯤 더 좋은 작품이 이뤄졌으리라 상상해 봅니다." 그가 술회하는 것처럼 오직 문학가로서의 길만 걸었다면 어찌 되었을까? 문단의 족적이 더 뚜렷했을 것이고 독보적 문학가로 우뚝 섰을 것이라 짐작해본다. 하지만 『카누에 오신 성자』와 같이 낯선 대륙의 현장감 있는 시집은 탄생하지 못했을 것이다. 그래서 그는 말한다.

해외 선교지에서 언어와 미션 사역에 사투를 벌이는 분주한 가운데서도... 시를 외면하지 않고 틈틈이 썼다는 것은 저에게는 축복이자 기적이었습니다.

그 축복과 기적으로 카누에 오신 성자, 그 신비로운 감동은 이제 한 권의 시집이 되어 저자의 것만이 아닌, 우리 모두의 풍경이 되었다.

2. 윤춘식, 그는 어떤 시인인가?

그가 맑고 밝고 뚜렷한 이미지들을 구사하는 측면에서 보면 다형, 김현승 시인을 닮았고 동양적 관조의 세계를 형상화하는 작품세계를 보면 정지용 시인을 연상케 한다. 윤춘식은 고향 산천에서 겪었던 유년의 기억을 뿌리로 하여 진지한 윤리적 휴머니즘을 시학과 신학의 접목으로 형상화한 인류문화시인이다. 그의 시작품들을 중심으로 정돈해보면, 첫째, 하나님의 관점에서 세계를 보는 시인 둘째, 크리스천 공동체적 과제를 고민하는 사역자 셋째, 선교 실천을 우선하며 현상을 넘어서 생각하는 목자라고 말할 수 있을 것이다.

이를 위해 그는 고전적 교양과 현대 문예이론의 성찰 그리고 정서의 훈련을 계속하고 있는데 그러던 중에 언어에도 결이 있다는 것을 발견하고 그 결을 순순히 따라가는 시 쓰기를 하고 있다. 그러한 그가 삶의 텍스트로 삼게 된 성경의 시편은 신학을 공부하면서 접한 감흥의 모델이었고 세계와 인생 그리고 문학을 통해 삶을 해석하는 렌즈가 되었다. 다음은 구약 시편에 대한 그의 해석이다.

> 시편에는 저자들이 하나님을 찬양만 했던 것이 아니었습니다. 이스라엘 공동체의 찬양은 물론 탄원, 감사, 메시아에 대한 기다림, 고난과 저주, 지혜 등 참으로 다양한 장르들이 담겨 있습니다. 그들은 열강에 둘러싸여 지리적으로 불리한 가운데 침입, 지배당하

면서 영육이 갈급함에 처해 있었습니다. 나아가 종교적 탄압도 말할 수 없을 정도로 컸지요. 내지르는 이스라엘 백성들의 비명 속에서 필자는 '고난의 정체'에 대해서 묵상할 수 있었습니다. 그러나 시편의 진정한 매력은 고통이 아니었습니다. 이스라엘 공동체는 현실의 고통 가운데 탄식하면서도 하나님께 전적으로 의지하게 되었고 결국 찬양과 감사로 이어지는 것을 보면서, 이것이 저로 하여금 삶과 신앙과 자연을 재조명하게 했습니다. 특히 고난 속에서도 결국에는 하나님을 찬양했던 다윗의 삶에서 상황을 관조하며 시편을 읊조렸던 넉넉함, 다윗의 이러한 격조 있는 신앙과 기록의 문화는 저에게 세계와 인생 그리고 문학을 통해 삶을 해석하는 렌즈가 되었습니다. (2003년 들소리 문학상대상 수상 인터뷰에서)

그는 시상詩想의 원천을 묻는 질문에 이렇게 답했다.

시인들마다 시적 영감과 발상을 떠올리는 매개물이 다릅니다. 독일의 유명한 극작가이자 시인인 실러는 상한 사과 냄새를 맡고서야 시를 썼다고 합니다. 그의 서랍 속에는 언제나 부패된 사과가 들어있었다지요. 칠레의 파블로 네루다는 시를 쓰기 전 먼저 손을 씻었다는 에피소드가 있답니다. 하지만 저의 경우 감각보다는 고향 산천에서 겪었던 유년의 기억이 마음속에 크게 자리 잡고 있습니다. 푸르른 고향의 강산과 산하, 언덕과 숲 등 행복했던 유년의 필름에서 시가 출발합니다. 단 이러한 기억에 의한 시작詩作이 관념에 빠지지 않도록 유의하고 있습니다.

아르헨티나 북부에 현존해 있는 인디오들의 모습에서 젖어오는 고향의식이 그대로 시적 이미지로 견인되는 삶, 그는 한국문단에서 항상 타민족을 향한 '문화의 화해자'로 소개된다. 그의 시에는 인디오 문화에 대한 명상과 통찰이 배어난다. 그런 의미에서 그는 인류문화시인이다.

3. 그의 시는 무엇을 노래하는가?
(1) 카누에 실려 오는 구원의 노래

'카누' 하면 수상 스포츠용 빠르고 멋스러운 유선형 배가 먼저 떠오를지 모르지만, 열대우림 원주민들에게는 밀림을 헤치고 고단한 삶을 나르는 삶의 일환이다. 때때로 고깃배도 되지만, 정글 오지에서는 물살이 거센 상류와 평화로운 하류를 오르내리는 이동수단이 된다. 나무껍질이나 짐승의 가죽, 또는 갈대나 통나무 등으로 만든 다분히 원시적인 작은 배로 시작하여 지금은 모터를 장착한 현대식 교통수단이 되었을 이 카누를 바라보는 시인의 마음은 착잡하고 애틋하다. 16세기 스페인 침략자들에게 삶의 보금자리를 빼앗기고 숨을 곳을 찾아 들어와 모질게도 살아왔던 정글. 이제 500년이 훌쩍 넘어 정글 속의 강을 끼고 생활의 수단으로 살기 위해 만들었을 그들의 카누가 어느 날 예배당 지을 흙을 싣고 강을 건널 때 그것이 현실에 흐르는 십자가의 눈물로 보였으니.

> 엠베라 갈릴레아 공동체는
> 별빛처럼 평안하네
> 풀잎 하나라도
> 저들의 것이 아닌 게 없건만
> 침략자들에게 빼앗긴 땅에
> 숨을 곳은 거친 정글밖에 없었는가
>
> 수십 미터 나무들의 키와

아름드리 안을 수도 없는
열대식물의 근육이며
수십 길 얽히고설킨 밀림의 신경들…

엠베라 부족민이 모인 성전
블로크 벽을 지나 모퉁이에는 돌이 없구나
거기 견고하게 놓인 땀과 단단한 노동력
부족민 형제들이 카누로 흙을 실어 나른
단순한 도강에
흐르는 십자가의 눈물

정글은 열대에서 숨 쉬는 보화
문을 두드리면
찾는 자의 눈동자에 열리는
초록의 열매와
흑갈색의 뿌리와
자연으로 먹고 마시는 무공해 창고

카누를 타고서
발사강ᴵ 출렁대며 모터소리 번지면
인디오의 영혼에 거듭나는 메시아의 자비심
하늘엔 별들이 반짝이고
창공엔 더운 공기 흐르지만
지상에 외로이 살아있는 순례의 마음엔

가랑비 젖은 별빛이

물길 따라
촉촉하게 목적지를 비춰주네
〈카누와 별빛 1〉 전문

열악한 만큼 쌓여있을 원주민들의 땀과 눈물을 싣고 사나운 환경과 싸워온 카누. 살기 위해 그들은 강물 위에서 더 사나워야 했을 것이다. 밀림 속 강물을 헤치며 달려오는 카누의 모터 소리가 오죽하면 사납다 했을까. 사납지 않고는 살아남을 수 없었을 것이다. 그리고 그 소리는 또 하나의 장치가 된다. 모터 소리처럼 치열하게 살아가는 사람들을 위하여 부활을 대신하는 종소리이다. 그 언약의 소리는 적도를 지나 열대의 강물을 거슬러, 작은 카누에 찾아오신 성자 예수의 모습으로 환치된다. 이 은유로 말미암아 어둡던 정글이 환해지고 초라한 카누가 휜칠해지는 걸 본다. 화이트 가문비나무처럼.

고난 받은 하루
뼈저린 창 자국 상처가 저물면
아리마대 요셉은
무덤을 정돈한다

누구도 머물고 싶지 않은 캄캄한 돌무덤에
환한 수의를 입은 유대인 청년
갈기갈기 뼈가 어그러져도 삼일 만에
다시 일으킨 핏빛의 기적

천사들이 돌문을 열었던
여호와의 아들이 무덤에서
깨어난 부활의 아침이여

고통의 주간이 지나면
영광스런 교회 헌당식의 새 시대 구령…
엠베라 부족민은 카누를 타고
파나마 가장 동쪽
발사강을 거슬러
갈릴레아 공동체로 올라가고 있었다

섭씨 41도 살갗을 태우는 정글엔
낡은 카누의 모터 소리 사납게 울려
부활의 종소릴 대신하네

뜨거운 정글 땅끝까지 선포된 언약은
복음을 위해
동역을 위해
화이트 가문비나무처럼
세마포에 생명으로 물들이셨네

적도를 지나
열대의 강물
작은 카누에 찾아오신 예수

〈카누에 오신 성자 1〉 전문

작은 카누가 떠 있을 강가에는 수영을 하는 아이들이 보이고, 파나마의 발사강 강변으로 빽빽한 숲을 날아다니는 수많은 어여쁜 새들이 손에 잡힐 듯 정겨운 곳이다. 습도가 높은 만큼 높게 자라는 나무들과 날씨가 더운 만큼 시원한 그늘이 있는 곳, 초록 열매가 익어가고 흑갈색 뿌리가 자라는 그 곳을 윤 시인은 '무공해 창고'라 썼고 '숨 쉬는 보화'라 노래했다. 그곳이 비록 다리엔 갭(파나마와 콜롬비아 국경지대의 간격)이라 부를 만큼 험한 산과 늪의 사각지대로서 반군세력들, 밀수꾼, 마약생산자 강도, 도망자들의 은신처로 만신창이가 되었다지만, 시인은 카누에 오신 성자를 통하여 그곳 전체를 부활시키고 있다. 그곳 인디오의 영혼을 노래한 〈달과 카누〉에서는 그들을 '아무도 억누를 수 없는 영혼'이라 했고 '인디오의 서러운 강물엔 눈도 내리지 않는다'고 읊조렸다. 윤 시인은 인디오, 그들의 얼굴에서 격조를 보았고 그 격조가 달빛 속의 카누를 닮았다고 비유했다. 카누에 실려 온 구원의 노래가 아닌가!

    영혼을 사랑해 보았는가?
    인디오의 영혼은 아무도
    억누를 수가 없다 어둠마저도…

    카누에 부딪치는 저 물결
    부서지고 부서지고
    발사강에 들국화 송이처럼 별빛 튄다
    인디오의 서러운 강물엔
    눈도 내리지 않는다

    풀잎 하나에도 파편은 있어
    인디오의 열정이 들꽃 속에 휩싸이고
    토양 한 줌에도 그루터기는 살아있다

    하늘은 달무리로 돋아나
    강물엔 카누만이 따가운 여름밤을 흐른다
    너그럽게 물거품을 내어 미는

달빛 속의 카누
격조 높은 인디오의 얼굴

〈달과 카누〉 전문

그의 시가 노래한 첫 번째 담론은 구원이다.

(2) 장엄한 안데스산맥 현장의 노래

안데스산맥은 그 길이가 무려 7,000km에 달하는 지구상에서 가장 길게 뻗은 산맥의 이름이다. 남아메리카 서부 해안의 가파른 산등성이를 따라 남쪽으로 평균 고도 4,000m를 자랑하며 베네수엘라, 콜롬비아, 에콰도르, 페루, 볼리비아, 아르헨티나, 칠레 7개국을 아우르고 있다. 이 거대한 산맥에는 생태계의 생존하는 것들이 많다. 그 중에 비탈진 산지의 노래 소리가 있는가 하면, 햇빛으로 반사되는 묵직한 우수憂愁의 소리도 있고 너르고 긴 고원의 울음소리도 있다. 소리의 주인공들 가운데 눈길을 끄는 화자는 당연히 사람이다. 해발 1,600미터 고지보다, 황금이슬이 맺힌 태양의 나무보다, 하루 US$4를 벌려고 까페 콩 대신 가지 끝에 매달린 아이들, 그 현장의 노래는 장엄하고 숙연하기만 하다.

(전략)
야마, 과나코가
좁고 비탈진 산지 농장의 노래라면
비쿠냐, 알파카는 너르고 긴
고원의 울음소리

안데스 산맥 인디오의
가파른 가르마엔 우수憂愁를 빗는

목장의 묵직한 소리들이
햇빛으로 반사된다

〈미완성 안데스 1〉 전문

(전략)
소년은 자신보다 더 소중히
까페나무 뿌리를 밟으며
까페 콩을 따고 있음을
기억하라
그런 경건한 땀방울이
원두에 배어나 까페의 잔이
더 향기로움을 잊지 말라

〈까페 나무 1〉에서

황금 이슬 맺힌
신비한 태양의 나무에
금빛 피부를 가진
아이가 목을 매고
나뭇가지 끝엔
까페콩 대신
황금 캐는 아이들이
줄줄이 매달렸네

〈까페 나무 2〉에서

안데스 산맥, 헤아릴 수 없이 많은 생명체들이 이 산맥의 품에 안겨 산다. 그중에는 이름 모를 꽃도 있고 나무도 있고 별도 있다. 꽃들 중에는 소경이 없다고 그는 노래한다. 맑은 눈 오롯이 열어 눈동자로 노래하는 모습이 선연하다. 그러한 꽃들이 밤에는 별이 되고 하늘을 밝히고 그 별빛의 조명을 받으며 정글에 묻혀 사는 형제들을 위하여 울릴 수 있는 기도는 애처롭게도 추워하며 살게 하소서였다. 이불 얇은 자의 시린 마음을 잊지 않기 위해서다. 엠베라 부족의 서러운 정글에서는 더워하며 살기를 기도했는데 안데스 고지의 쌓인 눈 속에서는 추워하며 살기를 기도한다. 그리고 아멘의 칼날을 갈기 원한다. 쉽게 터져 나오지 않는 아멘의 현장이기 때문이리라. 현장은 언제나 이처럼 엄중하고 삭막하다. 긴장을 늦출 수 없는 현장 가운데 안데스산맥이 숨 쉬고 있으며 그 현장을 지키는 비결로써 기도를 택한다. 윤 시인은 마침내 주님의 뜻이 이루어졌음을 알게 해 달라고 간구한다.

    나는 비상구 쪽으로 갑니다

    천국 창고를 여는 열쇠는
    내게 맡기셔도
    기도하는 노동을 통해
    우레와 같은 찬송이
    우러나오는 단단한 숫돌에
    아멘의
    칼날을 갈게 하소서
                    〈기도 1〉에서

    하나님
    추워하며 살게 하소서
    이불이 얇은 자의
    시린 마음을

잊지 않게 하시고

돌아갈 수 있는
몇 평의 방을
고마워하게 하소서

〈기도 2〉에서

그의 시가 노래한 두 번째 담론은 선교 현장이다.

(3) 슬픔이 빚어낸 기쁨의 노래

슬픔이 과연 기쁨을 낳을 수 있을까. 시인은 슬픔 속에 감추어진 기쁨을 보았다. 그래서 '슬픈 망고'가 낳은 '기쁜 망고'를 선보인다. 그가 6년 터울의 지난 다섯 번째 시집 『슬픈 망고』에서 망고는 스스로 익을 수 없는 슬픔이었다. 굳은 몸 시퍼런 피부를 후려치는 아픔을 감내해야만 익을 수 있었고, 태양의 빨랫줄에 걸려 운명인 양 대지의 열기를 견뎌야 하는 슬픔의 존재였다. 그늘처럼 우뚝 선 심장으로 누군가의 뜨거운 밥이 되어야 하는 그 슬픈 망고에 은하수 줄기가 내려와 별무더기 꽃으로 피었고, 햇살이 내려와 가지 끝 푸르런 희망, 화려한 제왕의 기쁨이 되었다.

간밤에
은하수 줄기가 내려와
화급한 별 무더기
망고꽃이 피었네

〈기쁜 망고 1〉에서

(전략)

적막한 숲에서 깨어나
어쩌다 문명을 맛본 이후
세상 제왕의 가슴 위에
올려진
화려한 기쁨이 되었네

〈기쁜 망고 2〉에서

　기쁨을 빚어내는 슬픔의 열매, 망고는 어떤 과일인가? 한국 사람들이 유난히 좋아하는 열대 과일 중 하나다. 일본에서도 기호도가 높아 언젠가 도쿄에서 '태양의 타마고(알)' 라는 망고 2개 값이 ￥40만(한화 약 410만원)으로 경매장에 나왔다는 정보도 있다. 누군가에게는 기호식품으로 회자되는 맛의 과일, 과일 중의 여왕. 그러나 누군가에게는 생계가 걸린 밥이요 일상의 벌이였기에 슬픔이었다. 그리고 거기서 다시 얻어내는 선물로서의 삶, 곧 기쁨이었다. 이 슬픔과 기쁨은 탈문명의 메시지를 담고 보다 처절한 명암으로 작동하고 있다. 페이지 없는 역사책이 되어 새들의 둥지가 되고 천국이 되어.

　　열대 정글의 망고는
　　자연 은총입니다
　　망고는 페이지 없는 역사책
　　그것은 인류입니다

　　망고가 정글 신문입니까?
　　망고가 그 나라 재림하는 환상입니까?
　　고급 경매장에 나온 붉은 태양의 알입니까?

　　열대의 망고는

인디오 가족들의 밥상입니다

〈망고의 철학〉에서

망고는 꽃필 때
열정의 설렘을 어찌할 줄 몰라
평생
한 번 절정에 오른다

〈망고꽃〉에서

그가 노래한 세 번째 담론은 기쁨이다.

(4) 산에서 다듬은 믿음과 소망의 노래

윤 시인은 〈치악산〉에서 '산은 산 끼리 / 높은 뜻을 품고 산다'고 선언한다. 산으로 산다는 것은 외로운 일이고 산의 높이로는 험난한 길이지만 휘황찬란한 세상에 휘둘리지 않는다. 산은 존재하는 법을 알기에 산끼리 품은 높은 뜻을 그 무엇에도 빼앗기지 아니하고, 쓰러지지도, 사라지지도 않고 산으로 살아갈 수 있는 것이다. 여기서 높은 뜻이 믿음일진대 그 믿음은 당연히 산 같은 믿음이 되겠다.

산은 오르막이 있고 내리막이 있는 지형이다. 오르막의 정상에는 두 가지 명령어가 있다. "올라오라!" "내려가라!" 시인은 주목한다. 그리고 실행한다. 〈산행〉에서는 길을 만들어 오르고 〈산〉에서는 허리와 목을 굽히고 내려온다. 〈치악산〉에서는 가파른 등허리를 돌아 오르고 〈산정에 오르는 이유〉에서는 까맣게 익은 햇볕을 품고서 비로소 어른이 되어 내려온다. 그리고 〈산〉에서 고백한다. 오르며 내리면서 창조를 배우고 창조주의 품에 안긴다고.

산은 산 끼리
높은 뜻을 품고 산다
태백산맥의 전설을 일깨워
치악의 숭고한 꿩 한 마리
백두대간에 날고 있구나

가파른 등허리를 돌아
오르고 다시 오르는
수직 사다리 완고한 바윗길

거친 돌팍 위
암벽도 가지런히 두 무릎 짚고서
가쁜 숨을 몰아쉰다

스페인어 가능법의 어려운
불규칙 동사를 외우 듯
고지마다 리듬이 바뀌는
돌계단의 엇박자들…

산그늘은 절벽 높이
말등바위를 점령하고
순례객 사무치는 발목 아래로
초여름 해가 지네

〈치악산〉 전문

허리를 낮추고

몸을 떠나 위로 쳐다보면
아, 본향의 하늘은 높고 푸르구나

비로봉이 보여주는 것
하늘은 무척 높다는 것
산정은 손 내밀어
오를 자를 부른다

멀고 험한 낙타의 길에
그대도 내려가는 것을 배우라고…

〈치악산 비로봉〉에서

가슴속 다 토해 내고
까맣게 익은 햇볕을 품고서
비로소 어른이 되어
산정을 내려올 수 있으려니…

〈산정에 오르는 이유〉에서

(전략)
정상에 오름만이
목적이 아니라
오르며 내리면서
창조를 배웁니다
창조주의 품에 안깁니다

〈산〉에서

성경에서의 중요한 사건은 대부분 크고 작은 산에서 이루어진다. 노아는 아라랏산에서 무지개 약속을 받았고 모세는 시내산에서 십계명을 받았다. 산상수훈이 선포된 곳도 산이었고 제자들이 변화산 특별체험을 한 곳도 산이었다. 떨기나무의 호렙산, 십자가의 갈보리산, 언약의 시온산... 성경에서 산은 여호와를 깊이 체험하는 장소이며 하나님을 향한 믿음과 구원의 상징이다. 시편 기자는 산을 향해 눈을 들리라 했고(시 121:1) 여호와를 의지하는 자는 시온산이 흔들리지 아니하고 영원히 있음 같으며 산들이 예루살렘을 두름과 같이 여호와께서 그의 백성을 지금부터 영원까지 두르실 것이라 했다(시 125:1, 2). 평소의 산행과 강원도 명산의 등정에 삶의 철학을 담은 일련의 작품들을 통해 시인은 성경의 산에 안기려 했음을 알 수 있다. 그리고 뚜렷이 보여주었다. 올라가는 순종의 믿음과 내려가는 겸손의 믿음을. 그가 신의 섭리를 관조하며 노래한 산정은 그의 내면세계의 진면목이며 신관神觀을 형상화하고 있는 믿음의 시적 파토스^{pathos}라 하겠다. 이러한 감성적인 호소는 〈너도 바람꽃〉의 새싹을 바라보며 더욱 간절히 표출된다. 비록 짧은 시이지만 얼음 속에서 박차고 나오는 꽃을 대면하는 형식으로 인류가 코로나에서 벗어나기를 염원하고 있다.

너도 꽃이거늘
지나는 초혼의 봄바람이
허리를 굽히지 않고서야
어떻게 대면하리

험준한 죽령竹嶺 너머 동면의 어름골
순한 꽃술의 톱니로 자르고 뚫어
재난의 땅에 봄을 외치니

사람마다 면사포를 두른
절박한 호흡에도 겸허한 앞니를
지상에 피어 올리며
기도의 혀를 우슬초에 씻은
너 야생의 눈부신 제사장 꽃이여

우리가 지은 죄와 허물과
험난한 시국의 감염병을 네 봄꽃의
하얀 바람결에 죄다 실어가 주렴

〈너도 바람꽃〉 전문

이렇듯 그의 시가 노래한 네 번째 담론은 믿음이다.

(5) 그리움으로 만나는 문화인류의 노래

평생을 교육가이며 선교사로 헌신한 윤 시인의 문화인류학적 관점은 당연히 글로벌한 범위를 형성하고 있겠지만 그 뿌리는 고향과 어머니를 그리워하는 원초의식에서 비롯되고 있음을 본다. 제5부에서 시골, 물새, 목화, 새벽, 과원지기, 뻐꾸기, 단풍, 추석, 군고구마, 열무 그리고 어머니 등의 소재가 말해 주듯이 그가 문화인류학적으로 그리워 한 대상들의 정서는 다분히 향토적이다.

시 〈어머니〉에서 그의 그리움은 '나이 들지 않는 품'이고 〈뻐꾸기의 노래〉에서 그의 향수는 '목을 간질이는 남은 노래 소리'이다. '가지 끝 / 황토의 날개로 / 피어나는 / 그리운 나비 떼'로서의 〈단풍〉이나, '유년의 옷섶에 굵은 느티나무처럼 자라나 있는' 〈시골의 노래〉 속에서 그는 그리움이 어떻게 문화인류학이 되는지를 보여주고 있다.

이제
어머니는 나이 들지
않으신다
　　　　　　　　　　〈어머니〉에서

해 지는 숲 위에
저녁 빛은 다시
저무는데
뻐꾸기 남은 노래 소리
목을 간지럽힌다
　　　　　　　　　　〈뻐꾸기의 노래〉에서

가장 우직한 껍질에서
가장 부드러운 의상을 토하는
흙과 씨앗의 자애로운 에너지

너희와 내가 세상에서
가장 질 좋은 면화가 되어
흙과 씨앗의 조화를 이뤄
공기 중에 강물 가운데
　　　　　　　　　　〈목화송이 되어〉에서

계곡은 더 이상
푸른 빛깔로
질주하지 못하네
발목에선 어언 於焉

단풍잎이 흘러내린다

가지 끝
황토의 날개로
피어나는
그리운 나비 떼여
　　　　　　　〈단풍〉에서

(전략)
내 유년의 옷섶에
굵은 느티나무처럼 자라나 있는
마음 속 외갓집 동네
농부들, 목수들, 석공들
삯바느질하는 시골 마을
대지에 묻어나던 어머니 품,
흙의 내음이 나를 부르고 있기에
　　　　　　　〈시골의 노래〉에서

　한편, 소백산의 〈죽령〉과 태종대의 〈수국 페스티벌〉 등에서 보여주는 환희의 열린 정서는 그리움의 줄기가 세계화하고 있음을 보여준다. '경상도 등지고 / 단양으로 돌아서니 / 로스 안데스 산맥을 넘어 / 칠레로 가는 길이 / 저으기, 여기에 있었구나' -〈죽령〉에서
　경상도와 충청도를 오가는 발길이 안데스산맥을 넘어 칠레로 이어지는 인류적 발걸음, 어쩌면 이것이 문화의 본류이고 믿음의 행로가 아닐까 싶다.
　'태종사太宗寺 경내에선 / 흙이 꽃으로 피고 싶다 / 수국은 하얀 꽃대 위에 / 물결 같은 기와집을 짓는다' -〈수국 페스티벌〉에서

꽃으로 피려는 흙의 기도소리가 들린다. 누군가에게 향기가 되어주고 싶고 어느 곳엔가 아름다움이 되고 싶은 소원에서 인류애는 출발한다고 본다. 그런 의미에서 하얀 꽃대 위에 물결 같은 기와집을 짓는 페스티벌이야말로 문화인류학적 축제로 승화된 매우 탁월한 발상이며 지성의 이미지이다. 이 페스티벌은 〈신년의 아침〉에서 눈부신 1월이 되고, 꿈꾸는 아침밥이 되어 열대에서의 〈기쁜 망고〉와 이어진다.

    말없이 맞이하는
    눈부신 1월을 보세요
    어제 오갔던 길이건만
    오늘은 새 길이 됩니다

    지나간 날은 기억 속에 얼어붙고
    새해는 눈 내리듯
    시간이 펄펄 녹아내리며
    1월의 농토에 봄을 심겠습니다
    (중략)

    희망의 심장을 경작할 수 있도록
    하얀 귓불들 어루만지며
    나의 가족을 위해 －
    내가 속한 교회를 위해 －
    꿈꾸는 아침밥을 지어
    올리겠습니다
                       〈신년의 아침〉에서

(전략)
겨울나무는 앉아서 기도하지만
나뭇가지는 언제나 비상하고
새해^{新年}가 밝아오면,
비둘기 날갯짓과 나무들의 발목은
더욱 굳세어지리라

대지는 춥고 삭막해도
세상은 동쪽 끝에서 서쪽 끝까지
장작불 희망을 부르고 있다

〈새해맞이〉에서

그의 시가 노래한 다섯 번째 담론은 문화인류이다.

4. 그가 독자들에게 던지는 시적^{詩的} 메시지는?

시어의 선택과 구성은 만물을 바라보는 심안을 통해 얻어지는 섬세함의 결과들이다. 그의 시에는 언어를 섬기고자 하는 명징한 이미지들로써 시적 완성도를 높이고 있다. 〈오로라〉에서 우주의 경이로움을 선사하며 천체 서정이 찬탄으로 향상된다.

주위는 초록
다슬기 차림으로 불타오르고
나는 하얀 설원 위에 춤추는
따뜻한 복사꽃을 보았다

폭풍 속에 날아온 학^{鶴}

족두리처럼 너울거리는
천사들의 영혼
완벽한 어둠을 몰아내고
꼭두새벽 이전에야 승전가
높이 부르는
불수레의 목소릴 듣는다

〈서시, 오로라〉에서

〈목화송이 되어〉에서도, 가장 우직한 껍질에서 / 가장 부드러운 의상을 토하는 / 흙과 씨앗의 자애로운 에너지 / 라고 목화(식물)를 관조하는 정교한 자각으로 일관한다. 비유와 이미지들이 이리도 선명한 까닭은 언어를 결코 가벼이 대하지 않고 성실하게 교제하는 저자의 섬김이 돋보이는 대목이다.

황무지 태양 아래서
하얀 솜을 틔우는
이름 없는 목화송이

가장 우직한 껍질에서
가장 부드러운 의상을 토하는
흙과 씨앗의 자애로운 에너지

너희와 내가 세상에서
가장 질 좋은 면화가 되어
흙과 씨앗의 조화를 이뤄
공기 중에 강물 가운데

세계와 십자가 너머
천만 영혼들 위해
무명옷을 지어주며
몸 바쳐 일할 수 있으면…

〈목화송이 되어〉 전문

〈히아신스〉와 〈가을은〉 그리고 〈물새〉에서도 언어를 섬기는 모습이 면면히 드러난다.

(전략)
밤의 한 조각
어둠에 버려져도
낮의 한 조각
하늘이 달려와도

불같은 겨울
냉랭한 여름철에도
숨 막히는 아침나절
생명의 꽃은 피어나리

〈히아신스〉에서

물새니까 그래
물새 둘이 주고받는 목소리가
교회당 종소리를 닮는다
(중략)
너흰 어쩌면 그렇게도

> 목소리가 곱니?
> 햇살이 아직 부서지기 전
> 네 날갯짓 이념이 기도가 되었으면…
>
> 〈물새〉에서

이렇듯 윤 시인이 독자들에게 전달하는 언어 의식의 시행詩行은 예사롭지 않다. 따라서 그가 독자들에게 던지는 가장 큰 시적 메시지는 언어를 섬기는 자세라 하겠다. 언어 앞에서 어떤 모습이어야 하는지를 누구보다 잘 아는 그는 늘 이 부분에서 절망하지 않으려 노력하고 있음을 본다. 이것은 그가 피력한 다음과 같은 말을 통해서도 잘 드러나고 있다.

시를 쓰는 일이 아득한 지난날의 기억이었으면 참 좋겠다. 어떻게 사람으로서 언어를 휘어잡아야하며 또한 시시때때로 강조도 해야만 하는 설교자도 되고, 동시에 언어를 졸졸 따르며 섬겨야 하고 언어의 결을 순순히 따라야 하는 시인이 될 수 있겠는가? 통상 설교자는 자기 자신도 모르게 〈우리〉라는 말에 길들여져 있다. 하지만 시인은 시 안에서 〈우리〉라는 말을 거의 사용하지 않는다. 시인은 자기 자신의 혼자만의 세계도 풀어내기 힘겹다. 내재율과 외형률에 있어 운율의 전문가가 되기란 더욱 어렵다. 더욱이 설교자라면 어떻게 궁극의 목적성 없이 설교문을 작성할 수 있으랴.

목사와 시인은 모두 언어를 통하여 의사를 표현하는 메신저이지만 양립할 수 없는 원리 앞에서 자리를 잃을 때가 많다. 전혀 다른 언어사용법의 존재 자체를 인식하지 못하고 언어를 마구 쏟아낼 경우도 적지 않다. 그래서 많은 영성 작가들은 할 수 있으면, 시인들과 자주 만나라고 권유하고 있다. 우리가 성경의 선견자(roeh 로에)들이 시인이었다는 사실을 듣고 보고 자랄 수 있었던 것은 매우 다행한 일이다. 그들은 허공을 잡는 이상주의자들이 아니었다. 산문에서는 정보를 얻고 지식을 획득하지만, 시를 읽을 때는 전혀 다르다. 너무 서둘러 말하려하면 작가들은 왜곡하는 우를 범하기 쉽다. 그러나 시는 독서의 속도를 늦추게 하고 가끔씩 멈추게 한다. 다시 말하면 읽었던 시를 다시 읽게 만들고 다시금 의미를 곱씹게 하기 때문이다.

20대 초반에 꿈처럼 아련한 추억의 자리에서 의식의 가장자리를 맴돌게 했던 시들이 있다면서 윤 시인은 말한다. "어떤 장벽에도 막히지 않고 거침없이 달려가는 세월마저도 잠재우며 사명에 불타던 한 목사가 있었다. 그리고 모국어와 외국어에 집중하며 감성의 심전을 기경하고 서정의 이랑을 파던 시인도 한 사람 있었다. 어쩌겠는가? 아름다운 시어들이 활어처럼 펄펄 뛰며 살아있는 영성과 지성, 감성까지 다 구비해야 살아남을 수 있는 시인의 길을 정녕 나는 가고 있는가?" 길이 진정으로 같으면서도 같지 않은 설교자와 시인의 길, 이 고민의 끝에서 그가 던지는 질문은 곧 답이기도 하다. "그래도 가려 하는가?"

활어처럼 펄펄 뛰는 언어로써 구도자(목사)의 길을 가라고 딱히 말할 수는 없겠지만, 그래도 가야하는 길임을 아는 시인은 치열한 작시(作詩)를 결코 끊지 않고서 묵묵히 갈 수 있는 길을 찾아 시편의 잠재력 속으로 들어갈 것이다. 성경 속 시편에 관한 윤 시인의 다음 말에 우리는 귀를 기울여야 할 것이다.

3천년 동안 시편에 미술이 동반되지 않음을 기이히 여기지 말라. 히브리어 시에 그림이나 사진이 없음은 당연하다. 시편의 로고스에는 이미 찬송하며 예배하는 내면의 이미지들로 가득하다. 그대가 시를 짓는 예배자라면 본서의 독서 중 시인이라는 말을 발견하지 못할 것이다. 시는 언어의 승부일 뿐 이름 앞뒤에 붙어 다니는 붙박이가 아니다. 그렇지만 시편은 히브리인이 노래하는 소망의 가치이자 신앙고백적인 가사이며 삶의 운율이다. (그의 저서, 『시편의 표현과 이미지』 예영 커뮤니케이션 2022에서)

그가 독자들에게 전하는 시적 메시지로서 여운이 있기에 옮겨 놓는다. 그는 시편을 가리켜 '노래하는 언어'라고 정의한바 있다. 해설자가 제6집의 시를 읽으면서 그를 향해 시적 선견자(로에)라 부르기에 주저함이 없다. 오랫동안 슬픔의 망고와 기쁨의 망고를 노래한 그가 다음엔 어떤 망고를 선보일지 기대해본다.

⟨양왕용의 시집 읽기⟩

제 6집 『카누에 오신 성자』의 작품세계

라틴아메리카 시집에 내재한 기독교적 상상력

양 왕 용

부산대학 명예교수, 동북아문학 회장

1

  윤춘식 시인을 처음 만난 것은 1979년 가을 부산대학원 학생과 논문심사 위원 신분으로였다. 1976년 봄 부산대학교 사범대학에 부임한 필자는 1979년 조교수로 승진하고 나서 대학원 석사학위 논문을 처음 심사하게 되었는데, 그 대상자가 윤 시인이었으며 논문 제목은 『김현승론』이었다. 1980년 2월 그는 교육학 석사학위를 받았다. 그는 그 당시 고신대 학부를 나온 26세의 젊은 교역자였다. 필자는 그를 직접 가르치지는 않고 논문심사만 하였다. 필자가 보관하고 있는 윤 시인의 논문에는 ⟨시정신의 변모를 중심으로⟩라는 부제가 붙어 있다. 그리고 나서 필자와 윤 시인과의 교류는 끊어졌다.

  필자는 2004년 6월 부산대학교에서 개최된 한국시문학회가 주최한 전국학술대회에서 ⟨해외동포문학⟩ 가운데 남미문학에 대하여 「남미 한인의 시문학과 정체성」이라는 논문을 발표하기 위하여 2003년 가을부터 집필을 준비하게 되었다. 아르헨티나 지역에 한정된 논문이었는데 이 논문 작성은 필자로서는 어려운 작업이었다. 왜냐하면 현지에 가 직접 시인들을 만난 적도 없고, 현지 자료 구하기도 쉽지가 않았다. 다행히 그 당시 남미를 거쳐 미국 LA에 거주하고 있던 배정웅(1941-2016) 시인과 연락이 됐고, 집안 조카가 몇 해 전 아르헨티나 한인학교 교장으로 근무한 적이 있어서 자료를 구할 수가 있었다. 그 과정에서 당시 해외선교사 윤춘식 목사의 시를 만나게 된 것이다. 25년만의 만남이었다. 윤 시인의 그 동안의 목회 행적을 알게 되었고 그와 연락되어 남미 한인 기독교문학 자료도 입수하게 되었다. 정말 만날 섭리가 있는 사람은 이렇게 만나게 되는구나 하는 생각을 하지 않을 수 없었다. 그 논문에서 윤 시인의 시 두 편을 인용하여 '기독교적 상상력의 표출'이라는 특성으로 분석하였다.

2

윤춘식 시인은 1990년 고신교단 총회 파송 남미 선교사로 28년 동안의 아르헨티나와 파나마의 원주민 선교를 하고 아세아연합신학대학 (현, 아신대학교) 선교학과 교수와 라틴연구원장으로 초빙되었다. 윤 시인은 그동안 2001년 제1시집 『풀잎 속의 잉카』(문학수첩)를 낸 이후『저녁노을에 걸린 오벨리스크』(2001, 예영), 『그의 하늘이 이슬을 내리는 곳』(스페인어 대역 2003, 예영), 『지금 손 안에 피는 꽃』(2009, 예영), 『슬픈 망고』(2015, 예영) 등 총 여섯 권의 시집을 낸 바 있다. 그동안 그는 한국기독문예상(1995년), 미주문협상(1996년), 남미 로스안데스문학상 대상(1997년), 한국 기독교들소리문학상 대상(2003년) 등을 수상하였다. 이러한 저력은 그의 고향 경남 거창에서의 중고등학교 시절 6년 동안 문예장학생으로 학업을 계속한 까닭이라고 볼 수 있다. 그의 시집들 속에 등장하는 '잉카', '오벨리스크', '망고' 등에서 이미 우리나라 현대시에서 극히 드문 남미 파송과 사명과 체험의 흔적이 나타나고 있다. 말하자면 그의 시로 인하여 한국 현대시에 우리나라와는 지구 반대편인 남미라는 공간이 등장하는 것이다. 그것도 주마간산격의 여행 체험이 아니라 근 30년 동안의 원주민과 생사고락을 같이 한 선교 헌신과 삶이라는 이색적인 시적 공간을 보여주게 된다.

윤춘식 시인의 제6시집『카누에 오신 성자』(2023. 도서출판 카리타스)에도 '카누'라는 라틴 아메리카의 풍물이 등장한다. 윤 시인의 머리글「주제의 흐름과 시선 모으기」에 의하면 '카누'는 우리가 여행 영상에서 종종 볼 수 있는 무동력의 다소 낭만적인 카누가 아니라 모터를 달고 남미 열대의 강물에서 물살을 헤치며 달리는 카누이다. 말하자면 남미 원주민들의 치열한 삶의 도구인 것이다. 윤 시인 자신은 이 머리글에서 '카누'가 비유이고 그 원관념을 미리 밝히고 있어 필자가 할 일을 많이 덜어주고 있지만 그것은 이 시집에서 중요한 상징적인 사물이자 풍물이다.

그의 시집 제목 속에서도 시인의 주제의식이 등장하고 있다. 이러한 경향은 그의 첫 시집 『풀잎 속의 잉카』에서는 다소 신비롭게 감추어져 있으나 제5시집 『슬픈 망고』에서는 '슬픔'이라는 정서로 노출되고 있다. 그 자신 6시집에서는 '슬픔'보다 '기쁨'을 표현하면서 제목으로 '기쁜 망고'를 사용하는 것은 주제를 너무 노출시켜서 자제하였다고 술회하고 있다. 그러나 필자가 보기는 제 6시집 역시 제목이 시집 전체의 특질을 파악하는데 큰 역할을 하고 있다는 점은 부인 할 수가 없다.

이상과 같은 두 가지를 전제로 하고 그의 시의 특질에 대하여 살펴보기로 한다.

제1부에 해당하는 〈첫 번째 만남〉의 소제목은 『카누에 오신 성자 Panamá』라는 시집 제목 다음에 스페인어 지명이 붙어 있는 형식이다. 파나마 선교지에서 쓴 시들이라는 생각이 든다.

　　영혼을 사랑해 보았는가
　　인디오의 영혼은 아무도
　　억누를 수가 없다 어둠마저도

　　카누에 부딪치는 저 물결

부서지고 부서지고
발사강에 들국화 송이처럼 별빛 튄다
인디오의 서러운 강물에는
눈도 내리지 않는다

풀잎 하나에도 파편은 있어
인디오의 열정이 들꽃 속에 휩싸이고
토양 한 줌에도 그루터기는 살아 있다

하늘은 달무리로 돋아나
강물엔 카누만이 따가운 여름밤을 흐른다
너그럽게 물거품을 내어미는
닻빛 속의 카누
격조 높은 인디오의 얼굴

〈달과 카누〉 전문

    제 1부 첫 머리에 편집되어 있는 이 작품은 윤 시인 자신의 인디오에 대한 사랑을 보여주고 있다. 첫 연에서 '영혼을 사랑해 보았는가?' 라고 시적 화자가 시적 청자에게 물음을 던지면서 다소 격정적인 어조로 시작하고 있으나, 둘째 연부터는 감정이 절제되면서 카누에서 벌어지는 원주민 인디오의 삶의 모습을 제시하고 있다. 또한 그들의 삶의 모습에 대한 화자의 태도는 파나마 동부의 '자비사 시티'에서 콜롬비아 국경 쪽으로 흐르는 발사강을 '서러운 강물'이라고 정서를 이입시키는데서 동정적인 태도로 등장한다. 그리고 그들의 얼굴을 격조 높다고 인식한다. 이런 인디오에 대하여 인격적으로 바라보고 긍정적인 인식에서 그의 선교가 시작되는 것이다. 이 시편에서는 '카누'가 다만 인디오의 치열한 삶의 현장으로만 인식된다. 그러나 다른 작품들

에서 '카누'는 확장적인 상상력을 발휘한다.

　이 작품 바로 뒤에 편집된 작품이자 이 시집의 제목인 『카누에 오신 성자』에서 '카누'는 다음과 같이 선교적 의미가 부여되는 공간으로 등장한다,

> 고통의 주간이 지나면
> 영광스런 교회 헌당의 새 시대 구령…
> 엠베라 부족민은 카누를 타고
>
> 파나마 가장 동쪽
> 발사강 거슬러
> 갈릴레아 공동체로 올라가고 있었다
>
> 섭씨 41도 살갗을 태우는 정글에는
> 낡은 카누의 모터소리 사납게 울려
> 부활의 종소릴 대신하네
>
> 뜨거운 정글 땅끝까지 선포된 언약은
> 복음을 위해
> 동역을 위해
> 화이트 가문비나무처럼
> 세마포에 생명으로 물들이셨네
>
> 적도를 지나
> 열대의 강물
> 작은 카누에 찾아오신 예수
>
> 　　　　　〈카누에 오신 성자〉 후반부

이 작품처럼 시적 화자에게는 파나마 열대 정글에 사는 인디오인 엠베라 부족민이 고난주간에 예배처소의 헌당식을 하고자 가는 낡은 카누의 사나운 모터 소리는 부활의 종소리로 인식되고 있다. 그리고 예배당에서 선포되는 언약은 복음과 동역을 위해 끝내는 세마포에 생명으로 물들이시는 역사를 성자 예수님이 수행하셨다고 진술하게 된다. 결국 이 때의 '카누'는 이 작품의 마지막 연에서처럼 하나님의 아들 예수님이 역사하고 계시는 현장인 것이다.

이상과 같이 윤 시인에게 '카누'라는 사물은 원주민을 격조 높은 인격체로 인식하는 매개물이며, 선교의 과정과 그 결실을 발견하는 가장 중요한 상징적인 사물이자 공간인 것이다.

제2부에 해당하는 두 번째 만남 〈로스 안데스〉에서 주목할 만한 작품은 「미완성 안데스 1」과 「미완성 안데스 2」이다. 〈Los Andes〉는 '안데스 산맥'을 가리키는 말이다. 안데스 산맥은 남미 베네수엘라, 콜롬비아, 에콰도르, 페루, 볼리비아, 아르헨티나, 칠레 7개국에 걸쳐 남아메리카 서부 해안을 따라 형성된 장장 7,000 Km에 달하는 지구상에서 가장 긴 산맥이다. 평균 고도 4,000m 평균 폭 300km 가장 넓은 볼리비아에서는 700Km나 된다. 이러한 웅장함으로 인하여 남미 대륙의 상징이다. 그리고 도시 이름 뿐만 아니라 대학, 와인, 호텔, 카페 등 여러 가지 이름으로 등장하기도 한다. 작곡가들에 의해 여러 장르의 음악 제목으로도 등장한다. 심지어 국내에서도 남미 풍 가게와 브랜드 등의 이름으로 소개된다.

1994년 결성된 〈아르헨티나 문인협회(재아문인협회)〉에서는 이 산맥의 이름에서 따온 『로스 안데스 문학』 창간호를 1996년 발간 후 지금까지 연간지로 발간하고 있다. 윤 시인은 발기인으로서 창간호에 연작시 〈이과수 폭포〉 1-5를 발표하였다. 이 작품은 윤 시인의 첫 시집 『풀잎 속의 잉카』(2001)에 수록되어 있다. 그런데 이 시집에는 '안데스' 산맥 시편은 보이지 않았다. 그 다음의 다른 시집에서도 제목 속에 등장하지 않고 있다가 제6시집에 두 편이 등장한 것이다.

> 야마, 과나코가
> 좁고 비탈진 산지 농장의 노래라면
> 비쿠냐, 알파카는 느리고 긴
> 고원의 울음소리
>
> 안데스 산맥 인디오의
> 가파른 가르마엔 우수憂愁를 빗는
> 목장의 묵직한 소리들이
> 햇빛으로 반사된다
>
> 〈미완성 안데스 1〉 전문

이 작품은 '잉카의 방목'이라는 부제가 붙은 작품이다. '안데스'가 제목에 등장하지만 산맥의 웅장함이나 그에 대한 시적 화자의 태도가 등장하지 않고 부제에서 짐작할 수 있듯이 안데스 산맥에 야생처럼 방목되는 동물들이 등장하고 그들의 울음 소리에 주목한다.

'야마'는 안데스 산맥에 있는 야생낙타 과나코를 가축화한 것으로 낙타와 비슷하나 낙타보다 작고 등에 혹이 없다. '과나코'는 남아메리카 4,000m 가까운 고산지대에 서식하는 남미 야생 낙타이다. 시속 56km를 달릴 수 있는 날래고 수영도 잘하는 특징을 가지고 있다. 야마는 좁고 비탈진 산지 농장에 동원되는 것 같다. 비쿠냐 역시 고산지대에 서식하나 소과에 속한다. 그래서 앞의 두 동물에 비하여 느린 울음소리를 가지고 있다. 알파카는 낙타과에 속하나 앞의 두 낙타보다는 다소 작고 털이 많다. 그리고 그 털은 의류나 카펫의 직물로 활용된다. 윤 시인은 이렇게 고산지대의 동물의 울음소리를 그곳의 노래라고 비유하고 있다. 이상과 같은 첫째 연의 동물의 울음소리를 둘째 연에서는 인디오들의 가르마와 연결시켜 우수에 젖은 그들의 삶에 비유하고 있다. 이렇게 풍물들과 원주민들의 삶과 연결시키는 시적 역량은 윤 시인의 현지에서의 선교 사역과 삶의 진지한 태도에서 왔다고 볼 수 있다.
「미완성 안데스 2」에서는 케추아족 '콜란테스 록사나'가 자신의 부족어로 쓴 논문으로 세계 최초의 박사학위를 받은 사실에 연유한다. 말하자면 소수민족 언어에 대한 관심을 보여준 것이다.

시집 제3부에 해당하는 세 번째 만남 〈기쁜 망고〉에서 조명해 볼 만한 시적 제재는 '망고'이다. 이 '망고'는 이미 그의 제5시집 『슬픈 망고』(2015)에도 등장한 사물이다. 〈기쁜 망고〉는 앞에서 살펴본 윤 시인의 머리글처럼 이번 시집의 제목으로 사용하고 싶었으나 지나치게 '목적 지향'이라 피한 제목이다. 여기서 목적지향이라는 표현은 지나치게 주제를 노출시킨 경향이라고 보아도 될 것이다. 그 주제의식은 다음과 같은 윤 시인의 머리말의 언급에서 그대로 드러나고 있다.

푸름과 태양의 주황빛이 어우러진 희망찬 망고로써 독자들을 정글에 머물게 하는 자력磁力을 선보이게 될지도 모른다.

망고는 열대 지방과 아열대 지방에 널리 분포하는 키 15-18m의 상록 망고 나무에서 자라는 과일로 열대 과일 뿐만 아니라 '모든 과일 중의 왕'이라는 별칭을 가지고 있다. 세계에서 가장 많이 재배되는 열대 과수로 FAO 통계에 의하면 1998년에 이미 80개국 넘게 재배하고 있으며 우리나라에도 제주도에서 시설재배를 한다는 보도를 듣는다. 원산지는 아시아 동부, 미얀마, 인도 아삼주(Assam)라고 하지만 동남아시아, 아프리카, 남미, 미국 남부 등에서 널리 재배된다. 최근에는 우리나라의 과일 가게나 슈퍼마켓에 가면 동남아에서 수입된 망고들이 먹음직스럽게 포장되어 있다. 이러한 망고가 남미 사람들에게는 단순한 과일 이상의 의미를 가지고 있다고 윤 시인은 보고 있는 것이다.

망고 꽃은 말레시아와 타이완에서는 1~4월에 피면서 가지 끝에 열리고 붉은 빛을 띤 흰 색이다. 열매는 5~10월에 익으며 넓고 달걀 모양이다. 길이 3~25cm 정도, 너비 1.5~10cm이다. 익으면 노란 색 또는 붉은 빛이고 과육은 노란 빛이고 즙이 많다

낙엽 지면서
새순 돋는다

긴 가지 끝
팽팽한 긴장이
후두두 후두두 창을 던지는
신묘막측한 꽃

비우며 담고
담으며 버리는 모순의 기쁨

황금알을 팔아
현악기를 살 순 있어도
가지 끝에 달린
기쁨의 노래는 딸 수 없어

망고는 꽃필 때
열정의 설렘을 어찌할 줄 몰라

평생 한 번 절정에 오른다

〈망고꽃〉 전문

망고가 생성되는 과정을 노래한 시라고 볼 수 있다. 모든 과일이 그렇기는 하지만 꽃이 피어서 지고 난 뒤에 망고 열매가 자란다. 실제로 윤 시인은 선교지 현장에서 망고꽃이 피고 열매가 자라는 과정을 오래도록 지켜보았을 것이다. 망고꽃은 다른 과일들의 꽃보다 크기는 작으나 가지 끝에 집중적으로 많이 핀다. 이러한 단계를 '신묘막측' 하게 바라보는 과정이 첫째 연과 둘째 연에서 제시되고 있다. 그런데 처음부터 시적 화자는 객관적 관찰자 입장이라기보다 현상과 사물에다 특정 정서를 부여한다. 셋째 연에서는 나타나는 정서가 기쁨이라고 직접 진술한다. 정서나 의미를 부여하는 특성은 윤 시인의 시 작품 전체를 관통하고 있다. 비유적 표현이나 감각적 이미지가 간혹 보이고 있으나 전체적 구조는 그러하다. 이렇게 되는 것은 목회자이자 선교사라는 사명감에서 연유한 것이라 볼 수 있다. 그러나 그의 시가 다른 목회자들의 시보다 가독성可讀性을 가지고 있는 까닭은 선교지에서의 남다른 사색과 어린 시절부터 열망한 문학적 열정이 조화와 균형을 이루고 있기 때문이다. 넷째 연과 마지막 다섯째 연은 꽃보다 그 자리에 달리는 열매에서 발견하는 기쁨을 노래한다. 이 시의 전체를 지배하고 있는 정서는 기쁨이며 그것은 망고꽃의 피어남과 망고 열매의 달림에서 연유한 것이리라.

열대 정글의 망고는
자연 은총입니다
망고는 페이지 없는 역사책
그것은 인류입니다

망고가 정글 신문입니까?

망고가 그 나라 재림하는 환상입니까?
고급 경매장에 나온
붉은 태양의 알뼈입니까?

열대의 망고는
인디오 가족들의 밥상입니다
국그릇입니다 갈비입니다
창조주께서 씨앗을 에덴에
내려주실 때는 맛과 향취의
끊임없는 옛 이야기였지요
용감한 소년이자 전설이었지요

그것은 꽃이 되고
동산이 되고
뻐꾸기가 되고
옹달샘이 되고
베개가 되고
생리가 되고
그윽한 씨앗이 되고
행군할 북소리 되어
신앙이 되고
새들의 둥지가 되고
천국이 됐습니다

〈망고의 철학〉 1-4연

이 시는 제목에서 언급되었듯이 '망고'에 대한 윤 시인의 철학 혹은 인식을 비유적으로 표현한 것이다. 그리고 총 7연 본문 43행으로 이 시집에서 가장 긴 시이기도 하다. 시종일관 비유적 표현을 쓰고 있다. 그러나 그 보조관념이 대체적으로 사물이기는 하나 그 가운데 많은 것들이 윤 시인의 의도가 들어나는 수식어가 있다.

  그리고 일부는 신학적 혹은 신앙적 용어로 들어난다. 첫째 연 둘째 행의 '자연 은총', 둘째 연 둘째 행의 '그 나라 재림하는 환상' 이 그 대표적인 예이다. 다음으로는 인디오의 일상생활과 연결된 보조관념은 첫째 연 셋째 행의 '페이지 없는 역사책' 둘째 연 첫 째 행의 '정글 신문' 셋째 연의 '가족들의 밥상', '국그릇', '갈비' 등이 그 대표적인 것이다. 그리고 인디오들을 포함한 인류의 희망과 행복한 삶과 연결된 것으로는 셋째 연의 '끊임없는 옛 이야기', '용감한 소년이자 전설' 그리고 넷째 연에 집중적으로 나타나 있는 '꽃', '동산', '뻐꾸기', '옹달샘', '베개', '생리', '씨앗', '행군할 북소리', '신앙', '새들의 둥지', '천국' 등이다. 이것들은 다소 환상적이거나 또다시 비유적인 표현들이 되기도 한다. 이러한 비유적인 표현들은 인용하지 못한 나머지 세 연에도 다소 등장한다. 이상과 같이 비유의 양상을 살펴볼 때 첫째로는 남미 인디오들의 삶을 상징할 수 있는 것이기도 하다. 더욱이 그것이 인류뿐만 아니라 지구상에 존재하는 동물들로까지 확대된 희망적이고 행복한 삶에 대한 소망으로 형상화 된다. 그리고 무엇보다 중요한 것은 기독교적 상상력으로 접근하고 있다는 점이다. 이러한 점으로 인하여 크리스천 독자들에게는 또 다른 심상으로 읽힐 수 있는 시집이다.

3
  이상으로 윤춘식 시인의 여섯 번 째 시집 『카누에 오신 성자』 가운데 남미 선교사 체험이 제재 혹은 배경이 되고 있는 시편들에 대하여 살펴보았다. 그 외 세 번째 만남과 네 번째 만남 〈언약의 이미지〉와 다섯 번째 만남 〈시문학과 문화〉에 수록돼 있는 국내 순례와 산행과 산정의 정복, 그리고 고향 시편들에 대해서는 다른 기회에 살펴보기로 한다.

지금까지 살펴본 남미 미션의 시편들이나 살펴보지 않은 다른 시편들에도 일관되게 인식되고 있는 윤 시인의 세계관은 이 세상의 모든 사물과 사건에 대한 긍정적인 전망 즉, 정서적으로는 기쁨이요 가치관으로는 행복이요 희망이라는 점을 주목하지 않을 수 없다. 이러한 점은 그의 선교사로서의 적극적이고 긍정적인 삶의 방식에서 왔다고 볼 수 있다.

거창 수승대의 겨울 새한스튜디오 대표 정윤섭 작품

VI
가족 에세이와 고향의 친구들

- 축하시祝賀詩
- 월드 미션과 타문화권 섬김
- 파리 특파원 프랑스 일기 두 편
  국립 콘세르바토리오[여성중앙] / 아빠와 함께
- 그리운 숙부님
- 거창 '심소정'에 올라
- 윤춘식 교수님 고희古稀 문집 발간을 축하합니다
- 거창지역 기독교 역사 상고詳考

祝賀詩

古稀(70) 이야기

형님의 聖役 45년 기념에 즈음해 이 詩를 바칩니다.

송 길 원
청란교회 담임목사, 하이패밀리 대표, 동서대학교 석좌교수

지금까지 사실 줄 알았으면
지금처럼 살지는 않았어라

동지들은 서로 이야기로 남아
우리 곁에 머물지만
후손에게 길이길이 이어진다고
선인들은 들려주었지

이야기가 있는 한
죽음은 없다네

은총 속에 지나온 큰일보다
이제는 아름다운 일에 쓰시라고
훗날을 기약하며
청려장靑藜杖을 올려 드리네

기름 먹여온 숨가쁜 시간들
껍질을 벗겨 사포질하였지
끝내 옻칠로 창조의 빛을 발하며
재탄생한 명아주
기쁨으로 당신의 영예가 되었네

집안과 교회와 신학대학들,
세계 선교를 위한 남미 현장에서
학자들의 혀만 가르치지 않았으니
코람데오!
몸으로 보이며 헌신해 오신
목자의 생애에
드리는 공경이어라

라틴의 약속 에세이

월드 미션과 타문화권 섬김

박 세 이
아내, kpm 남미선교사, Moron 콘세르바토리오 성악전공

1. 라틴의 약속

2012년 1월 18일

택시를 탔다. 파나마 시내 50번가에 있는 약속 장소로 가는 길이다. 가면서 택시 기사가 하는 말이 자신은 이삿짐 운반도 한단다. 택시 기사가 이삿짐 운송 센터를 한다 하니 사실 깜짝 놀랐다. 정글로 이사를 해야 하고 이삿짐 센터를 찾고 있는 중이었다. 하나님께서 당신을 나에게 보내 주었다고 하니 기사가 싱겁게 웃는다. 나에게는 산더미 같은 일이었는데… 무엇 하나 하나님의 도우심 없이는 아무 일도 할 수 없다. 우연이란 없기 때문이다. 차안에서 대략 소요거리와 흥정이 이루어지고 연락해서 확인하기로 했다.

라틴아메리카에서는 3번의 약속을 거쳐야 일이 성사된다. '남아일언 중천금'이란 말을 코웃음으로 응대하는 곳이 라틴이다. 첫 약속은 운을 떼는 것이고, 두 번째 약속은 기억하는지 확인이 필요하다. 세 번째 이르러서야 실행이 이루어지는 단계이다. 하지만 그 가치 또한 지켜져야 효력을 발생한다. 그만큼 말의 신뢰가 없고 오늘과 내일의 소망을 가질 수 없을 만큼 시시각각 생각이 바뀐다. 더욱이 말에 대한 책임은 져도 되고 안 져도 되는 것으로 인식하며 살아간다. 단지 서류에 서명을 해야 쌍방의 효력이 나타난다. 허나 일상

의 약속을 뉘라서 서류를 갖추며 사인하고 문자로 남길 것인가? 어떤 경우 한인 상인들이 직원과의 약속을 서류로써 준비해 놓지 않아 실효가 상실되는 불이익이 생긴다고 한다.

'여아일언 냄비뚜껑' 이라고 한다면 '라틴일언 망연자실' 이라고 해야 하나? 어이없는 일은 약속을 지키지 못했으면 응당 사과를 하든지 용서를 빌어야 할 일도 어깨춤 하나로 끝낸다. 어깨를 으쓱하며 올리고서 손바닥을 들어 앞으로 내어 보인다. 마치 그럴 수밖에 없었다는, 당연한 듯 표정으로 마무리하면 그뿐이다. 내일은 또 내일의 태양이 떠오르는데 무슨 걱정이냐고 하는 표시가 아닌가! '내일이 있다' 라는 말이다. 내일 보자, 내일 하자, 내일 줄게, 등의 말들이 난무한다. 하기야 '내일의 희망' 은 얼마나 달가운 위로인가. 그러나 책임을 회피하기 위한 내일은 서로의 신뢰를 저버리게 한다. 라틴 아메리카는 내가 너를 믿는 것 보다, '너는 나를 믿느냐' 라고 물어야한다. 따라서 그 말을 적고(?) 사인을 해야 믿음과 신용이 발동될 건가?

예수를 구주로 실천하지 못하고 눈에 보이는 마리아 석상 앞에 절을 하는 로마가톨릭의 신앙이 라틴 사람들 속에 굳어져 있으니, 도마의 신앙을 산물로 그들은 오늘도 믿을 사람을 찾는 것이 아니라, 믿지 못할 세상을 원망한다. 나아가 믿지 못할 마리아상 앞에 꽃을 바치며 절을 해 댄다. 우리를 민망히 여기시는 주님의 보좌 앞으로 진솔하게 나가야 할 때이다.

2. 뻬라따

정글 선교지에 가기 위해 선교센터를 나섰다. 이른 아침 집을 나섰는데도 불구하고 벌써 태양이 얼굴을 따갑게 내리쬔다. 터미널에서 겨우 차에 올라 선교지로 향하는데 '산 미겔리토' 라는 정류소는 첫 번 버스를 바꿔 타는 곳이다. 그곳에서 우리가 얻은 새로운 소식은 뻬라따 버스다. 뻬라따! 스페인어로 삐라따는 해적 떼를 말한다. 어느 순간 갑자기 나타나서 해적질을 하고는 갑자기 사라지는 바다위의 무적함. 그 해적 떼가 파나마 무인가 버스로 이름을 삐라따로 변신해서 등장했다. 아무런 인증서도 없이 생명에 대한 책임도 없을 뿐, 인명사고 책임도 없는, 허여무리하고 조그만 봉고형처럼 생긴 삐라따를 서민들은 아무런 경계심도 없이 탄다.

시내버스의 형편없는 서비스와 위험한 횡포 때문이리라! 운전자의 기분에 맞게 시도 때도 없이 최고의 볼륨으로 틀어 놓은 노래는 시끄럽고도 색색거리는 쇳소리일 뿐이다. 어서 내리고 싶은 낡은 버스를 타고 귀를 거슬리는 카리브의 음악을 흘려보내기에 인내를 더한다. 한쪽으로 기울어진 의자는 60년대의 한국 버스석보다 더 험악한 모양으로 쓰러지기 일보 전이다. 창문은 매연을 향해 항상 열려 있고, 비가 오기라도 하면 그대로 비가 들이친다. 게다가 겨우 두 사람 앉을 의자로 세 사람이 앉아야하니, 이만 저만 불편한 것이 아니다. 손님이 많이 탔을 경우 밀어 넣을 정도로 마지막 탄 사람을 올려보내니 아무런 말도 하지 않고 타는 손님들은 그들의 가난이 죄인 듯 불평이 없다.

버스에는 항상 조수가 있는데 한국의 60년대처럼 오라-잇, 스톱, 어디 갑니다! 하며 차비를 받는 것이 우리의 옛날 초등시절이 생각나게 한다. 시내 정규 버스의 모습이 이러하니, 삐라따의 출현은 어쩌면 자연발생적이기도 하다. 삐라따는 조금 덜 시끄럽고 덜 북적대고 좌석에서 쾌쾌한 냄새도 덜하다. 가끔 좀 시원한 삐라따를 만나게 되면 버스를 타고 다니는 선교사 부부인 우리는 말할 수 없는 이상한 행복감을 느낀다. 그리고 그이와 마주치는 눈빛은 참 다행이고 감사하다는 뜻을 무언의 눈빛으로 주고 받는다. 해적이면 어떻고 무인가면 어떠랴 서민들의 바쁜 걸음, 괴로운 소음, 섭씨 40도를 웃도는 무더위 가운데 조금의 시원함으로도 해적 버스는 인기 만점이다. 서민들의 서러움과 고달픈 삶을 실어 나르는 해적 버스는 무적함 삐라따가 아니라 차라리 선한 사마리아 버스라고 부르는 것이 옳지 않을까?

3. 파나마 공과대학 U.T.P(Universidad Tecnológica de Panamá)
1월 20일

오늘 파나마 공대에 첫 수업을 하러가는 남편의 뒷모습을 바라본다. 참으로 대단한 사람이라는 생각이 든다. 넓고 넓은 라틴 대륙에서 한류를 타고 날아온 K-문화사역자라도 된 듯, 동양의 문화와 한글을 가르치기 위해 대학원 국제학부로 간단다. 너도 나도 여기저기서 강의, 강의, 강의하러 간다고 무슨 영광이라도 받는 듯 말들 하지만 이번 일은 지켜볼만하다. 이민청으로부터 2년 거주권의 증명서도 이미 발급받았다. 선교와 교육은 불가분의 관계인지라 쾌히 승낙했다고 한다. 그래서 정규 수업을 인도하게 되었다. 이를 통해서 학과에 등록된 30여 명의 학생들 중에 한 영혼이라도 건지면 얼마나 좋으랴. 과연 어떤 대학원생들일까? 하나님의 플랜을 기대하며 우리의 갈 길을 인도해 주시기를 오늘도 기도하며 쉬지 않는다.

파나마공과대학 U.T.P
자랑스런 한국어

토요일 아침 공대 대학원 강의실 앞이다. 매주 월/금/토에는 언어과정을 이수하기 위해 세계를 향해 달려가는 젊은이들로 들끓는다. 어느 대학에서도 청년들의 모임에는 수다도 떨고 젊은 피가 흐른다. 커피를 마시러 삼삼오오 모여든 이들에게는 학업의 열기 또한 대단하다. 영어 번역반과 일어, 중국어, 한국어와 문화를 이해하고 각 나라의 역사를 배우러 몰려든다. 외국어를 배우는 일이 쉽지 않을 텐데, 이들은 각자의 야망을 품고 한 주간의 나른한 잠자리를 박차고 일찍 일어나 배움의 터전에 모였다. 언어는 새로운 세계를 향해 열리는 문과 같다. 타문화권에서 새 일터를 찾는 지표이기도 하다.

그이 윤 목사님의 클래스에는 30여 명의 남녀 청년들이 등록을 마쳤다. 거기에는 각종 직업군이 모인다. 대학원생이 주류를 이루고 변호사로부터 의사, 항공사 스튜어디스, 영어 번역가들, 파나마 운하청 직원들과 중국인 상가 점원에 이르기까지 다양하다. 그이는 한국어와 한국 문화를 스페인어로 가르친다. 나도 한 수업을 거든다. 시간이 되는 여학생들만 베이스캠프로 불러, 식재료를 준비시킨다. 주방과 거실을 분주히 드나들면서 한국 전통음식을 함께 만들며 실습하며 틈틈이 복음을 전한다. 크리스천 자매들을 만날 때는 이역만리에서 동기를 얻은 듯 그 기쁨은 어디에도 비길 데 없다. 하나님께서는 그이를 이국 땅 선교지에서도 사랑하시어 파나마 내셔널뱅크를 통해 자급할 얼마큼의 생계비도 주셨다. 공대의 객원교수 위치에서 임시 영주권도 해결할 수 있었다.

이 대학은 공과대학으로서 라틴아메리카 내 타의 추종을 불허하는 수준급 대학이라고 그 자존감이 매우 높다. 파나마 국립대학보다 더 인정 받는다고 한다. 여학생들이 앞장 서 열심인 것 같다. 아마도 파나마 운하 시스템의 국제적인 경영과 운하청 산하 수만 명 직원들의 공급처가 되며, 연계 회사에 입사하기 위한 그 기초 모판이 파나마 공대라고 한다.

지난해 이명박 대통령 부처가 파나마를 순방하고 콜롬비아로 초대되어 갔을 때, 영부인 김윤옥(소망교회 권사) 여사는 파나마에 남아서 고아원과 양로원 등 사회적 도움을 기다리는 곳으로 찾아가 기독교 사랑의 손길을 펼쳤다고 한다. 그뿐 아니라, 여기 파나마 공대를 방문하여 총장과 함께 발전책을 대화했으며 공과대학을 순회하는 한국 국모로서의 격려를 아끼지 않았다고 한다. 그때 국제학부 어학원에도 들러 그 기사가 공대신문 탑 기사로 다뤄졌다. 한류의 물결이 한심스러운 방향으로 치닫는 부분이 없지도 않은 이 시기에, 국모의 위상이 열대 파나마 지협에 진정한 한국의 흔적을 남겼다고 생각된다. 감사의 기도로 주말의 하루해가 저문다.

4. 나의 아들딸에게 – 하나

내가 언제부터인가 쓰고 싶었던 것이 있다. 남겨주고 싶었던 생각을 글로 쓰기 시작한다. 사랑하는 아들 신환아, 그리고 사랑스런 딸 에스더야! 하나님께서 너희들을 엄마에게 맡기신 순간부터 오늘날까지 잘 기억해서 기쁨도 슬픔도 모두 소중한 글로써 정리해 두고 싶구나. 이 글을 쓰는 뜻은 엄마가 못 다한 너희들에 대한 사랑과 격려 그리고 교육의 시기에 지나간 날들을 돌아보며, 너희 오누이를 더 잘 훈육했으면 하는 바람에서다. 또한 엄마가 우매하게 범한 실수를 줄여 장차 태어날 우리의 후손, 곧 너희들의 자녀들을 위해 더 훌륭하게 양육하기를 간절히 바라는 마음에서다.

나의 아들딸에게 – 둘
아들이 태어나던 날

세상이 꽁꽁 얼어붙는다. 볼을 스쳐가는 찬바람에 살이 얼얼한 1월 추위. 1983년 1월 5일은 우리 아들이 태어난 날이다. 그때의 기억이 그림처럼 선명하다. 새벽 기도를 나갔다가 배가 점점 아파 와서 방으로 들어와 따뜻한 아랫목에서 아픔을 참아보지만 정확한 시간 간격으로 아픔이 더해진다. 5일이라는 날짜를 헤아려 이미 산부인과에 가져 갈 보통이 준비가 끝나있었다. 항상 챙겨주시던 교회의 임 집사님께서 '사모님 힘내서 애기 잘 놓으시라'고 전 날 밤 큰 닭을 한 마리 가져와 솥에다 고으는 중이었다. 구수한 고기냄새가 온 집안에 가득하다. 5일 아침에 닭국을 먹고 병원 갈 행복한 꿈이 이루어지기도 전에 아파오는 복부를 잡고 산부인과로 출발해야만 했다.

늘 먹고 싶어 했던 고깃국을 뒤에 두었다. 다녀와서 먹으리라 스스로 약속하며 임 집사님과 함께 사택을 나섰다. 의성읍에서 택시를 타고 그동안 진료해오던 안동시 성소병원으로 향했다. 오전 7시쯤 입원하고 배가 점점 아파온다. 헌데 정오가 지나고 오후로 접어드는데 힘이 빠지고 졸음이 오기 시작했다. 산모가 졸면 태아가 위험하다고 오후 1시경에 분만실로 안내해 들어갔다. 기다리는 두 시간은 너무나 힘이 들었던 것을 기억한다.

마침내 아기가 태어나고 아들이란 축하의 소리를 들으며 초보 엄마의 얼떨떨했던 기억도 묻어난다. 그리고 아가들의 방에 가서 아들을 찾는데, 얼굴이 뽀얗고 볼이 볼그스름하게 물이든 어여쁜 아기를 내 품에 안겨준다. 그때부터 우리 아들은 나에게 이 세상에서 가장 잘 생긴 귀한 아들이었고, 감히 내 생명과도 바꿀만한 아들이었음을 뉘라서 부인하랴! 탱글탱글 잘도 자라갔고 교회 안에서의 사랑을 독차지했다. 가난한 강도사의 삶이었지만 아들로 인해 아무것도 부러울 것 없는 풍요롭고 행복한 엄마였다.

TV를 집 안에 두지 말자는 남편과의 가정교육 철학에 작은 라디오의 FM 방송을 24시간 물결 흐르듯 듣게 했다. 클래식으로 방을 가득 채운다. 언젠가는 인켈(당시의 Inkel)을 구입하고서 아들에게 선물하겠다는 소망이 깨끗하게도 생기게 되었다. 이 꿈은 안동에서 이루어졌다(너희 마음대로 작동시키렴). 반짝이는 눈망울을 보고, 볼을 꼬옥 깨물지 못해 안달이 난 행복한 엄마와 아빠다. 하루가 달려가듯 나도 달려갔던 지난날이다.

신환이는 당연히 모든 아이들의 귀여운 아가가 되었다. 영실이 영준이 재형이 정미 은미, 이제는 그들도 모두 엄마 아빠가 되어 그날을 추억하며 그들의 자녀를 키울 것이다. 그 당시 태명이란 말은 없었지만 우리 신환이가 태어나기 전 아빠가 지어준 이름은 형빈이다. 그래서 족보에는 큰 아버지께서 지어준 신환으로 올려져있고 그 후에 선교지에서 주어진 이름 스페인으로는 다빗(David)이다. 이름이 지금은 세 가지지만 앞으로 그에게 주어질 또 다른 이름은 무엇이 될까?

1월 5일

아들 신환이가 태어난 날이다. 아빠가 지어준 아명 '형빈'이라는 이름표를 달았다. 주 안에서 형통하고 빛나라고 지었다. 남편 목사님은 운산교회 학생회 SFC 동계 집회를 인도하시러 무척산 기도원으로 단체로 떠난 후였다. 남편의 메시지를 위해 새벽기도 때 간구하던 중 배가 아파왔다. 사택 방에 들어와 아픈 배를 참아가며 권 장로님 댁에 연락을 했다. 간밤에 집사님이 안쳐준 구수한 닭백숙을 먹지도 못한 채 아픈 배를 안고서 안동 성소병원으로 향했다. 마침 먼동이 트고 있었다. 병원에 도착해 입원실에서 진통의 시간은 흐르고 오후가 되도록 분만실로 가지 못했다.

졸음이 오기 시작하고 급기야 담당 간호사는 분만실로 미리 안내했다. 1시간이 넘도록 기다리는 힘든 진통이 계속되었다. 머리맡에는 뜨거운 히터가 반사하고, 아래 부분은 차가운 쇠봉에 걸쳐져 있으니 복부의 통증보다 다리의 불편과 아픔이 더했다. 1월 5일 오후 3시 30분 우리 아기 형빈이 태어났다. 아가들 중에 얼굴이 가장 뽀얗고 준수했던 아들. 치아를 4개나 달고 나와 우리를 놀라게 했다. 장군이 될 사람, 천재가 났다고 아기 때부터 칭송이 자자했던 우리 아들 형빈, 신환이. 세상을 향한 첫 발디딤이 유난했던 아들이 청년이 된 지금도 어엿하게 아빠의 가는 길을 따라 밟아가고 있다.

2011년 1월 5일
아들 David Yoon

오늘은 햇볕이 따가울 모양이다. 아침부터 새들의 노래 소리가 하이로 올라갔다. 아들 신환이가 83년 1월 5일에 태어났으니 올해 만28세가 된다. 아빠가 장가든 나이이다. 꽤나 소란을 떨며 태어난 아들이다. 장군이 났다 하기도 하고 헤뇨(지혜자)가 났다고도 했다. 뱃속에서부터 치아를 갖고 났으니 특별하기도 했다.

그 특별한 아들이 특별하게 삶을 살아간다. 하나님의 섭리와 그분의 인도하심을 바라면서. 아직 미국 유학(University of California, Irvine)에 붙들려 있고 그러면서도 신대원생의 사역 수준인 중고등부 전도사로 있으니 그러하다. MK 사역도 겸하고 있으니 1인3역이 꼭 제 아빠의 20대를 닮았다. 그래도 그동안의 삶의 경험과, 사회경험, 교회에서의 배움이 있는 아들이라 특별한 아들을 향한 하나님의 계획이 선재하심을 믿는다. 이 세상에 오직 하나밖에 없는 아들이기에 마음이 늘 쓰인다. 이제는 독립적인 신앙관으로 세상을 향하여, 교회를 위해, 자신을 향하여 믿음의 눈을 열기를 간절히 소망해 본다. 이미 그리할지라도 더욱 그리하기를 두 손 모아 간구한다. 아들아! 사랑하고 응원한다.

5. 월드미션-엠베라 부족 형제자매 1

형제자매 결혼식 2011년 6월 8일

형제 모데스토와 자매 크리스티나는 25년을 함께한 부부이다. 자녀들도 여섯 명이나 두고, 열심히 하루하루를 살아가는 엠베라 부족의 한 가족이다. 살아온 날보다 남은 날이 더 많기에 삶의 오지 정글에서 터전을 일구어간다. 그런데 이 부부가 결혼식도 결혼 신고도 없이 25년을 살아왔단다. 아이들 퐁퐁 낳고 손톱 밑이 새까맣게 되도록 궂은 일을 하면서 가족을 다독이며 지나온 세월이다. 크리스티나는 목소리가 아주 가냘프고 찬양을 잘하는 50대 중반의 뚱땡이 정글 아줌마이다.

입을 크게 벌려 찬양을 하고 싶은데 틀니가 떨어질까봐 입을 크게 벌리지 못한다고 해서 한바탕 웃게 된다. '아미가'라는 말은 여친구라는 말이다. 크리스티나에게 너와 나는 친구라고 했더니 나를 향해서 늘 친구를 자랑스러워한다고 고백하며 좋아한다. 웃음이 없는 무표정한 이들에게 웃음이 피어나고 얼굴을 맞대고 인사하는 걸 부끄러워하던 이들이 스스럼없이 얼굴을 맞대고 꼭 끌어 안아줘도 부끄러워하지만 가만히 있다.

이 부부가 자신들의 아픔을 상담해왔다. 결혼식도 하지 못했다고, 그래서 이들의 아픔을 두고 하나님께 기도하며 탄원하던 중이었다. 그러던 중, 정부에서 무상으로 결혼 신고에 필요한 모든 서류를 접수해 준다고 하는 뉴스가 우리의 여성 친구 끌라라 변호사로부터 전해왔다. 이 소식을 듣고 우리와 정글 동네는 얼마나 기뻤는지 모른다. 정작 결혼을 해야 하는 그들보다 더 기뻐했으니. 오늘 아침 일찍 전화벨이 울렸다. 결혼 서류 준비를 시작하러 도심으로 나왔다고. 언제 결과가 통보될지 모르지만 법적으로 결혼 증명이 될 만한 걸음마를 시작해 본다. 하나님의 인도하심이 함께하길 간절히 기원한다.

월드미션-엠베라 부족 형제자매 2
앞에 서서 보니 모두 귀여운 하나님의 백성이다

입을 벌리라고 하니 스스럼없이 아~ 한다. 노래 하자하니 노래하고, 하자는 대로 다 하니 참으로 착하다고 말할 수밖에 없다. 하나님은 좋으신 분임을 얘기하니 모두들 고개를 끄덕인다. 스페인 말로, 엠베라 모어로, 그리고 한국 말로 〈좋으신 하나님〉을 배우며 찬양했다. 모두들 기뻐하는 모습을 보니 즉석 세미나였지만 하나님도 기뻐하시고 나도 즐겁다.

좋으신 하나님, 좋으신 하나님
참 좋으신 나의 하나님.

Si Dios es bueno, si Dios es bueno
Dios es bueno, para mi
A corera dji Bna, A corera dji Bna
dji bna mn acore //

안꼬네나 지뻬 쟈 안꼬네나 지뻬 쟈
지뻬자머 안 꼬네 (부족어를 스페인 발음으로 바꾼 차자음이다)

6. 꿈 이야기

남편과 아들과 나 세 사람이 작은 골목으로 들어섰다. 그런데 내가 차에서 내렸다는 생각으로 장면이 바뀐다. 왜 차에서 내렸는지 모르겠지만 내려서 찾던 길을 물으려 했던 것 같다. 주위는 아르헨티나의 가난한 어느 빈민지역이었다. 약간의 두려움으로 차를 기다려 봐도 오지 않는다. 전화는 되지 않고, 택시라도 잡아보려 했지만 그런 바닷가 외진 곳에 도로도 없고 동동거리는데…

그때였다. 남편과 아들이 나타났다. 엄마, 거기서 뭘 해요? 아들의 음성이 들려왔다. 안도감에 잠을 깼다. 꿈이었다. 휴- 새벽녘에 눈을 떠 곁을 보니 그이는 세상모르고 쌔근거리며 잠들어 있다. 어제 주일에 사역이 많아 피곤한 육신이 안쓰럽다. 날이 새면 미국에 있는 아들에게 통화료 비싼 전화라도 해봐야지.

7. 사라의 일생 1

이사

국제적 이사를 5번, 한국에서 6번, 필리핀에서 1번 아르헨티나에서 7번이다. 파나마에서 2번 이사한 숫자를 합하면 21번 정도 이사를 했다. 결혼한 지 32년에 이사를 21번 했나. 우리 아이들은 더 많은 숫자를 보유하고 있다. 신환이는 인터내셔널 이사 미국으로 1번, 미국 내에서 3번, 합해 25번이다. 에스더는 프랑스로 1번, 프랑스 내에서 6번 합이 27번 자기 나이만큼 이사를 했다.

신학대학원 졸업하는 남편과의 셋방에서 신혼을 시작하며 보금자리를 꾸몄다. 아직 한 학기가 남은 학업으로 인해 장림의 언덕에 위치한 주택의 방 하나를 세내었다. 마당을 돌아 부엌이 뒤로 있고 현관을 들어서면 마주한 방이 우리의 새 보금자리였다. 그곳에서 주말이면 그이는 경북에 있는 중산교회로 설교자가 되어 드나들었고 나는 가까운 교회에 출석하며 월요일 아침이면 부산역 출구에서 그이를 기다리는 게 나의 일상이었다. 우리가 81년 7월에 결혼했고, 그해 가을 내내 그이는 경북 과수원에서 딴 사과를 큰 종이 봉투에 잔뜩 담아서 역문을 나서자 나에게 건네준다. 꿀맛 같았던 사과와 어우러진 달콤한 신혼이었다. 그곳 셋집에서 신대원 친구들과 교수님 한 분을 초대해 즐겁게 식사를 하기도 했던 기억이 아련하다. 식사래야 된장찌개와 경북에서 가져온 디저트 포도즙밖에 없는 가난한 전도사 식탁이었지만 모두들 행복해 하던 웃음이 방안 가득했었다. 남편은 졸업식 때도 그 교수님과 자리를 함께 했고, 목사 안수를 받을 때도 하고 많은 목사님 가운데서 그 교수님을 설교자로 청했으니 곧 이보민 박사님이셨다.

이보민 교수님은 그이를 경남 마산에 있는 D 교회로 추천해 젊고 패기 있던 강도사 시절을 젊은이들과 함께하며 새벽 기도회마다 꿈을 나눴다. 주일 오후 바이블 스터디에는 청년 대학생들로 교실을 가득 채웠다. 청년 100명이 넘는 숫자는 결코 적은 양무리가 아니었다. 그 후 의성중앙교회는 나에게 잊을 수 없는 성소가 되었다. 의성에서 신환이와 에스더가 태어났다. 그이가 목사 안수를 받은바 유서 깊은 교회이며 담임 목회자의 사모로서 첫 출발지이기도 했다. 맑고 순수했던 우리의 마음 따라 주일학교 아이들과 더욱 정다웠던 곳이다. 이제는 그들도 장성해 가정을 이루고 자녀들을 가졌다. 우리의 푸르렀던 젊은 때처럼… 어느새 우리의 머릿발에도 눈 내리듯 조금씩 희어져가고, 그들도 중년으로 가고 있을 터이다. 우리 자녀들도 가정을 꾸리기 시작했다. 마치 우리의 첫 시작처럼… 갈 바를 알지 못하고 고향을 떠났던 이민자 아브라함의 신앙으로, 우리도 그렇게 고향을 떠나고 부모를 떠나 있다. 무수한 세월 속에 알지 못하는 곳으로 부름을 받는다. 아브라함과 다른 것은 언어가 다른 이국 땅이라는 점이다. 그러나 항상 그렇듯이 언제나 한결 같은 주님의 품안이다.

사라의 일생 2
의성에서의 일기

갓 부임한 젊은 강도사 부부를 맞이하기에 교회가 분주하다. 첫 만남의 소중하고도 즐거운 추억이기도하다. 그해 김장철이라 교회 김장을 하는데 김치 냄새가 역겨워 음식을 먹지 못하자 임신인 것을 온 교회가 알게 되었다. 즐거운 소식이었다. 교회의 새로운 활력소가 되기도 했던 배불뚝이 시절 아침이면 어김없이 우리 집을 찾아오는 7명의 꼬맹이들…

교회당에 유치원이 없던 시절 아이들은 유치원에 온 듯 하루를 함께 시작했고, 그 아이들 때문에 더 없이 행복했던 젊었던 아니 스물다섯 살의 어렸던 사모. 의성천 냇가로 나가 물장구를 치며 놀던 일, 항상 콧물을 코에 달고 다녔던 재영이, 머리를 꽁꽁 묶어준 엄마에게 속상해하는 정미의 머리를 느슨히 해주고, 영준이와 영실이 영미 천진난만한 아이들과 지내는 천진난만한 사모. 영준이는 실력을 키워 서울대학교에 합격해 우리의 기도한대로 입학하고 영실이는 고신대학에 진학했다. 해외선교 안식년을 맞아 그이가 선교학 과목 봉사를 하고 있을 때, 영실이는 남편 윤 목사님을 만나자 휴게실에서 그만 그리움에 울어버렸다.

열쇠 소동
에피소드 '서방님'

저녁 식탁을 물리고 찬양을 듣고 이런저런 일로써 자정이 지나버렸다. 오늘은 카리브해에서 특별 손님이 찾아온 날이기도 하다. 오곱수쿤(코코넛) 섬에서 청년 사역자 오마르가 방문했다. 오마르가 보고 싶어 하던 '워십 댄스' (worship dance)를 보고나니 자정이 넘었다. 예배에 흐르는 은혜를 맛보며 오랜만에 편안한 밤을 보내고, 늦은 시간에 밤참을 원하는 남편을 따라 오마르도 동참한다. 맵고도 귀한 식량 사발면을 두 그릇을 거뜬히 먹고 치운 두 사람. 밤에 어쩌려고, 한 사람은 젊은이라 그렇지만 내 서방님은 50줄이 넘은데. 그래도 "감사히 먹으면 버릴 것 없고, 맛있게 먹으면 해가 되지 않는다" 하니 웃음 있어 좋은 피를 만든다.

오마르는 샤워를 마치고 방으로 가고, 자기 전에 체크하는 일중에 내일 쓰레기 치울 일을 오늘은 서방님이 자진해서 나가서 하겠다고한다. 아무래도 면발을 받은 것 같다. 집 열쇠를 찾는데 내 열쇠가 보이지 않는다. 현관문 뒷문까지 자그마치 다섯 개의 키가 달려있다. 있을만한 곳을 다 찾아도 열쇠가 '나 여기 있소'라고 말하지 않으니 도리가 없다. 막 잠을 청한 오마르도 깨우고 조용한 번잡이 시작되었다. 새벽 두 시가 되어가니 큰 소리를 할 수도 없고 이래저래 속만 애타게 열쇠야를 부른다. 남편 왈 자기는 전혀 상관없고 모르니 묻지 말라고 못을 박는다. 자국이나 외국이나 집 키를 잃어버린다는 것은 좀 언짢은 일이 아닌가! 무슨 일이 생길지 혹은, 하고 많은 나쁜 상상을 하게 되고 급기야는 집의 모든 키를 바꾸어야하는 어처구니없는 일이 추가로 발생하고 비용도 들게 된다. 세계적인 경제공황에 이건 또 무슨 일인가!

그래서 늦은 시간에 내어놓은 쓰레기 봉지를 마지막으로 뒤지기로 하고 남편이 다시 나갔다. 쓰레기를 뒤적이시던 서방님이 이상한 웃음을 지으며 짠-하면서 열쇠를 내어놓는 것이 아닌가! 아이쿠 머리야. 자기가 헌 책장 창고에 들어갔던 기억이 있어서 들어가 보니 책장 위에 있더라는 것이다. 그러면서 "열쇠를 찾은 것이 참 다행"이라고... 이럴 때 하는 말이 '어이가 없다'라고 하지, 참내- 팔을 두들겨주고 나니 괜히 안마만 해 준기분이다. 이런 국면에서도 어엿한 남편이 신기하지만, 그래도 열쇠를 찾아서 안심이다. 여러 엑스트라 일들이 생기지 않으니 감사할 뿐 벌어진 입을 닫을 따름이다.

남편 목사님의 고희古稀에 하나님께 다시금 감사드리며 나도 4년후에는 그이를 따라 칠순에 이르게 될 것이다. 일생동안 함께 지내온 삶이 말로써 다 표현할 수 없는 감사의 흔적입니다.

파리 특파원 프랑스 일기 두 편 (19살)

2004년 4월 22일 아빠의 편지

윤 에 스 더

딸, 파리한인장로교회 부부 집사, 파리국립콘세바토리오 음악 교수

이 일기는 윤 에스더 교수가 19살 때, 재 · 아르헨티나 이탈리아 대사관과 이탈리아 음협이 공동주최한 남미대륙 관악 콩쿠르에서 영예의 1등상을 받음으로써 그 부상으로 유럽 항공권과 이탈리아 전국의 명문 콘세르바토리오와 고전음악연주회에 참가하는 유래가 있었다. 아르헨티나로 돌아가는 길에 파리에 들러 한동욱 목사님(아빠의 고향친구로 파리에서 유학생 대상 '사랑의 교회'를 목양하던 중) 댁에서 유할 때의 날짜이다.

두 번째 글은 「여성동아」 파리 특파원 시절에, 한국의 음악유학을 준비하는 코너에 실었던 연재 가운데 3편이다.

오늘은 참 특별한 날이다. 어제 밤에는 많이 슬펐는데 하나님께서 다 가져가셨다. 아침 식사 후 Q.T를 하고, 음악학교로 출발했다. 파리의 아침 골목길을 급하게 걸었다. 수업 마친 뒤 집으로 오니 벌써 점심시간이 지나 혼자서 먹게 되었다. 밥은 여전히 맛있었지만, 마음은 편치 않았다. 식사 후 방으로 가는 길에 많이 익숙한 글자가 식탁 위에 보였다. 바로 아빠께서 쓰신 〈Por Avión〉이었다.

편지와 책들을 보내주셨다. 기쁘게 소포를 들고 조용히 방으로 갔다. 너무 너무 읽고 싶어서 참기 어려운 느낌이었으나, 마음을 안정시키고 천천히 열어보았다. Latin Times 신문과 Clarín 신문, 사진들 그리고 아빠 엄마 오빠가 쓴 편지가 들어 있었다. 갑자기 마음속에서 설명할 수 없는 아픔과 슬픔이 다가왔다. 조금씩 아파오는데 처음에는 엄마가 쓰신 편지를 읽었다. 눈물이 글썽거리며 나올 길을 찾지만 눈 근육 힘이 더 셌다. 두 번째 오빠 편지를 읽었다. 눈물 한 방울, 두 방울... 뚝뚝 흘러내리기 시작했다. 그래도 참고 싶었다. '연약하면 안 돼, 안 울어야지' 하고 생각했다. 하지만 반대로 엉엉 울고 싶었다. 아무도 듣지 못하는 데서, 아무도 나를 보지 못하는 데서... 마지막으로 아빠께서 쓰신 편지를 손에 쥐었다.

"아빠가 사랑하는 내 딸아!", 먼저 눈에 들어왔다. 뜨거운 눈물이 내 볼을 쓰다듬어주며 책상 위에 떨어졌다. 계속해서 읽었다. "하나님께서 아끼시고 인도하시고 보살펴주시는 딸아!" 이때까지 줄을 섰더니 나오기를 기다렸던 눈물이 끊임없이 흘러내렸다. 바로 나는 하나님께서 아끼시는 딸이었다. 항상 보살펴주시는 하나님을 또 잊고 있었다. 나를 사랑하시고 외롭고 슬플 때 함께 하시고, 시간 맞추어서 가족이 보낸 편지도 읽게 하시고, 기쁨을 주시는 하나님을 생각 안 했던 내가 부끄러웠지만, 하나님의 품에 안겨서 눈물이 그칠 때까지 울고 싶다. 하지만 주저앉지는 않는다. 이렇게 나를 사랑하는 가족을 주신 하나님을 찬양하기 위해서 플룻 공부를 또 시작한다.

Deux Baguettes (the French)
2004년 4월 23일

오늘은 금요일이다. 시계 알람소리에 잠을 깼다. 아침 6시 10분 전인데 조금만 더 잤으면… 하지만 몸을 일으키고 씻지도 않은 채 뛰쳐나갔다. 어젯밤 사모님께서 빵을 아침에 사야 된다고 말씀하신 걸 기억하고 20 유로짜리 하나와 동전 세 개(3유로)를 챙겼다. 파리에서 빵을 처음으로 사 보는 거라 가격을 몰랐다. 뛰면서 빵집이 몇 시에 문을 여는지 보았다. 6시 30분이 되어야 빵을 살 수 있었다. "잘 됐다. 30분 뛰고 다시 오면 되겠다"라고 생각하고 조깅했다. 딱 30분이 지난 후 가보니 아직 문은 열려있지 않았다. 집에 갔다 와야지 생각하고 갔다. 집에 도착하기 한 발자국 전에, 빵을 갖고 들어가야 된다는 생각으로 다시 돌아갔다. 한 열 발자국 남은 데서 보니 아직도 문은 안 열려 있었다.

천천히 다가갔다. 도착하는 지점에서 삐거덕 삐거덕 하는 소리가 나면서 커튼이 올라갔다. "하나님 감사합니다." 하며 문을 열어줄 때까지 기다렸다. 따끈따끈한 1.5 유로짜리 Baguettes를 손에 쥐고 집에 도착했다. 부엌에다 두 조각을 갖다 놓은 뒤 방으로 올라갔다.

땀이 나서 샤워하려고 준비를 하는데 사모님께서 일어나시는 인기척이 들렸다. 이렇게 일찍 일어나시지 않는데 아마도 빵을 사러가시려고 일어나셨던 것이다. 하지만 따끈따끈한 두 Baguettes가 이미 주방에서 기다리고 있었다. 그리고 맛있는 빵과 잼 등을 기쁘게 나누었다.

만약에 내가 그대로 집에 왔더라면 사모님께서 빵을 사러 가셨을 것이다. 그때 발길을 돌려주신 주님께 감사드린다. 사모님은 이제 나를 더욱 믿게 될 거라는 것을 확신한다. 그리하지 않을지라도 하나님 감사합니다. 맞다. 이렇게 조그마한 일이 우습게 보일지 모르지만, 하나님께서는 우리가 못 보고, 또는 의미 없다는 일에까지 간섭하신다. 조그만 일부터 감사하면, 감사할 더 큰 일이 생길 것이라 믿는다.

항상 사숙하는 프랑스 플루트 연주의 거장
장-피에르 L. 랑팔
(Jean-Pierre Louis Rampal)

십자가의 길

콜롬비아의 '시파키라'(Zipaquirá) 광산 마을에는 소금으로 된 동굴이 있다고 한다. 그곳 지하 200m 정도에는 소금으로 지은 성당이 있단다. 동굴 안에 '비아 돌로로사'(십자가의 길)가 만들어져 있다고 한다. 부모님께서 라틴 선교전략회의차 콜롬비아에 가신 길에 다녀오셨는데, 그 마지막 터널 안에는 높이 16m 되는 커다란 십자가를 조각했고 소금의 은은한 빛으로 화려하지는 않으나 말로써 형용할 수 없는 십자가상이라 한다. 예수님께서 십자가를 지고 핏방울을 흘리며 한발 한발 걸어가신 걸음들을 기억하게 만든 곳이다. 지하 소금 채굴장에서 식민지 인부들은 깊은 어둠의 두려움으로부터 십자가를 통해 용기를 얻어 계속 노동했다고 한다. 아빠가 저술한 '선교학' 책 표지 이미지도 그 소금 광산의 십자가를 옮겨 놓으셨다. 십자가는 고난도 주지만 용기도 준다.

아르헨티나에는 '탄딜'(Tandil)이라는 지방에 비아 돌로로사가 갈보리 동산 언덕에 만들어져 있다. 내가 그곳을 방문했을 때는 어렸을 때였다. 방학을 맞아 아빠가 한인 청년들 수련회를 인도하러 가셨을 때, 가족들이 동행했는데 오빠와 나는 심상치 않은 마음으로 예수님을 생각했던 곳 이기도하다.

내가 지고 가야할 '십자가의 길'은 과연 무엇일까? 아직은 적게 살아온 나에게는 산 만큼이나 크게 다가오는 테마이다. 내가 원하지는 않지만 복음을 위해 꼭 감당해야하는 길이라고 배웠다. 나를 괴롭게 하지만 영혼구원을 위해 지고 가야만 하는 아픔과 괴로움이다. 존 번연이 쓴 천로역정에서도 나타나는 십자가이다. 내가 굳이 지고 싶지 않지만 내가 감당하므로 내 이웃이 평안을 누릴 수 있는 힘든 일이다. 내 이웃을 위해 선을 베푸는 일이 곧 나의 작은 십자가를 지고 가는 길이라고 생각한다.

나의 어릴 적 꿈이 하나 있었는데 의사가 되어 의료선교를 하는 것이었다. 우리 집에는 자라나는 우리가 잘 볼 수 있도록 거실 벽에 세계지도가 낮게 걸려 있었다. 나는 4살 때 그 벽에 붙어 있는 세계지도를 짚으며, 부모님께 '장차 의사가 되어서 여기에 복음을 전하러 갈 거예요' 라고 선언했다. 그날 짚은 지역이 러시아 땅이었다. 부모님 앞에 선포했으니 기약이 되어졌고, 10여

년 동안 매일 기도했었다. 기도할 때 변함없는 마음으로 의사가 될 길을 차근히 준비하기 시작했다. 한국에서 필리핀에서 싱가포르에서 그리고 아르헨티나에서 의사가 되기 위해 기도를 계속했다. 그리고 9살 때 야간반 음악학교를 알게 되어 주간 학교 공부와 야간 음악 수업을 겸해서 열심히 공부했다.

초등학교 과정을 지나면서 오전과 오후까지 학교생활, 그리고 저녁 시간은 국립음악학교 수업으로 하루의 일과를 마칠 때는 언제나 캄캄한 밤 시간이었다. 아빠가 승용차로 데려다 주지 못하는 날은 노동자용 기차로 주변을 조심하면서 통학했다. 중고등 5년 과정 동안 의사의 꿈을 안고서 학업에 임했고 최선을 다했던 플루트 공부 역시 연주가 향상되도록 날마다 쌓아갔다. 그런데 14살이 되면서 음악 담당 교수님으로부터 도전과 성장의 말씀을 듣게 되었다. 이제 당신에게 더 가르칠 게 없으니 일반학과 공부를 접고, 음악적인 앞날을 위해서 유럽으로 건너가라고 하셨다. 그것도 15세가 되기 전에 출국하라는 명령조였다. 유럽은 일찍이 아르헨티나 백인들에게는 선망이자 로망이었다. 남미에서 겨냥하는 세계의 모든 길은 로마가 아니라 파리로 통한다. 이는 남미의 독립 역사가 증거하고도 남는다.

나는 진실로 의사가 되고 싶었고 그래서 10년을 한결같이 기도해 왔는데… 음악은 하나님께서 주신 특별한 달란트이고 오직 하나님의 영광을 위해 쓰고 싶다는 생각뿐이었는데. 누가 뭐라 해도 내가 가야할 길은 의사라고 생각했었다. 그때부터 나는 나만의 십자가가 주어진 느낌으로 고민하며 때로는 힘들어 울기도 했다. 어렵게 양쪽 공부를 했던 것이 엊그제 같다. 그때 부모님께서 해주신 말씀은 일반 공부도 최선을 다하고, 음악도 최선을 다해 달려가는 데까지 가보면, 하나님께서 너의 길을 정해 주실 것이다라고… 그러면서도 나는 의대 입학에 대해서 계속 정보를 쌓았으며, 실력위주의 '일세'(ILSE) 시립중학교에서는 5학년 때 국립 부에노스아이레스 의대 입학을 위한 기초과정에 들어가 있었다. 나는 기도의 결과라고 확신하고 있었다. 하지만 그것은 쉬운 일이 아니었다. 음악 과정의 단계가 올라갈수록 연습시간을 더 요구하게 되었다. 더욱이 중·고등학교 마지막 학년에서 의과 기초과정은 더 많은 과목의 시험들이 있었다. 그래서 공부에 더 집중해야만 했다. 나는 하나의 전공을 택해 그쪽 공부에만 전념하고 싶었다.

그때, 새로운 일이 한 가지 생겼다. 아빠가 한국의 의대 정보를 입수하셔서 12년 동안의 학업을 해외에서 이수한 학생에게는 특례 입학전형이 적용된다는 정보였다. 이미 해외에서 학업한 해외 공관 직원의 자녀들이나 해외 사업가들의 자녀들에게는 12년 적용의 길은 열려 있는 때였다. 하지만 그 길은 해외국제학교에서 공부했던 재정이 넉넉한 집안에 해당하는 일일뿐 보편적으로 생각할 수는 없는 일이었다. 이때 아빠는 나를 한국으로 가서 의대 공부를 하도록 길을 찾고 있던 중이셨다. 그래서 선택된 학교가 서울대였던 것이다.

마침 서울 신림동에 김정기 장로님(당시 왕성교회 세계선교부장)께서 거주하고 계셨고, 우리 가족과의 관련은 형제라고 부를 만큼 돈독해져 있었다. 감히 우리 선교부(총회) 행정처에서도 손 쓸 수 없었던 해외 영주권 신청 관계로 아르헨티나 종교외무성과 한국의 외교부 사이에서, 아빠가 만들어주시는 모든 공증 서류들을 김 장로님이 분류하여 외무청에 직접 제출하여 해결했다는 말을 자주 들었었다. 모든 필요한 경비와 계속 지불되는 재정을 장로님이 지원하셨다고 한다. 아빠와 김 장로님은 나의 입학건에 전력을 쏟으셨다. 필리핀의 세부시에서 입학했던 초등학교 서류와 싱가포르에서 다녔던 짧은 기간의 학적을 아빠가 서류철에 간직하고 계셨기에 국제간에 선교사님들을 통해서 그 확인증명서를 요청하는 데는(정확한 연도가 손 안에 들어와있었기에 아빠로서는) 시간문제였던 것이다. 얼마나 많은 노력과 신경전이 있었을까? 아빠는 그 작업을 가리켜 자식을 위한 전투였다고 말씀하셨다.

의대 입학전형에 필요한 모든 서류가 온전하게 구비되고 기도하셨다. 드디어 합격자 발표 날이 다가왔다. 아빠와 엄마의 합격자 발표 관심은 잠도 이루시지 못했다. 이 일을 직접 뛰어주신 김 장로님의 신림동 가족은 어떠하셨을까? 엎드리면 코 닿을 서울대학 캠퍼스의 앞 동네와도 같았다. 심지어 '합격하여 우리 집에서 거하며 등교하면 좋겠다'는 약속까지 하셨다고 한다. 그런데 정작 나의 '일세'(ILSE) 학과목 성적표에는 B 학점에 버금가는 85~89점 사이의 과목이 2과목이나 들어있었다는 것을 아빠는 어떻게 해석하고 적용할 생각을 하셨는지 나는 여쭈지를 못했다. 아빠는 나를 너무나 사랑하시어 세상에서 해외국제학교가 높은 등록금을 받고서 학생들에게 그에 맞는 높은 점수를 주고 있다는 사실을 순진하게도 모르고 계셨던 것이다. 그에 비하면 내가 다녔던 학교는 수십 년이 지난 현재도 1년에 과락이 3과목 이상 되면 학생을 탈락시키는 엄격한 제도가 실행되고 있는 학교이다. 우리 가족은 파나마에서 선교할 때, 재파 한국 대사관, 파나마 영사로 계셨던 분이 유럽의 영사로 떠나면서 한 학기 동안, 그의 딸을 엄마에게 맡기고서(신뢰 관계로) 먼저 이주해 가셨는데, 그때 그 딸을 통해서 해외국제학교의 성적 관련 처리가 학생들에게 불이익이 없도록, 어떻게 주어지는가를 아빠도 그때야 알게 되었다고 하셨다. 아빠도 20대 청년 때는 한국의 고교에서 2년 동안 교편생활을 하셨기에 어느 정도는 학교행정에 대해서 지성과 감정을 갖고 계셨다. 그 일 후에 아빠가 얼마나 통곡을 하셨을까?

나는 큰 기대를 갖지 않았기에 서울대의 결과에 관계없이 부에노스아이레스 의대에 다닐 생각을 했었다. 그렇지만 아빠는 나름대로 의학과 음악을 두고서 선택하는 기점으로 삼으신 것 같았다. 그리고는 음악 쪽으로 기도해주셨다. 그때 나는 예상치도 못했던 이탈리아 음협과 대사관이 주최한 '네리니-NERINI 라틴 관악 콩쿠르'에서 1등(대상)을 차지하게 되었다. 우리 주님의 은혜였다.

결국에는 힘들게 시작한 부에노스아이레스 의대 1년 과정을 마치면서 콩쿠르로 얻어낸 상으로 이탈리아와 로마 음악학교 2주간의 순회와 요청 연주회를 가졌다. 그것을 계기로 의대 휴학계를 내고서 본격적인 음악 실기 공부와 교육학 연구를 하기 위해 프랑스로 떠나게 되었다. 적합한 모든 서류가 구비되어 부에노스아이레스 소재 프랑스 영사관에서 아빠의 동석으로 유학생 비자를 받았던 것이다. 할렐루야!

회상해 보면, 1년 동안만 내가 받은 음악세계를 조명해 볼 목적으로 프랑스로 온 것이 이제는 프랑스 파리가 나의 학업의 터전이 되고 음악이 하나님의 나라를 섬기는 악기가 되었다. 나아가 나에게 열려진 뚜렷한 길을 보게 되었고 음악으로 이웃을 위해, 무엇을 할 수 있을까를 기도하면서 음악을 통해 하나님의 소원인 영혼구원의 계획을 묻고 있다. 이렇게 프랑스 파리에서 시작한 나의 젊음은 결코 쉽지 않았다. 하숙집의 화장실 청소도 했었고, 추운 겨울 맨손으로 빨래도 해야 했고, 감기로 몸이 아팠을 때는 처방비가 무서워 의사를 찾지 못했던 일도.

프랑스에서 시작한 나의 삶은 또 한 번의 나의 십자가를 지고 가야하는 시간이었다. 그럼에도 불구하고 하나님께서 나를 세워주시고 교회의 공동체 예배를 통해서 말씀으로 격려해주신다. 장정이라도 넘어지지만, 독수리 날개 치며 일어나는 힘을 주셔서 지금까지 최선을 다해 달려왔다(사 40:30-31). 힘들 때마다 가족의 간구와 한국 후원 교회의 기도가 큰 능력이었다. 나 스스로 좌절하지 않으며 피곤하지 않기를 나에게 중보한다. 하나님께서 항상 내 옆에 계심을 깨닫는다. 나를 일으켜 세워주신 하나님의 말씀에 의지하여 이웃들을 위해 살고 싶은 마음이다. 주께서 나에게 그분의 나라를 위해 지어주신 십자가를 늘 감사하며 찬양을 올린다.

1. 프랑스의 여름 음악 레슨 스타쥬

프랑스의 여름 바캉스는 7월부터다. 학생들은 한 학년을 마치고, 부모님들은 자녀들 시간에 맞춰서 쉬는 날을 잡아 바캉스를 떠난다. 5월, 6월 두 달 동안 시험에 지친 학생들은 7월이 되면 밝은 미소로 마지막 음악 레슨을 즐기며 헤어진다. 학부모들이 가끔 초콜릿을 선물로 챙겨주기도 하는데 여름 내내 먹을 수 있을 정도다.

프랑스 학생들은 대부분 할머니 할아버지 댁 아니면 친척 집에 가서 몇 주를 지낸다. 그래서 부모님들은 편하고 조용한 바캉스를 맞이한다. 하지만 바캉스를 다르게 시작하는 학생들도 있다. 여름 음악캠프를 떠나는 것이다. 10일 동안 열리게 되는 음악캠프에서는 매일 악기 레슨을 받는다. 나는 7월 초에 가르쳤던 음악 캠프에서 '스타쥬'(stage)라고 하는 'Vivaldi a Dit'라는 asociación에서 5세에서 19세 까지의 학생들을 모아 많은 악기들을 경험하고 표현할 수 있는 기회를 열어주었다. 이들은 다른 이들처럼 바캉스를 떠날 수 있었지만, 열흘 동안 새로운 공부를 하기 위해 모였다. 프로그램은 아침 9시부터 오후 5시까지 진행된다. 오케스트라, 실내악, 개인 레슨, 합창단, 춤 등을 매일 8시간씩 배운다. 각 장르별로 교수가 배정되며 수강에 임한다. 프랑스 부모들의 음악 교육에 대한 열성은 참으로 대단하다. 매일 오전 9시까지 자녀들을 데려다주고 오후 5시에는 데리러 온다. 플루트를 처음으로 공부하는 학생들 4명이랑 9일 동안의 레슨 끝에 콘서트 곡을 준비했다. 하지만 악보가 없는 가운데 4명의 학생들과 함께 창작해낸 곡이었다.

첫 번째 주제를 정했다. 프랑스는 지금이 여름인데 이번 7월 초에는 14℃의 서늘한 기온으로 매일 내리는 비를 맞고 다녔다. 그래서인지 아이들이 〈비〉라는 곡을 만들기 원했다. 플루트를 이제 처음으로 만져보는 이들이 플루트 키를 하나씩 누르며 빗방울 소리 같다고 말했다. 그리고 플루트를 불 때 바람 같은 소리가 난다고 느낌을 구체적으로 표현하며 바람과 빗방울, 세게 부르면 천둥까지 상상할 수 있었던 좋은 배움과 가르침의 시간이었다. 하나의 곡을 탄생시켜 마지막 날에 프레젠테이션을 했다. 다른 교수님들과 학생들이 너무 흥미롭게 이 새로운 곡을 들으며 좋아했다. 허나 음악은 악기만 다룰 줄 아는 것이 아니다. 많은 상상력과, 눈을 뜨고 꿈꾸는 듯이 그림을 그리듯 음악을 그리는데 색깔을 찾고 그리고 볼륨을 주는 음악이 청중에게 감격을 준다. 이론적으로만 배우던 말들을 직접 숨을 쉬고, 서로 쳐다보아야 같이 낼 수 있는 소리, 크레센도, 악첼레란도, 이 모든 악기 실기를 오로지 〈비〉라는 그림으로 묘사할 수 있었다.

마지막 날 부모와 친지들 앞에서 콘서트를 하기 전에 모든 학생들과 교수들이 한 반에 모였다. 참석자 모두가 함께 모임을 갖는 시간이었다. 거기 모인 아이들로부터 19살 대학생에 이르기까지 서로의 의견을 나누었다. 참 신기한 시간이었다. 5살 꼬맹이도 '스타쥬' 동안 좋았던 면, 좋지 못했던 면, 좀 달라졌으면 하는 면까지 큰소리로 친구들 앞에서 말하였다. 교수님들은 한 명 한 명의 의견을 귀담아 들으며 학생들과 함께 토론했다. 한국의 음악교육에서 이런 일이 있는지는 잘 모르겠지만, 참으로 바람직한 수업이었기에 보람도 컸다. 교수가 학생들의 말을 들어주고 격려해주며 자기들만의 세계를 키워주는 교육 시스템이야말로 우리의 자녀들을 위한 진정한 교육이 아닐까! 5살 때 언니들 오빠들 앞에서 자기의 생각을 또박 또박 말할 수 있는 자녀가 19살 때는 어떤 대학생으로 우리 앞에 설 것인지 기대된다. 드디어 부모님들과 친지들을 모시고 연주회를 열었다.

우리 교수팀이 10일 동안 가르치고 열심히 노력한 열매는 콘서트가 끝나고 부모님들께서 자녀들을 껴안으며 칭찬하는 아름다운 모습에서 나타났다. 가르침의 행복을 누리는 때이다.

2. 프랑스 유학생과 바게트의 나라(1)

프랑스는 바게트(baguette)의 나라다. 사람들은 아침마다 바게트 빵을 사기 위해 줄을 선다.

점심시간이 되면 시민들은 다시 제빵 가게로 바그르르 몰려든다. 바게트란 프랑스어로 막대기 혹은 지팡이라는 뜻이다. 바게트는 밀가루, 소금, 물, 이스트만으로 만든다. 이러한 재료들의 제한은 국가 식품법으로 엄격히 규정하고 있다. 만약 이 기본 재료가 아닌 다른 재료를 추가로 사용해서 만든 빵은 바게트라는 이름을 붙일 수 없다. 그만큼 식품 위생에 정확하다. 나는 가끔 오븐에서 구워 먹는다. 오븐에 구울 때는 오븐 안에 뜨거운 증기를 분사하여 빵 표면에 바게트 특유의 바삭한 질감이 잘 나도록 하는 것이 중요하다.

프랑스인들은 바게트뿐 아니라, 샌드위치도 즐겨 먹는다. 파리 메트로(지하철)를 타면 신사로부터 학생에 이르기까지 바게트 샌드위치를 먹고 있는 모습을 쉽게 볼 수 있다. 시외 TGV(Train á Grande Vitesse/고속철)를 타도 시속 300Km의 속도에서 승객 열 명 가운데 한 두 사람은 바게트 샌드위치를 먹을 정도다. 이런 환경에서 사는 한국인 유학생들은 라면을 그리워한다. 날씨가 쌀쌀할 때면 따끈한 컵라면에 김밥 한 줄이 제격이지만 파리의 거리에서 보이는 것은 빵집뿐이다.

빵을 사러 줄지어 서있는 시민들은 여유가 있어 보인다. 커피를 마시러 가보면 주문을 받으러 올 때까지 10분, 주문을 받고 커피를 가져 오는데 또 10분, 커피 한 잔을 받기까지 거의 20여 분이 걸린다. 대부분 라틴아메리카 사람들이 여유 있다고 정평이 나 있지만, 여유 있기로는 프랑스도 만만지 않다. 시장을 보러 마켓에 들리면 줄 서 기다리는 사람들을 아랑곳 하지 않고 계산대 직원은 다른 고객과 수다를 떨고 있다. 그래도 고객들은 차례를 기다리며 아무 불평 없이 기다린다. 아마 한국이라면 누군가가 나서 얘기하고도 남을 일이다.

반면에 파리 메트로를 타러 갈 때는 사정이 달라진다. 앞뒤에서 사람들이 뛰고 있다. 아마 메트로에서 뛰는 사람들 중에는 파리의 사람들이 제일 잘 뛸 것이다. 서울의 전철역 상황과 별로 다르지 않다. 다음 전철이 2분 후에 도착한다 해도 파리 사람들은 막 출발하는 메트로를 타려고 뛴다. 프랑스 남부 도시 리옹에서 공부하다 파리로 옮겨온 나는 언제부터인가 메트로 역에서 뛰기 시작했다. 덴마크에서 며칠 동안 놀러온 친구가 웃으면서 나를 놀렸다. 다음 차가 2분 후에 오는데 왜 뛰어야 하느냐고 물었다. "응, 나도 몰라, 다들 뛰니깐 나도 같이 뛰는 거지"라며 함께 웃었던 적도 있다. 카페에서의 여유로움은 뒤로하고 목적지를 두고 움직일 때는 참으로 부지런한 사회구나, 한 번 더 파리를 느낀다.

커피 마실 때는 쉬는 시간을 즐기며, 사람들이 메트로에서 뛰는 모습을 볼 때면 목표를 잃지 않고 할 일을 향해 뛴다는 것을 알게 되었다. 부지런하여 게으르지 말라는 말씀이 있다(롬 12:11). 만약 하루를 공부하지 않으면 그것을 되찾는데 이틀이 걸리고, 이틀을 놓치면 그것을 되찾는데 나흘이 걸린다. 한국에서도 독립운동가 안중근 의사는, 하루라도 책을 읽지 않으면 입안에 가시가 돋는다고 금언을 남기셨다. 따라서 "일 년을 공부하지 않으면 그것을 회복하기에 자그마치 2년이나 필요하게 된다"고 유대인의 탈무드는 목표 의식을 강조한다.

그런데 프랑스 사람들은 뛰는 가운데서도 항상 다른 사람들을 위해서 출입문을 붙잡아 주는 배려를 잊지 않는다. 어디서든지 항상 문을 잡아주는데, 이들은 늘 "감사합니다" 그리고 "천만에요"라고 표현한다. 대상이 여성일 경우 더욱 정성들여 문을 열어주며, 먼저 지나가기를 기다려준다. 모든 프랑스 국민이 다 그렇지는 않으나 거의 90%는 남을 위해 배려하려고 마음을 열어 놓는다.

맛있는 바게트 빵을 먹는 프랑스는 6월이 가장 바쁠 때다. 5월에는 세금을 내야한다. 프랑스 세금은 세계적으로 알아 줄 것이다. 6월에는 여름 바캉스를 준비하며 일 년을 마무리한다. 플루트를 수강하는 학생들도 시험과 연주들을 앞두며 열심히 연습한다. 하지만 일반 학교 공부도 역시 열심히 한다. 한국만 고3이 힘든 것이 아니다. 프랑스 고3 학생들은 많은 스트레스를 받는다. 대학입학이 문제가 아니라, 자기가 무엇을 전공할까, 전공을 잘 선택해야 한다는 책임감을 느낀다. 의예과, 법학과, 건축과만이 아니라 빵을 맛있게 굽는 또는 악기를 고치는 장인들, 사회를 돕는 사업자 등의 선택권이 있다. 빨리 일자리를 찾을 수 있도록 2년 만에 formación을 마치면서 대학 졸업장을 받을 수 있다. 프랑스라는 나라는 선택을 너무 중요시 여긴다. 고3을 마친 프랑스 청소년들은 부모의 곁을 떠난다. 자신의 인생은 스스로 건축해 나가야 한다는 책임감을 갖고서 대학시절을 시작한다.

한국 유학생들도 마찬가지로 부모를 떠나 왔다. 하지만 부모님만이 아니라 친구들과 더불어 한국 문화를 떠나는 것이다. 하지만 새로운 문화 속에서 바게트 빵을 먹으며 멀리 계시는 부모님을 생각하며 하루하루를 열심히 달려간다.

> From: eonyoung@chosun.com
> Subject: 안녕하세요^^ 여성조선 기자님

3. 프랑스 유학생과 바게트의 나라(2)

사람들이 뛸 때에는 나도 함께 뛰어야 한다. 더 많이 가려면 더욱 열심히 뛰어야 결승점에 도달할 수 있다. 나는 아르헨티나에서 초등학교를 '꼴레히오 와르드'에 다니면서 우루과이로 원정 경기를 치르기 위해 2천 미터 마라톤 연습 대열에 끼어보기도 했다. 멀리 보려면 높이 날아야 한다는 말을 잊었는가? 응원자들의 함성이 있는 골인은 곧 나의 목표를 향해 올인 해야만 오는

것임을 잊어서는 아니 된다.

　막대 빵 바게트로 끼니 해결을 해야 하는 배고픈 유학생들, 그 모두에게 대가가 지불되는가? 아니다, 부지런히 노력한 대가는 눈물의 바게트 빵을 먹어본 생도라야 얻을 수 있다. 단지 유학생뿐만 아니라 프랑스 학생들에게도 예외는 없다. 시간을 쪼개어 아르바이트 해야 하고 자신의 수업도 해야 하는 학생들은 가방에 막대빵이 들어있다. 식사 시간이면 커피 한 잔에 바게트를 무릎 식탁에 올려놓는다. 1분을 쪼개어 10분으로 사용하고 싶었던 지나간 나의 시간들이 오버랩 된다.

　유학 생활에서 가장 힘들 때가 체류증을 하러 갈 때이다. 일 년에 한 번은 꼭 가야하는데, 유학생들에겐 쉽지 않은 과업 중의 하나다. 체류증을 하러갈 때는 새벽부터 이민청 앞에 줄을 서는데 거의 100명에 가까운 사람들이 줄지어 있다. 수업 시작이 9-10월 사이라 체류증을 하기 위해선 거의 10월에서 11월경에 가게 된다. 그러면 발이 꽁꽁 얼도록 새벽부터 줄지어 자기 차례를 기다린다. 2-3시간을 기다린 후에 차례가 오지만 까다로운 직원에게 걸리면 이런저런 이유로 다음번을 기약하고 하루 더 줄을 서야만 한다. 쉬운 일이 아니다. 하지만 유학생이면 반드시 겪어야하는 과정이다. 그것도 정규 학생비자를 받아왔을 경우를 말한다.

　학생으로서의 학업이나 삶에서의 문화와 실력을 키우기 위해, 지성을 쌓기 위한 나와의 싸움이다. 스스로를 다스려가지 않으면 방종해질 수밖에 없는 젊음이라고 아빠는 항상 기도해 주셨다. 유학이란 자아와 싸워 이기지 않으면 눈앞에 펼쳐진 자유라는 덫에 걸리고 만다. 누구나 가끔씩 방임에 걸리기도 하지만, 누가 재빨리 헤쳐 나오는가에 따라 '마라'의 쓴물이 마실만한 생수로 변할 수 있다(출 15:25). 나의 유학 초기 프랑스 거리에서 배고픔을 채우기 위해 바게트 샌드위치 하나를 다 먹고 난 후, 입천장이 벗겨져서 고생했던 지난 날이 있기에 오늘 가르치는 사람이 되었다. 파리의 생활인이 된 지금 역시 바게트를 즐겨 먹는다. 나의 유학 생활에서 뗄 수 없는 동반자이다.

4. 목표를 향하여 (2012)

지난 5월 6일은 프랑스 24대 대통령 선거와 투표결과가 있었다. 전 대통령과 새 대통령의 자리가 결정되는 희비가 갈리는 하루였다. TV를 통해 니콜라 사르코지 대통령의 고별인사 중에 눈물을 머금고서 안타까워하는 프랑스 국민들의 모습이 클로즈업되었다. 한편 승리의 깃발을 휘두르며 거리를 행진하는 청년들의 모습은 앞으로의 희망에 젖어 환호하고 있었다. 프랑스 정부 최고의 수반이라는 목표를 향한 두 사람의 결과는 달랐지만, 두 사람이 이루고자 했던 노력은 같은 것이었다.

음연 인터뷰

1. 제가 많은 선생님들과 인터뷰를 했지만, 남미에서 유학하신 분은 처음이네요. 일찍이 유학을 하신 것 같은데, 그런 만큼 감회가 남다를 것 같습니다. 몇 년 만의 귀국이신지요. 이번 연주회의 배경에 대해 말씀해 주세요.

한국에서 태어났습니다. 다섯 살 때 선교사님이신 부모님을 따라 필리핀과 싱가포르에서 지냈으며 1년 후 선교지인 아르헨티나에 도착했습니다. 그리고 부에노스 아이레스에서 자랐습니다. 여덟 살 때 플루트를 배우기 시작했어요. TV에서만 보았던 악기가 너무 배우고 싶었고, 초등학교를 다니면서 국립 모론 음악학교에도 입학했습니다. 하지만 저는 벌써 의사가 될 것이라는 꿈을 갖고 있었지요. 하나님을 찬양하기 위해서 플루트를 배우고 음악이 자유롭게 흐르는 아르헨티나에서 음악을 배우는 것은 한국에서 일상적으로 식사하는 것과 같았습니다. 제 진로는 항상 의과라고 생각했었습니다. 한동안 플루트를 그만두고 공부에만 집중한 적도 있었지요. 19살 때 처음으로 부에노스 아이레스에서 국제 음악 콩쿠르에 참여했습니다. 그때까지 제가 배운 곡은 몇 곡에 지나지 않습니다. Poulenc 소나타, Mozart의 두 번째 콘체르토, Bach의 si minor 소나타와 Doppler의 환타지 등이었지요. 몇 년 동안 연습한 곡들을 통해 입상했고, 장학 혜택을 얻게 됐지요. 의대를 그만두고 플루트만 연주한다면 결과가 어떨까 궁금했습니다.

프랑스에 도착했을 때 저는 아르헨티나 사람으로서 유학 왔다고 프랑스 친구들에게 얘기했었지요. 또한 한인교회를 다니면서 한국 사람들과의 문화충격이 참 컸었어요. 하지만 제가 외국 사람들 눈엔 남미인 보다는 동양인으로 보이고 한국이 어떤 나라인지 설명해야 할 때도 많았지요. "난 한국 사람이구나…"라고 다짐하고서 벌써 6년의 유학생활이 지났습니다. 현재 제가 음악 교육학을 연구하는 곳은 CEFEDEM(Centre de formation des enseignants de musique)입니다. 많은 시험들 중에 하나는 저의 개인 프로젝트를 만드는 것입니다. 이번 연주회는 저의 개인 프로젝트 입니다. 아르헨티나에서 시작한 음악과 프랑스에서 전공한 저의 음악 세계를 저의 뿌리인 한국에서 나눌 수 있는 좋은 기회라고 생각합니다.

귀국 연주는 두 번째예요. 지난해 11월 거제 문화예술회관에서 아이티 재난회복을 위한 자선 독주회를 한 적이 있습니다. 플루티스트로서 그리고 제가 배운 음악을 어디서든지 나눌 수 있도록 교수 자격(Diplôme d'Etat de professeur de flûte traversiére)을 이번 6월에 받게 되는 것이 저로서는 최상의 결과입니다.

2. 관악기의 나라 프랑스에 유학하시면서 느끼고 배웠던 점은 무엇인지요. 선생님 소개에 장 피에르 랑팔의 얘기가 있던데, 어떤 인연이 있으신지요.

어머니의 꿈은 제가 피에르 랑팔의 문하에서 레슨하는 것이었습니다. 하지만 프랑스로 가기 몇 년 전에 돌아가셨지요. 슬픈 얼굴을 하신 어머니께서 제 교수님이 돌아가셨다고 말씀하셨을 때, 제 본래의 교수님께서 돌아가셨다고 알아듣고 깜짝 놀랐습니다. 그리고는 웃으면서 "어머니 그런 꿈은 버리세요"라고 말씀 드렸지요. 하지만 그 꿈은 다른 모양으로 이루어졌습니다. 프랑스에 도착했던 해에 필립 피엘롯 교수님을 만나고, 그가 가르치는 클래스에 합격했습니다. 그 후에 피엘롯 교수님은 랑팔의 정신적인 아들이라고 들었습니다. 랑팔 선생님의 마지막 수제자이기도 하지요. 피엘롯 교수님 댁에는 랑팔 선생님으로부터 유산으로 물려받은 악보들이 모두 있었습니다. 그러니 사실상 어머니의 꿈이었던 랑팔의 수제자의 제자가 된 것입니다. 남미에서의 선교사 자녀로 현지인 복음사역을 부모님과 함께하면서 자란 저에게 주신 하나님의 큰 축복이었습니다.

3. 프로그램 노트들이 인상적입니다. 각 작품을 선정한 이유(컨셉트)와 각 작품의 (설명이 아닌) 매력에 대해 간략하게 말씀해 주십시오.

첫 번째 파트는 3시대를 거쳐 갑니다. 제가 연구한 바로크 음악은 영적인 세계입니다. 연주회를 영적인 음악의 세계로 여는 이유는 저와 참여자 분들과의 관계를 맺을 수 있다고 생각합니다. 플루트 솔로의 음감이 참여자들의 호기심을 깨우고 연주회가 기대되도록 만들고 싶습니다. 두 번째 곡은 프랑스에서 배운 스타일을 충분히 발휘할 수 있는 곡이어서 선택했습니다. 프랑스풍 플루트 소리와 색깔을 잘 섞어 제가 해석한 위도르의 음악을 나누는 것이지요. 위도르는 현재 제가 공부하는 리옹에서 태어났습니다. 그의 음악을 이해하고 연구하기는 참 좋은 환경이지요. 세 번째로 모워의 피콜로 곡입니다. 아직도 살아있는 이 작곡가는 색소폰과 함께 플루트를 전공했습니다. 재즈 스타일을 좋아하는 모워는 피콜로 소나타에 재즈 스케일과 재즈 컬러를 사용함으로 라틴 음악을 이해하고 있는 저의 관심을 깨워 주었지요. 참여자 분들께 이 새로운 스타일을 전달하고 싶습니다. 특히 피콜로는 연주회 때 자주 볼 수 있는 악기는 아니지요.

소나타는 제가 너무나도 좋아하는 곡입니다. 프로코피에프는 자신의 힘든 시대에 플루트 곡을 작곡했지요. 러시아의 지성과 아르헨티나와 스페인의 열정을 섞은 연주회의 두 번째 파트 입니다. 프로코피에프의 에너지를 전달하고 또 라벨이 사랑하는 스페인 음악을 들을 수 있습니다. 이 두 번째 파트는 제가 플루트로 청중과 더불어 자유롭게 즐길 수 있는 시간입니다.

4. 이번 음악회를 통해 청중에게 전하고 싶은 메시지가 있으시다면.

한국은 플루트를 참 좋아하는 나라인 것 같습니다. 프랑스에도 플루트 유학생들이 많이 있지요. 그렇지만 음악은 자신의 정신세계로 채워야 한다고 생각합니다. 음악공부를 하는 분들에게 희망을 주고 싶습니다. 저는 남미에서 국제무대를 감히 꿈꿀 수 없었습니다. 하지만 오늘날 한국에서 연주할 수 있다는 것은 음악이 존재함으로 입니다. 음악은 저를 숨 쉬게 합니다. 아직 유명한 국제 오케스트라와 활동하는 것은 아니지만, 오늘의 나로서 음악을 가르치고 또 나눌 수 있다는 것이 자랑스럽습니다. 음악을 배우는 방식은 한 가지만이 아닙니다. 음악을 전달하는 방식도 하나뿐만이 아닙니다. 나의 음악 속에서 자유롭게 움직일 수 있다면 세계 어떤 무대이든지 좋은 나눔의 시간이 될 것입니다.

5. 어떤 연주자가 되고 싶으신가요. 음악인으로서의 비전을 듣고 싶습니다.

욕심을 낸다면 참 많습니다. 지금까지 나의 길을 인도하신 분은 하나님이십니다. 그래서 그분의 비전을 기대하며 계속 걸어갈 것입니다. 앞으로 오케스트라 활동하며 학생들을 가르치는 것이 제 꿈입니다. 하지만 21세기의 음악가는 힘든 길을 걸어간다고 생각합니다. 한국 음악 시스템은 유럽과 다른 점들이 많지요. 장·단점들을 가려내어 학생들과 함께 음악의 비전을 심고 싶습니다. Personality가 발달된 현대를 따라 우리의 음악도 우리의 성격이 반영되고 비추는 거울이 돼야한다고 확신합니다.

6. 귀국 후 한국에서 꼭 하고 싶은 음악적 일이나 바람 같은 것이 있으시다면. 그리고 구체적인 일정이 있으시면 말씀해 주십시오.

아르헨티나에선 이미 매스터클래스 계획이 잡혀있고, 프랑스에서는 음악

콘세바토리에서 교수로 활동하고 있습니다. 한국에서도 2주간의 짧은 기간이지만 음악의 세계를 전달하는 교량이 되고 싶습니다. 학생들을 키우며 왕래할 수 있는 그런 다리가 되고 싶습니다.

그리운 숙부님

윤 인 숙
작은 조카, 현 창원중앙여고 교장

누구에게나 각자의 가족사가 있기 마련이지요. 주변이 온통 가난했던 60년대와 70년대의 어린 시절을 보냈던 저는, 우리 집안은 거창읍에서 글 깨나 읽는 집안쯤으로 자부하면서 성장하였습니다. 그 어려운 시절에도 학교 다녀오면 방에서 신문이나 책을 읽던 할아버지를 뵙고, 낮에도 전기(특선)가 들어오는 집에는 교류 바리콘이 달린 라디오 음과 유성기 음반을 들을 수 있었지요. 고등학교 국어 선생님을 하시던 아버지, 열 명이나 되는 대가족의 살림을 맡던 할머니와 엄마, 글을 쓰며 공부하던 숙부와 고모들, 그리고 어린 우리 사남매는 그 많은 식구들 속에서 사랑을 듬뿍 받으며 자랐습니다. 아버지는 5남매의 장남이었고 가운데로 고모가 셋, 막내아들이 숙부였습니다. 우리는 거창 시내를 관통하며 흐르는 큰 강이 바로 보이는 집에서 살았습니다. 여름이면 강에서 멱을 감고 겨울이면 꽁꽁 언 강 위에서 썰매를 타고, 사시사철 빨래는 냇물에 가서 하였답니다. 숙부가 중학생 시절에는 여름날 집 앞 강에서 깻묵이 담긴 어항을 강물 아래로 넣었다가 건져 올리는, 내가 보기에는 독특한 낚시를 자주 하곤 하였습니다. 덕분에 민물 매운탕을 자주 끓여 먹었던 기억도 납니다. 숙부는 책을 늘 끼고 살았고 어린 제 눈에도 아주 성실한 모범생으로 보였답니다. 문학에도 남다른 소질이 있어 일찍감치 그 재능을 우리 식구들은 알고 있었지요. 그러다보니 언니를 포함해 우리 사남매도 모두 독서를 즐기니 우리 가족의 피 속에는 문서나 문학이라는 공통점이 있었던 것 같습니다.

우리 집 담 사이로 작은 규모의 '거창제일교회'가 있었는데 학창시절 숙부는 교회에 아주 열심히 다녔고 덕분에 어린 저도 따라서 교회에 다녔는데 훗날 제 신앙의 잔뼈가 굵어지게 된 교회였습니다. 고등학교 졸업 무렵 숙부는 확고한 신앙심으로 신학대학을 지원했고 그 후 목회자의 길을 걸으면서 우리 집안과는 조금씩 멀어져 갔습니다. 집안 대소사에 목회 일로 바쁜 숙부와 숙모는 집안일에는 아예 관여하지도 않아 맏며느리인 어머니는 외며느리 신세가 되어 버렸답니다. 가족이 성직자가 되었으니 가정사보다 더 큰 일을 하는 분에게 가족들은 응원하고 다만 기도할 뿐이었습니다. 급기야 할머니는 먼 타국에 있는 막내아들에 대한 그리움에 시달리면서도 막내아들의 선교사의 길을 마음 깊이 이해하고 제일교회에 출석해 응원하셨지요.

세월은 흐르고 둘째 조카인 내가 이미 예순을 훌쩍 넘기고 보니 숙부가 고희를 맞이하는 날이 되었군요. 아버지에게 유일한 남자 형제가 숙부입니다. 올해 친정아버지가 구순이고 숙부가 고희이니 두 분 형제의 나이 차가 거의 아버지뻘이라 해도 과언은 아니지요. 평생을 고등학교에서 교편을 잡으신 아버지와 달리 숙부는 목사님이 되어 전국 각지에서 목양사역에 임하셨고 미션을 따라 외국으로 나가 선교사의 길을 걷게 되셨답니다. 오랜 세월 타국 생활을 하신 탓에 우리는 사촌 누이와 사촌 동생을 만날 기회가 거의 없어 이미 가정을 이루고 사는 사촌 동생들의 얼굴조차 기억이 나지 않는 환경이 되었습니다. 혈육임에도 이렇듯 물리적 거리로 인해 생기는 어쩔 수 없는 거리감에 가끔 쓸쓸함을 느낄 때도 있었지요. 목회자의 사모가 된 숙모는 숙부와 함께 당신도 선교사의 길을 택해 동행했으니 그 멀고 험한 길이 같은 여자로서 볼 때도 가슴이 시립니다. 명절이 되어도 만날 수 없는 숙부네 가족이지만 성직자가 된 그분을 우리는 신앙으로 이해하고 받아들였지요. 할머니는 홀로 눈물을 흘리며 삼키셨고 숙부를 위해 밤낮으로 기도하셨지만 돌아가실 때에도 숙부를 보지 못하고 떠나가셨으니 어찌 숙부 가슴에 정한의 탄맥이 맺히지 않았을까요.

제가 마흔이 되던 해에 영문학박사 학위를 받았는데 그때 제 부모님이 하도 기뻐하셔서 '내가 효도를 했구나', 하는 마음에 스스로 대견하다 느꼈던 기억이 있습니다. 하물며 숙부가 보여준 그동안의 많은 학문적 성과를 생각하면 참으로 대단하다 존경을 표하지 않을 수 없습니다. 모름지기 청춘을 바치다시피 열정을 쏟았던 남미에서의 활동들, 특히 아르헨티나에서의 선교 활동과 그곳에서 선교를 위한 학교를 만들고 그리스도의 사랑을 전하며 몸소 실천한 일은 일반적인 목사님과는 분명히 다르다 여깁니다. 그분의 많은 저서들과 시집들은 달빛에 비치는 윤슬만큼이나 반짝였습니다. 타국에서의 모국에 대한 그리움과 모국어에 대한 사랑이 그분의 시를 통해 고스란히 전해지더군요. 문학과 신앙, 두 가지를 모두 아우른 숙부님께 존경을 바칩니다.

세월이 흐르고, 대학의 부름을 받고서 한국으로 돌아온 숙부는 강단에 서셨고 이제는 은퇴하여 나름대로의 마무리 활동을 하시는 듯합니다. 그동안 집안 선산과 묘소 관리를 친정아버지가 하셨는데 구순이 넘어 이제는 거동조차 불편하시니, 그 뒤를 이어 숙부께서 선산 관리를 하시는 친정 소식에 시집간 조카로서도 너무도 든든합니다. 해마다 초가을이면 숙부는 손수 벌초를 하시니 그동안의 미룬 효도를 한꺼번에 하시는 듯 보입니다.

사람들은 가슴속에 자기만의 계단이 있을 겁니다. 내밀한 마음속 계단을 밟고 내려가면 유년이 웅크리고 앉아 있고, 자기만이 아는 따뜻함과 그리움, 상처와 불안이 내재되어 있지요. 보이지 않는 것과 보여지는 것 모두 함께 부여잡고 치열하게 인생을 살아가는 것 같습니다. 살아가다 가끔씩 가지와 이파리가 흔들리는 나무를 바라봅니다. 전도서의 말씀 따라 꽃 피는 날이 있으면 꽃 지는 날이 있고, 온 세상을 뒤집는 바람에도 흔들리지 않는 뿌리를 생각합니다. 세상만사에도 침묵으로 깊은 강을 건너는 한 그루 나무를 보고 있으면 강한 혈육의 정이 고스란히 와 닿습니다. 빛바랜 낡은 사진처럼 우리 안을 건너고 있는 싱싱한 유년의 강물과 고향의 바람은 우리가 땅에 발을 딛고 사는 뿌리인지도 모르지요. 하늘나라에서 우리를 바라보고 계실 할아버지와 할머니께서도 막내 아들의 고희를 축하하실 겁니다. 지금도 눈감으면 그리운 숙부에 대한 우리 가족의 고희 축하를 제가 함께 모아 전합니다.

2024년 어느 날 조카 올림

거창 '심소정'에 올라

배 창 호
거창초교 54회 친구, 고교 동기, 거창군청 35년 근무

거창 개궁산 언덕에 있는 심소정에 와서 무심하게 흐르는 황강을 내려다본다. 초등과 중학교 시절 봄소풍을 와서 친근한 곳인데 칠순을 넘기면서 봄 이른 싸늘한 바람결에 다시 찾은 것은 어릴 적부터 친구인 윤춘식 교수가 생각나서이다. 거창의 가장 오랜 거창초등학교의 전신인 '창남의숙'이 있었고, 일제치하에서 유림들이 모여 '파리장서' 거사를 논의했던 역사를 회상하니 5백년도 넘은 유서 깊은 장소임에 의심의 여지가 없다. 창남의숙은 지금도 강남에 있는 창남초등학교로 그 이름이 전해 내려오는 것은 아닌가 싶다. 심소정은 윤씨 종중을 대표하여 윤 교수의 가문이 관리하고 보살피는 곳이다. 언젠가는 문화 교육 공간을 만들어 고향의 모든 분들에게 봉사하고 싶다는 포부를 내보이기도 하였다. 이런 일로 군청의 담당부처에 들러 상론해 본 것으로 듣고 있다.

우리는 같은 동네에 살았고 우리 집에서 세무서 옆 작은 도랑을 따라 영호강변으로 내려가면 친구의 집이 있었는데 안온하고 다복한 가정이었다. 우리 동네에서 유일하게 중2층 다락방이 있어 거기에 오르내리면서 즐거움으로 방문하곤 했다. 대문 안쪽 마당에는 높은 살구나무가 가지를 늘어뜨리고 초봄에 꽃이 피면 그 생기와 아름다움이 극에 달했다. 열매가 달릴 때면 우리는 그

살구를 '떡살구'라고 불렀다. 부엌 앞 장독대에는 석류나무가 자태를 드러내는 그런 마당이었다. 무엇보다 돌담이 정겨웠고 가끔 작은 공으로 배구대회도 열며 놀았다. 아래채의 좁고 기다란 마루에는 초등학교 방과 후, 약속이나 한 듯이 친구들의 책가방을 나란히 놓아두고서 강가로 목욕을 갔던 어린 시절이 못내 그립다. 우리는 서로의 집으로 돌면서 숙제를 하였고 저녁때면 서로 바래다주기도 했다.

우리의 유년은 가난했지만 행복했고 한편으로는 슬픈 시대였다. 꿈을 가진다는 것은 사치스럽게 여겨졌지만 윤 교수는 유복한 가정의 막내로서 신앙심 깊은 항상 상냥하고 온화한 똑똑한 학생이었다. 그와 나는 문학(시)이라는 공통적인 분야에서 서로 뜻이 맞아 플라타너스 잎이 탐스러운 초등학교 교정에서 서로를 보아가며 우정을 나누었다. 고향의 전통을 따른 아림예술제, 함양 천령예술제, 진주 개천예술제 등을 다녔다. 집안 내력으로는 천주교를 다니셨는데 친구와 조카들만 개신교를 다녀 얼마간의 갈등이 있다고 들었는데 잘 극복하는 것 같았다.

언젠가 교고시절 어스름이 지는 오후 시간 모교인 거창대성고등학교 앞 공수들 논길을 거닐면서 예수 탄생에 대한 얘기며 부활 사건에 대한 얘기를 들려주던 일이 생각난다. 고등학교 졸업반 시절 홍성호 선생님이 정해준 여관방에 같이 기거하면서 교지 〈호반〉을 만들었는데 나는 토마스 하디의 작품 '테스'를 실었고, 윤 교수는 처음으로 시나리오 한 편을 창작해 실었다. 그 후 건국대학교가 주최한 제1회 전국 고교 교지 콘테스트에서 최우수상을 받았다. 당시에 친구는 내가 중학교 때 존경했던 신중신 선생님을 건국대학교에서 만나 뵈었고, 시상식 후 가정대학장 임옥인 교수와 심사위원이었던 박목월과, 김남조 여사와 함께 워커힐에서 점심을 나눈 얘기를 들려 주었다. 테이블 위에 놓여있는 양식 접시와 포크 사용에서 얼떨떨했다는 시골 학생의 에

피소드는 두고두고 여유로움이다. 나는 집안의 장남으로 나이에 따른 역할을 해야만 했고 고등학교 졸업 후 바로 대구에서 사회생활을 시작하게 된다. 자연히 문학이나 학문에 열중하는 것으로부터 점점 멀어졌다.

세월이 흘러 아르헨티나에서 총회 선교사의 신분으로 일하고 있다는 소식을 듣게 되었다. 같이 출석했던 거창제일교회에 가서 그 교회 출신 목사의 근황을 새겨놓은 게시문에서 그 이름을 보고는 반가워했던 기억이 새롭다. 언제인가 아르헨티나 주정부 교육 담당자인 현지 교육감과 힘을 합해 토바부족 중·고등학교 5년제 설립을 위하여 모금차 한국을 방문한 적이 있었고, 고향을 찾아와서 친구들이 모여 영호강변 식당에서 저녁식사를 하며 회상 반 담소 반 이야기꽃을 피웠다. 이제는 5학년까지 각반 모두 정원이 채워져 지역에서 정평 있는 학교로 성장했으며 잘 운영하고 있다니 역시 교육자 집안의 사람답다. 나는 고등학교 졸업 후, 근 20년 만의 봄볕에 귀한 연락을 받았는데 서울 〈자유문학〉지를 통해 한국문단에 시부문으로 등단했다는 소식과 함께 책을 보내왔다. 물론 대학 시절 때도 시를 써 문학상을 받았지만 그것은 기독교계 안에서의 활동 분야였다. 북미와 남미에서는 이미 알려진 시인이었는데 이제 한국에서도 중앙에 등단하게 된 것이다.

윤춘식! 포근하고 정겨운 이름이다. 항상 나를 '정우'情友라고 가까이 불러주는 고마운 벗이다. 신앙인으로서 그 순수함은 예나 지금이나 항상 나를 되돌아보게 한다. 시인으로서 6권의 단행본 시집과 평론집 등 왕성한 창작과 전공분야인 신학 연구 활동을 변함없이 계속하고 있다. 한국에서의 목회사역과 신학대학 교수로서의 마무리, 그 성역의 연수가 고희古稀를 맞게 되자 45년이 지난다. 교계의 신입에서 완숙기의 섬기는 지도자가 되기까지 그 순간들이 얼마나 지난했을까? 사명으로 주어진 은혜의 길을 끝까지 완주한 오늘의 모습이 또한 얼마나 감사한가! 고향 땅에서 다시 만나게 되는 친구의 건재함에 나는 하나님의 은혜에 감격하며 또 기뻐한다.

나는 고등학교 졸업 후 사회생활을 하면서 아무런 성취 없는 삶을 살았지만, 그는 '신앙과 문학' 혹은 '종교와 문학'이라는 두 가지 신념을 가지고 치열하게 산 용감한 사람이다. 어릴 적 꿈은 꿈쯤으로 남는데 신앙과 문학이라는 꿈을 흔들림 없이 훌륭하게 해낸 초지일관의 거인이다. 안회顔回가 '자한편子罕篇'에서 나의 스승은 태산과 같다고 하였듯 감히 나에게는 친구가 그러하다.

윤춘식 교수님 고희古稀 문집 발간을 축하드립니다

철이 철을 날카롭게 하는 것 같이 사람이 그 친구의
얼굴을 빛나게 하느니라 [잠언 27:17]

김 태 중
거창 대성중학교와 고교 6회 친구, 전, 밀양교육청교육장

1. 성역 45주년 기념에 대하여

친구를 생각함은 호롱불처럼 타 들어가는 그리움이다. 교회 성역 45주년 기념을 맞아 시간의 흐름이 이렇게 빠르단 말인가. 그는 나를 항상 정우情友라고 부른다. 실로 오랜만의 반가운 만남이었다. 내가 경상남도 교육연구원 교육연구사로 재직하고 있을 때였다. 어느 해 봄날, 사무실로 걸려온 전화기 너머로

"어여 정우, 나 윤춘식 일세, 잘 있는가?"

너무나도 뜻밖에 걸려온 친구의 전화에 난 깜짝 놀랐다. 지나간 세월들이 영상처럼 겹쳐져 왔다. 고등학교를 졸업한 후 처음이니 어느새 우리는 50대 초반을 넘어서고 있을 때였다. 반가운 마음으로 이것저것 간략히 그간의 소식을 묻고, 당장 만나기로 했다. 창원 대동백화점 식당가에서 만나기로 약속을 정했다. 몇 십 년 만에 친구를 만난다는 설레임에 두근거리는 가슴을 안고 백화점을 향했다. 주위를 둘러보는 순간, 단번에 친구를 발견해 낼 수 있었다. 반갑게 악수를 했다.

"이게 얼마만이냐고? 그동안 어떻게 지냈냐고?"

두 사람은 한동안 떨어질 줄을 몰랐다. 겨우 정신을 차리자 친구는 함께 나온 미모도 예쁘장한 두 여성을 소개했다. 윤범식(대성고 은사님) 형님의 딸 조카인데(윤혜경 전임 교장, 윤인숙 현임 여고교장) 창원 지역에서 중등 교사로 재직하고 있다고 했다. 식당에 앉아 음식을 먹으며 그동안 지나온 일들을 주고받으며 이야기했다.

윤 교수는 대성고등학교를 졸업하고 신학대학에 입학하였고 목회자의 길로 들어서고, 중간에 몇 년 간 향리 모교에서 교편을 잡기도 했다. 신학대학원을 나와 미국에 유학했으며 남미 아르헨티나 선교사로 가서 원주민들과 함께 생활하며 교회일과 여러 봉사활동을 하고 있다는 얘기를 나누었다. 난, 연신 고개를 끄덕이며 선구자처럼 자랑스럽게 느껴지는 친구의 어엿한 모습에 그동안의 노력과 수고로움에 감탄하고 있었다. 잠시 귀국한 틈을 이용하여 내가 교직에 있다는 말을 고교 동창들한테 듣고는 수소문하여 나에게 전화를 했고, 마침 조카 둘이 창원 지역에 근무하고 있으므로 조가도 동행할 겸 나를 만나보고자 한 것이었다. 며칠 후면 윤 교수는 다시 남미 아르헨티나로 떠난다고 하니, 난 이 친구를 언제 다시 볼 것인가 싶어 무척 아쉬운 마음뿐이었다. 그래, 뭔가 친구를 오래 기억할 수 있는 무얼 하나 주어야겠다 싶어서 백화점 남성코너 매장에 가서 제법 멋지고 고급스러운 넥타이를 하나 사서 선물했다. 이 넥타이를 매면서 이따금씩 친구인 나를 생각해 주라는 뜻으로...

2. 아릿한 학창시절
우린 중·고등학교 동기생이다. 거창대성중학교를 졸업하고 거창대성고등학교를 함께 다녔다. 윤 교수는 거창읍에서 다소 여유있는 집안에서 공부를 하였고, 난 읍에서 20여리나 떨어진 시골 마을에서 걸어서 통학을 하였다. 아침 일찍 집에서 출발하여 십리쯤 오면 반드시 건계정 아래로 흐르는 위천천을 가로막은 공숫들 보(폭 20m) 냇물을 건너서 걸어와야 했다. 날씨가 추운 겨울날에도 으레 공수들판 보에 오면 양말을 벗고 바짓가랑이를 걷어 올린 채 가방과 신발을 움켜쥐고 무릎까지 차오르는 차가운 냇물에 텀벙텀벙 뛰어들어 다시 양말과 신발을 신고 십리를 더 걸어야 했다. 중·고등학교를 졸업할 때까지 이와 같이 도보, 자전거, 버스통학, 자취, 하숙생활을 거쳤다. 읍에서 생활하는 윤 교수는 아는 것도 많았고, 친절했으며 그 무엇보다도 우리 둘은 사이좋게 지내는 친구였다. 보이스카우트 대원으로 스카웃 단복을 입고 운동회 때면 소년단 외줄타기, 봉사활동 등을 하는 친구의 모습을 난, 부럽게 바라보곤 했다. 이 친구의 영향으로 나도 교육자가 된 후 스카우트 지도자가 되어 현직에서 40여 년 간 봉사활동을 펼쳤으며, 퇴직 후에도 세계 잼버리 봉사활동 등을 하고 있으며 현재 경남스카우트 부연맹장을 맡고 있다.

윤 교수는 전통적인 유학자 가문이다. 거창 사람이라면 누구나 익히 알고 있는 심소정은 남하면 양항리에 두 곳의 정각과 누각으로 세워져 있다. 역사는 15세기 세종 때로 거슬러 올라가 정계에서 은퇴한 윤자선^{尹孜善}이 하향해 세조 때까지 후학들을 강학했던 유서 깊은 곳이다. 일제강점기 후기에 윤병수에 의해 창남의숙을 열었던 교육의 유적지이며 오늘날 거창초등학교에 학생들을 편입시킨 전신이다. 팔작지붕의 위엄과 더불어 주변의 경관이 수려하여 경남 문화재 제58호로 지정되었다(1983). 윤 교수는 파평 윤씨 문중의 후손으로 형님은 오랫동안 심소정의 주인격인 도유사^{都有司}를 지냈다. 아마도 '거창사람'이라면 초·중·고에 걸쳐 봄가을 소풍 시즌에 유적지 송림에서 즐거운 도시락을 꺼내 먹지 않은 사람은 없을 것이다. 헌데 그는 유년주일학교 때부터 교회에 입적했다. 중고등 때 독실한 기독학생이 된다. 교실에서는 명랑했으며 진지했다.

어느 날 아무 것도 모르고 있던 나에게 거창제일교회에 나가면 어떻겠냐고 하면서 찬송가와 성경책을 들려주었다. 그냥 따라만 하면 된다고 했다. 당시 시무하셨던 백남석 목사님의 설교도 듣고, 찬송가도 부르고 기도할 때면 따라서 했다. 백 목사님의 설교는 은혜로 넘쳤다. 신약과 구약성서 이야기를 들으며 새벽기도까지 열성으로 참석하기도 했다. 크리스마스가 다가올 때쯤 성가대 학생부에 소속되어 4부 합창으로 찬송가도 부르고 하는 사이에 난, 어느새 주기도문과 사도행전도 외울 줄 알게 되었다. 웬만한 찬송가는 흥얼거릴 정도로 재미를 붙여가고 있었다. 고교 2학년 때쯤 학교 교지에다 〈종교와 인생〉이라는 제목으로 글을 싣기도 했다. 지금 생각하면 참으로 우습고 부끄러운 일이지만, 겨우 교회에 1년 남짓 다닌 주제에 무얼 안다고 종교에 대해서 그것도 인생과 결부하여 글을 써서 교지에다 실었으니, 참으로 당돌하기도 했다. 그때 대성고에서 함께 문과 교실에 공부했던 지은재 동기와 후배 몇몇이 훗날 목사가 되었다. 우리는 학교에서도 기독학생회 기도회를 가졌었고, 점심시간이 되면 중학교 교실로 들어가 전도도 했다.

후에 알았지만, 윤 교수는 중학교 고등학교 때 문예장학생이었다. 그래서 일찍부터 시도 썼고 수필도 썼고 문예부 특별활동을 맡기도 했다. 그런 친구가 늘 부럽기 일쑤였다. 나 역시 독서를 좋아했고 남들처럼 시도 수필도 잘 써보고 싶었다. 그래서 문예부에 들었고, 독서문학회에 회원이 되어 리더하기도 했다. 독서문학회 활동 중 표도르 도스토옙스키의 『죄와 벌』에 대한 발표회는 아직도 발표장면이 눈에 선하다. 방과 후에는 도서관에 달려가 책을 읽고 시집도 읽었다. 고교생으로서 문학과 종교와 인생을 서로 이야기했고 이를 계기로 윤 교수와는 더욱 가까운 친구 사이가 되었다. 친구의 추천으로 당시에 교지 『호반』을 만드는 편집위원에 뽑혔다. 윤 교수는 교지를 만드는 작업을 진두지휘하는 편집위원장으로 정말 열심히 했고 창의적이었다. 우리들은 교지를 만드는데 최선을 다했고 심혈을 기울였다. 그 결과 고교 졸업을 앞둔 1971년 그해 건국대학교가 주최한 『전국 고등학교 교지 콘테스트』에서

* 호반 : 우리가 문예부에서 만든 「호반」 13호는 화보에 실음

우리가 만든 교지『호반』이 전국 최우수상을 받는 영광을 안기도 했다. 학교 당국은 윤 교수를 학교의 대표로서 건국대학교 수상식에 가도록 배려했다. 그 때의 참석 후기는 당시의 학업에 여념이 없던 시절이라, 받아온 상장과 시상품을 교내에서 전체 조회 때 양락 교장선생님이 문예부장이었던 친구에게 대행하셨다.

그런 연유로 나는 대학에 진학하여서 국어과 대의원, 국어과학회장을 거쳐 대학교 교지 편집장까지 하였고, 교직생활을 하는 내내 글쓰기, 국어교육이 전공이 되었고 연구대상이 되기도 했다. 문학에 관심이 있다 보니 나의 아내 역시 교직에서 글쓰는 사람(시조 시인)을 만나 지금까지 함께 살고 있다. 친구의 영향이라고 할 수 있는 대목이다. 고등학교 때 교지 편집을 하던 그때의 모습이 눈에 선연하다. 그런 결실을 맺도록 노력한 윤 교수의 열정이 오늘날 윤 교수가 있게 된 밑바탕일거라 생각한다. 학창시절부터 길러온 문학적 감수성과 열정이 오늘날 시인으로서 문학평론가로서 자질을 발휘할 수 있는 밑바탕이 되었을 것이라 생각한다. 문득, 일찍이 고인이 되신 그 당시 지도해주시던 홍성호 국어선생님 생각이 난다. 아, 그리운 홍 선생님!

3. 빛이여, 영광이여!

다음은 친구 윤 교수와 SNS로 주고받은 메시지 몇 개를 소개하며 그동안의 윤 교수의 열정적인 삶의 일부를 들여다본다.

천국으로 떠나가신 심군식 목사님의 1953년 작품집『괴로운 인생』이라는 처녀 시집을 '현대인의 천로역정'으로 재편성 해설했던 양장본 책을 받았을 때, 나는 소름이 돋고 말았다. 존 번연의 책 원문(The Pilgrim's Progress, 런던; 엘스토우 에디션 1887년판)을 몇 차례나 읽고서 현대인들에게『천로역정』의 본뜻을 밝혀주려고 노력했던 친구의 간절한 글쓰기는 작은 글체로 페이지마다 각주를 달아놓은 데서 찾아낼 수 있었기 때문이다. 팬데믹 기간의 코로나19 감염사태 중, 2020년 11월에 출판감사예배를 올린 이후의 일이다.

> 우와! 시조집 평론까지 다 쓰네요. 윤 박사님, 대단합니다. 해박한 지식과 통찰을 바탕으로 작자의 내면세계를 잘 표출해주는 작업을 멋지게 해주셨네요. 친구, 멋져요!
> 2022. 1. 14. 친구 김태중이가
> 창조과학회 허성욱 박사 시조집 〈세월이 마주 웃는다〉 평설을 보며

> 와! 친구, 대단하오! 오늘 거창에 와서 밭일을 마치고 스마트 폰에 와 있는 윤 교수가 출판한 『시편의 표현과 이미지』 단행본에 관한 서평을 읽어 보았소. 문외한이라 잘 이해도 안 되지만, 이러한 대작을 집필하느라 보람되겠소. 그리고 저자인 윤 교수의 약력을 보고 깜짝 놀랐소. 그동안의 연구 결과를 통해 친구의 삶의 궤적을 보면서 이런 훌륭한 친구를 가진 내가 정말 자랑스럽소. 출간을 축하드리오. 그동안의 노고에 아낌없는 박수와 칭찬을 보내오. 자랑스런 대고인! 자랑스런 거창인이오!
> 2022. 4. 21. 친구 김태중 드림.

『시편의 표현과 이미지』 저술을 축하하오. 구약성경에 나오는 시편들을 일목하여 분류 분석, 해설, 평론하여 이해하는데 많은 도움이 되었구려. 신학대학원 교재로 사용해도 손색없을 정도인 것 같소. 윤 교수님이 훌륭한 역작을 만들어 냄에 난 또 한 번 놀라움을 금치 못하오. 고교 시절, 친구의 권유로 거창제일교회에서 사도행전과 주기도문을 외우던 시절을 떠올리며 잠시 회포에 젖어보오. 미력하나마 책자 발간에 대한 헌금을 송금하였소. 아르헨티나

에 이어 세계복음화에 애쓰고 있는 윤 교수 친구님의 열정에 깊은 존경심을 보내드리오. 건행을 빌어드리오. 2022. 4. 26. 친구 김태중
윤춘식 박사 『시편의 표현과 이미지』 발간 책자를 읽고

히야! 대단하오. 중미 파나마 열대 정글에서 엠베라 원주민 부족에게 복음을 전하며 결혼식까지 주례하는 멋지고도 가슴 흐뭇하게 하는 생생한 모습을 다른 사람도 아닌 윤 박사 친구를 통해서 목도하다니! 정말로 성스럽고 훌륭한 삶을 살고 있구려. 자랑스런 거창 대고인! 2022. 5. 14. 윤 교수의 열대 정글 원주민 결혼식 주례에 대한 SNS 답글

윤 박사! 남미 파라과이 콘퍼런스 주강사 임무를 맡은 큰 행사를 앞두고 노고가 많겠소. 남아공과 에티오피아에 며칠 간 머물고 대서양 횡단, 브라질, 파라과이, 지구 반대편을 주름잡고 다니며, 한국인의 기상을 떨치고 있는 친구 목사님! 남미 개신교의 나아갈 방향을 진단하며 한국과의 경제협약을 넘어 복음화와 문화교류에 힘쓰는 성업聖業에 그저 찬탄할 따름이오. 수도 아순시온 시민들과 신학생들과 흥겨운 시간도 갖고, 건강관리 잘하며 그곳에서 행복한 시간 보내고 오세요. 2022. 9. 5. 〈친구 김태중〉
　- 종교개혁 제505주년, 파라과이 장로회신학대학 〈현지 장로교회 연합본부〉 초청 콘퍼런스 -

　윤 교수님, 대성의 언덕에서 머리 맞대고 꿈꾸듯 일구어낸 전국 고교 교지 콘테스트 최우수작품 교지 〈호반〉, '주기도문'을 외우고 성가대에서 찬양가를 열심히 합창했던 우리들, "돌들도 즐거워하고, 티끌도 춤을 추던, 영적 시온의 터전"(친구의 시에서 따옴) 거창제일교회 아니던가. 17,8세의 풋풋한 우

리들의 아련한 청소년기 모습인 듯합니다! 이제 목회신학과 철학박사, 선교학 교수, 선교사, 문학평론가, 시인에 이르기까지 그 동안 일구어 온 삶의 역정歷程은 친구로서 지켜보기에 실로 존경스럽고 감동적입니다. 특히 남미의 척박한 오지에서 오롯이 교회를 개척하며 학교를 설립하면서 원주민과 호흡하고 부대끼며 살아온 인간적인 삶의 흔적을 지켜봅니다. 그것을 작품으로 승화시킨 여섯 번째 작품집 『카누에 오신 성자』를 출간함에 축하와 큰 박수를 보냅니다. 이는 오로지 어릴 적부터 제일교회에서 물려받은 투철한 신앙심과 목가적인 고향의 순수한 감수성에 선천적인 봉사정신이 밑바탕이 되었을 거라 생각됩니다. 그동안의 헌신에 깊은 감사와 존경심을 표하며, 아울러 '카누에 오신 성자' 발간과 월드미션 시화전시회에 동참합니다. 축하합니다.

친구 김태중... 2023. 9. 1
『카누에 오신 성자』 발간 및 제4회 시화전 축하문에서

4. 벗이 있으니 즐겁지 아니한가!

윤 교수와 나는 고등학교를 졸업하는 그길로 소식이 끊겼었다. 서로 각자의 길에서 난 교육계에서 교육자의 길로 매진하고 있었으며, 윤 교수는 목회자로서 지난한 삶의 여정을 걸어오다가 50대 초반에 반가운 상봉을 가진 이후 소식을 주고받게 되었다. 논어 첫머리는 세 가지 즐거움으로 시작한다. "학이시습지 불역열호學而時習之 不亦悅乎 유붕자원방래 불역락호有朋自遠方來 不亦樂乎..." 배우고 수시로 익히면, 이 또한 기쁘지 아니한가. 벗이 있어 멀리서 찾아오니, 이 또한 즐겁지 아니한가. 벗은 부모, 형제만큼 중요한 존재다. 친구는 취향과 뜻이 비슷하고 잘 통하며 함께 어울려 놀 수 있는 사람이다. 벗을 만난다는 것은 즐거운 일이다. 어린 시절, 촌티가 풀풀 나는 나를 친구로서 친절하게 대해주며 청소년의 꿈과 희망을 함께 나누며 지내왔던 세월을 되돌아보니 친구가 정말 고맙기도 하고 감사하기도 하다. 그런 친구를 소유하며 서로를 아끼고 감사하며 존중하고 그리워한다는 건 행복이다. 즐거움이다.

윤 교수는 신학대학 그리고 대학원에서 석·박사의 학위를 받았고 지금까지도 끊임없이 학문에 매진하고 있다. 수시로 고교 동창생 단톡방에서 삶에 대한 애환을 시적 언어로 표현하며 이런 저런 소식과 좋은 정보를 공유해 주고 있다. 최근까지도 번역과 평론, 컨퍼런스 개최 등을 통하여 학문의 영역을 넓혀감과 동시에 기독교의 영적 체험을 바탕으로 창작시를 계속 발표해 나감으로서 학문의 기쁨을 마음껏 느끼며 살아가고 있다. 아울러, 삶의 영향을 주고받을 수 있는 친구들과 함께 삶의 여정을 함께 향유하고 있음에 논어에서 얘기했듯이 우리의 선비들이 추구했던 군자적인 삶을 살아가고 있다고 확신한다. 예부터 人生七十古來稀라 했건만, 이제 윤 교수의 고희古稀를 맞아, 성역 45년을 기념하며 그동안의 삶의 궤적을 살펴보며 뜻 깊은 문집 『그는 심었고 나는 물을 주네』를 발간함에 친구로서 감사와 존경스러운 마음을 담아 아낌없는 축하와 뜨거운 박수를 보내드린다. 윤 교수 부부의 앞날에 하나님의 영광과 건강과 행복을 빌어 드립니다.

친구 仁寶 김태중

윤춘식 목사님의 고향 소고

거창지역 기독교 역사 상고 詳考

'그는 심었고 나는 물을 주네' 문집 발간에 부쳐

우 종 상
거창교회 장로, 대신대학교 특임교수, 문학평론가

    윤춘식 목사님의 삶과 신앙을 말하려면 전제조건이 되는 단서가 다음 5언 절구의 시가 아닐까 생각해 본다. 백범 김구가 「야설夜雪」을 심중에 항상 품고 다녀 좌우명으로 삼았다고 한다. 임진왜란 당시 의병장으로 이름난 서산대사 청허당淸虛堂 휴정(1520-1604)의 작품이라고 알려졌지만, 사실은 조선 후기 순조 때, 임연臨淵 이양연(1771~1853)의 시 「야설」로 그의 문집 「임연당집臨淵堂集」에 실려 있다. 답설踏雪이 천설穿雪로, 금일今日이 금조今朝로 두 자만 바뀐 채 기록되어 있다. 그는 세종의 다섯째 아들인 광평대군 이여李璵의 후손으로, 동지중추부사 · 호조 참판 · 동지돈녕부사 겸 부총관 등을 지낸 인물이다. 부질없고 허망한 우리의 삶에서, 눈과 같이 희고 깨끗한 마음으로 한 점 부끄럼 없이 살아야 한다는 평범한 사실을 새삼 인식하도록 되새기는 시로 해석된다.

    踏雪夜中去 눈 덮인 들판을 걸어갈 때는
    不須胡亂行 모름지기 함부로 걷지 말아라
    今日我行跡 오늘 내가 남긴 발자국은
    遂作後人程 반드시 뒷사람의 길이 되리니
               「야설」 전문

조선시대 문과 급제자가 가장 많은 성씨는 전주 이씨로 866명이며, 다음으로 안동 권씨가 367명, 그 다음은 파평 윤씨로 346명이라는 자료가 한영우 교수의 〈과거, 출세의 사다리〉에 나온다. 이것으로 미루어보면 윤춘식 목사는 유림儒林 명문가의 소생이었지만, 주님의 은혜와 크신 사랑으로 신학을 함으로써 주님의 종이 되었다. 주님 증인의 지고지순한 삶을 살고 있다는 것은 전적으로 주님의 은총이라고 확신하게 된다. 윤춘식 목사는 시종여일하게 주일학교를 거쳐 신앙으로 성장했다. 중고등학교 재학 시엔 이미 거창제일교회의 SFC 학생회장으로서 세례 받은 후 주요 멤버십을 갖게 된다. 삶의 목적과 가치를 주님께 바친 사명감으로 헌신을 최우선으로 두었던 소년이었다. 고교 졸업 후 고신대와 고려신학대학원으로 진학하여 목회자의 길을 걸었던 것은 바로 남다른 소명의식이 있었기 때문일 것이다. 아울러 어떠한 역경과 시련에 처하여도 지조와 결의를 굽히지 않고 주어진 사명을 위해 묵묵히 쉬지 않고 정진했다. 동시에 내공과 인성을 북돋워 주었다. 윤춘식 목사는 결코 세속적인 명예나 이득을 취하지 않고, 오직 하나님 앞에서 묵묵히 코람데오(Coram Deo)의 삶을 살았기에 그러한 올곧은 신념으로써 목회직의 모든 삶의 푯대에 적용되었다고 할 수 있다.

그의 내면에는 하나님에 대한 끝없는 경외심과 언어예술인 문학에 대한 남다른 사랑이 내재했기에 언어예술의 정수인 시를 창작한다는 것은 당연한 귀결이었다. 성직자이자 학자이며 교수이기도 하며 아울러 시인이기도 한 그의 성역聖域 45년에서 가장 중요한 화룡점정은 아마 언어와 문화가 다르고 각종 풍토병이 난무하는 남미 아르헨티나에서 선교 사역을 한 30년 가까운 세월이라고 요약할 수 있다. 따라서 주님의 지상명령인 복음 전파와 선교에 헌신한 그의 숭고한 정신은 현지에 설립된 장로교회들과 5년제 토바 중·고등학교를 통해서 뚜렷한 족적을 남기고 회자될 것이다. 총회선부교부와 후원교회들을 거쳐 전래된 소식들은 민수기 14장 28절 "그들에게 이르기를 여호와의 말씀에 내 삶을 두고 맹세하노라. 너희 말이 내 귀에 들린 대로 내가 너희에게 행하리니" 와 같이 하나님 앞에서의 삶은 복음을 위해 순종하는 삶이었고, 어쩌다 하기 싫고 가기 싫은 일에 부딪힐 때는 원망 없이 자신을 희생한 삶이었다. 우리 거창교회에서도 그의 남미 대륙 선교에 힘을 실어드리기 위해 15년간 후원하였다.

아울러 그가 목회자의 길을 결단하고 걸어갔을 때, 비록 남미 대륙의 타국에서 구령운동을 펼쳤지만, 거창지역을 위한 복음화와 기도 생활에 영향을 미친 것은 사실이다. 이 땅에 복음의 씨앗을 뿌린 선교사들의 눈물은 결코 헛되지 않았다. 이에 윤춘식 목사의 고희古稀 기념 문집 『그는 심었고 나는 물을 주네』는 이 시대를 살아가는 신앙인들의 가슴 속에, 그리고 복음의 바른 진리를 갈망하는 후진에게 신성과 인성의 관계를 탐구하고 신앙의 도그마를 정립하는데 큰 자양분이 되리라 믿는다. 우리들에게 남겨주는 이 기념문집은 우리가 함께 이 시대를 살아간 하나님의 종의 삶에서 받을 수 있는 큰 증표이다. 그의 삶의 궤적을 이해하고 공유하며 지속적으로 연구 고찰할 수 있도록 해준다. 다시 말하면 그의 문집이 우리들에게는 신앙실천에 있어 정서적인 면과 실용적 측면을 충족시키는 도전의 자원이 되리라 신뢰한다. 나아가 이번 문집이 성도들 영혼의 목마름을 채워주는 하나의 동기가 되기를 희망한다. 우리는 그와 함께 임마누엘의 은총을 체험하는 모멘트가 되어서, 하나님께만 영광을 올려드리는 도구로써 쓰임 받을 것을 확신한다. Soli Deo Gloria!

그가 성장했던 복음의 토양으로서 거창지역은 1904년에 접어들면서 주님의 특별하신 섭리로 기독교가 전파되기 시작한다. 복음이 전래된 지 120년 동안 영혼 구령의 은총과 기쁨으로 동시에 숱한 질곡桎梏을 겪게 된다. 하루하루를 주님께서 항상 지켜주시고 동행하시며 사랑했다는 것을 믿을 수 있다. 120년이라는 거창기독교 역사에서 잊지 말아야 할 것은 하나님의 장중에 붙잡힌 크신 역사役事가 아닐까 생각한다.

거창과 인근의 교회사는 먼저 「함양교회 90년사(1998)」를 필두로 「거창교회 100년사(2009)」와 『거창제일교회 50년사(2011)』가 대표적인 교회사가 될 것이다. 많은 교회가 있지만 교회사를 편찬한 교회가 적다는 것은 그만큼 교회사를 편찬하기에 많은 어려움이 따른다는 증거가 될 것이다. 거창지역의 기독교 역사는 어언 120년의 유구한 역사로 대략 74개 처의 개체교회가 지역의 복음화를 위해 정립되어 자리 잡게 됨은 주님에 대한 뜨거운 사랑을 기반으로 한 선진들의 헌신과 노고가 있었기에 가능하였다고 하겠다.

서부 경남 일대는 지리적인 환경으로 보면 오지였었기에 기독교가 비교적 늦게 전래가 되었다고 할 수 있다. 초기 선교사들은 1905년 1월 1일에 개통된 밀양 삼랑진역三浪津驛과 수로인 낙동강의 합천군 감물창진 나루터에서 초계로 가는 나룻배를 이용하여 합천, 거창, 함양, 산청지역에 기독교를 전파할 수 있었다고 한다. 아울러 경남과 경계인 김천과 대구와 현풍과 고령을 지나 거창까지 복음을 전하기도 하였다. 사기에 의하면 거창에 기독교 복음을 전한 최초의 선교사는 미국 북장로교 선교사인 심익순(沈翊舜, Walter Everett Smith, 1874—1932)이라고 한다. 심익순은 부산 초량교회의 4대 선교사로서 복음의 불모지인 거창지역에까지 복음을 전하였다. 심익순 선교사로 인하여 고제면 개명리교회가 거창지역 기독교 교회의 효시로 역사적 태동을 하게 된 것이 거창지역 기독교 역사의 시작이었다.

호주장로회 선교부는 1905년 진주에 지부를 설치하고 거열휴(Dr. Hugh Currell, 1871—1943) 선교사를 중심으로 서부 경남의 산청과 함양을 거쳐 거창지역에까지 순회전도를 하였지만, 교회를 설립하지는 못하였다. 그러다가 1913년 '선교정책'에 의하여 호주장로회 거창선교부가 설치되고 맹호은

(孟皓恩, Frederich John Learmonth MacRae, 1884—1973) 선교사를 지부장으로 임명하고 길아각(Rev. James T.Kelly, 1877—1959) 선교사와 도별익(Rev. Frederick James Thomas, ?—1963) 선교사와 권임함(Rev. Frank William Cunningham, 1887—1981) 선교사와 고도열(Rev. Arthur Thomas Cottrell, 1903—1982) 선교사와 예원배(Rev. Albert. C. Wright, 1880—1971) 선교사가 선교 활동을 하다가 신사참배 반대 운동으로 일제에 의해 강제로 출국 당하기까지 거창지역을 중심으로 사역을 담당하였다고 기록에 전한다.

거창지역의 기독교 선교는 「조선예수교장로회 사기」 기록에 의하면 고제 개명리교회가 1904년에 설립되어 위대한 고고지성呱呱之聲의 태동이 시작되는데, "동년 초에 거창군 개명리 교회가 성립하다. 선시에 박순명, 김종한 외 십수인이 신보하야 교회가 성립되고 선교사 심익순, 조사 김주관이 시작하니라." 이것이 거창지역 기독교 복음전도의 시작이다. 이어 심익순 선교사는 웅양교회(1906. 8), 가조교회(1906. 9), 가천교회(1907. 7) 등 거창지역에 교회를 순차적으로 개척하였다. 「거창교회 70년사」와 주남선 목사의 「교회지략」에는 거창교회의 창립자를 오형선과 조재룡으로 하고, 최초 신자를 오형선, 조재룡, 김극서, 김억주로 기록하였으며, 설립연도를 1909년 10월 10일로 기록하고 있음을 주목해야 한다.

거창교회는 제1대 이재풍 목사(1916)를 선두로 제2대 김길창 목사(1923), 제3대 김만일 목사(1926), 제4대 이홍식 목사(1929)가 부임하였었다. 이어 제5대 목사와 제7대 목사로 부임한 주남선(1888—1951) 목사를 언급하지 않을 수 없다. 주남선朱南善 목사는 거창에서 태어나고 자라 거창교회서 조사, 집사, 장로로 시무하다가 평양신학교를 졸업하고 목사 안수를 받은 후 거창교회에서 사역했다. 그는 1911년 맹호은 선교사에게 학습을 받고 1913년 세례를 받앉다고 한다. 동년 권서가 되어 1916년까지 약 6,000여 권의 성경을 거창지역에 배포하여 성경을 가르쳤다. 1919년 거창교회 장로로 장립하였다. 그는 국권회복운동에도 적극적으로 가담하였다. 군정서軍政署 의용병 및 자금모임으로 1921년 1월 검거되어 대구 형무소에 수감되고 이어 1921년 12월 가출옥되었다. 이어 주남선 목사는 1930년 6월 거창교회 제5대 목사로 취임하였다.

"너는 장차 받을 고난을 두려워하지 말라 볼지어다 마귀가 장차 너희 가운데에서 몇 사람을 옥에 던져 시험을 받게 하리니 너희가 십 일 동안 환난을 받으리라 네가 죽도록 충성하라 그리하면 내가 생명의 관을 네게 주리라"(요한계시록 2:10)라는 성경 말씀에서 '죽도록 충성하라' 는 신앙의 좌우명으로 그는 우상숭배인 신사참배 반대 운동에 적극적이었다. 그 결과 1938년 5월 제41회 경남노회에 참석하고 돌아와 거창경찰서에 구금되어 조사를 받았다. 신사참배 반대 의사를 굽히지 않자 일본 경찰은 1931년 12월 위임된 거창교회 위임 목사직을 사임하게 하였다. 그런 와중에도 주남선 목사는 신사참배 반대 운동을 굽히지 않아 1940년 7월 체포되었다가 1941년 7월 평양형무소에 수감되어 5년간 복역하다 1945년 8월 17일 출옥하였으며, 동년 12월 거창교회의 청빙을 받아 다시 제7대 목사로 부임하였다. 그 후 거창지역에서 보통 성경학교를 열어 기독교 청년들을 가르쳤다고 한다. 주남선 목사는 한국교회 정화와 개혁과 쇄신과 진리 운동의 일환으로 한상동 목사와 1946년 9월 고려신학교(현재, 고신대학교)를 설립하여 개혁주의에 입각한 신학교육을 주창하였다.

「거창교회 100년사」에 거창교회 설립의 동기를 서술하였는데, 1908년 거창군 남하면 양항리에서 금광업을 하던 서울 출신 오형선씨가 서울 기독청년회관(YMCA)에 출입하면서 복음을 듣고 관심이 있던 차에 웅양 시장에서 웅양교회 안덕보 집사의 전도를 여러 차례 듣고 믿기로 작정하였다고 한다. 그리하여 금광 사무원 박창호씨를 권유하여 1909년 5월 금광 사무소에서 비로소 예배를 시작했다, 이때 거창읍 조재룡씨와 김극서씨가 이미 2년 전 안의교회 교인인 조정섭씨의 전도를 받고 믿었으나 예배당이 없어 곤란을 느끼는 중 금광 사무소에서 예배를 드린다는 소식을 듣고 두 분이 참석하여 예배를 드리면서 거창읍내에 예배당 설립을 위하여 기도하는 중 웅양교회 안덕보 집사가 와서 예배를 인도하고 건축연보를 하니 25원이 되므로 거창읍 중앙리 자생의원 터에 있는 초가삼간을 18원 10전에 사서 예배당으로 정했다고 한다. 1909년 10월 10일 주일에 거창군내 교인 다수가 참석하여 예배를 드리고 제직을 선출하니 영수에 오형선, 집사에 조재룡, 서기에 김극서, 그리고 감독에 김억주 제씨가 선출되어 비로소 교회 제도가 형성되어 이 날을 설립기념일로 정하니 교인 수는 18명으로 늘어났다고 한다.

거창교회가 하나님의 구원을 날마다 선포하고 복음 사역에 진력하게 된 것은 물론 하나님의 크신 은혜지만 "여호와께 노래하며 그의 이름을 송축하며 그의 구원을 날마다 전파할지어다" 라는 시편 96편 2절의 말씀과 같이 복음 사역은 세상 끝날까지 이어갈 것이기에, 이것을 통해 거창교회 교인들은 물론이거니와 지역민들에게 하나님의 크신 축복이 영원히 충만하게 임한다는 것은 자명한 사실일 것이다. 「거창교회 70년사」는 주로 교인들의 사진첩 위주로 편찬되었지만 「거창교회 100년사」에서는 ①여명기 ②성장기 ③수난기 ④회복기 ⑤전성기로 나누어 상세히 집필하여 교회사의 전형을 보이고 있기에 역사적 사료로서 가치를 가지고 있다고 하겠다. 거창교회 100년사에는 교회설립 25주년이 되는 1934년 기념사업의 일환으로 남하면 무릉교회(현재, 남하교회)를 분립시켰다는 기록이 거창교회가 지역교회를 분립하여 설립하였다는 첫 번째 기록이 된다.

고신高神의 뿌리인 거창교회에서 청년회 사업으로 1947년 7월 10일 마리 진산교회(현재, 마리교회)에 최현선 전도사를 교역자로 파송하고, 1949년 4월 월천교회(현재, 전원교회)를 개척하여 1960년 이백원 전도사를 개척 교역자로 파송하였다는 기록이 거창교회 100년사에 보인다. 거창교회 100년사에는 뒤이어 주남선 목사가 1951년 3월 23일 과로로 소천 받으며, 주남선 목사가 7년 옥중기도 제목의 하나였던 강 건너(천외지역) 개척교회를 이루고자 하였었던 염원으로 거창교회에서 정식 분립하여 교인 20명으로 창남교회가 1951년 1월 2일 설립되었다고 한다. 같은 기록에는 1952년 12월 김상수, 유응춘 두 장로를 비롯한 소수의 교인들이 이념의 차이를 극복하지 못하고 상림리에 예배 처소를 정하여 거창제일교회를 설립하였다는 기록도 아울러 보이고 있다.

그리고 1978년 죽전(현재, 중앙리) 지구 교회 분립 문제로 인한 의견 차이가 있어 거창교회 교인 몇 명으로 합동측 교회인 거창중앙교회가 설립되었다. 이어서 1978년 5월 5일 둔마기도소(현재, 둔마교회)를 거창교회가 설립하였다. 동년 5월 14일 가지리 소재 군인교회를 창립하여 11월 5일 기공식을 가지고 1979년 1월 30일 헌당식을 가질 때까지 교회가 재정적으로 협조를 하였다. 물론 거창지역 중요한 고신교단 교회들의 역사를 상술해야 하겠지만, 개체교회가 교회사를 상세히 서술하지 않은 것은 자료가 불충분하고 교회사 정립에 소홀히 했다는 점이라 하겠으며, 한편으로는 그만큼 교회사를 기록하여 고찰하는 것에 따른 어려움이 컸기 때문이라고 생각할 수 있다. 이에 앞으로의 미래 교회를 향한 역사적 사관을 놓치지 않기를 바란다. 혼탁한 세속 사회 안에서 후진들이 물들지 않은 신앙심으로 일사각오의 신념으로써 과거의 것을 새롭게 전환하는 글로벌 선교시대에 개혁교회의 기수들이 되기를 소원한다.

아르헨티나 토바중고등학교 설립 개교기념 2014. 8. 8. Chaco 주정부 하원의장(국회) 축사와 교육상 수여 & 전체 교사 친교

VII
윤춘식 교수
고백록, 강의록, 설교문

- 고백록 4편
  1) 모터 카누에서의 참변
  2) 망고나무 아래서 교육을 사색하다
  3) 자비사(Yabiza) 선교기행
     - 파나마 정글 리오그란데 강가에서
  4) 나의 동기들과 친구들 - 딸의 결혼식 이야기

- 강의안
  [미션 세미나] 획기적인 선교사역과 경건

- 설교 7편
  1) 예수 그리스도의 선교와 능력 (눅 4:16-20)
  2) 교회의 영원한 생명력 (행 28:30-31)
  3) 공중 나는 새, 들에 핀 백합화
     (마 6:26-34, 벧전 5:6-7)
  4) 넘치는 잔 (시 23:5)
  5) 나의 분깃 - 압축된 대찬양 (시 119:57)
  6) 입에는 웃음 혀에는 찬양 (시 126편)
  7) 버드나무에 걸어둔 거문고 (시 137편)

수상

모터 카누에서의 참변

육로가 없는 곳 항공지도로만 보이는 발사강 상류

무슨 말부터 시작해야 좋을지 모르겠구나. 날이 밝은 건지 캄캄한 건지도 분간키 어려울 정도였다. 가슴 속에서 계속 세차게 불거져 나오는 통증이 숨을 몰아쉬기도 어려울 만큼, 라틴 가운데서도 중미 지역에서 제2의 아마존을 뚫고 나온 것만 같았다. 여기 시간으로 2016년 8월 12일 금요일 오후이다. 엠베라 부족의 여전도회원 6명을 위한 성경공부를 마쳤다. 저녁 11시 30분경 원주민 엠베라 인디오 형제 4명을 동반, 렌트카를 몰았다. 콜롬비아 국경이 있는 자비사/Yabiza 시티의 동쪽으로 향했다. 태양이 내리쬐는 시간을 피해서였다.

새벽 5시에 겨우 모터 카누를 타는 포구에 도착할 수 있었다. 애써 눈을 비비며 강가에 우두커니 카누를 기다렸으나 나타나지 않았다. 겨우 연락이 닿았다. 목적지를 향한 진행 방향의 다음 포구에서 만나기로 하고 일정에도 없던 다른 배를 타게 되었다. 한 시간 정도 진행했을 때, 거기서 원래 만나기로 했던 엠베라 형제를 만났다. 발사강 상류에 정착한 마을 '갈릴레아'라는 엠베라 공동체로 향했다. 카누가 작고 열악하여 작은 모터를 달고 있었다. 성능이 좋은 모터로 속히 가면 5시간 30분 걸리는 강 거리를 무려 8시간 만에 도착하게 되었다. 오전 8시부터 오후 4시까지 불볕을 피하려고 잠을 자지 않고 이동을 거듭했던 것이다.

불볕을 피하려고 예정하여 출발했던 지혜가 수포로 돌아가고 말았다. 곱다시 태양을 머리 위에 이고 황토 강물을 거슬러 전진했다. 여기 태곳적 강과 태곳적 밀림을 보자. 살아 움직이는 수풀과 싱싱한 식물의 근육과 마주하며, 번개와 우레와 뇌성 더욱이 소나기와 싸우면서 말이다. 토요일 저녁 집회와 주일 오전 11시 전체 예배와 오후 2시 성전건축위원회(6명) 발족과 그리스도의 복음을 위한 간곡한 호소를 어김없이 소화해내었다. 여기까지는 모두 스케줄대로 혹은 그 이상으로 좋았다고 말할 수 있다. 하룻밤에 나 혼자서 마신 코코넛 개수만 8통이나 되니, 땀은 말할 것도 없다. 옷은 몽땅 젖었다. 빳빳했던 벨트는 뱀처럼 부드럽게 구불거렸다. 혹시 땀(염분으로 인해 지난번 벨트가 하얗게 갈라졌던 경험)으로 갈라지지 않았나 싶어 살펴보았으나 아직은 접착되어 있었다. 주일 오후 3시 30분 갈릴레아 마을 어린이들과 함께 강 상류의 강수욕을 즐겁게 마쳤다. 계속되는 소나기에 강물이 불어나 헤엄치기에 수월했다. 귀환할 카누는 어정거리다 4시 30분에 출발시켰다.

2시간 정도 세찬 물살을 타고서 작은 모터 카누에 의존한 채 내려오니, 강가 어느 지점(나중에 알고 보니 '뚜꾸띠: Tucuti' 마을)에서 연료(가솔린)를 채워야만 했단다. 그래서 나도 같이 땅에 내려 기지개도 켜고 다리도 펼 겸(카누가 작아 너무 고생스러워서) 내렸다. 그런데 카누는 소나기가 내리는 가운데 아무 곳에나 닿았기에(실은 연료만 넣으려 멈췄었다고 한다) 우리 일행 중 몇 명이 그 소나기 틈에서도 내리는 것이었다. 나도 내려서 다리를 펴려고 하는데, 내린 곳이 하필 비스듬한 언덕 언저리에 바위가 미끄러웠다. 순간 중심을 잃으면서 어찌 할 수 없는 순간에 나는 다시 카누로 들어가려고 시도했다. 그만 카누 측면 난간 위쪽에서 운동화 밑이 미끄러지고 말았다. 그 후 15분간 나에게 무슨 일이 일어났는지 생각이 나지 않는다.

분명 가슴 쪽에 극심한 통증이 왔는데, 미끄러진 강가에서 일어나지 못했다고 한다. 마침 그 마을의 현지인(부족민이 아닌) 원시마을 끝에 작은 초등학교가 있고, 그 곁에 보건소가 하나 있었다고 한다. 어떻게 걸어갔는지 누가 부축했으며 누구와 갔는지 기억나지 않았다. 그 통증은 죽음의 경험이랄까? 모르니 필설이 불가능하다. 마침 주일 오후에 도시에서 검진 나온 젊은 여의사 둘이 근무하고 있었다. 나는 왼쪽 가슴 통증 때문에 어떻게 누워야 좋을지도 몰랐다. 그들은 즉시 나에게 주사를 놓았고 안정을 요구했다. 그리고 온몸을 둘러싼 붉은 독충 흠집에 놀라면서 처녀 두 의사도 어찌할 줄 몰라 했다. 나 역시 몸의 붉은 흠집을 보고서 놀랐으니까.

양쪽 다리와 허리와 배와 허벅지엔, 대략 100군데에 가까운 독충이 살아 움직이고 있었다. 놀란 것은 그들도 원주민 공동체에 진료 나갔다가 무시무시하게 물린 경험이 있었기에, 내 등을 샅샅이 뒤지더니만, 허벅지만 말고 모든 부분마다 그들의 손톱으로써 물려 부어오른 붉은 반점마다 한 마리 한 마리 손톱으로 긁어내는 것이었다. 나도 수없는 경험을 쌓았고, 알코올을 바르고 그 독충을 잡아내어 보았기 때문에 또한 살갗 속에 살아있는 독충을 긁어내어보았기에 어쩔 수 없이 도와주기를 기다릴 수밖에 없었다. 어디 내 눈으로는 잡아낼 수도 없는 지경이었다. 만약 내 눈에 독충이 보였다 해도 몸을 굽혀 곡예하기는 불가능했다. 나는 그들을 향해 "자매님들은 하나님이 나를 위해 보내신 백의의 천사라"고 말했다.

"Uds. son Angeles blancas que me manda de nuestro Dios" 간이 클리닉에서 2시간 이상 안정을 취하니 저녁식사 무렵이 되었다. 어디에도 문을 연 음식점이 없었다. 형제들에게 음료수만 사도록 하고 정글 사이 엄청난 강물을 따라 다시 카누를 작동시켰다. 밤, 밤, 밤에. 통증은 표현이 되지 않았다. 소나기는 그쳤으나 옷은 함빡 젖어 있어 나에게 저체온이 찾아오기 시작했다.

몸에 한기가 들고 깜깜한 정글과 흑갈색 강물만 보이는 것이다. 거기서 5시간 동안 작은 카누와 적은 마력의 모터에 의존해야 했다. 그 어두움 속에서 무언가를 적으려고, 흑암 중에 내렸던 소나기와 우레에 관한 것을 기록하려해도, 안경이 보이지 않았다. 우여곡절로 목적지에 이르기 전 한 코스 앞의 포구인 '라빨마'(La Palma)에 도착하니 밤 11시라고 했다. 동네 가게는 문을 닫았고 까페도 빠나데리아(빵가게)도 문을 닫은 후였다. 겨우 선두를 따라 이상하게도 낡은 한 목조건물에 들어서니 동네 개들이 한데 모여 맹렬히 짖어댄다. 우리 일행에 합해져 카누를 이용할 인디오 식구들이 더 늘어났다. 그래도 거기서 눈을 붙여야만 했다. 한 형제가 내게 자기가 가져온 홑이불을 널빤지 위에 깔아주었다. 주변엔 배고픈 개들이 어지럽게도 어슬렁거렸다. 나는 통증 때문에 옳게 누울 수가 없었고 일어나 통성으로 기도했다. 내가 일어나 기도하니 희미한 불빛에 비치면서 모두들 일제히 일어나 기도한다. 기도는 지순한 순종인데 모두들 잠을 설친다.

아침에 다시 정신을 차린다. 아침식사를 해야 하는데, 엊저녁도 못 먹은 이들이 모두들 나만 쳐다보는 거다. 이들은 돈을 가지지 못했고 배가 고팠다. 모두 10명을 데리고 가슴을 부여잡고서 아침 일찍 간이식당을 찾아 나섰다. 이러나저러나 먹어야 했다. 끼니때만 되면 나를 쳐다보니, 이들은 너무 연약해 집이 아닌 밖에서 돈을 주고 음식을 사먹는다는 것은 이해하지 못한다. 그래서 이들에게는 돈이 없으면 굶는다. 우리 일행이 조반을 마치고, 나는 형제들에게 '다른 배를 수소문해 타고서 내가 차를 세워둔 그 목적지 포구로 가자'고 했다. 차를 주차해두었던 항구 이름은 '뿌에르또 낌바'(Puerto Quimba) 우리말로는 낌바 포구이다. 엠베라 일행은 그 목적지에서 비로소 카누로부터 독립되어 내릴 수 있었다. 아침 해가 제법 하늘 가운데로 떠오르고 있었다. 대지는 더욱 달궈져 정신을 차릴 수가 없다. 여기서부터는 차량으로 다시 수도인 파나마 시티로 가야만 하는 여정이다.

그때였다. 나는 통증으로 인해 가슴을 움켜지고는 운전석에 오를 수가 없었다. 어떻든 도시에 가야 병원이 있고 X_레이를 찍을 수 있으니… 나는 웅크린 채 죽음으로써 차를 몰았다. 죽으려 하면 산다기에. 하늘 아버지 말씀에, 한 알의 밀이 땅에 떨어져서 죽어야 많은 열매를 맺는다기에, 그 시간에 나의 수많은 중보자들이 기도하고 있을 것을 믿었다. 무엇보다도 가족들과 엠베라 교우들이 기도할 것이기에 믿음이 나를 살렸다. 아까 그 종착 포구에서 겨우 카누에 써 놓은 이름을 보았을 때 〈Vencedor 벤세도르〉 '고난을 극복한 자' "장애물을 넘고 성취한 자"였다.

그로부터 5시간 후에 차량은 구사일생으로 파나마 시티에 도착했다. 우여곡절 끝에 도착은 했지만 엠베라 공동체 형제들은 걱정이 한짐이다. 나는 염려를 주께 맡기고 치료해주시기를 기도하라고 당부했고 그들은 각자 자신의 정글 마을로 돌아갔다. 이튿날 아침 나는 아내와 같이 파나마 국립병원 〈Hospital Nacional Panamá〉 응급실로 찾아갔다. 거기서 진료 부처에 들러 등록하고 X_레이를 찍었다. 그런데 핸드폰은 어디로 갔을까? 보이지 않는다. 무수한 사진들과 긴요한 메시지들이 들어있는데… 약 40분 후에 촬영판정이 나왔다. 왼쪽 갈비뼈 7, 8, 9번이 골절되었고 10번 연골에 금이 가 옆구리 쪽 네 뼈가 상해 있었다. 다행인지, 갈비뼈가 많이 빗겨나가지 않고 부서진 흔적이 역력했다. 그로부터 4개월 동안 나는 가슴에 압박붕대를 착용해야만 했다. 아신대학은 여름을 지나 개학되었다. 양평으로 돌아온 이후에는 상처가 나을 때까지 양평 길병원에서 치료를 받았다. 오- 나의 아버지.

수상: 파울로 프레이리 Paulo Freire 교육 사색
마라(the Marah) 쓴 물가에서 나뭇가지를 던지며 – 출애굽기 15장 전문

망고나무 아래서 교육을 사색하다

모세의 노래 Song of the Sea, '시랏 하얌' שירת הים

이 시간 저는 브라질 쪽 이과수에 머무르고 있습니다. 웅장한 물이 넘치다 못해 장대하고, 과라니 부족은 이름 짓기를 '장엄한 물' 이과쑤 Iguazú 라고 부르기 시작했습니다. 2011년 브라질선교전략회의를 마치고 여기서 1주간의 짧은 겨울방학을 보내려 합니다.

부족한 사람이 브라질에서 생각난 사람은 브라질 동북부 레시페 출신, 故 파울로 프레이리/Paulo Freire 였습니다(우리가 그의 이름을 잘 알고 있지만, 가까이 접해보지는 못했지요). 그는 〈세계교육의 나아갈 길과 효율성〉을 탐구했던 인물로서, 경쟁적 자본주의 사회 안에서도 비판적 교육을 구축해 나갈 수 있다는 희망을 내걸고, 21세기의 진정한 네트워크를 예견했던 교육가입니다.

우리는 기억합니다. 그리스도께서 베다니 시몬의 집에 계셨을 때, 나사로의 누이동생 마리아가 향유 한 옥합을 가져와 자신의 머리에 부었습니다. 이 때 제자들은 땅에 쏟아 허비한다고 분을 내었고, 가롯 유다는 허비된 향유(순전한 나드) 한 근의 값을 300 데나리온(당시 노동자 300일의 봉급)으로 정확하게 계산해 냈습니다. 요한복음 12장 5절에 보면, 그 향유를 팔아 가난한 자들에게 나눠주지 않았다고 말합니다. 제자들의 속마음을 헤아리신 그리스도

는 "가난한 자들이 항상 너희와 함께 있거니와, 나는 항상 함께 있지 아니하리라. 내 몸에 이 향유를 부은 것은 내 장례를 위해 함이니라"(마 26:11-12)라고 말씀하셨습니다. 하지만 브라질 지식인들은(혹은 세계의 자본주의 지식인들은) 가난한 자들이 곁에 있다는 그 말을 기억하려 들지 않습니다.

사람들은 가난에 대해서 역설하는 P. 프레이리를 좌파성향의 교육가나 중도좌파를 지향하는 R. 룰라 다 실바 대통령과 맥을 같이하는 정치인으로 보도했지만, 이제 세상은 그를 교육철학의 대가로서 그에게서 배울 바를 선택하라고 광야 길에서 쓴 물가의 샘을 향해 막대기를 던집니다(출 15:25). 염분 농도가 너무 높지만 목이 타는 경우에는 마실 수밖에 없습니다. 배앓이는 나중의 일입니다. 그래서 하나님은 백성들로부터 불평을 듣고 있는 현장의 모세 앞에서 하나의 나뭇가지를 보여주셨습니다. 모세는 던져 넣습니다. 순간 황무지의 마라가 꿀물로 변하는 기적의 샘으로 변합니다.

제가 그의 탐구를 접하게 된 것은 그 사람이 좋아서가 아닙니다. 세계선교를 구령사역 실천과 선교교육과 문화인류학적인 문제로 풀어가는 저의 학문적 시각에 변화가 왔습니다. 그가 폭 넓고도 복잡한 혼혈의 문화 - 〈혼합주의〉- 를 혼합된 문화 영역의 불투명한 정체성으로 이해하지 않고, 하나의 〈준거점〉으로 보았다는 사실이 이색적입니다. 이것은 스페인 정복 이후 혼혈사회로 치달았던 라틴아메리카의 역사를 정체성의 빈약으로 해석했던 멕시코의 지성, 까를로스 푸엔테스와는 전혀 다른 입장에 놓여있기 때문에 흥미롭습니다. 정체성의 희박함을 극복하고 자신의 〈준거점〉을 설정한 P. 프레이리의 교육적 안목은 저에게 라틴아메리카 선교 연구에 대해서 새롭게 사고할 수 있도록 한 가닥 새로운 지성을 열어주고 있다는 점입니다. 파울로 프레이리가 브라질 시골 레시페로부터 자국 내 몇 도시를 경험한 것 외에, 제네바 망명시절을 겪고 유럽과 아프리카를 전전하다가 다시 조국의 품에 안기기까지

43살부터 58살까지 늙지 않았고, 젊음을 잃지 않았다는 사건이 과연 희망의 교육가다웠습니다. 그는 70세에 이 책을 세상에 선물하게 됩니다.

"망고나무 그늘 아래서" (폴츄기스 원제: A sombra desta Mangueira) 영역서: 「Pedagogy of the Heart」 2000년

"이 편안한 망고나무 그늘로 나를 이끈 탐구는 다른 사람들에게는 별 흥밋거리가 되지 못할 수도 있다. 혼잣말을 하거나 스스로에게 질문을 던지며 세상과는 동떨어진 이곳에서 혼자가 되어 있을 때, 나는 이 그늘 아래서 피난처를 발견하게 된다. 내가 하는 이야기가 늘 나 자신에게 던지는 질문에서 시작되는 것은 아니다."

"내가 이처럼 신중한 마음가짐으로 이 망고나무 그늘 밑을 찾는다는 것, 그리고 내 안을 가득 메우는 고독감을 경험한다는 것은 사람들과 함께하고 싶은 나의 욕구를 역설해 준다. 몸이 혼자인 동안 더불어 존재한다는 것의 본질을 내가 이해하고 있음이 입증되는 것이다."

"살아오는 동안, 혼자 있다는 것은 더불어 존재함의 한 형식을 내게 드러내 보여주었다."

"세계가 나를 필요로 하듯 나에게는 세계가 필요하다. 고립은, 더불어 사는 삶을 거부하지 않고 그것을 자신의 존재의 계기로 확인할 때에야 비로소 의미를 갖게 된다."

"답안제시식 교육은 인식과정에 필수불가결한 호기심을 기르는데 전혀 도움을 주지 못한다. 지식이란 호기심을 통해 구성되며, 앎의 훈

련을 통해서 스스로를 다듬어가는 것이기 때문이다."

"명백한 것은 정답만을 제시하는 교육에 내재된 오류가 정답 그 자체에 있는 것이 아니라, 정답과 의문 간의 단절에 있다는 사실이다."

그의 첫 세계

"내가 거니는 거리, 내가 사는 마을, 내가 사는 도시, 내가 사는 나라, 그리고 내가 태어나 걸음을 떼고 말을 배우고 처음으로 두려움과 공포를 경험했던 우리 집과 뒤뜰이 그것이다. 내가 경험한 첫 번째 세계는 우리 집의 뒤뜰이었다. 그곳에는 망고나무와 빵(Pan)나무가 있고, 그늘진 마당으로 가지를 늘어뜨린 캐슈나무(마라뇬)가 있으며, 그밖에 여러 종류의 나무들이 자라고 있다. 그곳의 나무들은 저마다의 빛깔과 향기를 뿜냈고, 열매를 찾아 날아든 새들은 나무들이 제공하는 공간 속에서 아름답게 지저귀곤 한다."

"망고나무가 있던 내 어린 시절의 뒤뜰은 나에게 직관적인 객관성을 갖추어 주었다. 그곳은 나에게 있어 하나의 지리적 준거점이 되어 주었고, 그곳에서 나의 부모님과 형제, 할머니와 숙모, 그리고 우리 가족의 일원이 된 내 사랑하는 유모는 나의 인간으로서의 준거점이 되어 주었다."

그는 기술, 과학, 전문적 자본에 의지하는 경쟁주의 지식인들에게 일침을 가합니다. 가난이란 돌이킬 수 없는 결정적인 결과들- 즉, 더 이상 어찌할 수 없는 상태에서 오는 체념에 길들여져 있어, 약한 사람들의 가난을 숙명처럼 인정하는 지식인들- 그러면서도 가난과 피압박자들에 대해서 조금도 언급함이 없이 경쟁을 뚫고 올라온 자신의 상황만을 선호하는 지식인들- 때때로 그들은 자신을 가리켜 '우리 지식인들 사이에...'라고 말하기도 합니다.

"이러한 숙명론적 지식인들- 그들이 사회학자든, 경제학자든, 철학자든, 신학자든, 교육자든, 그것은 중요하지 않다- 사이의 근본적인 차이점 중 하나는, 내가 예전이나 지금이나 교육실천이 〈글 읽기〉와 〈text 읽기〉에만 제한되는 것을 받아들이지 않고, 그것이 반드시 〈세계읽기〉와 〈맥락읽기〉를 포함해야 한다고 믿어왔다는데 있다. 무엇보다도 내가 그들과 다른 것은, 나는 순진하지만은 않은 비판적 낙관주의자이며, 숙명론자들에게 결여된 희망을 품은 인간이며, 그 희망으로부터 용기를 얻는 인간이라는 점이다. 희망은 인간의 존재론적 요구이다."

그의 기도 그의 신앙

"나는 나의 신앙에 대해 언급할 때 그다지 마음이 편하지 않다. 적어도 나의 정치적 선택, 나의 교육학적 꿈에 대해 얘기할 때만큼 마음이 편하지는 못하다. 나의 신앙은 나를 격려하고, 나에게 동기를 부여하고 나에게 문제의식을 일깨운다. 그리고 그 신앙은 〈그만 두자〉, 〈진정하자〉, 〈세상이 이 모양인 것은 달리 도리가 없기 때문이 아닌가!〉라고 숙명론적으로 스스로를 달래는 것을 결코 용인하지 않는다."

"종교성은 국민의 권리이자 그들 문화의 표현 양식이다. 나는 정의와 진리와 사랑을 지닌 자의 편에 선 하나님을 섬긴다. 체념과 허무주의는 사악함에 대항하는 저항으로 대체되어야 한다."

"신앙을 이용하여 국민들의 무비판성을 조장한다면 우리는 그들을 용납할 수 없다."

"우리 가족은 수많은 시련을 겪어야 했지만, 다행스럽게도 숙명론의 유혹에 넘어가지 않고 어려움을 잘 극복했다. 우리는 하나님이 우리를 시험하고 계신다는 생각은 하지 않았다. 나는 오래 전부터 세상을 변화시키고 잘못된 것들을 개선해야 할 필요성을 분명하게 인식하고 있었다."

"신앙은 자유의 옹호를 요구한다. 자유의 옹호는 윤리적 의미, 즉 겸손과 일관성과 관용 그리고 타인의 자유에 대한 존중을 포함한다."

"나로 하여금 희망을 갖게 만드는 것은 결과의 확실성이라기보다는 나의 탐구적인 활동이다. 희망 없이 무언가를 탐구하는 것은 불가능하며, 혼자서 탐구한다는 것도 불가능한 일이다."

그의 진지함에서 얻는 행복

"브라질 사회는 민주주의를 배신한 역사와 민주주의를 쟁취하고 지켜내기 위한 저항의 역사를 충분히 경험했다. 민주주의를 쟁취하기 위한 저항을 강화하기 위한 논의는 그러한 역사적 경험 위에 형성되는 것이다."

"이 세상에서 인간의 존재를 위해 의사소통과 정보공유가 얼마나 중요한지, 또 대화가 얼마나 중요한지 상상이 가는가. 의사소통과 정보공유는 정교한 언어에 의해서 그리고 시공간을 좁혀주는 과학기술의 도구에 의해서 이루어진다."

저도 별 수 없이 결국에는 P. 프레이리의 역설을 잊어버릴지도 모릅니다. 그것을 하나의 이념으로 나의 목에 걸어 두고픈 결정론은 더욱 없습니다. 열악함과 굴욕으로 생채기를 가진 채 멍든 라틴아메리카의 가난을 20년 이상 경험해오면서, 현재도 파나마의 한 가난한 부족을 직접 섬기는 현장에서 그들이 주님께 영광 올리며 저와 함께 살고 있습니다. 그렇지만 8복 가운데 '마음이 온유한 자는 땅을 기업으로 받는다' (마 5:5, 시 37:11)는 말씀이 나옵니다. 그들에게는 차지할 땅이 있습니다. 세계선교를 위해 부족들이 그리스도 앞으로 돌아오기를. 그들이 가난을 박차고 일어나 다음 세대의 선교 바통을 이어가기를 소망합니다. 국가나 정부보다 그 위에 교회가 위치한다는 생명의 말씀보다 더 위로를 주는 땅의 금언이 어디에 있겠습니까? 이 땅의 부족 공동체가 곧 교회라고 하는 정의를 내려 줄 때, 이들의 정체성보다 나은 가치가 어디에 더 있겠습니까? 그래서 선교합니다. 라틴의 한국인 시니어 선교사들이 연합하는 이유입니다.

빠울로 프레이리처럼 라틴의 숙명론에 빠지지 않고, 열대 정글의 망고나무 아래 안연히 펼쳐진 그늘에서 피난처를 발견하는 것입니다. 저는 모름지기 원주민 엠베라 부족민과 같이 모세의 손에 들린 지팡이며, 수르 황무지와 마라 쓴 곳을 지날 때 주께서 보여주신 한 나뭇가지를 순종함으로써 던질 때, 샘물은 달게 되었습니다. 곧 엘림에 진입할 것이라는 미션의 미래가 더욱 밝아옵니다.

note) 1. 「희망의 교육학」 파울로 프레이리, 〈교육문화연구회 번역〉
2. 「프레이리의 교사론」 파울로 프레이리, 〈교육문화연구회 번역〉
3. 「교사는 지성인이다」 헨리 지루, 이경숙 역.
4. 「실패한 교육과 거짓말」 노암 촘스키, 강주현 역.

수상

자비사(Yabiza) 선교기행

파나마 정글 리오 그란데 Rio Grande 강가에서

1

　고향 교회 선배 한 분이 계셨다. 내가 신학대학 1학년 여름방학 때, 그를 따라 가포 해수욕장(마산)에서 야간 고기잡이를 해 보았다. 바지를 걷고 횃불을 들고서 얕은 바다로 나가는 모습은 한 폭의 환상이다. 그때 밤잠 못자는 숭어도 보았고, 바다 게도 잡았다. 멸치 배가 들어오는 것도 보았다. 그 이후 강가의 선창에서 밤을 보내는 것은 이번이 두 번째이다.

2

　오늘 새벽잠을 설치고 비몽사몽간에 일어나 파나마 종합 터미널로 나갔다. 우리 가족 4명이 국제 전화로 함께 대화한 것이 꿈만 같다. 아들딸의 대화가 쟁쟁거리며 계속 귀에 들려온다. 새벽 5시이다. 약속대로 발렌틴 형제도 막 도착하고 있었다. 발렌틴은 현재 정글의 '선교기념교회'에서 나를 돕는 원주민 전도자이다. 그는 먼 곳에서 새벽 두 시에 일어나 약 40분간 걸어서 버스가 지나가는 동네로 갔고, 거기서 버스를 두 번 갈아타고서 터미널로 왔다. 두 눈이 충혈된 것으로 보아 그도 잠을 설친 모양이다. 그런 성실성이라도 있기에 그를 신뢰하게 만드는 모습이 된다.

3

우리의 목적지는 동쪽(콜롬비아 국경방향) 다리엔Darien 주州가 있는 자비사 / Yabiza이다. Yabiza는 발렌틴 형제가 자랐던 고향이며 그곳이 엠베라 Embera 부족의 본고장이다. 발렌틴은 거기서 12년 전에 가족을 거느린 채 파나마로 나왔고, 떠난 지 12년 만에 고향을 찾아간다는 것이다. 엠베라 부족은 일상에서 마음을 열어주는 주민이 아니다. 발렌틴 역시 과묵하며 쓸데없는 말을 잘 하지 않는다. 버스는 6시쯤 출발했다.

4

장장 7시간 버스를 탄 셈이다. 견딘다는 것은 적응이 아니라 인격이며 인내이다. 문제가 없었던 것은 아니다. 파나마 버스 기사는 하루 운전을 시작하는 그 시각부터 일을 마치는 순간까지 라디오나 CD의 노래 볼륨을 최고로 올려놓는 습관이 있다. 그 노래 소리를 듣고 안 듣고는 운전기사가 알바 아닌 모양이다. 아침이든 저녁이든 일과나 상황에 따라 노래를 선택하는 배려는 전혀 없다. 새벽부터 가장 시끄럽고 가장 속된 음악을 켜 놓으면 노래라기보다는 금속성 소리로 인해 참 인내하기 힘들다. 그러나 어느 한 승객도 불만이나 짜증스러움을 나타내지 않는다. 아니 오랜 사회 경험 속에서 아예 체념한 것 같다. 하지만 나에겐 고통이며 고문이었다. 뉘라서 가난한 버스기사에게 클래식으로 채널을 바꿔 달라고 말할 수 있겠는가? 그런 주문은 처음부터 버려야 한다. 그렇지만 그냥 인내하기에는 시간이 너무 많이 지났다. 5시간을 견뎠는데, 아직도 2 시간이 더 남아있지 않은가?

5

버스 운전기사들은 주로 흑인 청년들이다. 그들은 카리브 해안 출신의 아프리카계이다. 음악은 아프리카의 타악기와 드럼과 라틴음악이 혼합된 거칠고 템포가 빠른 노래이다. 이들이 어릴 때부터 같은 음악을 들어왔으니 이젠

그는 심었고 나는 물을 주네 449

버릴 수 없는 필수품이 되었다. 아이들은 버스를 가리켜 시끄러운 소리통이라고 부른다. 라틴에서 서민들의 어린이들이 정서적으로 보호받기는 아직 멀고도 아득한 길이다.

6

나는 더 견디기 어려워 차장(청년)에게 양해를 구했다. 운전기사에게 말하여 볼륨을 좀 낮춰주면 좋겠다고. 그런데 어럽쇼, 대뜸 한다는 말이 지금 볼륨을 낮추면 자기가 음악을 듣지 못한다고 대꾸했다. 나는 현재의 볼륨이 아주 높이 올라가 있으니 몇 칸만 낮춰달라고 다시 정중히 부탁했다. 차장이 말을 듣지 않아서 이번엔 기사에게 가서 직접 말을 걸었다. 미안하지만 나도 승객인데 볼륨을 조금만 낮춰달라고... 운전기사는 조금 낮추더니만 2분도 못가서 다시 올렸다. 습관이 틀림없었다. 그 볼륨 그대로 목적지까지 왔다. 나는 내가 중국인이 아니고 한국인이라는 말을 하려다가 참았다. 결국 7시간 동안 시끄러운 금속성 음과 영적 전쟁을 하다가 도착했다. 오디오 기기의 질이 떨어지고 볼륨은 최고로 높이 올려져있을 때, 금속 파열음은 나의 정신까지 어지럽게 자극했다. 겨우 목적지의 흙을 딛고 서니 자비사Yabiza가 천국 같았다.

7

여기는 발렌틴 형제의 고향 고장이다. 그리고 원주민 부족 엠베라 / Embera의 본거지요, 파나마 시티에서 버스길이 나 있는 곳 중에 가장 먼 곳이다. 캘리포니아에서 멕시코의 북단을 거쳐 내려오는 고속도로는 중미 여러 나라를 통과해 자비사까지 연결된다. 말이 고속도로이지 파나마의 마지막 구간은 정비되지 못한 채 험한 도로가 산재해 있다. 결국 콜롬비아로 통하는 육로는 개발되지 못한 채 악명 높은 죽음의 정글이 인류로부터 외면당한다. 콜롬비아 반군 세력과 게릴라, 악한 약초라 불리는 마약 생산지로 유명하다. 국경 요소마다 정예수비대와 유엔군이 주둔해 세계의 이목이 집중되는 곳이기도 하다. Yabiza에는 파나마 남녀경찰관이 군복을 입고 경계근무하고 있었다. 나의 피곤을 풀어준 사건은 내가 동네 한 가운데로 유유히 흐르는 강을 보고 나서였다. 우기雨期가 시작되는 계절이라 황토물이 흘렀다. 크고 작은 카누들이 바삐 오간다. 주로 식용 플라타노(튀겨 먹는 푸른 바나나 일종)와 뿌리채소인 유카 / Yucca와 농산물을 실어 나른다. 발렌틴 형제의 친척들을 찾아 Yaviza 마을 안에 있는 교회 정보를 알아보기 시작했다. 펜테코스탈교회 3군데가(하나님의 성회, 하나님의 교회, 사방교회) 세워져 있었다.

8

영락없이 비가 내린다. 형제자매들이 서로 자기의 우산을 갖다 준다. 인정에 고마웠다. 먼저 Leonardo 형제의 집으로 갔다. 모란 잎보다 큰 열대의 종려나무 잎으로 하나하나 지붕을 이은 Rancho 였다. 3개월 만에 완성했다고 한다. 거기서 가족들과 오랜 대화를 나누었다. 우리가 처음 Yaviza에 오려고 계획한 것도 Leonardo가 주께 헌신되었다는 소식을 듣고부터였다. 내가 만약 복음을 전하기 위해 자기 마을로 올 수 있다면 자기 란초(오두막)를 교회당 집회 장소로 내어 놓을 수 있다고 했다. 그는 겸손했고 친절한 신자였다. 나는 당신의 준비된 헌신을 주께서 아시니 내가 아니더라도 아굴라처럼 반드시 당신을 도구로 사용하실 테니, 계속 기도하자고 했다. 그리고 성령에 의지하여 교회를 세우는 일이나 훈련을 받고 싶으면 주저 말고 언제든지 연락하라고 권념했다. 현재 나는 선교기념교회를 개척하며 장차 건축도 해야 하기 때문에 몸이 두 개일 수는 없다고 설명했다.

9

저녁 식사는 발렌틴의 친척집(동서)에서 먹었다. 먹기 힘든 식사였지만, 역시 시장이 반찬임은 만고불변의 진리로 드러났다. 사과를 사려고 슈퍼마켓에 들렀다. 주인이 중국인이었다. 엠베라 본래 부족이 사는 원주민 골수들 고장에 중국인 가정이 들어와 사업하고 있었다. 그들은 날 보자 반갑게 맞이했으나, 나는 중국인의 얼굴(영향)이 동양인들에게 어떤 불이익을 주는지를 누구보다 잘 알고 있기에... 그들을 기쁘게 대하긴 어려웠다. 이제 Yaviza는 옛처럼 순수한 엠베라 부족마을만은 아니다. 흑인들이 들어와 거기서 부담 없이 더부살이 하고 있었다. 문명의 혜택은 그들에게 전기와 시멘트를 제공했다. 엠베라 부족마을의 길목은 정류소를 중심으로 식당엔 오디오를 비치해 놓고서 고성방가를 즐긴다. 바람이 불면 흙먼지가 일어났을 법한 골목에는 모두 시멘트로 덮여있다. 길이 200m 정도의 골목이 제법 사람들로 북적대고 시골마을에 중앙통을 형성해가고 있었다. 자연에서 문명으로 이동하는 몸살 같은 열기가 마을 곳곳에 자연을 뚫고서 풍긴다. 돈벌이로 인성이 멍들어가는 초입의 모습이 보인다. 자연과 문명 사이에서 이들의 정체성과 판단은 무엇이었을까?

10

강가로 나갔다. 내가 갖고 싶었던 시간이다. 비가 그치고 물결은 잔잔하다. 나는 물가에 있는 바위에 걸터앉았다. 나른한 저녁 검은빛이 수면에 아른거린다. 약한 물살을 따라 작은 발동선과 카누들이 선창으로 돌아온다.

11

이 강을 따라 올라왔던 18세기 초엽의 스페인 정복군 15명은 벌써 금을 모아 산적해 두었던 곳으로 유명하다. 그때 지은 금궤 창고는 역사 속에 폐허가 되어 성채의 벽만 남아있다. 금을 모아 두었다는 정보를 접한 유럽의 해적들은 금방 금 창고를 습격하기 위해 이 강을 따라 올라왔으니 그들의 욕망과 격전을 이 강은 알고 있으리라. 건기 땐 강물이 마른다고 한다. 그래서 강 하구에 대기하고 있다가 바다의 영향으로 간만을 이용한 해적선이 움직일 수 있었던 것이다.

12

강 건너 부족민의 집에서 전깃불이 반짝인다. 전기가 존재한다는 것이 밤이면 가스 등을 켜고 생활하는 발렌틴에겐 매우 신기하다. 나는 흐르는 강물을 유심히 들여다본다. 물이 흐르다가 다시 어두운 밤이 흐른다. 구름을 헤집고 나온 별들이 강물 속에서 다시 흐른다. 그러다가 내가 흐른다. 하늘의 은하수가 물속에서 은은하다. 나의 등 뒤에 예수 그리스도가 서 계셨다. 내일은 발렌틴 친척들과 교인들과 함께 전도 집회를 해야 한다. 갑자기 마산의 가포가 그리워졌다. 2010. 8. 26.

나의 동기들과 친구들 !
형제자매들에게 들려주는 딸의 결혼식 이야기

[딤후 3:14] "너는 배우고 확신한 일에 거하라 네가 뉘게서 배운 것을 알며…"

[행 22:3] "가말리엘의 문하에서 우리 조상들의 율법의 엄한 교훈을 받았고 오늘 너희 모든 사람처럼 하나님께 대하여 열심하는 자라"

한국 결혼식 신대원 동기
박은조 목사 주례 한울교회당
(제인출 담임목사 시무)

딸의 유럽 전통 결혼식에 이어 다음의 얘기를 들려드리는 대상은 나의 친구들과 동기 및 선후배들입니다.

한국 (신랑 26살 & 신부 28살)   ☆프랑스 리옹 시청 결혼 서명 후

딸과 아빠 2013년(파리)   리허설 2013년 (신랑: '프랑수아 티소' & 신부: '에스더 윤')

가족 함께 폐백   ☆사위 '프랑수아 티소'의 서울 오케스트라와 협연_정명훈 지휘(서울시향) 2013년 : 예술의 전당

시청에서 가족과 증인 앞에 결혼 서명하는 모습(리옹)   에스더의 한국 친구(유학생)들과 시동생들

에스더가 음악을 가르치고 있는
프랑스국립음악학교 아비의 마음

사위 프랑수아가 졸업한 유럽의 명문
CNSM 국립고등음악원(리옹)

2013년 8월 28일

그저께 25일 오전 11시 '파리한인장로교회'(담임 이극범 목사)에서 설교했습니다. 제목은 [교회의 영원한 생명력](행 28:30-31). 리옹장로교회에 이어 두 번 설교로는 아쉽지만, 파리 순례 설교에 경험을 가져봅니다. 사위 프랑수아 티소와 딸 에스더의 특송 관악기 연주도 있었지요. 예배 후 교제는 성도들이 받은 은혜를 나누는 복된 시간이었습니다. 아마도 목사들이 '가장 머무르고 싶었던 순간'을 들라면, 강단에 서 있는 시간이 아닐까 생각합니다. 대상이 도시의 한인이든 오지의 원주민 부족이든.

나는 진귀한 시간을 갖고 있습니다. 사돈 '도미니크 티소'(57세) 덕분에 프랑스 남부(마노스끄)에 있는 그의 별장에 초대받았는데, 포도밭과 사과나무가 마침 열매를 맺고 있었습니다. 정원 안의 큰 무궁화 한 그루가 우리를 반겨주었지요(두 가문에 대한 상징목으로서). 여기서 차로 40분 정도 협곡을 따라 들어가니 그가 16년간 몸담은 Verdon(베르동)강 수력발전소(댐)가 나왔습니다. 거기 현직 부장이면서 지금은 은퇴 1년을 앞두고 있답니다. 저희를 초대하여 수력발전소의 댐과 댐 지하 120m를 자세히 견학시켰습니다. 몸소 터빈을 돌리는 작동(공회전)을 1분간 시범하였는데 아무에게나 보여줄 수 없는 기밀사항이라고. 협곡과 강물과 산 모든 곳에 고성능 카메라가 설치되어 있다는군요. 나는 Le Verdon 협곡에서 딸의 행복이 협곡에 빼곡히 배어있다는 말을 남겼는데, 모르긴 해도 행복이 이렇게 멀리 떨어진 대륙에서도 존재하는 모양입니다. 지구촌의 먼 곳도 상호 이웃이 될 수 있다는 교훈을 남기는군요. 지금을 볼 때는.

내일 29일 딸의 프랑스식 결혼을 위해 그저께 남부지역 Manosque(마노스끄) 시티로 오는 Nice(니스)행 기차를 탔습니다. 상식으로 알고 있는 남부의 마르세이유와는 다른 방향인 이탈리아쪽 Alpes de Haute 지방이라고 합니다. 남부 프로방스행 기차는 즐거운 여행길(3시간 10분)이었습니다.

사돈_도미니크의 별장(마노스끄 지역)

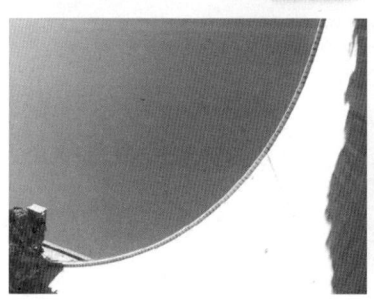
사돈_프랑스 남부 베르동계곡 수력발전소 댐(관광지)

사돈_베르동 수력발전소장 (지하발전실에서)

이곳은 남부의 유서 깊은 곳으로 알려진 〈아비뇽〉도 가깝고 〈폴 세잔느 기념관〉도 가깝답니다. 이 도시 출신으로 작가 '장 지오노'(Jean Giono, 1895-1970)가 있습니다. 유명한 '앙드레 지드'의 추천을 받았던 소설 『언덕』이 있습니다. 장 지오노는 1945년 아카데미 콩쿠르 회원으로 선출되는 등 소설 30여 편을 남겼는데, 프랑스인들의 높은 추앙을 받는답니다. 그의 출세작은 『나무를 심은 사람』으로서, 줄거리는 평생 동안 황무지에서 나무만을 심어 온 양치기 노인의 숭고한 삶을 통해 인간의 위대함과 자연의 정직성을 감동적으로 전해주고 있답니다.

    노인은 세상이 무너지는 듯한 절망에 빠지게 되었지만 다시 일어났답니다. 단풍나무는 이 지역 토질에 맞지 않는다고 생각하고는 그 다음해에 '너도밤나무'를 1만 그루 심은 이야기입니다. '너도밤나무'는 아주 잘 자라 주었답니다. 양치기 노인의 절망과 고통이 밑거름이 되어 숲이 울창해졌다는 얘기가 줄거리입니다.

오늘날 이 지역은 울창한 올리브 동산으로 성장했습니다. 허브와 라벤더(Lavender) 꽃들의 세상이 되어 이곳에 화장품 회사가 건립돼있고, 코스메틱에 걸맞는 〈아로마 테라피〉와 〈향기대학〉서 있답니다. 이름하여 L'OC-CITANE(록시땅) 화장품입니다.

    내일 예식 교회는 개혁_루터연합교회인데 오늘 Muro 목사를 만나서 교제(영어)하고 그가 주례할 예정이며 파리에서 이극범 목사님이 내려와 축사하며 제가 인사 광고하기로 했습니다. 마지막 축도 순서는 3 목사가 같이 하기로 했지요. 예식 파티 장소는 숙박시설을 갖춘 시골의 전용 피에스타호텔인데 평야 가운데 만포장입니다. 파티 얘기는 내일 해야 하겠습니다.

2013년 8월 29일
    이제 유럽의 전통적 웨딩 파티 얘기를 해보렵니다. 이 얘기는 딸의 결혼에 제가 도취된 모습이 아니라, 어쩌면 역설적으로 나의 생애 중 가장 서글플지도 모르는 순간들입니다. 예식에 따른 대내외 모든 준비가 완료, 에스더가 탄 차량이 먼저 도착하고, 이어서 신랑이 탄 차가 도착했습니다. 신랑은 검정색 예복을 차려입은 말끔한 채로 위가 탁 트인 65년형 빠알간 니산차를 타고 왔습니다. 희귀 자동차를 컬렉션하는 프랑수아의 동생(미카엘) 친구가 정비하여 보내준 결혼선물이랍니다. 브랜드를 물어보지는 않았습니다. 사위의 친구가 운전했답니다.

65년형 일본산 희귀차(시동생 미카엘의 친구가 보냄)
오른쪽에서 두 번째 오렐(피아니스트) 오렐 외엔 에스더의 시동생들

이 친구는 유럽 전역에 알려진 유명한 피아니스트인 〈오렐〉이라는 청년인데 결혼축하 피아노를 연주했던 유대인입니다. 2011년 에스더가 부산 문화예술회관에서 연주회(애광원 60주년기념) 할 때도 이 친구가 내한하여 피아노 반주를 해 주었습니다. 신랑 혼자 먼저 예배당으로 들어가고, 이어 딸 에스더를 데리고 입장하니 교회당 밖에 기다리고 있던 200여명의 축하객들이 우리 부녀를 뒤따라 들어 왔습니다. 교회당은 약 120석의 자리로 시골의 아담한 교회였기에 나머지 80여 명은 입구와 바깥 테라스에 머물러 서 있을 수밖에 없었습니다. 예식은 1시간 10분 계속되었습니다.

이 교회는 감사하게도 신랑신부를 준비된 예식 의자에 앉혀주는 관례를 갖고 있었습니다. 기도와 찬송, 신앙고백에 이어 이극범 목사의 축사가 있었습니다. 영어로 축하했는데 본당 목사님은 불어로 통역했습니다. 영국 유학을 한 목사답게 즐거운 축사였습니다. 담담하게 통역하는 것을 보니 프랑스인의 절대다수가 그렇듯이 감정보다는 이성이 앞서는 사람임을 알 수 있었습니다. 본당 목사는 예식서대로 읽는 듯 말하는 듯 약 20분간 결혼메시지를 남겼습니다. 프로그램(지면) 같은 것은 없었습니다. 저는 불어를 알아듣지 못하기 때문에 시간의 흐름에 따라, 어느 부분의 어떤 내용으로 지나간다는 것을 장로교식으로 감지할 수 있었답니다. 나중에 에스더에게 물어보니 요한복음 2장에 나오는 〈가나 혼인예식〉에서 "예수님은 하인들에게 왜 6개의 항아리에 물을 채우라고 하셨을까?"를 강조했다고 합니다. 그리고선 결혼에 소중한 6가지 교훈을 주었다고 합니다. 인간은 7이라는 숫자를 좋아하는데 예수님은 6을 선호했다는 것입니다(설교를 소개하지는 않을게요).

축송으로 에스더의 친구(음악교수들)는 피아노 반주와 플루트를, 프랑수아 친구(교수들)는 피아노와 클라리넷을 연주했습니다. 클라리넷으로는 영화 'The Mission'의 주제곡(엔니오 모리꼬네 Ennio Morricone작곡)을 하여 큰 박수를 받았지요. 이 곡은 에스더가 지난 3월 부산에서 결혼식을 올릴 때도 대전 시향에서 와서 연주했던 곡이었지요. '미션'이라는 말은 신랑신부에게 대단히 상징적이었습니다. 드디어 제 차례가 되었는데 제 영어발음이 좋지 않아 스페인어로 하고 싶었으나 스페인어를 할 줄 아는 사람은 거기 열 명도 안 되었던 것입니다. 그렇다고 신부에게 통역을 하라고 할 형편도 아니었습니다. 선택의 여지없이 영어밖엔.

① 참석한 양측 가족들과 하객과 쾌청한 날씨에 감사: 덴마크에서, 영국에서, 스페인에서, 파나마에서, 아르헨티나에서, 홍콩에서 한국에서 그리고 프랑스 국내의 파리, 리옹, 아비뇽, 마르세이유 등지에서 참석한 에스더의 친구들에게 감사(유학을 마치고 각자 본국으로 돌아갔던 친구들이 다시 옴). 프랑수아의 클래식 음악 그룹멤버들, 가족, 친척, 이웃에게도 감사. 그 후에 에스

더가 5살에 서울에서 아르헨티나로 떠나 예배와 신앙과 세계선교를 배웠으며, 19살에 파리로 유학와서 7년간 공부했다는 그들도 다 아는 얘기였고

② 지금의 결혼식도 사명 따라 두 번째 하고 있는 것이며(물론 동일한 부부 안에서), 결혼 기간이 3월에 이어 6개월 째 계속되고 있다고 하여 웃음바다

③ 장차 아기를 낳으면 한국말부터 가르칠 것과 주께서 부부에게 기회 주시는 대로 일터를 한국으로 결정하기 바라며, 초청 받은 대로 서울 오케스트라로 갈 것을 기도한다고 종용했습니다.

그리고 2부 순서로 저녁 프로그램이(저녁식사와 파티와 내일 점심까지) 기다리고 있다고 광고했습니다. 한 사람도 빠지지 말기를 바란다고 광고 했던 것은 괜한 한국식 사고방식이었습니다. 당일 참여했던 사람들은 원래부터 예식만 참석하고 갈 사람들이 아닌 하룻밤을 함께 지낼 사람들만 참석했기 때문입니다. 지금이 프랑스의 바캉스 기간이므로 이 예식 일정이 가능했던 일이었습니다. 목요일을 선택한 것은 이튿날에 주일이 연결되지 않도록 하는 에스더의 깊은 고민의 결과였습니다. 기이하게도 3목사가 함께 축도를 하고 예식은 끝났습니다. 본당 목사님이 가운데 서서 불어로 기도하고, 한국 목사 둘은 곁에서 축복의 손만 올렸던 것이지요.

결혼예식장 개혁_루터연합교회(마노스끄)

파티 장소로(초원의 들판 가운데 있는 'GITE/지트'라는 곳으로 숙식시설을 갖춘 연회장) 200명이 옮겨가는 자동차 행렬은 일품이었습니다. 피로연 순서는 사돈댁의 배려와 조직력으로 잘 갖추어져 있었습니다. 먼저 간단한 음료를 나눈 후, 관악 4중주의 클래식 음악이 수준있게 샘솟는 선율의 분위기를 돋우었습니다. 이렇게 시작된 연주회는 다음날 새벽까지 모든 장르의 음악을 넘나들었던 것입니다. 문학으로 말하면 현대시, 고전, 소설, 수필, 콩트, 희곡, 연설, 퀴즈를 조화시키는 밤이었습니다.

시동생 미카엘의 친구가 정비하여 보내준 65년형 일본차

프랑스 남부의 지트(gite)_공동체 파티장_할머니와 친척들 ☆결혼식 야외 파티장_파리 음악교수들

저녁 양고기는 일미였습니다. 저녁식사 동안 한국(한올교회: 제인출목사 시무(축사), 박은조목사 주례, 조서구목사 기도)에서 올렸던 결혼예식 순서 영상(cd)과 부산 웨딩스튜디오에서 준비해 주었던 신랑신부의 CD를 계속 보면서 즐거운 식사를 했습니다. 한국에서 올렸던 예식을 동영상으로 감상하니 검소했던 분위기도 아주 화려하게 보였습니다. 한올교회 강단의 단정한 감각과 한국이라는 위상 덕분입니다. 폐백순서도 선보였습니다. 후식을 나눈 뒤 와

혼례식 부부와 좌측에 주례자 무로(Muro)목사

인 잔이 나왔는데 프랑스 남부의 문화라고 했습니다.

(제가 놀란 것은 사돈 '도미니크'의 친동생 '파스칼'이 친구의 농장에서 받아온 자연산 오렌지 주스라면서 제 테이블 위에 올려 주는 것이었습니다) 이렇게 가능했던 것이 그가 한국에 왔을 때, 세상에- 아들 결혼식에 한 방울의 포도주도 없었다는 것은 그에게 있어 현실이 아닌 일이 되고야 말았습니다. 한국교회의 금주 신앙을 예사롭지 않게 보았으며, 자기 자신이 포도주 한 방울 없이 보내는 파티란 도저히 상상할 수 없는 일이었습니다. 이렇게 놀란 나머지 그는 프랑스로 돌아와 포도 없는 파티의 경험을 친척들에게 얘기했고, 급기야 오늘 제 테이블 위엔 오렌지 주스잔이 놓이게 된 것입니다.

나는 에스더에게 들어서도 알지만, 상식으로 프랑스인들의 분석력과 조직적인 사고구조로 인하여 포도주를 취할 정도로는 마시지 않는다는 것을 익히 알고 있었습니다. 과연 음악하는 청년들 40여명(오케스트라 단원과 음악교육계 청년들)이 수준 높은 합주를 자아낼 때는 이곳이 공식 연주홀이 아닌가 하고 착각할 정도였습니다.

파티 순서에 따라 나는 에스더와 왈츠(3분 정도)를 하면서 마중 나온 사위

결혼파티장에서 친구와 친척들이 프로그램과 사회를 준비함   질서정연한 가운데 자유로운 가족 분위기

결혼축하가 무르익을 무렵 각자의 연주와 축하메시지

축하의 진정한 모습 : 가족 친지들의 댄싱파티

프로그램에 따라 신랑의 사랑 고백연주(클라리넷)

최고로 아름다운 파티
신랑이 흥이 난 오르간 연주와 노래

에스더의 친구 안나양 (한국에도 초청했음)
유명 피아니스트 겸 의학부 유학 중(유태계)

에게 딸을 뺏기고 말았습니다. 사실은 보내주지 않으려고 슬프게도 애를 썼지만 에스더와 스텝을 맞추는 3분이 왜 그렇게 길게 느껴졌는지... 에스더는 프랑수아와 멋진 춤을 선보였습니다. 그 다음 순서부터는 준비된 춤들이 계속 이어졌습니다. 모든 순서에 질서가 있고 격조 높게 보였습니다. 포도주 한 모금 안마셨으면서도 40여명의 음악 친구들을 불어로 당차게 인도하며 댄싱을 이끌어 나가는 에스더의 리더십을 직접 목격하고서 제 속으론 "저 놈이 과연 내 딸이 맞는가?" 하며, 흥에 겨운 서양 대가족의 분위기를 눈여겨보며 매우 의아해 했답니다. 특히 에스더의 숙부와 제 아내가 함께 춘 춤은 박수갈채로 200명의 눈길을 담아내었습니다. 두 사람이 어떻게나 스텝과 손놀림을 잘 맞춰내는지 감동이었습니다.

나중에 이극범 목사님이 말하길, 프랑스 사람들과 청년들이 대개 동양인 알기를 우습게 여기는데, 이 가문은 에스더를 중심으로 뭉쳐있는 것 같은 인상을 받았다고 했습니다. 이런 대가족 속에 들어온 지덕의 어여쁜 에스더를 친지들 앞에 한 번 소개하며, 자랑하고 싶은 모습이 시댁 식구들에게서 역력히 보인다면서... 에스더를 평소 교회에서 만나던 것과는 달리 평가하게 되었다고 껄껄 웃었지요.

새벽 두시에 과일즙과 쟁반이 나왔습니다. 제 테이블 앞엔 찬란한 포도주 잔이 처음 반 쯤 부어진 그대로 담겨있습니다. 과일을 먹는 시간에 프랑수아 친구들이 편집한 CD 영상을 신랑신부에 대한 퀴즈 프로그램 때(약 30문제) 오픈했는데, 별의별 창작품(video)들이 상영되었습니다. 어릴 적 개구쟁이 사진으로부터 성인이 된 지금의 얼굴을 각각의 수학 도형으로 변형시키고, 음성도 변조시켜 마치 한 편의 코믹드라마를 보는 듯 새벽별들도 졸음을 참고서 같이 웃었을 겁니다. 3시쯤 다시 청년들이 춤을 추기 시작했습니다. 88세 된 프랑수아 외할머니와 83세의 친할아버지_할머니가 지켜보는 가운데 숙부모, 고모들, 이모들, 사촌, 시동생들과 여친, 고종, 이종, 조카, 친지들이 한판 벌이는 댄스파티는 이곳이 아니고선 관람하기 힘들 것이라 여겼습니다. 이들이 추는 춤은 한국에서 배우는 연예인의 춤이 아니라 자연스런 원조였습니다.

외할머니더러 방에 들어가서 주무시라 해도 끄떡 없이 앉아계시는 노 여장을 보면서 저는 과연 이 가문을 이끌어 오는 〈저력〉 같은 것을 느낄 수 있었습니다. 그 할머니는 에스더의 춤에서 잠시도 눈길을 떼지 않았습니다. 외할아버지는 지난해 별세하셨는데 돌아가시기 전, 사위 프랑수아에게 "네가 소개해준 그 에스더와 결혼하라"는 유언을 남겼다고 합니다. 4시가 되어 사돈이 못 이긴 듯 친할머니를 방으로 부축하여 모셔드리고 저도 지정된 제 방으로 들어갔습니다. 이 목사님 부부는 저희 보다 조금 먼저 방으로 들었습니다. 이 파티는 새벽 6시에 끝났다고 합니다. 우리가 방으로 들어간 이후, 젊은이들의 노래와 댄스는 '살사 음악'으로 바뀌어 여흥의 마지막 장르를 장식했다고 합니다. 이때의 살사댄스 역시 에스더가 주도했다는데, 이것은 저도 이해하듯이 〈살사춤〉이 남미의 콜롬비아에서 태어나 카리브해협 국가를 휩쓸었고, 쿠바에서 크게 성행했던 현대적 라틴 리듬의 격렬한 볼륨 춤이라는 것이지요. 한국의 연예계 여배우들도 이 춤을 배우려면 각고의 정성을 쏟아야 가능하다면서요?

2013년 8월 30일

우리 일행 모두는 아침 9시 반에 커피와 차와 토스트, 치즈 바른 빵을 나눴습니다. 아침 식사에 초대된 이들은 정확하게 153명이었습니다. 저는 모닝커피를 들면서 한국의 볼펜 〈모나미 153〉에 얽힌 실화를 소개했습니다. 사돈댁의 노고를 격려했습니다. 풍성하고 정성들인 준비를 칭찬해 드렸습니다(요 21:11). 온 가족들과 함께 마음을 모아 하나님께 감사의 기도를 올렸습니다. 이어서 간단한 치킨구이 점심을 먹고 정원에서 헤어졌습니다. 신혼여행 같은 것은 계획에도 없었습니다. 한국에서 결혼식을 마치고 신랑신부와 양가 부모가 함께 제주도 여행을 벌써 마쳤기 때문입니다. 사돈댁과 저희에겐 한 없이 즐거운 '코이노니아'였지만, 저에겐 딸의 "신혼여행 인솔자"라는 별로 칭송할 수 없는 별명이 붙게 되었습니다.

우리는 별장으로 돌아와 짐을 챙기고 파리로 향할 채비를 했습니다. 오후 6시에 Aix en Provence(엑스) 역에 나오니 비가 내리기 시작합니다. 이 비는 살아계신 하나님께서 새 가정에 내려주시는 축복의 알레고리였습니다. 앞으로 3시간 10분 후엔 파리에 도착해 있을 겁니다. 나는 '떼제베'(TGV) 객실 제 옆에서 지쳐 잠들어 있는 딸을 보면서 딸을 축복하지 않을 수 없었습니다. 아내는 몇 번째 눈시울을 적시며 닦으며 생각에 잠겨있는 듯합니다. 에스더는 시댁 가족들의 사랑 속에서 오는 9월 4일부터 대학에서 2학기 음악을 가르쳐야하는 교수이며 프랑스에서 그리스도의 성실을 실천하는 교육 전문인이 되어 있는 것입니다. 뿐만 아니라, 딸이 교회에서도 겸손하게 잘 봉사하기를 바라는 간절한 마음으로 조용히 달리는 저녁 기차와 함께 기도하였습니다.

2013년 9월 4일
사랑하는 친구들, 존중하는 선후배 동역자들,
프랑스에서 이런 저런 애틋하고도 유익한 글로벌 빅 스토리를 남기고서 무사히 출국했습니다. 지금 분주하신 중에서나마 이 히스토리를 읽으신다면 저는 한없는 동역자 의식으로 기쁨이 충만할 것입니다. 저희는 이번에 프랑스에 가면서 포르투갈을 목적지로 삼으니 항공료가 더 싸기에 Lisbon에 들릴 기회가 되었습니다. 사전에 연락하여 강병호 선교사님 내외를 만났습니다. 반가움에 포르투갈에서 3박 4일을 함께 지냈습니다. 안내받은 호텔이 고급이었는데도 저렴한 걸 보니 물가는 프랑스의 1/4 정도였습니다. 제가 아는 지인들도 몇 분 다녀가셨다더군요.

kpm 가운데 한 가정이 사역하는 걸 보고서, 제가 24년 전 싱가포르에서 1년 동안 ACTI 국제선교기관에서 선교학 과목과 해외훈련을 겸했던 시절이 떠올랐습니다. 싱가포르가 동서양 만남의 무대(문화, 금융)였던 것을 회상하고서, 포르투갈도 그러한 무대(선교교육 훈련센터)가 되었으면 좋겠다고 위로했지만, 포르투갈의 현실은 국제적 교육원을 세울 만큼 주변국가와의 선교교류가 많지 않다고 했습니다. 포르투갈은 유럽에서도 후진국으로 전락하여 오늘날엔 16~7세기 '대서양시대'의 막강했던 썬 파워를 상실해가고 있었습니다. 그래도 2차 대전 당시 중립을 지켰기에 독일 동맹국으로부터 공격당하지 않았고, 국가자체의 문화유적은 훌륭하게 보존되어 있었습니다.

강 선교사의 정성어린 안내로 유럽의 서쪽 땅끝 동네와 '신트라 시티' Pena 중턱에 자리잡은 모슬렘 통치시대(7-10c)의 무어족 성곽을 등정했습니다. 일찍이 '바이런'이 에덴동산이라 칭했던 이 신트라에서 Pena 국립궁전을 보았고, 16세기 중세 프란치스코 교단의 카푸초스 수도원을 탐방하여 한 사람이 용신하기에도 어려운 기도실 유적에 등골이 서늘하기도 했습니다. 특히 가톨릭 성지라는 〈파티마〉까지 갔었는데, 마리아의 발현 장소(전설)로 21세기 최대의 현대식 성당이 세워져 있었습니다. 1917년 5월 마리아의 발현을 목격한 세 아이들(당시 7-10세의 양치는 목동)을 우상시하여 그들 중 유일한 소년이었던 프란치스코 마르토는 1919년 세상을 떠났는데 1952년에 그의 무덤을 대성당 안으로 이장시켰답니다. 가톨릭 신학에선 구원신앙 자체보다 마리아의 현현(지역성)과 신비에 대해선 항상 열어두기 때문에, 이 시간 이후에 누군가를 통해서 마리아에 대한 별미스런 스토리가 나오면(신비문학과 같은) 그것을 수용하는 열린 마리아학(Mariology)을 갖고 있지요. 수사학교에선 마리아학을 두 학기 동안 필수과목으로 이수해야 한답니다. 우리 개신교가 마리아를 기대치 이상으로 우상시하는 가톨릭교를 향해 경계한다면, 가톨릭교 또한 개신교를 향해 마리아를 주님의 말씀에 순종했던 경건한 여성으로만 취급하는 것에 대해서 이상하리만큼 비판하며 불만을 표시하고 있답니다. (저는 4년 전, 로마가톨릭의 세계관과 특징 5개에 대한 이해와 비판을 세상 앞에 출판쿰란출판사한 적이 있습니다)

♠ 프랑스 귀환: 9월 3일(화) 다시 파리로 와서 아내와 프랑수아, 에스더와 이극범 목사 부부와 같이 〈Noyon_노와용에 있는 존 캘빈의 생가〉를 방문했습니다. 에스더 부부가 새벽기도에 참석하여 이 목사와 함께 공항으로 마중 나왔던 것입니다. 프랑스 청년의 새벽기도(뭔가 후련합니다만...)와 '장 깔뱅'. 그날 이 목사님은 흥이 나서 제가 피곤한 줄도 모르고, 생가를 발견했던 놀라운 얘기로부터 개혁자에 대한 꽃을 피웠습니다. 깔뱅이 어린 시절 그 성당에서 신동으로서 신부의 잔심부름을 할 때부터 성경중심으로 성장할 무렵, 그의 시선에 부딪친 가톨릭교의 부정직함이 그로 하여금 성경을 조직적으로 탐구하게 만들었습니다. 종말에 공의로운 재판관 앞에 섰을 때, 영생의 면류관을 받을 자 누구인가에 대한 성령의 역할을 심가하게 조명했던 것이지요. 그리고 한 평생 영육 간에 힘들었던 프랑스 사나이, 어학의 천재 깔뱅이 태어난 집에서 우리는 의로운 개혁자를 기억하며 다시금 기도했습니다.

개혁자의 요람이랄까요? 개혁의 향수 같은 것을 느꼈지요. 하지만 그 근처

존 캘빈의 생가 방문(Noyon노와용)   존 캘빈이 태어난 방

세에느강물에 닿을 듯한 미라보다리(파리)

에 있는, 가톨릭교회가 여전히 대리석 속에 건재해 있는 모습에, 개혁자의 고향은 있는지 없는지조차도 모른 채, 프랑스인들의 무관심 속에 묻혀 있는 상황이었습니다. 고향은 손가락에 박힌 가시와 같다는 어느 시인의 말처럼 개혁자의 고향 역시 우리에겐 손가락에 박혀 있는 가시와 같은 존재였습니다. 그렇지만 여기에도 사도 요한에게 들려주었던 저 '에게 해'의 물결처럼 하나님의 음성이 살아있는 곳임엔 틀림없었습니다. 점심시간에 문을 닫는다 하여 어쩔 수 없이 기념관을 나왔으나, 프랑수아 왈: "이렇게 중요한 깔뱅의 장소에 와서 충분히 돌아보지 못하는 아쉬움이 있다"고 표현했습니다. 이것도 저의 상상을 깨는 빅 스토리이지 무엇입니까?

우리는 그 근처 맥도널 집으로 가려는데 프랑수아가 "맥도널에 대해선 금지구역 하는 것이 좋아요"라고 하는 통에, 발길 돌려서 프랑스 빵으로 끼니를 채웠습니다. 식당에 들어가려니, 웨이터가 주문하여 먹기까지 1시간이 더 걸린다고 했기 때문입니다. 이제 딸을 넘겨주고 왔으나, 부족한 아비의 마음 한 구석엔 허전함이 자리하고 있습니다. 그렇다고 마냥 잡아둘 수도 없는 딸의 앞길일 진대, 하나님께 올려 맡겨드렸습니다. 저는 사위에게 말하길, "네 부친에게는 아직 아들 둘이 남아있지만, 나는 이번이 마지막이다. 그대의 아버지는 남은 두 아들을 통해서 프랑스 여성을 가족으로 데려올 수 있지만, 동시에 장남에게 하나쯤 동양의 자부가 조화롭게 보일지 모르겠으나, 나는 마지막이라... 더 출가시키고 싶어도 더는 자식이 없다. 네가 내 딸을 사랑하는 것은 곧 그리스도 예수 안에서 사랑하는 것임을 잊지 말라" "이해가느냐!" 하고 물었습니다. 프랑수아가 대답하길 "사랑에 대해선 그리스도 안에서 에스더를 신뢰해주고, 나도 신뢰해 달라"고 고백했습니다. 할렐루야!!

이들이 일생 동안 그리스도의 복음을 위해 행복하게 수종든다면 그 이상 바랄 바 없겠습니다. 저는 모레부터 다시 인디오부족 일터로 올라가서... 중등학교 설립에 따른 건축공사를 완성해야 할 사명과 기독교 교육에의 의무가 있답니다. 얘기를 마칩니다. 항상 기도에 감사드립니다.

Muchas Gracias. 샬롬

글쓴이 아버지

Esther Tissot Yoon 음악교수/플루티스트

출처 opus74-flaine.com
작품74 (2024)

세미나 강의안

획기적인 선교사역과 경건 [특강]

[1] 선교사역이란 무엇인가?

시작하며:

그리스도인과 교회의 최대 과제이다. 하나님의 나라를 최대로 확장하는 맥락의 지상위임령이다. 교회의 지상 과제는 세계를 복음화 하는 일이다. 받은 곧 세상이다.

- David Livingstone 스코틀랜드에서 아프리카로
- William Carey 영국에서 인도로
- Adoniram Judson 미국에서 (버마족), 미얀마로 대학을 거쳐 신학교를 졸업하자 보스턴 시에 있는 중류층의 교회로부터 부목사로 초빙 받았다. 그러나 그의 동료들은 안일한 자리를 물리쳤다고 증언한다. 저드슨은 마침내 철통같은 불교의 나라 미얀마에 파송됐다. 버마족 사람인 멍나우(Moung Nau)에게 첫 세례를 베풀었다. 그의 유해는 랭군 앞바다에 뿌려졌고 기쁜 소식은 오늘도 끊임없이 파도소리를 타고 울려 퍼지고 있다.
- James Hudson Taylor 영국에서 중국으로
- Robert Jermain Thomas (영국에서 한국으로): 웨일즈, 하노버교회 토마스 목사의 아들. 런던대학 뉴칼리지 신학부 장학생, '런던선교부' 소속이었다. 대동강가 황강정 백사장에서 조선 관군을 맞아 순교- 1866년 고종황제 3년이었다.

그의 순교는 수많은 희생 사례 중 하나이지만 그 열매는 남달랐다는 한국 교회사적 교훈을 남기고 있다. 그것은 한국교회사의 뿌리 역할이다. 불길에 휩싸인 상선 제너럴 셔먼 호를 뒤로 하고 강변에 올라 성경을 전하고 목숨을 잃는다. 한국의 성도들은 토마스의 순교 자취를 찾고 싶지만 우리 땅의 부흥의 현장인 원산과 평양에 갈 수 없기에 한 세기 전 성령의 놀라운 역사를 확인하고픈 열망에서 웨일즈의 하노버교회를 방문한다. 웨일즈는 성령의 역사가 동방을 향해 이어질 때 복음의 진원지였다.

  - 사도 바울(예루살렘에서 로마로): 왜 그렇게 파송됐는가? 그의 선교 활동의 확신과 출발은 마태복음 13장 38절 복음의 씨앗을 심을 받은 세상이었기 때문이다. 성령의 인도를 따라 다메섹 도상에서 회심 후, 이방 땅을 향한 복음전파의 능력을 체험하며 소아시아 교회 개척을 위한 그릇으로 부름 받는다. 예루살렘을 중심한 유대 기독교에 안주하지 않고 지중해를 가르고 마케도니아와 그리스를 지나면서 주님의 몸 되신 에클레시아를 설립한다. 율법에서 복음의 은혜로 나아가는 길 만큼이나 고난이 따랐다. 동족의 미움과 박해와 암투 속에 온갖 고소를 당하며 시련을 겪던 중 로마시민권을 활용해 황제에게 상소한다. 4차 선교 때 미결수로서 로마에 이른다. 신약의 서신서 대부분을 기록하여 초기 기독교 교리체계와 생활 덕목을 정립했다. 복음에 빚진 자로서 또한 선교전략가로서 안디옥교회로부터 지상명령에 순종하여 구령사명을 다하였다.

☞ **국내인가 국외인가 어느 곳인가?**

대중매체들의 출현과 획기적 발달은 히든 피플에 대한 관심사를 증폭시킨다. 기독 기관들의 유무와 기능과 역할과 공평성이 요구된다. 예를 들어 통나무 하나를 10사람이 들고 있는데 한쪽 끝에는 9명, 다른 쪽 끝에는 1명이 들고 서 있는 것을 보았다고 하자. 당신은 어느 쪽으로 달려가서 도움을 주겠는가? 당신의 도움을 필요로 하는 곳은 어디인가? 그곳이 바로 미션필드(Mission Field)이다. 그곳이 해외인가, 국내인가는 2차 문제이다. "보냄을 받지

않았으면 어찌 전파할 수 있겠는가?"(롬 10:15)

☞ 갈릴리 바다(살아있는 생물체는 비옥하다)와 사해 바다(계속 받아들여도 결코 내보내지 않는다: 박토이다)의 방향을 보라. 사해는 받아들이는 것은 같지만 내 보내지는 못한다. 영혼구령을 위해 당신은 어디에 보물을 쌓아두려는가? 선교사역에 있어서 만약 화폐가 주체가 된다면 그것이 하는 일에는 아무런 상급이 없다. 제자도와 투신, 희생의 원리를 따르라.

1. 복음과 선교의 관계 (7개의 보석)
a. 에스겔 3:17-19 ("그리스도인 사역자야!"로 바꾸어 읽기 시작해 보자)
b. 마태복음 28:18-20 (지상명령)
c. 누가복음 4:16-19 (이사야 예언 61:1-3 적용과 실천)
d. 베드로전서 2:9-10 (대위임령 적임자의 신앙)
e. 사도행전 1:8 (선교의 세계화는 동시성이며 복음의 독점과 경계를 넘어야 한다)
f. 마태복음 24:14 (복음과 선교의 끝) "천국 복음이 모든 민족에게 증거되기 위하여 온 세상에 전파되리니 그제야 끝이 오리라"
g. 베드로후서 3:9 (복음과 회개) "주의 약속은 어떤 이들이 더디다고 생각하는 것 같이 더딘 것이 아니라, 오직 주께서는 너희를 대하여 오래 참으사 (이 세상의 모든 사람이) 아무도 멸망치 않고 다 회개하기에 이르기를 원하시느니라"

예수 그리스도께서는 천국 복음이 온 세상에 전파되어야 끝이 올 것이라고 말씀하셨다. 오순절 당시 주님의 약속대로 성령의 오심과 역사로 복음이 세상에 전파되어 신약교회가 세워졌다. 예수 그리스도의 재림 직전 마지막 시대에 다시 한 번 복음이 땅끝까지 전파되어야 한다. 성부 하나님께서 이 세상의 모든 사람의 운명이 지옥으로 결정되기 전에 마지막으로 복음이 누구에게나 다 전파되기를 원하신다. 따라서 사람들이 구원의 복음을 듣고 그리스도를 영접하느냐 하지 않느냐의 최후결단에 따라 그 사람의 내세(영생)가 주어지게 하신다.

2. 예수 그리스도의 3중 명령

보라! (요 4:35) 눈을 들어 밭을 보라 희어져 추수하게 되었도다.
기도하라! (마 9:37-38) 추수하는 주인에게 청하여 추수할 일꾼들을 보내어 주소서 하라 하시니라.
가라! (마 28:19) 그러므로 너희는 가서 모든 족속으로 제자를 삼으라.

☞ 선교사역의 기본 삼각구도에 관심을 가지라. 모교회(MC) / 선교부(MB) / 선교지(MF)
☞ 처음부터 성경적으로 선교사역에 접근하라. 준비와 쓰임에 대해서(고전 3:6), 부르심과 파송(롬 15:4)에 대한 개념을 구체화하라. '세계선교'는 흔히 쉽게 말하는 추상명사가 아니다.

3. 선교사역의 특징 (데살로니가전서 핵심)

1) 필수적 고난 (행 16:22-24, 살전 2:15): 영적 전쟁이다. 살전 1:6, 2:1,13, 3:6-8)
2) 성령의 주도와 역사와 인도 (행 16:6-10): 교회적 선교의 창시자, 통제자, 동역자가 계시다. 데살로니가전서 1장 5절의 역사, 성령의 능력과 은사를 확신하라(살전 5:19).
3) 복음과 구원에 대한 올바른 이해 (살전 2:2): 하나님 자신이 만들고 전하도록 위임하시는 복음: 다시 우리의 복음으로서의 개인적 헌신이 절실하다(살전 1:5). 사도 바울은 그의 서신에서 3번 '나의 복음'(롬 2:16,

16:25, 딤후 2:8)이라고까지 정의 내렸다. 두 가지 복음이 있다는 뜻이 아니라, 내가 전하는 복음이며 그 내용은 주께로부터 받은 복음으로써 복음에의 정체성과 일치성이다. 즉 계시에 근거한 말씀이라는 뜻이다. 값싼 물건이 아니라 진지하게 접근해야 할 생명력 있는 복음이다.

4) 타문화권 선교사역에 대한 검증을 받을 필요: 하나님과 사람들 앞에서의 인정 (살전 2:4, 10)

5) 복음의 방해세력에 대한 인식: 사단과의 영적 전투와 결전장 (살전 2:18, 3:1-5, 살후 2:9-10)

6) 신앙공동체 건설: 몸된 교회와의 신비적인 연합이다. 구체적인 기도 (살전 3:11-13) 영적 성숙을 위한 사랑과 사랑의 충만과 완성)

4. 선교사역의 모티브

1) 하나님 나라와 복음과 진리 일치의 확신 (살전 1:9, 2:2, 살후 2:10, 12-13)

2) 하나님의 파송에 의한 확신 (살전 2:4 "복음 전할 부탁을 받았으니" 행 13:4)

3) 하나님을 기쁘시게 하려는 삶의 목적 (살전 2:4) 인간의 행복과 하나님께만 영광 (고전 10:33)

4) 영혼에 대한 열정 (살전 2:8) 사모와 추구, 절정으로서의 목숨 (고후 12:15, 빌 2:17)

5) 그리스도의 재림과 상급 (살전 2:19) 그리스도의 강림 때 주님의 판단 앞에 설 사역의 수행 (고전 4:3-5): 거짓됨이나 이기심이 없는 복음중심의 순수한 헌신이다.

[2] 선교 사역을 위한 성경적 자세

1) 하나님 앞에서 (살전 3:9, 행 23:1)

2) 탐심이나 인위적인 조직 배제 (살전 2:3-5) 메시지의 특징:
   a. 오류나 기만의 산물이 아니다
   b. 부정의 산물이 아니다
   c. 전파방법이 궤계에 의한 방법도 아니었다
3) 이기주의와 권위주의 배제 (살전 1:5, 2:2, 5) 아첨하거나 보수를 바라는 마음이 없어야 한다. 사도권을 존중하나 자원하여 포기 (내려놓음보다 더 강함) 살전 2:7 "유순한 자가 되어"
4) 희생과 헌신의 정신 (살전 2:9) 고린도교회로부터 어떤 지원도 거부함 (고전 9:11-12). 재정으로부터 품위 있는 독립심이 필요하다. 왜냐하면 선교가 한 사람의 노력으로 끝나면 좋겠지만, 주님 오실 때까지 계속되어야 할 지상 교회의 사명이기 때문이다.

너무나 많은 선교 헌신 및 기도카드에 은행계좌번호가 난무한다. 가능한 선교단체나 교단의 책임 있는 기관이 맡아서 계좌번호를 공신력 있게 관리해야 한다. 이것은 믿는 자들에게 위로와 권면이 되어야 한다 (살전 5:27)
5) 말씀의 능력 (롬 1:16) "복음은 참으로 구원에 이르는 하나님의 능력"이다. 복음 자체의 자생력, 능력이 있음에 감사가 따른다 (살전 2:13)
6) 사역자들의 일체감(Unity): "형제의식, 지체의식"이 소중하다 (살전 1:4) '형제'라는 말이 바울 서신서 안에 모두 60번 정도 써 있다 (살전 3:7)

[3] 선교사역의 모델
1) 팀 사역: 바울 서신에는 계속 "우리"라고 표현된다. "하나님의 동역자"로 표현. 그러므로 선교사역은 하나님과 함께 하는 사역이다 (살전 3:8-9)
2) 삶과 사역에 모범 (살전 1:6, 살후 3:7-9, 고전 4:16, 빌 3:17, 4:9).

3) 생활 전도: 신앙공동체의 변화이다. 주변에 영적 영향력 발휘됨 (살전 1:7-8) "주의 말씀이 너희에게로부터 마게도냐와 아가야에만 들릴 뿐 아니라 하나님을 향하는 너희 믿음의 소문이 각처에 퍼졌으므로 우리는 아무 말도 할 것이 없노라"

* **들릴:** 뜻은 강한 트럼펫 소리의 울려 퍼지는 반향음을 말한다. 트럼펫이나 공명판은 그 자신이 소리를 창조하지 못하고 소리를 받아 증폭시키고 소리를 의무로써 내 보낸다. 그 잔음이 공중에 계속 머물러 있는 상태와 같이 소리의 영속적인 효과를 나타낸다. 이 단어는 흘러나오는 그 소리의 명료하고 침투적인 성격을 효과적으로 묘사한다.

* **각처:** 믿음이 각처에 나아갔다고 해석할 수 있다. 윌리엄 닐(William Neil)은 『그리스도인과 교회를 위한 선교학』, 임영효 교수에 의하면 여행자들과 상인들이 아마 교회의 가장 훌륭한 선전 대리인 역할을 했을 것이다. 하나님의 말씀으로 변화된 회심자들의 믿음과 사랑이 주변 사람들에게 매력적인 삶으로 감동을 주었고 주께로 이끄는 전도의 열매를 풍성히 맺게 됐다는 표현이다.

* **8절의 해석:** 바울서신에서 갖는 신자들의 선교는 아직 조직화된 복음운동을 통해 이뤄진 것은 아니었다. 그것은 변화된 개인의 인격적인 삶과 증거를 통해서 되어있으며, 이로써 하나님을 향한 그들의 믿음이 이웃에 전해진 것이었다. D. Edmond Hiebert, 『교회를 위한 선교학』, 임영효 p.248. / 그들이 여기저기 떠들고 다니면서 그리스도를 믿으라고 한 것이 아니라, 예수 그리스도처럼 조용한 삶을 통해서 그리스도를 증거했다는 것을 알 수 있다. 실상 그것은 다른 어떤 목소리보다도 크게 들렸다. (그렇다고 신자들이 자기가 발견한 구주에 대해 입을 벌려 말하지 않아도 좋다는 뜻은 아니다. 다만 말이 적고 행함이 앞설 때, 하나님의 교회의 증거는 더욱 크게 들리게 되리라는

것이다) 우리의 거칠고 시끄러운 삶이 변화되어 하나님을 찬양하고 증거하는 음악적인 삶이 되게 하시는 분은 바로 우리 안에 거하시면서 호흡하고 계시는 성령님이시다. 그리스도께 가까이 나아가고 하나님과 교통하는 삶을 살며, 그분이 우리를 통해 나팔을 부시도록 하라. 그때 비로소 우리에게서 주의 말씀이 울려 퍼지게 될 것이다. A. Maclaren, 임영효, Ibid. 화란의 베르카일(J. Verkuyl) 주석은, "1세기 기독교의 경이적인 확장은 한 가지 요인으로 설명될 수 있다. 즉 군중들 가운데서 나타내보였던 신자들의 매력적인 삶의 방식 때문이었다.… 성도들의 삶의 방식이 매력적인 모습으로 들어날 때, 비록 교회가 적극적으로 나가서 사람들을 복음화하지 않는다 할지라도 이웃은 교회로 이끌리어 들어온다"라고 초대교회 성장의 핵심요인을 말했다. 신자들의 모범적이고 매력적인 삶을 통해 선교의 훌륭한 장을 열었던 것이다.

4) 복음의 올바른 적용, 삶의 변화로써 증거했다(살전 1:9-10). 하나님께로 돌이킴(회심), 하나님을 섬김(예배), 예수 그리스도의 재림을 기다림(내세신앙)이다. 우상을 버리고 하나님께로 돌아왔다. 우상의 무익함과 환멸감을 깨달았던 것이다. 인내와 확신을 가지고 기다렸다. 이는 구원과 확신의 문제로 확대된다.
5) 칭찬과 격려와 경계(교정)의 방법 (살전 1:6-7, 3:10). 영적 탁월성에 대한 칭찬이다. 주를 본받음과 모든 믿는 자의 본이 되었다. 데살로니가전서 4장 9절에 너희가 친히 서로 사랑함이라. 5장 14절에 규모 없는 자들을 권계하며… "너희 믿음의 부족함을 온전케 하려 함"으로써 매일의 책무를 촉구했다.
6) 영적 부모로서의 개인적 양육의 방법 (살전 2:7, 11). "우리가 너희 가운데서 유순한 자 되어", 유모(어머니)의 속성과 조화된다. "어미가 자녀를 기름과 같이 하였으니" 우유병을 따뜻하게 데우다(warm)는 뜻이다. "너희 각 사람에게 아비가 자기 자녀에게 하듯 하라"(살전 2:11)

☞ 필드 4.P's = 선교사역 발전의 네 가지 단계적 요소

Parenting style 돌봄(부모 되어주기)
Pioneer style 개척 진취
Partnership style 동반자 동역자
Participant style 참여자 현실 동행

마치며: 데살로니가전서의 주제는 선교서신으로서 고난이라는 상황 속에 이뤄진 사역이었다. 그렇지만 그리스도에 의해 파송 받은 사역이었으며(살전 2:6) 성령 하나님의 은혜와 능력에 의한 실천이었다(살전 1:5). 오늘날의 선교와 교회사역도 은혜의 주체가 되시는 삼위 하나님의 신성과 파송과 사랑을 통해서 가능하다. 팀사역과 생활전도 역시 사도 바울의 선교사역에서 탐구했듯이 신앙과 선교의 공동체로 부름 받은 교회의 견실한 성장과 건강에 중점을 두어야 한다. 복음을 실은 수레는 험산준령도 넘어간다. 그 수레는 그리스도 십자가와 부활을 실은 참된 복음의 수레이기 때문이다. 그 수레에는 하나님의 능력이 함초대교회 계신다.

실제로 사도바울이 이끌었던 초대교회의 수레는 지중해의 파도를 헤쳐나가는 복음선福音船에서 실현되었다. 구체적으로 데이빗 리빙스턴(1813-1873)이 아프리카 케이프타운에서 출발해 내륙 지역까지 이동할 때, 수레를 분해하여 어깨에 메고 등짐으로 지고서 험산준령을 넘었던 헌신의 융통성에서 나타났다.

설교

예수그리스도의 선교와 능력

눅 4:16-20

C. S. Yoon 목사 (60대)

예수께서 성장하셨던 곳 나사렛으로 돌아옵니다. 소문을 들은 백성들의 기대는 아주 컸습니다. 물을 포도주로 변화시킨 기적의 주인공. 적막한 광야에서 40일을 금식하시고 마귀의 시험을 물리치셨던 분. 세례요한에게 요단강에서 세례를 받으신 분, 갈릴리 호수 주변에서 12제자를 부르신 분, 갈릴리에서 이미 칭송이 자자했던 분. 그는 목수의 아들이었지만 나사렛으로 돌아올 때 마을은 흥분의 도가니가 돼 있었습니다. 나사렛 사람들은 너도 나도 할 것 없이 "우리 나사렛에도 저런 영웅이 있었구나." 기분 좋은 분을 만나게 됐습니다. 나사렛 회당에서 받아 든 성경은 구약 이사야의 예언이었습니다. 예수님은 이사야서를 펴신 후 동일하게 선포합니다. "가난한 자에게 복음을 전하라고 내게 기름을 부으시고, 나를 보내사 포로 된 자에게 자유를, 눈 먼 자에게 다시 보게 함을 전파하며, 눌린 자를 자유롭게 하고"(사 61:1)

가난한 자에게 기름 부어 주십니다. 포로된 자에게 자유를, 눈먼 자에게는 다시 보게 하심을, 그리고 눌린 자를 자유롭게 풀어주는 은혜에 놀라워했습니다. 그를 존귀하게 여겼습니다. 너무 좋아서 굿 뉴스라고 외쳐댔습니다. 누가 들어도 기쁜 소식입니다. 그를 좋아했습니다. 그를 따랐습니다. "우리는 가난한 자가 아니더라도 기름을 부어준다면 좋지. 우리는 포로된 자 아니지만 더 많은 해방감을 준다면 좋지. 눈먼 자 아니지만 더 밝게 보면 좋지. 우리는 귀 먹은 자 아니지만 더 잘 들을 수 있으면 좋아요. 우리는 눌린 자 아니지만 더 많은 자유를 누릴 수 있다면 좋아요" 예수로 인해서 좋은 일이 많이 생기는 것은 유쾌한 일이었습니다.

유럽에 복음이 전파됐을 때, 가장 기뻐했던 나라는 스코틀랜드와 영국이었습니다. 유럽 가운데 유독 영국에만 국교회가 있었습니다. 영국 교회로부터 우리 한국 땅에 선교사가 왔습니다. 그 선교사는 J. 토마스, '런던선교회' 소속이었습니다. 조선의 대동강가 황강정 백사장에 젊디젊은 영국 청년 로버트 J. 토마스의 피가 뿌려졌습니다(1866 고종 3년). 조선의 복음화를 위해서 영국의 27세, 꽃다운 피가 쏟아졌습니다. 그 조선이 바로 오늘의 한국이 아니니까! 나사렛에도 예수님이 오셔서 회당에서 선포하셨고, 백성들에게 환영을 받았습니다. 모두들 생각하기를 나를 위해서 오셨구나. 예수님은 나만 사랑하나 봐! 예루살렘과 이스라엘을 위한 대단한 주인공으로 영접했습니다. 그런데 예수님은 26절에서 엘리야가 찾아갔던, 사렙다 과부를 언급하십니다. 27절에는 엘리사가 찾아갔던 나병환자 수리아의 나아만 장군을 언급합니다. 여기서 문제가 발생합니다. 문제는 이방지역이라는데 있었습니다. 왜 예루살렘의 회복이 아니며 이스라엘의 땅도 아니냐는 것입니다.

본문을 통해서 들여다 본 이 시대의 문제와 갈등은 무엇입니까? 그것은 미래를 향한 이방의 선교적 염려들이며 한국교회에 잠재한 채 불어올 후폭풍 같은 모습입니다. 그것을 영국교회는 우리들에게 먼저 낱낱이 보여주고 있습니다. 영국의 교회가 전반적으로 겪고 있는 끔찍한 결과이지만 결코 흘려들을 얘기만은 아닙니다. 런던 참 목자교회에서 목양하는 하워드 목사는 아신대학에 초청되어 채플 설교를 하면서 다음과 같이 간증했습니다.

　어릴 때 그의 집안은 교회의 중직을 받은 크리스천 가정이었습니다. 그러나 믿음은 교회당에 가서 지키는 것으로 전락되기 시작했습니다. 성경에 관한 질문은 가정에서 멀어져 갔고 교회에 가서 질문하는 것으로 훈육되었습니다. 하워드 목사는 회상하기를 그때부터 교회와 가정의 믿음은 분리되어 연결점을 찾기 어려웠다고 합니다. 한 가정뿐만 아니라 영국 교회의 대다수가 그런 분위기에 휩싸였다고 합니다. 성경에 관한 대화나 말씀에 관한 질문은 자꾸만 멀어져갔다는 것입니다.
　마침내 교회당에 남게 된 마지막 5명에 대해서 울먹이며 말했습니다. 목사님, 재정부장님, 성가지휘자, 음향기기 전문가 그리고 사찰(관리인)형제가 남더라고 합니다. 이 다섯 사람은 영국의 어느 기관에 내놓아도 손색없는 훌륭한 전문가였다는 사실입니다. 그러나 이들마저도 결국에는 사라지게 되는 곤고한 종말을 목도하였다고 간증했습니다.
　하워드 목사는 회고하기를 바로 자신의 집안에서부터 복음의 빛이 사라졌고 자신은 슬픔에 빠졌다고 했습니다. 그러나 다시 때가 되어 성령의 음성을 듣고서 새롭게 부활의 주님을 만나게 됩니다. 그는 엎드려 회심의 과정을 겪습니다. 그가 신학대학에 입학했으며 공부하여 목사 안수를 받습니다. 그가 맡은 교회가 런던에 소재한 〈참목자교회〉입니다. 그 분이 아신대학에 초청되어 학생들로 하여금 영국선교에 불길이 붙게 했습니다. 그의 간증에 주께서 간섭하셨습니다. 성령의 기름과 능력을 부어주셨습니다.

　하나님께서는 다시 교회의 깨어남을 위해서 다니엘서 2장의 [뜨인 돌]을 내려 주십니다. 국내 교회 앞에 뜨인 돌을 내려 주신다는 말씀입니다. 이 '뜨인 돌'은 사람이 만들거나 사람이 던진 돌이 아니었습니다. 거대한 돌이요 하나님의 성산 시온에서 나온 돌입니다. 이 신비스런 돌의 출처는 오직 하나님 자신이셨습니다. 하나님께서 세상의 우상을 향해 던진 뜨인 돌이었습니다. 느부갓네살 왕이 꾼 꿈속에 나타난 신상은 산산조각 납니다. 신상을 파괴하고 목숨을 살리는 희망의 돌입니다. 인생이나 국가의 흥망성쇠를 하나님이 통치하고 계십니다. 낡은 우상숭배를 부서뜨리고 신앙의 밭을 새롭게 기경하는 것입니다. 이 '뜨인 돌'은 비유적으로 독생자 예수 그리스도이십니다. 복음은 [뜨인 돌]로서 사람을 변화시키고, 성령을 통해서 능력있게 일하십니다. 은혜를 내려주십니다.

오늘 본문이 보여준 관점에서 우리의 지난 세월, 각자의 신앙 햇수, 각자가 나름대로 하나님을 믿어온 신앙 연보대로 동행해 주셨습니다. 우리 땅에 파송되어 와서 순교한 외국 국적의 선교사들도 있습니다. 우리 가운데서 열방의 다른 땅으로 파송되어 청춘을 바치는 이도 있습니다. 초지일관해야 하겠습니다. 예수께로 초점을 모으십시다. 하나님의 나라를 위해서 일합시다. 교회가 여전히 하나님의 사역에 계속 쓰임 받기 위해서는 나에게로 초점이 아니라, 하나님께 초점을 두어야 합니다. 눌린 자, 눈먼 자, 귀먹은 자, 포로된 자들에게 새롭게 접근해 가야 합니다. 성도들의 공동체 안에 구원 받는 성도들을 통해서 기쁨이 더욱 커져야 하겠습니다. 어떻게 전달하겠습니까? 하나님의 나라가 성도 여러분의 심령에 임하길 주님의 이름으로 소망합니다.

파리한인장로교회

교회의 영원한 생명력

행 28:30-31

C. S. Yoon 목사 (50대)

　파리한인교회는 같은 신학 노선을 가진 동역자 이 목사님께서 시무하는 보수교단의 개혁된 교회입니다. 본 교회가 설립된 이후 한인디아스포라 구령 운동과 분립개척, 프랑스의 영혼과 불어권 선교를 향하여 뜨거운 열정으로 달려가는 모습을 보면서 감동을 받습니다. 주님의 명령에 순종하여 기도와 사랑으로써 사역자들을 땅 끝까지 파송하는 교회의 아름다운 모델이 되길 소원합니다. 교회는 그 사회의 얼굴입니다. 파리한인교회는 프랑스 파리의 얼굴입니다. 따라서 교회는 잘 되어야 합니다. 동시에 바르게 성장해가야 할 하나님 나라의 그림자입니다.

　저는 파리한인장로교회에 오면서 3가지를 생각했습니다. 파리한인교회가 영적 주유소 같은 교회가 되기를 바랍니다. 아무리 훌륭한 브랜드를 가진 자동차라 할지라도 연료가 떨어지면 멈출 수밖에 없습니다. 우리의 신앙생활도 마찬가지입니다. 목자의 음성을 들을 때 그 에너지가 채워집니다. 시편 기자는 말하길 "내 영혼을 소생시키시고 자기 이름을 위하여 의의 길로 인도하신다"고 했습니다. 파리한인교회가 영육을 소생시키는 의로운 병원으로서 치유하는 교회로 성숙되기를 바랍니다. "건강한 자에게는 의원이 쓸 데 없고 병든 자에게라야 쓸데 있느니라"(마9:12) 했습니다. 의사되신 예수님께서 이 세상에 오심은 건강한 자보다 병든 자를 구원하러 오셨습니다. 영육간의 상처를 치유 받고, 영혼이 회복되는 건강한 교회를 말합니다. 그리고 파리한인교회가 헤어숍 같은 교회가 되기를 바랍니다. 스페인어로 미용실을 '살론 데 베제사(Salon de belleza)'라고 그럽니다. 미인이 되는 곳이라는 뜻입니다. 성형하는 의술을 말하는 것이 아닙니다. 살아계신 하나님 말씀의 거울 앞에서 자신의 안팎을 정돈하는 성도- 주님 은혜로 속사람을 강건하게 만들며 아름답게 거듭나는 교회를 말합니다.

오늘의 기독교는 세상의 타락과 타종교의 과격성 앞에서 여전히 핍박과 학살을 면제받지 못하고 있습니다(인도와 터키). 그렇지만 저는 먼저 복음의 생명력에 대해서 말씀드리려 합니다. 요한계시록 3장7절에 '열린문'이 언급되어 나옵니다. 복음은 어느 누구에게 예속되어 있지 않으며, 이 복음을 능히 막을 사람이 없는 생명력을 말씀합니다. 마태복음 1장 1절에 예수 그리스도의 세계(계보)가 역사 속에 열려있음을 알려주는 서막이 등장합니다. 원래 뜻은 예수 그리스도의 계보를 말해 주는 것이지만, 그 계보가 온 세상을 향해 열려있음을 선포합니다. 이렇게 세상을 향해 열려있는 복음이 오늘 본문에 이르면 "담대히 하나님 나라를 전파하며 예수님이 증거하신 복음을 가르칠 때, 금하는 사람이 없었다"(행 28:31)고 기록합니다. 사도행전 기록자 누가는 사도행전의 결론을 내리지 않고 우리에게 세계선교의 숙제를 열어놓아 주었습니다. 이 숙제를 현실 교회가 전수받았습니다. 이 시대에 누구나 흔히 쓰는 비전이라기보다 현실적인 과제입니다. 이 숙제를 놓고 우리의 자세가 과연 성실한가를 자문자답해 보아야 하겠습니다. 시편 기자는 "땅에 머무는 동안 하나님의 성실을 식물로 삼아야한다"고 교훈합니다. 성실이 먹거리가 되고 성실함이 비전보다 앞서 있어야 할 것을 말씀합니다. 비록 66권의 성경 기록은 끝났지만, 아직도 우리에겐 사도행전을 이어갈 세계선교의 마무리 작업을 해야만 하는 사명이 부과되어 있습니다. 오늘 설교자는 이런 사명을 풀어나가기 위해서 설교제목을 '교회의 영원한 생명력'으로 선택했습니다.

첫째, 교회의 생명력은 예수 그리스도의 생명을 부여받은 데서 출발합니다. "내가 온 것은 양으로 생명을 얻게 하고 더 풍성히 얻게 하려는 것이라"(요 10:10)고 말씀합니다. 창세기 1장 1절은 생명창조를 증거합니다. 마태복음 1장 1절도 생명창조를 강조합니다. 예수 그리스도의 생명은 우리들 몸에 거처가 되었고, 부활로서의 생명이 되셨습니다. 교회는 생명신학을 받았고 동시에 생명신앙을 받아 누리고 있습니다. 계시록 3장 8절엔 이 생명의 문을 열어놓았습니다.

둘째, 교회의 생명력은 66권 하나님의 말씀을 맡은 데서 존재합니다. 존재의 의미는 생명체라는데 있습니다. 로마서 3장 1절을 읽어보면, 유대인의 나음이 무엇이냐고 묻고 있습니다. 우리가 일찍이 유대인을 경험했던 것은 유대 사람 자체보다 셰익스피어의 작품에서였습니다. 그의 대표 희극 중에서 『베니스의 상인』은 너무나 유명하여 모두가 알고 있다시피, 등장인물 중에 '샤일록'이라는 지독한 고리대금업자가 나옵니다. 저는 그를 통해서 처음으로 부자 유대인을 접했습니다. 그 유대인은 돈 많은 자본주의자요 인정 없는 사람으로 나중에 큰 낭패를 보는 인물로 소개됩니다. 그렇지만 성경이 소개하는 유대인은 전혀 다릅니다. 복음서에서 일반적으로 생각하는 유대인은 예수님을 십자가에 못 박으라고 외쳤던 민족입니다. 서신서에 기록된 유대인은 더욱 날카로운 비판의 대상이 됩니다. 그들은 복음의 확장을 막으려고 간계와 핍박을 서슴치 않았으며, 우리를 쫓아내며 하나님을 기쁘시게 아니하고 모든 사람에게 대적이 되었다(살전 2:15)고 증언하고 있습니다. 그런데도 성경은 아이러니하게도 유대인의 나음을 묻고 있는 것입니다. 대답은 즉시 나옵니다. "범사에 많으니 저희가 첫째는 하나님의 말씀을 맡았음이니라" (롬 3:2)고 답하고 있습니다. 물론 그들이 구약 말씀을 맡은 것은 틀림없는 사실입니다.

더구나 오늘의 개신교회는 신구약 말씀을 모두 맡았습니다. 유대인들은 남자 소년 14세에 이르면 랍비를 모시고 '성년식'을 거행합니다. '성년식' (바르 미츠바)의 뜻은 "율법을 맡은 자" 입니다. 어린 소년에게 율법을 맡기는 큰 책무를 부여합니다. 아직 어리지만 그의 정체성이 무엇인지를 알게 해 줍니다. 그의 민족이 맡은바 사명이 무엇인지를 웅변해 줍니다. 그러나 우리에게는 이보다 더 큰 사명, 곧 신구약 말씀을 맡은 복음증거 사명이 있습니다. 이 말씀이 곧 "썩지 아니할 씨로 된 하나님의 살아있고 항상 있는 말씀" (벧전 1:23-25)입니다.

셋째, 교회의 생명력은 하나님의 명령을 순종하는데서 빛을 발합니다. 사도행전을 기록한 의사 '누가'는 살아계신 하나님의 명령을 자신의 실천 영역으로 보았습니다. 참된 교회는 하나님의 비전 앞에 서 있음을 주저하지 않습니다. 이 비전 앞에 우리는 성실하게 순종하며 행동하면서 사도행전의 끝을 계속 주목해야 합니다. 사도행전의 끝을 우리가 기꺼이 기록해 나아가야 하겠습니다. 성령 안에서 사도행전 29장을 계속 써 나가는 것은 우리가 받은 사명입니다. QT, 찬양, 감사, 헌신, 간증, 헌금, 봉사, 교육, 복지를 향해 날마다 성령행전을 써 나갑시다. 사도행전 28장 32절을 쓰든지, 사도행전 29장 1절에 연결되는 그 복음 행전이 끝날 때, 비로소 파리한인교회의 성도들이 "은혜와 평강이 있을지어다"라고 하면서 마무리 지어야 합니다.

밭을 가는 농부가 쟁기의 끝을 예의주시하며 앞만 바라보고 나아가듯이 사도행전적인 실천을 갖고 끝까지 달려가는 성도들이 되어야 하겠습니다. 바울은 죄수 아닌 죄수의 몸으로 로마까지 왔습니다. 평소 로마에 가 보고 싶었으나 길이 막혔다가 죄수의 몸으로 오게 되었고, 로마에 사는 유대인들에게 오히려 그의 무죄함이 입증되었습니다. 로마인들과 유대인들이 바울 사도 앞에 나아와 아침부터 저녁까지 그의 강론을 듣게 됩니다. 바울의 순수한 복음의 종착지는 스페인이었습니다. 로마의 교회가 그러한 교두보 역할이 되어주기를 기도해왔던 것입니다.

그는 셋집에서 어느 정도의 자유를 누리고 있었습니다. 감옥 아닌 감옥에서 쇠사슬에 매이긴 했으나 오히려 그 쇠사슬을 '이스라엘의 소망'(행 28:20)이라고 역설했습니다. 그렇습니다! 생명력 있는 교회의 성도는 이렇게 고난의 쇠사슬까지도 즐겁게 소망으로 바꾸는 사람들입니다. 로마의 셋집에서 출발한 선교가 로마를 기독교로 만드는 계기가 되었습니다. '유라굴로'라는 초죽음과 악몽의 바람에서 살아난 선상공동체 276명(행 27:37)은 오늘날 한국교회 1천만 성도로 성장했습니다. 작은 동네 나사렛에서 현대의 66억 세계 인구에 도전하고 있습니다.

말씀을 맺습니다.

한민족 5,000년 역사의 현대적 시금석은 한국교회입니다. 한국 민족은 마침내 어디를 가든지 살아계신 주님의 교회를 세우는 민족이 되었습니다. 중국인 일본인이 다른 무엇을 세운들, 한국 민족의 얼굴은 교회입니다. 한민족의 영성은 교회 안에 있는 것입니다. K-pop이 아무리 한류라 하지만- 싸이의 춤이 아무리 세계를 석권했다 하지만- 그것이 한국의 위상을 세우는 매력 있는 춤이라고 부르며, 우리가 그들을 사랑하고 있음엔 틀림없지만, 하나님께서 지켜주신 한국의 5,000년 역사와 일제강점기하에서의 광복과 해방의 꿈을 대변할 수는 없는 것입니다. 영국의 한 저널리스트는 한국이 좋아 한국에서 살겠다고 고백한바 있습니다. 그가 말하길 한국이 미국의 춤을 갖고 들어와 그것이 마치 한국의 춤인 양 오해한다면, 이것만큼 슬픈 현상은 어디에도 없다고 탄식했던 적이 있습니다. 하나님께서 한민족에게 주신 꿈은 한국교회입니다. 나아가 프랑스 파리에 주신 하나님의 꿈은 K-pop이 아니라 파리한인교회입니다. 이는 그들을 비평하는 말이 결코 아니라, 우리의 얼굴을 바르게 찾아야 한다는 뜻입니다.

그러므로 파리한인장로교회는 예수 그리스도의 생명력을 고스란히 전해 받은 교회가 되기를 바랍니다. 살아계신 하나님의 말씀을 맡은 교회로 거듭나기를 바랍니다. 나아가 파리한인교회 모든 성도들이 하나님의 비전과 성실함을 소유하여서 사도행전을 마무리하는 사명자가 되시기를 중심으로 축원합니다.

설교

공중 나는 새, 들에 핀 백합화를 보라

마 6:26-34 / 벧전 5:6-7

C. S. Yoon 목사 (40대)

기독교 실존철학자 키에르케고르는 1849년에 「공중의 새 들의 백합화」라는 책을 썼습니다. 백합화 한 송이가 땅에서 자라고 있습니다. 백합화는 하늘을 날고 있는 새를 부러워합니다. 항상 같은 곳에만 정착돼 있는 자신의 모습이 너무 지루하고 싫었기 때문입니다. 한번은 굳게 결심을 하고서 새에게 부탁을 했습니다. 자기도 고정되어 있는 지면을 떠나 여기저기 날아다닐 수 있게 해달라고 합니다. 이때 새는 백합화의 부탁을 들어주기로 했습니다. 뿌리를 쭈욱 뽑아서 입에 물고 하늘을 향해 오릅니다. 백합화가 높은 하늘을 날며 만족하기도 전에 꽃은 어떻게 되었을까요? 백합화의 예상과는 다르게 햇볕에 뿌리까지 말라 죽어가기 시작했습니다.

사실 백합화는 새와 비교되지 않습니다. 백합이 지루하다고 새를 부러워하고 새가 피곤하다고 한 자리에 가만히 머물러 있기를 원한다면 그것은 하나님의 창조 섭리에 어긋나게 됩니다. 덴마크의 철학자는 백합이라는 꽃을 통해서 우리에게 교훈을 주고 있습니다. 백합화는 말이 없습니다. 시들어서 아름다운 모습이 땅에 떨어질지라도 백합화는 언제 비가 올지? 눈이 내릴지?

불평 없이 꽃이 피기를 기다립니다. 백합화는 하나님께 순종합니다. 우리 크리스천은 순종하는 시간이 바로 기도의 순간임을 배웁니다. 그 결과는 기쁨입니다. 들판에 핀 백합화는 그대로 자신의 삶과 한계에 만족합니다. 새처럼 훨훨 날 수 없는 것이 한계이지만, 절망하지 않고서 들판에 핀 그대로 만족합니다. 나름대로의 매력에 감사합니다. 남의 말에 쉽게 흔들리거나 비교되지 않습니다. 세상 모든 존재에 모두 하나님이 창조하신 뜻이 있습니다. 사람에게는 하나님의 형상이 새겨져 있습니다. 베드로는 그것을 하나님의 성품이라고 정의 내렸습니다.

영국의 유명한 성경 강해자 존 스토트 목사라는 분이 있었습니다. All Souls Church(모든 영혼들의 교회)에서 25년간 목양했는데, 그는 저술 활동을 한 목사로 알려져 있습니다. 많은 저서 가운데 가장 화제가 되었던 책 제목이 『The Birds, Our Teachers』'새, 우리들의 선생님' 입니다. 그의 아버지는 심장 전문의였는데 존 스토트는 어려서부터 아버지가 휴가 때를 맞으면 탐조여행에 함께 떠났습니다. 조류 연구에 관심이 깊었습니다. 아버지 덕분에 존 스토트는 세상에 약 7,000종의 새가 있다는 것을 알게 됩니다. 그 중에서 2,500종의 새를 보았다고 저술하고 있습니다. 새에 대한 반 전문가가 되었습니다. 그는 성경을 강해할 때 새 이야기를 자주했다고 합니다. 오늘 본문에 나오는 새에 대해서는, 씨앗을 심지 않고 수확도 아니 하고 창고에 모아들이지도 않지만, 하나님께서 기르시고 먹이신다 말씀합니다. 그리고 누가복음 12장에서 병행 구절을 보면 구체적인 새가 등장합니다. 까마귀가 나옵니다.

성경에는 까마귀가 어떤 연결고리 역할을 합니까? 열왕기상 17장 6절에 보시면, 이런 기사가 나타납니다. 하나님께서 선지자 엘리야를 그릿 시냇가로 피신시키고, 엘리야에게 하루에 두 번씩 일용할 양식을 공급해 주실 때, 도구로 사용하신 새가 바로 까마귀입니다. 까마귀가 매우 똑똑한 새로 묘사됩니다. 그래서 엘리야에게 떡과 고기를 가져다주는 임무를 완수할 수 있었다고 봅니다. 환경 상태를 보면, 땅은 맹렬히 타들어가고 메말라졌고, 모든 식물이 목말라 죽어갔습니다. 그런데 엘리아에게는 하나님의 기적적인 공급으로 기아를 면하게 됩니다. 그릿 시냇가에서 충분한 물을 마실 수 있었습니다. "까마귀들이 아침에도 떡과 고기를, 저녁에도 떡과 고기를 가져왔고, 저가 시내를 마셨더니" 가뭄에 목이 타는 고통의 순간에도 하나님의 신실한 종 엘리야에게 큰 체험을 주셨습니다. 결국 전진할 수 있었습니다. 당시 하나님에 대한 배척이 가장 극심했던 배교의 시대에- 아합왕이 거하는 왕궁으로 들어가게 됩니다. 거기서 엘리야는 의분을 가지고 악한 이스라엘 왕 아합에게, 심판의 기별을 알립니다. "내 말이 없으면 수 년 동안 비도 이슬도 있지 아니하리라" 그는 심판의 메시지를 증거한 후에 신변의 위협을 느낍니다. 아합의 왕궁을 신속히 빠져나와 그릿 시냇가의 동편 광야로 인도를 받습니다. 그 메마른 광야에서 기적으로 만난 새가 바로 까마귀였습니다. 그런데 존 스토트 목사님은 이런 이야기를 합니다. 까마귀가 똑똑한 새이지만, 그 먹성 하나는 기가 막히다는 것입니다. 까마귀는 자신이 먹을 수 있는 먹잇감을 왜 당장 삼키지 않았을까요? 하나님이 쓰신다면 피조물이 아무리 배가 고파도, 그가 삼키지 않고 엘리야에게 공급하는 것이 순리입니다. 이것이 순종입니다.

그러면서 하나님께서는 제시하십니다. 오늘 말하고자 하는 대상이 새 자체가 아니라고 하십니다. 아무리 자연 속의 새들을 사용하며, 먹이신다 해도 〈너희가 더 귀하다〉는 말씀이 주제입니다. 이어서 들의 백합화가 어떻게 자라는가 생각해보라고 합니다. 꽃들은 수고도 길쌈도 아니 하고, 누에를 키우지 아니 하고 뽕잎도 따라가지 않지만, 백합화가 입은 옷에는 솔로몬의 모든 영광도 감히 비교되지 못한다고 말씀합니다. 오늘 들판에 자라다가 내일 아궁이에 던져질 풀들도 하나님이 입히시는데, 하물며 너희일까 보냐고 접근해 오십니다. 우리가 일상에서 먹는 것 마시는 것 입는 문제들 때문에 결코 염려하지 말라는 말씀은 혁명적인 명령입니다. 너희 천부께서는 이 모든 것이 너희에게 필요하다는 것과 있어야 할 줄을 아신다고 표현합니다. 무슨 말씀입니까? 공중의 새들도 아니고 들의 꽃들도 아니라면 도대체 누구를 겨냥한 말씀입니까? 필요와 충분을 구할 때에 먼저 그의 나라와 그의 의를 구하라는 것입니다. 성도들이 그분을 먼저 구하면, 이 모든 것을 성도들에게 더 주시겠다는 약속을 선포하고 있습니다. 이 약속은 하나님의 나라를 구할 때에 염려하지 말라는 뜻입니다. 누군가 염려한다고 키를 한 자나 더할 수 있더냐고 물으십니다. 아마도 1세기 때 유대인의 평균치 키가 훨칠하지 못하고 낮았나 봅니다. 베드로전서 5장 7절 말씀합니다. "너희 염려를 다 주께 맡기라. 그가 너희를 돌보심이라." 염려를 돌보시는 하나님이심을 믿을 때, 성도의 염려를 물리칠 수 있습니다. 이러한 염려는 다 이방인들이 구하는 것이라고 말씀합니다. 철저하게 믿음 중심을 강조하십니다.

금주에는 고난주간의 시작입니다. 고난주간에 염려를 맡기라는 이 말씀은 하나님께서 알아서 척척 해결해 주실 것이라는 도깨비 방망이 같은 그런 말씀일까요? 막무가내로 해결해주시는 그런 호위무사일까요? 그리스도의 이름 때문에 고난을 당하게 될 것이지만, 아무도 알아주지 않는 길이지만, 두려워하지 말고 하나님을 겸손하게 힘써 섬기라는 메시지입니다. 서로를 섬기고 하늘의 아버지께 자신의 영혼도 맡기라는 말씀입니다. 이것이 그리스도인으로서 정체성입니다. 때가 되면, 성도들을 높이시고 돌보시겠다는 약속이 주님 안에 있기 때문입니다. 말씀의 약속에는 근거가 있습니다. 긴박한 현실을 맡겨드리는 것입니다.

사람들은 무엇을 염려하며 왜 염려하게 됩니까? 본문 마태복음 6장 26-29절, 누가복음 병행 구절인 12장 24절과 열왕기상 17장 6절에서 찾으면 은혜를 사모하지 않고 말씀에서 떠나게 되면 염려는 제자리에 머물게 됩니다. 그렇지만 염려를 극복하는 유일한 길은 주님께 염려를 맡겨드리고, 성도는 은혜를 붙들고 겸손하게 순종하는 역사입니다. 본문이 백합화에 관한 기록이라고 하여, 그 꽃의 아름다움을 감상하라는 말씀이 아닙니다. ① 먼저, 공중의 새들은 씨 뿌리지 않고, 수고 길쌈도, 곳간에 들이지도 않는데 주께서 기르시며 자라게 하십니다. ② 들의 백합화에게는 먹고, 마시고, 입는 것이 문제가 아니듯이 먼저 하나님의 의를 구하고 그의 나라를 구하고, 그의 뜻이 이루어지기를 기도하라는 말씀입니다. 하나님의 나라는 바로 우리들 자신의 나라입니다. 누에도 치고 뽕잎도 따고 누에가 잠을 잘 섶도 초목이나 짚으로 올려줘야 합니다. 누에고치 집도 지어야 하고, 실을 뽑고 물레도 돌려야 합니다. 베도 짜야 합니다. 그래야 무명 옷감도, 명주도, 비단도 생산됩니다. 하나님께서 먹이시고 입히시거늘 하물며 너희일까 보냐? 너희들이 진정 구해야 할 것은 이미 친숙해져 있는 이 말씀, 유년주일학교 때부터 들어온 비유입니다.

1세기 팔레스타인에서 실을 뽑고 베틀을 움직여 베를 짜며 옷감을 만들기 위해서는 양을 키워야만 했습니다. 양털에 빗질도 해야 하고, 벗긴 양털을 깨끗이 잘 씻어야 합니다. 주석가들의 해석에 의하면 당시 양잠을 한다거나 목화를 키워서 베를 짜는 것은 팔레스타인 땅에서는 대중화되지 못했다고 언급합니다. 성도들은 주님의 목양사역을 통해서 성도를 구원하시는 섭리를 배웁니다. 십자가의 도가, 곧 하나님의 능력으로서 대속의 죽음과 부활을 용기 있게 받으며 증거해야 합니다.

말씀을 맺습니다. 성도들은 이방인처럼 먹고 마시고 입어야 하는 것을 먼저 구하지 않습니다. 일상의 염려로 우리들의 영혼을 다치지 마십시다. 대적들의 핍박으로 영혼이 주저앉지 마십시다. 포기하지 맙시다. 공중의 새들도, 들의 꽃들도 하나님이 입히시고 기르십니다. 결국 솔로몬 왕도 하나님이 먹이셨습니다. 그가 세상에서 소유했던 으뜸가는 지혜와 영광과 권력도 스스로 찾아 누린 것이 아니라, 하나님께서 성령을 통해 주셨고 마침내 자라게 하셨던 것입니다. 엘리야에게도 그릿 시냇가 동편 광야로 인도하여서 까마귀를 통해 먹이셨습니다. 공중의 새들도 들의 백합화도 하나님의 섭리를 따르면서 제자리를 지키며 순종합니다. 성도들이 하나님의 말씀을 믿고 따를 때, 염려하지 않는 순종의 길에 서게 됩니다. 오늘 본문 6절에는 "하나님의 능하신 손 아래서 겸손하라"고 명령하십니다. 7절에는 "너희 염려를 다 주께 맡겨 버리라"고 권고하십니다. 7절의 '염려를 주님께 맡기라'는 말씀은 명령이라기보다는 권면입니다. 당연히 그렇게 하라는 말씀입니다. 그러나 성도가 지켜야 할 진정한 명령은 6절에 기록한대로 '겸손하라'는 말씀입니다. '겸손하라'는 명령이 다음 구절에 나오는 염려하지 말아야 한다는 말씀과 연결됩니다. 염려하지 않고 주님께 맡겨드리는 것이 바로 순종입니다.

설교

넘치는 잔盞

"내 잔이 넘치나이다" 시편 23:5

놀라운 것이 하나 있다. 시편 23편은 일반적인 시나 노래 같은 감정을 주지 않는다. 그런데 23편을 읽으면 성스러운 감흥을 느끼게 한다. 그 감흥에는 여러 가지 이유가 있겠지만, 그 중에서 빼놓을 수 없는 것이 존재한다. 이 시편이 다윗의 심중에서 나왔다는 서정적 고백이자 동시에 다윗의 역사에서 나왔다는

C. S. Yoon 목사 (40대)

서사적 이야기라는 점이다. 심중에서 나온 것이야말로 독자의 심금을 움직일 수 있다. 동시에 역사에서 나온 것이야말로 그 시대의 진실을 볼 수 있다. "깊은 바다가 깊은 바다를 서로 부른다"(시 42:7)고 했다. 자기가 아는 것을 말하고 자신이 몸소 체험한 것을 말하게 될 때 감명을 준다. "확실한 증인의 말은 힘이 있느니라"(잠 21:28). 이 시편은 픽션(fiction)이 아니라 그 내용이 진리이다. 그리고 너무나도 사실적(fact)이다.

여호와는 나의 목자시니 내게 부족함이 없으리로다 (시 23:1)

다윗의 시편은 비길 데 없는 아름다운 한 폭의 영상(image)이다. 목동으로서 소년시절을 보낸 다윗이기에 이러한 찬미가 그의 입에서 우러나올 수 있

었다. 다윗은 더운 여름날- 물가로 양떼를 몰고 갈 줄 알았다. 시냇가의 시원한 곳에 양떼를 쉬게 하는 방법을 알고 있었다. 무더운 여름철 양떼가 시원한 공기를 마실 수 있도록 언덕으로 인도했다. 겨울이 닥쳤을 땐 추위를 피할 수 있도록 양떼를 따뜻하게 보호하는 방법을 알았으며, 그들을 보살피고 아껴주는 목양 규범을 알았을 것이다. 상처난 양을 치료해주기도 했다. 곧 그의 양치기 체험이 양떼들을 빈틈없이 보살폈다. 다윗은 양과 목자를 비유(은유)하여 자신과 하나님과의 관계를 표현할 수가 있었다.

다윗왕 자신이 하나님 앞에서 양의 위치에 있었기 때문에. 하나님께서 목자가 된다는 사실을 인정했다. 하나님이 나의 목자 되심을 확신하는 기반 위에서 이 시는 신뢰성을 가지게 된다. 엠베라 인디오 공동체 주일예배 후, 형제들 사이에 간증시간이 있었다. 그때 레낄도 형제가 이런 간증을 했다. "좋은 예배는 내가 실제로 양이 되어서 목자되신 예수를 따르는 일이라고, 내가 바로 양이다" 라고. 나는 시편 23편을 헤아릴 수 없을 만큼 설교했지만 성도가 자기 자신을 양의 상징이 아닌. 실제로 양이라고 고백하는 일은 처음 있는 순간이었다. 즉 자기 자신이 양이 되고 주께서 목자가 되신다는 확신 말이다. 다시 말하면 예수그리스도께서 유리 방황하는 우리를 구원의 울타리 안으로 인도하셨기 때문이다. 예수 그리스도만이 우리의 부족함을 채우신다. "너희는 무엇을 먹을까... 마실까, 무엇을 입을까 염려하지 말라" 하셨다. "공중 나는 새를 보라, 들의 백합화를 보라"고 직접 말씀하신다. 주께서는 매일매일 푸른 초장으로 인도하셔서 우리를 먹여주신다. 계절 따라 기후 따라 우리에게 옷을 입혀주신다.

많은 사람들이 무모한 걱정 근심으로 부족한 것을 들추어내기도 한다. 다윗은 본질적인 부족을 알았다. 하나님은 우리와 함께 계셔서 필요이상의 것- 욕심까지 다 넉넉히 채워주는 분이 아니시다. 그런 약속을 하신 적이 없다. 우리와 영원한 친교를 원하셨다. 일용할 양식을 주신다. 이러한 친교는 성도를 은혜 중에 성장하도록 만들며, 성령이 충만하여 예수 그리스도의 사랑을 체험하게 하신다. 그 사랑이 더할 나위 없는 위로가 된다. 예수 그리스도는 하나님과 우리 사이에 죄로 막힌 담을 헐려고 화목제물이 되셨기에 우리는 하나님과 친교가 가능해진다. 자기 이름을 위해 언약(약속)을 충실히 이행하신다. 율법에 비춰봤을 때 우리는 마땅히 죽어야 했다. 그런데도 우리는 살아있다. 그리스도께서 허물과 죄로 죽었던 우리를 살리셨기 때문이다(엡 2:1). 그의 구원의 선포가 보혈의 은혜로 말미암아 우리를 살리기로 작정하셨던 것이다.

그분의 은혜가 우리의 영혼을 소생시킨다. 우리의 지혜로는 도무지 할 수 없는 기이한 방편으로 역사하신다. 이때는 주님의 절대능력이 우리에게 임할 때이다. 우리를 창조하신 분만이 우리를 거듭나게 할 수 있다. 창조주를 중심으로 볼 때, 거듭남은 영혼 창조와 비교해서 제2차적인 사역에 불과한 것이다. 주께서 찾아오셔야 영혼은 소생된다. 예수 그리스도가 우리와 함께 하실 때 인간성도 회복된다. 예수 그리스도가 우리 곁에 찾아오실 때 우리의 모든 기능은 온전해지고 그분의 생명수를 마실 수 있게 된다. 우리가 그 생명수를 마심으로 주님의 지성소에 들어갈 수 있다. 그분을 진정 믿음으로 승리를 가져오고, 사랑은 불붙을 것이며, 소망은 앞을 향해 전진할 것이다. 인내는 참된 용기를 주며 용기는 담대하게 싸우게 만들 것이다. 예수 그리스도는 이 모든 요소(구성)를 다 갖고 계신다. 그것을 우리 성도들에게 가르쳐주신다. 그분만이 우리를 새롭게 변화시킬 수 있으시다. 우리가 주께 접붙여질 때, 예수 그리스도의 십자가가 보인다. 그가 죄인을 위해 십자가에서 죽으셔야 했다는 사실을 느끼며 그를 신뢰할 때, 우리는 '주님을 앙모하나이다'라고 고백할 수 있다. "마치 조개가 물속 바위에 붙어 있는 것같이 나는 당신의 곁을 떠나지 아니하겠나이다"라고 주님과 밀착된 삶을 살게 된다. 나의 포도나무 가지에 뿌리의 생수가 흘러들어오는 것을 깨닫게 될 것이다. 넘치는 잔은 바로 이러한 충만이다.

기름으로 내게 바르셨으니 내 잔이 넘치나이다 (시 23:5)

본 절은 이 시편에서 성도의 신앙을 극치에 이르게 한다. 더 이상 표현할 수 없는 절정에 다다른 것이다. 23편을 쓴 기자는 자기가 누리는 복된 상태에 대해서 감사를 드리는데 전념한다. 자신의 부단한 노력이 있음에도 불구하고 자신의 패배의식을 느낄 때가 있다. 다윗은 그러한 자신에게 한없는 복을 주신데 대해 감격한 나머지 "내 잔이 넘치나이다!" 이 말은 대단히 짧고 간결하다. 매우 함축적이다. 풀이해보면, 나는 풍족하게 소유했으며 그 이상의 것을 다 갖고 있다. 내가 가질 수 있는 이상의 것을 소유했을 뿐 아니라, 지극한 기쁨과 넘치는 복, 특별한 은총과 사랑의 특권을 가지고 있다. 그러므로 "내 잔이 넘치나이다" 라는 표현과 꼭 같은 이치이다.

이 시편을 다윗이 언제 지었는지는 알 수 없다. 다만 우리가 알 수 있는 것은 다윗의 심적 상태가 현세적인 기쁨에 감사하여 쓴 것만은 아닌 것 같다. 다윗이 소년과 청년시절을 지나오면서 심오한 신앙을 배우며 영적으로 성장했으며, 그렇지 않았다면 일터에서나 가정에서 겪은 어려움을 극복하기가 불가능했을 것이다. 하나님에 대한 신앙의 성숙이 오늘날 "내 잔이 넘치나이다" 라는 찬송으로 부르게 되었다. 그의 공생애에선 사울의 궁에서 거주하게 되는 때부터 사울의 증오를 불러일으켰다. 사울왕의 사위가 되어, 권력을 가졌음에도 불구하고 그의 신앙자세에는 변함이 없었다. 수차례 신변의 위협을 느끼면서도 하나님의 은혜가 그의 생명을 보호하셨다. 어떤 난관에서도 "내 잔이 넘치나이다"로 시종일관 한결같았다. 그의 도피생활 중에서도 광야와 산들과 동굴도 안전지대가 못되었다. 사방으로부터 공격과 우겨쌈을 당하면서도 그의 도피는 또한 역설적으로 안전했다. 사냥꾼에게 쫓기는 짐승의 신세였으나 해를 당하지는 않았다.

다윗왕은 발을 펴고 쉴 안식처도 없었다. 하나님의 전殿에 대한 신앙(애정)이 사무쳤지만 어찌할 수가 없었다. 따라서 이 시편은 현세적 상황보다는 영적인 상태에 놓여있는 영혼의 모습을 보여준 게 뚜렷하다. 다윗이 이스라엘의 왕이 된 후에도 허다한 어려움에 처하게 된다. 사울이 그에게 도전하였고 블레셋이 무장을 갖추고 전쟁의 북소리를 울리며 공격해 왔다. 다윗은 이곳 저곳으로 정처 없이 다니면서 원수의 선전포고를 겪어야만 했다. 왕의 위치였으나 바늘방석에 앉은 것 같았다. 만일 그의 신앙과 하나님의 은혜와 선택된 언약의 축복이 없었다면. 그는 감히 "내 잔이 넘치나이다-"라는 감격적인 고백을 하지 못했을 것이다.

훗날 다윗이 밧세바를 범한 후에 그의 탄식은 걷잡을 수없이 증가되었다. 그러기에 다윗의 마음은 더욱 찢어질듯 했다. 아픔이 밖으로 터져 나왔다. 아들의 반역과 아들의 죽음 앞에 직면했던 것이다. 애가를 불렀다. "내 아들 압살롬아 내 아들 압살롬아 내가 너를 대신하여 죽었더라면 압살롬 내 아들아, 내 아들아!" 패륜을 행한 아들 앞에서 통분하는 다윗왕의 절규였다.(삼하 18:33). 이것은 다윗이 겪은 참담한 비극이다. 시련은 다른 시련을 낳게 했다. 다윗의 심적 고통은 더해 갔다. 심지어는 자기가 죽고 싶다고 말할 정도까지 되었다. 그러기에 이 모든 문제 앞에서. 다윗은 본 시편에서, 시련을 당하지 않고 평범하게 살았던 한 사람의 찬사만도 아니다. 오직 감사만을 노래하는 은총의 사람이 부른 감상적인 고백만도 아닌 것이다. 시련과 고난이 중첩되었다. 젊을 땐 고통의 멍에를 견뎌야 했고, 노년에 이르러선 시련의 징계를 당해야 했다. 한 인간이 그와 같은 힘든 상황 가운데서도. 감사하는 진정한 마음의 표현이 23편의 시로 탄생된 것이다. 한때 정치적 번영이 공포로 변했던 크레시우스를 기억하는가? 로마의 네로 황제, 끝없는 정복이 야심으로 몰락했던 알렉산더 대왕, 부단한 평화와 상업적 소득으로 부를 누렸던 솔로몬 시대도 그의 사후에 이스라엘 왕국은 분열되고 말았다. 그러나 다윗은 영적인 사람이었다. 하나님께 속했고 하나님의 마음에 합한 왕이었다. 육신의 시련이 극에 달했을 때에도 자신의 상황에 불만이나 핑계치 않았다. 더욱 더 하나님과의 화목을 유지했던 것이다. 그러한 화목(친교)에서 다윗은 시를 읊었다. 바로 "내 잔이 넘치나이다!" 그러면 우리 성도들이 가진 잔盞은 어떤 잔이 되어야 하는가? 세 가지로 간략히 생각해보자.

첫째, 결코 넘치지 못하는 잔이 있다. 많은 사람들이 잔을 넘치게 하는 일에 관심이 없거나 실패를 거듭한다. 기본을 잘못 택했기 때문이다. 영적인 잔을 세상의 물통에서 채우려고 한 것이 어긋났다. 세상적인 부에서 만족을 누리려고 해도 그 속에서는 만족을 누릴 수가 없다. 어떤 이는 명성으로, 지위로, 하지만 이것도 만족을 가져다주지 못한다. 현재 우리는 손에 잔을 들고 있다. 그러므로 자연적으로 채우고 싶을 것이다. 갈급한 영혼의 잔은 세상의 물질로 채워질 수 없다. 오직 만물을 충만케 하시는 하나님만이 채우실 수 있다. 그리고 자족을 알지 못할 때 채워지지 않는다. 현재에 만족을 누리지 못하면 현재보다 2배를 더 소유해도 만족을 느끼지 못할 것이다. 아무리 부유한 자라도 자족을 모르면 그 마음은 항상 굶주림에 처해 있을 것이다. 불만의 눈초리로 보면 결코 만족할 수 없다. 예를 들어, 에덴동산에 살게 해도 에덴에 불평을 터뜨리면, 동산의 나무를 옮겨 심고, 뱀도 추방하고, 길을 닦고. 천사들의 황금비파 소리에도 싫증을 느낀다면- 그런 사람에게 잔이 넘칠 리는 만무하다. 어떤 이는 탐심이 많기 때문에, 다른 사람이 두각을 나타내면 시기와 질투로 가득하기에 결코 잔을 채울 수 없다. 우리에게 시기와 질투가 없을 때 타인의 기쁨에 동참할 수 있다. 무엇보다도 다른 사람들이 구원받았다는 사실에 대해 기뻐해야 한다. 불신 또한 넘치는 잔을 막는다. 하나님을 의심하게 될 때 시편 기자와 같은 위치에 올라 설 수 없다. 시편 23편이 삶의 압권이 되는 까닭은 자신의 영혼에 있는 근심걱정을 털어버리고, "나의 잔이 넘치나이다-"라고 했으니 거기에서 기쁨을 맛볼 수 있다. 우리 성도들은 잔이 넘칠 수 없는 사람이 있다는 사실만 기억해도 영적인 유익이 될 것이다.

둘째, 어떻게 해서 우리의 잔은 넘치게 되는가? 주 예수 그리스도를 완전히 믿을 때, 요동치 않는 믿음이라야 우리의 믿음은 기쁨을 동반한다. 마땅히 그리스도 안에 있는 모든 것을 가졌다는 믿음이 있을 때 잔이 넘치게 된다. 하나님께서는 독생자를 주셨는데, 아끼지 않고 주신 분이 어찌 그 아들과 함께 모든 것을 우리에게 은사로 주시지 않겠는가(롬 8:32). 지상과 하늘 사이에 부족한 것은 아무것도 없이 충만하다고 믿는 믿음이라야 한다. 그 믿음이 잔을 채우게 한다. 하나님이 채우시기 때문이다. "너희는 먼저 그의 나라와 그의 의를 구하라 그리하면 이 모든 것을 너희에게 더 하시리라"(마 6:33-34). 이 약속 때문에 잔을 채워주신다. 하나님은 애굽의 고센 땅에서 가나안으로 오는 모든 여정에서 만나로 백성들을 먹이셨다. 광야길 반석에서 생수도 샘솟게 하셨다. "네 문빗장은 철과 놋이 될 것이니 네 사는 날을 따라서 능력이 있으리로다(신 33:24-25)." 그렇다. 아무리 절망적인 상황에 빠지더라도, 이 말씀이 우리에게 소유가 될 것이다. 전지전능하신 하나님이 우리의 편이 되시기에 잔이 넘친다. "나의 하나님"이라고 부르며, 이 말만 반복하여도 은혜가 넘치게 된다. 나의 하나님! 나의 하나님! 참으로 위로가 되는 말씀이다. 왜냐하면 하나님께서는 "나는 너희 하나님이라"고 말씀하셨기 때문이다. 조그마한 개척교회가 부흥 성장하는 것도 잔이 넘치는 일이다. 해외선교를 통해 영혼구령이 이뤄져도 잔이 넘친다. 기도 응답을 받아도 넘치고, 찬송하며 은혜와 기쁨이 충만함도 잔이 넘치는 것이다.

셋째, 우리의 잔이 넘치면 무엇을 해야 하는가? 먼저 잔을 넘치게 해주신 하나님을 경배해야 한다. 그대의 잔이 넘친다면 그 잔이 제단에서 넘쳐야 할 것이다. 〈은혜의 잔은 제단에서〉라는 유대 잠언이 있다. "여호와 주의 제단에서 참새도 제 집을 얻고 제비도 새끼 둘 보금자리를 얻었나이다"(시

84:3)라고 고백했다. 우리 성도들이 알아두어야 할 것은, 설교는 결과물이 아니라, 설교는 목적지로 인도하는 방편이라는 것이다. 손실 없는 이정표이다. 그 목적이란, 살아계신 하나님을 경배하며 찬양하는 일이다. 그러므로 우리가 예배로 나아옴은 하나님을 경배하기 위해서이다. 그것이 구원받은 자의 도리이다. 구원받은 사람들은 그들의 얼굴을 땅에 대고 엎드려 영광중에 계시는 하나님께 경배드려야 한다.

주일 말씀을 맺는다. 시편 23편이 목동의 노래라는 단순 논리로써 다윗이 젊었을 때 지었다고 생각하는 사람들이 많다. 물론 이 생각이 틀렸다고 말할 수는 없다. 그러나 성도의 신앙이 성숙할수록 다윗 또한 시편속에서 자라나는 모습을 볼 수 있게 된다.

한 성도의 성장 가운데서 소년시절에 다윗을 만나면 시 23편은 소년의 시가 될 수도 있다. 청년의 시대에 만나면 다윗은 청년의 때에 이 시를 쓴 것이 될 것이고, 성도가 장년과 노년에 다윗을 만났다면 다윗 역시 장년과 노년에 이르러 시 23편을 작시했다고 고백할 수도 있다. 중요한 문제는 진정한 예배로 나아가는 성도의 신앙에 달려있다. 설교와 기도는 다 같이 곡식 줄기와 같고, 예배는 곡식의 이삭과 같다. 잔이 넘치면, 마땅히 모든 능력, 열정, 사상, 감정, 힘과 정성, 재능 나아가 재산을 총동원하여 주님께 경배로써 드려야 한다. 동시에 그 잔을 더 크게 해줄 것을 하나님께 간구해야 할 것이다. 은혜의 폭포 사이에서 넘치게 되면 형제자매들을 부르고 친구들을 불러들여야 한다. 잔이 넘치면 나누어야 한다. 작은 폭포처럼 두 줄기 샘물로 넘치며 확대되는 잔을 보아야 한다. 넘치는 잔으로 주께 찬양하는 성도는, 주께서, 내 머리에 기름을 부으셨으니 내 잔이 넘치나이다! 로써 할렐루야로 찬미해야 주님과 합한 자이다. 이것이 복 있는 사람이 누리는 임마누엘의 축복이다. Amén

설교

나의 분깃

압축된 대찬양시 / 시 119:57

C. S. Yoon 강도사 때(30세)

　　본 시편은 말씀의 찬양과 사랑에 있어서 황금률 같은 노래이다. 이 시편에 대해 사람들은 압축된 성경이요 대찬양시라고 부른다. 손색없는 명칭이라고 생각한다. 무려 176절에 이르는 성경에서 가장 긴 장이다. 시편 전체 150편을 총망라한 것 같은 으뜸 시편으로 모세 5경에 나타난 토라(율법)를 찬양하고 있다. 하나님의 말씀의 축복된 감화와 규례 외엔 더 언급한 내용이 없다. 이 시편의 특징은 히브리어 알파벳 순서로 '알렙'(א)부터 '타우'(ת)까지 각 알파벳마다 차례대로 8절씩 이끌어간다. 히브리어 알파벳 모두 22자×8절씩, 합한 176절이 조직적으로 짜여있다. 이러한 구성을 답관체라고 부른다. 답관체(acrostic)란 히브리 시문에 있어서 알파벳을 따라 배열하는 방식에서 나온 말인 것 같다. 시인은 아주 질서정연한 계획으로 율법의 사상을 전개시키고 있음을 본다. 그런데 122절 한 절만 빼고는 매 절마다 율법에 관한 통용어휘가 나타나며 여호와의 이름이 22번 나오는 것은 우연이 아니다.

　　형식적인 특성은 연속된 긴 구절 속에서 거대한 비교법의 명료성을 보여준다. 율법사상이 무수한 중복으로 나타난다. 각 문장의 조직이 끝절까지 연결되어 있으며 사상의 진행이 중첩된다. 이러한 율법에 관한 이해를 돕도록 중간 중간에 기도가 섞여서 간구체로 표현되고 있다. 그 당시 상황이 애통과 약속과 소망이 꾸준하게 연결되어 간교한 압제자와 핍박자를 이길 수 있도록 하나님께 도움을 간구하고 있는 것이다. 기자는 분명히 핍박 받고 있는 현실에서 하나님께 호소하며 하나님의 공의를 선포한다. 각 알파벳마다 8절씩 율법이 가지는 내적 주제를 밝혀준다. 독일의 주석학자 Johann Peter 랑게는 본 시편을 21개의 주제로 요약한바 있다(오늘 설교에 소개하지는 않겠다). 우선 본 시편에서 성경말씀을 뜻하는 비유로서 대표적으로 8가지를 찾아보자; 영혼을 정결케 하는 물 / 가장 값진 보화 / 위기 때의 요긴한 친구(모사) / 고독한 순례자의 노래 / 영혼에 기쁨을 주는 꿀 / 어둠을 밝혀주는 등불 / 위대한 전리품 / 가장 귀중한 유산으로 볼 수 있다.

여호와의 율법에 대해서도 율법을 의미하는 동의어가 다양하게 쓰였다; 법 / 증거 / 도 / 율례 / 규례 / 법도 / 계명 / 판단 / 말씀 / 길 또는 약속 등이 언급됐는데 각기 사용된 상황과 연결될 때 그 뜻이 보다 명료하게 드러난다. 이로써 이 시는 이스라엘의 종교 사회뿐 아니라 어떤 민족 어떤 시대에도 유익한 말씀으로 적용될 수 있겠다.

저자에 대해선 젊은 층의 사람임이 밝혀진다. 9절 84절 99-100절에서 노인이 아니라는 것이 확실하다. 또한 노인의 율법지식과 비교한 것도 아니다. 영적 생활의 깊이와 넓이, 그리고 긴 관용구 사용에서 볼 때 아주 젊은이도 아니며 최소한 중년에 속한 사람이라는 점엔 의심할 여지가 없다. 분명한 것은 저자가 어떠한 압제와 속박에 묶여있다 할지라도 여호와를 사랑하는 뜨거움과 경건생활의 풍성을 누리고 있다는 사실이다. 시간에 있어서도 비록 과거 시제라 해도 현재적 의미를 지닌 미래와 조화되고 있는 시간의 계속성을 서술한다. 이 시는 기억을 상기시키며 깊은 감화를 준다. 단순히 읽기 위한 기억이 아니며, 경건한 묵상을 위한 무한한 재료 은행이라 할 수 있다. 그럼 나의 분깃에 대해 생각해 보자. 나의 분깃은 무엇인가?

1. 여호와가 나의 분깃이다

저자는 "여호와는 나의 분깃이니 나는 주의 말씀을 지키리이다"(57절)라고 말한다. 저자가 하나님을 사랑하는 신앙은 절마다 끊임없이 나타나고 있다. 저자가 주의 말씀을 이처럼 사랑한 이유는 그 말씀을 자신의 분깃으로 여겼기 때문이다. 가난하고 비천한 시인에게 가진 소유란 아무 것도 없음을 우리는 알게 되었다. 그가 가진 것이라고는 오직 진실하고 확실한 하나님의 약속(말씀)뿐이었다. "주의 증거로 내가 영원히 기업을 삼았사오니 이는 내 마음의 즐거움이 됨이니다"(111절) & "내가 주의 율례를 행하려고 내 마음을 기울였나이다"(112절) & "여호와는 나의 기업이시니 그러므로 내가 저를 바라리로다"(애 3:24). 성도들 가운데는 기업이 없는 분… 선조들로부터 아무런 유산이 없는 분… 자기 소유란 아무것도 없이 물질적으로 가난하게 사는 사람들도 있다. 그러나 낙심하지 말라. 만물을 소유하신 하나님께서 나의 기업이 되신다. 나의 분깃이 되신다. 이 사실을 믿을 때, 주님의 말씀을 믿음의 성도들에게 나누어주신다.

구약의 정통 '델리취'(Delitzsch)는 하나님의 말씀은 부분을 넘어서 전체로 보아야 하며, 진리는 당당한 명령자가 있고, 결과로서의 나타난 진리라고 언급했다. 모든 말씀의 결과는 예수 그리스도로 하여금 진리로 선포되었다. 예수님은 "내가 곧 길이요 진리요 생명이라" 하셨다(요 14:6). 신령한 정신을 가진 사람은 신령한 일을 추구한다. 주석학자 '스타크'(Starke)는 말하길 "예술 중의 최고의 예술은 하나님의 말씀을 심령에 새기는 일이다"라고 했다. 성도 여러분, 우리는 순수한 사람이 되려고 노력하는 복된 목적을 가져야 한다. 즉 하나님의 말씀으로 하나님을 찾고, 그 말씀에 의하여 하나님을 붙들고 하나님의 말씀을 통하여 모든 선한 일을 하게 만든다. 동시에 우리가 위급할 때도 하나님의 말씀은 나타나 우리로 기도하게끔 인도한다. 하나님의 말씀이야 말로 하나님 속성의 참된 표현이며 거울이다.

2. 고통 속에서 탄식이 우러난다

시편 저자들은 자신이 처해 있는 고통의 모습을 그대로 그려내는 달인들이었다. 본 시편의 시인은 토로하길 "나는 고난이 막심하다(107절) 그리고 "나의 생명이 항상 위기에 있사오니"(109절). 다윗을 예로 들어보자. 다윗은 그의 경건심으로 말미암아 사울의 미움을 받았다. 항상 생명의 위협을 받으며 피신했다. 이유 없는 미움과 증오, 대적의 압제와 생명의 곤고함, 매일 매일의 긴장과 외로움... 이것은 다윗에게 큰 고통이었다. 이는 다윗에게만 국한된 건 아니다. 사실 우리들도 죽음의 위협에 많이 노출되어 있다. 수많은 전쟁과 권모술수와 테러를 보라. 거대한 화재와 차량의 홍수, 환경오염과 자연재해 속에 노출되어 있는 삶이다.

특히 하나님을 믿는 우리는 불의한 자들과 사탄의 흉계에 시험 당하며 멸시 받으며 핍박 앞에 노출되어 있다. 이에 다윗은 고통 중에 하나님의 말씀을 의지했다. "주의 말씀대로 나를 소성케 하소서"(107절). 그는 위급한 상황에서도 "주의 법도를 잊지 아니하고"(109절), "주의 법도를 떠나지도 아니하겠다"고 주께 고백하며 찬양한다. 대부분 사람들은 위기에 처하고 곤궁에 빠지게 되면 발버둥 치거나 원망할 대상을 찾기 마련이다. 간혹 신자들마저 곤궁한 상태에 떨어지게 되면 곧잘 하나님을 원망하기도 한다. 하지만 다윗은 극심한 고난 속에서도 하나님의 법도를 떠나지 않고 오히려 의지했다. 하나님께서 반드시 소생시켜 주실 것을 간구했다. 성도들도 앞서간 충직한 종들의 숭고한 신앙을 닮아가야 한다.

3. 율법에 대한 태도이다

이스라엘 백성에게 율법은 전반적인 삶의 규범으로 주어졌지만 실제로는 그 이상의 의미가 담겨있다. 그들은 이러한 계명을 생명처럼 아끼고 보존해야만 했다. 차세대에 전수하고 가르쳐야 했다. 신명기 6장의 쉐마shema교육도 가정에서나 사회에서나 생명의 말씀을 들어야 했다. 이 말씀은 백성들이 들어가나 나가나 축복이 되었다. 오늘날 성도들도 신약의 복음에 대해서 이러한 태도를 가져야 한다. 믿지 않는 자들은 하나님이 살아 계심에도 불구하고 존재하지 않은 것처럼 율법을 무시함으로 죄를 가중시킨다. 모든 인간은 하나님께 영광을 돌려야한다는 복음의 순수한 가르침을 떠나서는 아니 된다. 하지만 다윗에게는 이 율법이 신앙의 촉진제가 되었다. 그래서 그는 사람의 눈길을 모으는 정금보다도 하나님의 사랑을 굳히는데 마음을 다 한다(127절). 다윗은 부와 명예와 권력을 한 몸에 지닌 왕이었음에도 율법을 절대적인 가치로 고백했다. 다윗은, 에스라 선지자가 백성들에게 율법을 가르치기로 결심했던 것처럼, 주의 법도를 바르게 여기고 모든 거짓 행위를 미워하겠다고 결심한 것이다. 왜냐하면 율법이라야 예수 그리스도를 증거하며 믿음으로 의롭게 된다는 진리로 인도해 주기 때문이다(롬 3:21, 갈 3:24).

저자는 율법이 결코 자기 자신의 지식이나 지혜로써 깨닫는 것이 아님을 인정한다. 그는 먼저 자신의 우둔함을 고백한다. 하나님께서 빛을 비춰주심으로 그 진리를 깨달을 수 있었다고 증거한다. 드디어 우리는 어려서부터 암송해 왔던 주옥같은 말씀에 이르렀다.

주의 말씀은 내 발에 등이요 내 길에 빛이니이다 (105절)

하나님 말씀은 우리 발에 등이요 우리 길에 빛이 되신다. 이는 율법의 두 차원을 제시한다. 곧 말씀의 개별성과 말씀의 공동체성이다. '내 발에 등'은 개인에게 주는 말씀이라면, '내 길에 빛'은 공동체 전체에게 주는 말씀이다. 등은 성도 개인이 사용할 수 있지만, 광야에서의 불기둥의 빛은 이스라엘 백성 전체를 인도했다. 오늘날도 마찬가지다. 등과 빛은 우리 영혼의 양식이다. 결코 싫증나지 않는다. 진리의 성령이 조명해주지 않으면 율법이 아무리 심오한 진리를 담고 있어도 그것을 바라볼 수 없는 것이다. 말씀의 진리를 깨달으면 깨달을수록 성도는 말씀에 더 갈급함을 느낄 뿐이다(131절). 깨달음 다음엔... '그 다음엔'이 중요하다. 하나님께 영광을 돌리는 것은 우리의 손과 발을 통해 율법을 나타내야 할 당위성이 있다. 말씀의 실천 역시 인간의 본성으로는 되지 않는다. 진리를 행함은 율법을 깨닫는 것보다 훨씬 어렵다. 그러므로 우리는 시편 저자와 같이 율법의 실천을 위해 기도로 나아가야 한다.

4. 기도의 동기를 마련한다

저자는 마지막으로 율법이 자기 자신의 생활이 되기를 기도한다. "나의 발걸음을 주의 말씀에 굳게 세우시고 어떤 죄악도 나를 주관하지 못하게 하소서"(133절). 저자는 높은 이상을 가진 사람이었다. 단지 가슴에만 품은 바람이 아니고 배우려고 열망하고 하나님의 계명을 지키려고 겸손히 마음을 다 한다. 그는 위험이 크면 클수록 하나님의 말씀을 더 힘있게 붙든다. 진리 안에 항상 거주하려고 하나님께 은혜를 구한다. 성도여, 기억하라! 신령한 걸음으로 날마다 전진하는 것은 어제 공급받은 은혜의 힘 때문이 아니라, 새롭게 하는 힘의 공급은 겸손하게 의지하는 오늘의 기도로 유지되는 법이다. 여호와가 우리의 기업이시기 때문이다.

환란을 당할 때는 절망할 때가 아니다. 기도해야 할 때이다. 대상은 오직 하나님뿐이시다. 하나님은 인자하시다. "주의 인자하심을 따라 내 소리를 들으소서"(149절). 하나님의 인자하심은 우리가 기도할 근거를 얻는 것이다. 하나님의 사랑이 아니면 성도는 부족함과 곤고함을 아뢸 곳이 없게 된다. "여호와여 주께서 가까이 계시오니"(151절). 성도여– 하나님은 멀리서 무관심하신 분이 아니시다. 성도가 의뢰할 수 있는 근거는 하나님께서 우리 곁에 가까이 계셔서 살피시며 인도하시기 때문이다. 우편의 그늘이 되어 주시기 때문이다.

> 여호와는 너를 지키시는 이시라 여호와께서 네 오른쪽에서 네 그늘이 되시나니, 낮의 해가 너를 상하게 하지 아니하며 밤의 달도 너를 해치지 아니하리로다 (시 121:5-6)

그러면 기도의 내용은 무엇인가? 하나님의 응답을 간구해야 한다. 모든 희망에는 결과가 있다. 기도의 궁극적인 목표가 있다면 구원을 청해야 할 것이다. 시인은 "나를 구원하소서!"(146절) 또한 "나를 살리소서!"(146절)라고 외친다. 구원의 완성은 새 생명을 얻는 것이다. 저자는 전심으로 부르짖었으며 끈질기게 인내했다(145-7절). 포기하지 말아야 한다. 불의한 재판관 앞이었지만, 끈질기게 호소한 과부가 결국엔 그의 억울함을 풀 수 있었다. 여호와 하나님을 향해 사력을 다하는 인내의 기도는 마침내 하나님의 축복을 가져올 것이다.

[기도] 여호와여 주께서는 우리의 분깃입니다. 주의 종은 주의 말씀을 사랑하나이다. 주의 법도를 떠나지 말게 하옵소서. 당신의 계명을 생명처럼 아끼며 지키게 하옵소서. 나 어려서부터 받은 주의 말씀은 내 발에 등이오며 내 길에 빛이옵니다. 시편의 저자들처럼 높은 곳을 바라보는 이상을 갖게 하소서. 시간이 흐를수록 하나님의 말씀을 더 힘있게 붙들게 해 주소서. 신령한 걸음으로 항상 은혜의 힘을 공급받게 해 주옵소서. 주님의 이름으로 기도합니다. Amén

설교

입에는 웃음 혀에는 찬양

시편 126편

C. S. Yoon 전도사 때(25세)

1

입에 담긴 기쁨을 회상하기는 즐거운 일이다. 혀에 담은 찬양을 회상하기도 즐거운 일이다. 시편 기자는 마음에 충만했던 기쁨을 기억하며 포로에서 석방되어 고국에 돌아오는 이스라엘 백성들의 즐거움을 묘사했다. '구원 받은 선포'는 오늘의 유대인들이나 이방 나라가 익히 아는 여호와의 놀랍고도 능력 있는 행위를 선언한 메시지이다. 시편 기자는 눈물의 씨를 뿌려 기쁨의 추수를 하도록 포로기간에 오래 묵은 기도를 첨가한다. 그것은 사랑하는 고국 땅을 재건하게 해 달라는 기도였다. 성도들은 이 시편이 언제 쓰였는가를 알기보다, 이 시편이 가고 오는 모든 시대의 교회를 위해 지어졌다는 사실에 관심을 기울여야 한다. 교회가 이전에 받은 구원의 확신을 계속 계승하고 있다면, 다시금 깨우치고 소망 중에 이 시편을 교회의 환경에 적용할 줄 알아야 하겠다. 이 시편은 성도들의 개인생활에서도 결정적인 위험에서 대처하게 해주는 시금석이 된다. 이 시편은 무엇보다도 성도의 개인적인 감정을 표현하면서 그의 첫사랑을 생각나게 만든다. 기자는 그 첫사랑을 회상하며 사랑을 따르며 다시 힘을 얻어서, 죄의 위협에 부딪친 시련으로부터 구출되는 놀라운 위로를 갖고 있다. 그 첫사랑이란 다름 아닌 예루살렘 성전이다. 이 시편의 표제 역시 "성전에 올라가는 노래"가 아닌가!

꿈을 꾸는 자들은 그들의 지각에 지배받지 않는다. 이성으로부터 도피되어 있다. 이성적으로 기쁨과 환희에 찬 것을 고백하기 때문이다. 사실인지 꿈인지 분간 못한다는 것은 성취된 현실이 신임하기 어렵다는 말이다. 그에 따른 감정을 배재할 수 없게 된 것이다.

> 그 때에 우리 입에는 웃음이 가득하고 우리의 혀는 기쁨에 찼었도다. 그 때에 뭇 나라 가운데에서 말하기를 여호와께서 그들을 위하여 큰 일을 행하셨다 하였도다. (시 126:2)

예루살렘 성지에 많은 백성을 정착시키고 유다 지파의 땅이 계속 번영하기를 기도한다. 그 땅은 지리적으로 여름에는 시내들이 마르고 겨울에는 우기철로 물이 넘치는 것 같은 상황이나, 눈물을 흘려 씨를 뿌리라는 진리를 포함한다. 동시에 눈물을 흘리며 고국에 돌아온 역사적인 사실을 암시한다(렘 30:15). 이스라엘 역사에서 예루살렘 성전 재건은 백성의 눈물로 이루어졌다(습 3:12). 이것은 슬픔과 기쁨이 교차되는 것은 아니라고 본다. 이것은 인내와 소망의 사역, 오직 믿음으로써 기다림에 의존하는 성도의 변화된 생활을 의미하는 것이었다. 성도는 확실히 씨를 뿌림과 같이, 비록 지금은 고난 중 눈물 흘리고 있지만, 그가 그의 단을 거두어들일 때는 즐겁다. 희망의 인내가 아름다운 까닭은 희망에는 열매가 있기 때문이다. 바울 사도는 선을 행하다가 낙심하지 말아야 한다고 선언한다(갈 6:9). 포기하지 말자. 성도가 약해지지 않으면 때가 되매 거둔다.

2

눈물로써 씨 뿌림에는 반드시 기쁨의 추수를 가져온다. 예수 그리스도께서 이루신 영적 구속의 실체인 골고다 십자가는 신자에게 최고의 위로와 기쁨이 된다. 이것은 하나님이 인류에게 이루신 최대의 기적이다. 콩 심은데 콩 나고, 팥 심은데 팥이 난다. 이렇게 자연계에서는 씨를 그 심은 대로 거두나, 하나님은 영광의 세계에서 믿는 자들을 위해 아주 다른 순서를 정해 주신다. 즉 눈물의 씨를 뿌려야 기쁨의 수확이 있다는 진리이다.

성도가 여기 바벨론 땅과도 같은 세상에서 살 때. 순례자가 될 때 어떻게 살아야 하는가? 첫째, 그대에게 씨 뿌리는 많은 눈물의 값을 요구하고 있음을 알아야 한다. 둘째, 그것은 다윗과 같이 베드로와 같이 또한 위대한 죄인들같이 회개한 눈물의 값을 말한다. 셋째, 다윗왕과 선지자 예레미야와 사도 바울과 베드로와 그리스도 자신과 같이 그대의 사역에 눈물을 지불해야 한다. 넷째, 그 가치는 다윗의 눈물이 음식이 된 것 같은 결과이다. 다섯째, 그대 자신을 위해서도 그리고 다른 사람을 위해서도 이 시편에 나오는 눈물의 값을 지불하라. 이러한 눈물이 그대에게 슬픈 결과를 가져올 것은 하나도 없을 것이다. 그대에게 추수의 기쁨을 가져올 수 있게끔 주께서 예비하시며 마련해 주신다. 이것은 주께서 시온 자녀들을 향해 약속하신 위대한 기쁨의 선언이다.

3

애통해도 변하여 기쁨이 찾아온다. 그 이유는 이러한 변화 과정이 곧 씨 뿌림과 추수의 순서이기 때문이다. 참되고 영원한 은혜의 열매는 예수 그리스도 안에 존재한다. 이러한 추수는 영원한 하늘나라에서 거둔다. 성도여- 우리는 다 씨 뿌리는 자이다. 많은 눈물은 많은 추수를 가져올 것이라 믿는다. 추수는 우리의 것이며 회개한 자의 것이다. 사랑이 많을수록 고통도 더 많을 것이다. 결국에는 하나님께서 주시는 도움도 크시다. 그 도움이 주시는 용기도 크시다. 그것의 결과는 감사할 조건이다. 성도가 고통 받은 만큼 큰 기쁨을 맛보게 되리라. Amén

설교

버드나무에 걸어둔 거문고

시 137편

C. S. Yoon 전도사 때(25세)

137편의 기자는 설교자로서의 자질이 풍부한 사람이다. 지은이는 성전예배에 앞장섰던 레위지파 사람이 거의 확실하다. 이스라엘의 전형적인 애가(哀歌)의 형식을 취하고 있다. 슬픈 기억으로부터 역사를 거슬러 오르는 서사적 형식으로 변주하기도 한다(1-3절). 바벨론 사람들이 시온의 노래를 불러보라는 굴욕적인 요청에 응할 수는 없는 일이었다. 이때 기자는 예루살렘에 대한 강한 애착을 일으킨다. 그는 예루살렘을 항상 기억하며 모든 도시에 앞서 뛰어난 예루살렘에 대한 기쁨을 노래한다(4-6절). 이른바 '기쁨 선언'이다.

이러한 역경의 때가 여전히 기억되어 기자의 개인 경험을 바탕으로 이 시편은 작시되었다. 멀고 먼 이방 땅에서 해방되어 돌아온 한 포로의 감성이 여호와의 은혜를 찬미한다. 이 선언의 배경이 되는 바벨론 강변은 에스겔(겔 1:1)과 다니엘(단 8:2)서에도 나오는 그발강과 을래강가였다. 이 강들은 예언적 환상문학의 시오니즘을 말해주기도 한다. 포로들은 강가 버드나무에 수금(심금, kinnor 킨노르, 현악기의 총칭 혹은 거문고, 계 14:2 하프)을 걸어두었다. 금지 아닌 금지곡이 된 찬양에 대한 슬픔이 시편 137편 전반에 깔려있다. 그들이 가졌던 수금은 예루살렘을 향한 향수에의 기쁨과 절기의 노래가 있었음을 시사한다. 그렇지만 그들에겐 이방의 포로로 사로잡혀온 곳에서 오랜 체류의 슬픔이 극에 달했다. 한편에선 그들의 성스러운 음악까지 모욕당하는 압제를 겪었고, 다른 한편에서는 이러한 노래를 통해 일찍이 예루살렘에서 누렸던 축복을 상기하고 하나님 찬양을 열망한다. 포로생활에서 말씀의 양식에 주리고 목말랐던 비참한 모습이다.

시편 기자는 예루살렘을 지상에서 가장 큰 즐거움이며 위로의 도성으로 삼는다. 예루살렘은 기쁨의 머리에 왕관을 쓸 정도로 행복한 예배처소로서 적극적이었다. 구속사에 대한 영원한 찬양이었다. 한편 성도들에게는 현재 우리가 살고 있는 이 땅이 본향이 아니고 그저 나그네의 발을 딛고 사는 발판에 불과하다. 이 세상에서 누리는 기쁨은 영적 예루살렘의 그림자에 지나지 않는다. 한편 바벨론 유수에서는 하나님의 백성이 깊은 시름에 빠져 있었지만 시온에 대한 열정은 더욱 뜨거워져 온다. 에돔과 바벨론의 거역하는 무리들을 두고서 하나님께 중재하는 거룩한 분노에도 마음이 달아올랐다(7-9절). 하나님의 원수를 향한 심판이 개입되기를 탄원하고 있다. 백성들은 하나님께 그들이 자신에게 행한 대로 그들에게 갚기를 호소한다. 바벨론이 산산이 부서진 파괴에서 다시 일어나지 못하도록 중재한다.

한편, 본 시편은 주님의 백성이 굴욕스런 위협에 처해 있을 때, 끝까지 믿음을 지킬 수 있는가?의 질문 메시지를 던진다. 때가 바벨론 유수 말기 포로생활이 압력과 비통함으로 극에 달했을 때의 위기감에도 말이다. 신앙의 본산지 시온을 생각한다. 우리 민족은 36년간이라는 엄청난 세월에 나라를 잃고 일제에게 주권을 빼앗겼으나, 이들은 그 두 배에 이르는 기간 동안 이방 땅 바벨론에 끌려와 쓰라린 고통을 겪고 있지 않은가. 하나님의 백성들이 하나님 앞에 불순종했기에 그 좌절감을 하염없이 눈물지을 때, 과연 슬픔의 춤이라도 추면서 향수를 표출해 내려는 애절함을 어찌 체면으로 이겨낼 수 있었겠는가? 그들은 버드나무에 수금을 걸었다고 했다. 수금은 예루살렘 성전예배 악기였다. 찬양 포기 각서와도 같다. 유다 백성들이 보여주는 마지막 그림 한 장이 이와 같았다. 그 생생했던 악기를 버드나무에 걸었다는 표현은 단순히 노래만의 이야기가 아니다. 그들 자신이 나무에 목을 매는 것과 무엇이 다른가? 사형수들이 삶의 끝을 장식하는 장례의 자화상을 보여주는 그림이다. 버드나무는 바빌로니아 강변에서 뿐만 아니라, 팔레스타인 땅에서도 초막절에 흔들며 즐거워했던 절기의 나무였다. 그리하면 그리할수록 조국을 그리는 마음은 불타올랐다.

불후의 로고스, 137편 말씀을 정리하자. "내가 예루살렘을 기억하지 아니하거나 내가 가장 즐거워하는 것보다 더 즐거워하지 아니할진대 내 혀가 내 입천장에 붙을지로다." 기자는 여전히 예루살렘을, 그 예배와 찬양을 최상급의 기쁨으로 고백하고 있다. 그렇게 하지 않는다면 자신의 혀가 입천장에 붙어도 좋다는 것이다. 마지막 비장함이 성도의 콧잔등을 시큰하게 한다. 라스트 픽처, 좌절한 인간이 보여주는 라스트 픽처이다.

그러나 교우 여러분, 끝난 것이 아니다. 알파요 오메가이신 주님, 처음이요 나중이신 주님, 시작과 끝이 되신 주님께서 '이제 끝이다' 라고 선포하지 않은 이상 회복의 때는 기다리고 있다. 앞서 시편 126편 1절에는 초두부터 노래하기를 "여호와께서 시온의 포로를 돌려보내실 때에 우리는 꿈꾸는 것 같았도다." 이 세상에서 이보다 더 잘된 번역이 어디에 또 있을까! 우리 성도들은 하나님 앞에서 구원 받은 백성이 되었으니 세상의 가치관과 헛된 우상을 버리고 말씀만을 붙들어야 하겠다. 어둠의 세력과 싸워 이겨야한다. 우리 성도들은 하나님의 축복을 잊지 않고서 말씀을 들을 수 있는 충분한 시간에 감사해야 한다. Amén

남포 가는 길

1976년

잿빛 하늘의 허공에
초여름 제비는
사명에 불타는 날개로 남포를 간다

얼갈이 배추밭 지나
시냇가를 돌아
한 마리 새끼 밴 양은
목장으로 간다

혼돈의 석양에서 겨우 깨어나
어스름 달빛을 타고
대나무 숲 우거진 자그마한 마을로
나이팅게일이 불다 둔 풀잎피리가 되어 간다

미래에 살고 미래에 죽어
바늘귀만한 영토라도 허락된다면
믿어 의심치 않는 눈초리로
한갓 생각하는 어부의 걸음은 남포를 간다

어린 목자는 임을 만나고
사랑하는 양떼들과 식탁을 나누면

남포는 새로운 구름을 그리며
서쪽 산 위에 걸린다
17세 소녀도
80세 노파도
어언간 형제라 부르며, 어머니라 부르며 …

갈대가 개울에 노래처럼 자라는 마을
오월의 태양이 파랗게 물들이면
남포는 향기 질펀한 고향으로 다가오고
해당화 함박 웃는 바다로 다가선다

★ 詩作 노트: 출처 // 제1시집 『저녁노을에 걸린 오벨리스크』 예영, 2000.
P.100 // 47년 전 나는 남포교회에서 하나님의 백성 곧 성도들을 섬기는 마음을 배우고 있었다. 성전의 지체들과 함께 호흡했고 그렇게 준비되었다. 그러면서 한 땀 한 땀 설교하기 시작했다. 노트라는 광주리에다 완전한 문장으로 글을 써 담았다. 아직은 클래스에서 설교학을 배우기도 전에 성령께 붙들린 사명감이었다. 주님은 복음서에 나오는 12명의 제자들을 갈릴리 해변에서 부르셨으나 내게는 다른 바닷가였다. 부족한 나에게는 김해의 낙동강 하구가 가까웠던 곳 남포교회 공동체 안에서 동행해 주셨다. 성도들의 사랑은 새벽에나 점심에나 저녁에도 변함이 없었다. 그때로부터 나의 현재 古稀에 이르기까지 성역 45년간의 장정이 지난다. 자라게 하신 은혜 위에서의 은혜였다. 1976년 5월.

그는 심었고
　나는 물을 주네
　자라게 하시네

화 보

화보

2000년 이후 저작 단행본

아신대학교, 고신신대원, 브니엘선교실습 선교출판부 라틴선교학 자료집

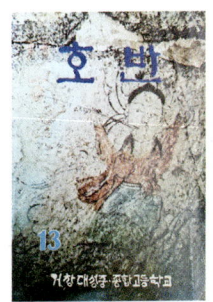

모교(거창대성고교 문예부장)
호반의 영광

건국대학교 주최 제1회 전국고 교지
콘테스트 우수상

월드미션 David & Esther Yoon 가족(자녀들 5개국 언어사용)

화보

고신대학교 고려신학대학원 졸업기념 1982

결혼식 오병세 박사 주례 1981

싱가포르 아시아타문화권선교교육훈련원 1991

화보

아버지

어머니

부산대학교대학원 졸업(Ed. M)가족

도산서원 가족

거창 충혼탑에서 가족

중학 시절과 보이스카웃 사회봉사활동(덕유산, 가야산 등정)

대성고등학교 교지『호반』편집장 시절(중앙)

거창대성중고등학교 전체 선생님들 1971

화보

친형님이면서 고교 은사

형님 형수의 가족
윤혜경, 인숙, 인묵, 혜정 조카

누나들과 자형 가족 1995

외손자 에단 & 손녀 야엘하선 티소윤

서울 등촌교회 크로스웨이성경연구 지도 120여 명 수료생기념 1987~1990

화보

싱가포르 존 하가이 John E. Haggai 인스티튜트 초청 세션 158~9 수강 1991 한국인으로서 마지막 참여, 남미대륙 각국에서 지도자 9명 참석 칠레신학대학장 다빗 라미레스와의 만남은 훗날 아르헨티나에서 미션 동역자로 맺어지며 종교·외무성을 통한 가족의 영구영주권 취득의 근간이 된다

kpm 총회선교사 파송식 4가정 제1영도교회서

11개국 14선교사, 원장 타이터스 룽 & 헬렌 부부 우측에서 두세 번째 싱가포르 ACTI
(아시아 타문화권 선교훈련원) 수료식 1991

고신대학교신학대학원 36회 졸업 1982

신대원 36회 제주도 모임
부부동반 지리산 산행, 목회 파트너십 전성준 목사

화보

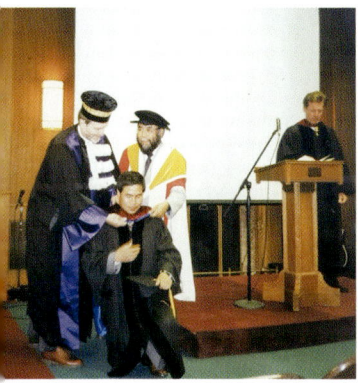
Fuller신학대학원 목회신학 학위기 후드 준비 아내와 함께

선교초기시절 서재, 선교학 수업 제자 선교사들, 이태호 부부(세실리아) 장영관 부부(사리타), 최종희 최종현 친자매

최종희 전도사 코스타리카로 선교사훈련 파송 1993
아르헨티나 에벤에셀교회에서 파송 김준웅, 장영관, 나호철, 이태호, 대만왕 목사, 최병준 집사, 최선교사 부모님 가족

유신우, 조문자 선교사 부부 타이페이 파송(GMTI) 2021

딸 에스더 결혼식장

프랑스 리옹에서

회갑기념 축하

화보

담임목회와 개척시대 어린 오누이 영주에서
몬테소리 유아교육학과 졸업식

서울 등촌교회 부목사와 자녀들 유년시절

나고 자란 곳 고향집
거창읍 상동 164번지

결혼식 1981년

필리핀 두마게티 김성일선교사 사역지교회 고교
SFC 동료 최수갑 목사(우) 설교

화보

라모스메히아 거주와 초기시절 서재 & 초등 콜레히오 워르드(영국 선교단체 건립)
선교사 자녀로서 사립 등록금 및 회비 60% 면제

에스더 초교 조회시 국기게양 장학생 1995

네우껜주 한인장로교회 개척　　　　멘도사주 한인침례교회 앞줄 앉은 최스데반 목사
재미총회로부터 전담목사 기다림　　　　(좌측 첫 번 김치봉 장로 선교지원)

고신대학 초청집회 인도와 가족 특송(아르헨티나 전통 가우초 의상)채플

화보

에스더의 이탈리아음협 Nerini 관악부
남미콩쿠르 1등상 수상기념

제주도 외도정원에서 가족

일세중학교(ILSE)중학 장학생

에벤에셀교회 개척과 셋집에서 초기 예배

크리스마스 에벤에셀 성탄극

David Yoon의 전도사 시절 밴쿠버 YM 참여와
멕시코 단기선교

화보

카리브 오곱수쿤(야자수)
쿠나부족 사힐라 콩그레소 위원들

백두산정 천지연에서
북한선교전문연구 학술회원

에벤에셀교회 오스카르 부스토스
& 레이나 베로니카 결혼식

엠베라선교기념교회 모데스토 & 레킬도 형제의 늦은
결혼식과 집사 장립

윤에스더의 플루트 찬송가연주회
파리 콘세르바토리오 피아니스트
안나, 고현교회

파나마 루이스 카페농장의 창업주
루이스 1세

서울커피엑스포
파나마 루이스의 '게이샤' 출품
코엑스 부스, 루이스 2세 2016

화보

딸 에스더의 프랑스 유학 시절 한국에서 가을

미션전략회의 후 고대 잉카제국 마추픽추 등정

부에노스 국립모론콘세르바토리오 원장과 플루트 교수진

리옹 국립콘세르바토리오에 프랑스 교육부로부터 발령을 받았을 때

주아 한국대사관 초청 플루트 연주회

윤에스더 귀국 독주회 금호아트홀

아이티 지진 재난회복 자선 연주회

화보

포르투갈 강병호 선교사 선교지

아르헨티나 연주회 후
피아니스트 안나와 나란히

거제 애광원 설립 60주년 음악회와 부산문화회관
연주회 〈프랑스 젊은이들의 4중주〉 한국 초대

딸 에스더 한국 결혼식 인사 사돈 도미니크 티소, 주례 박은조 목사, 기도 조서구 목사

양가 가족들과 안사돈 에벨린과 사라 인사 한울교회당(담임 제인출 목사)

화보 533

화보

혼례식 폐백시간

신부의 사촌 언니 윤혜경 & 윤인숙 중고등 양대 교장

결혼식 딸과 사위와 양가 기념

프랑수아 티소와 에스더 윤 부부 백년가약
리옹 시청에서 혼인서약식(가족동석)

남부 프로방스 지역교회 주례(좌)와
이극범 목사(우측 두 번째) 축사

서울 필하모닉 오케스트라, 프랑수아 초청(클라리넷 1주자) 연주회, 정명훈 지휘 예술의전당

화보

파나마 국립공대(UTP) 2년간 객원교수

사라 선교사의 한국요리 실습시간

에벤에셀교회 설립 3주년 강사, 신대원 36회 동기 박은조 목사

아르헨티나 목회자 250명 세미나 "이 산지를 내게 주소서" 라틴타임스 주최 4박5일 중앙교회 수양관에서

산타페 목회자연합회장 호세 파이엔사 협력, 에마누엘교회, 한향자, 조영란 권사 세미나 인도 〈가정의 회복과 치유〉 한인·여선교연합회 집회 및 라틴타임스 주최 수재민 돕기

C국 현지교회 집회와 설교통역

I·II 시집출판 감사예배, 『저녁노을에 걸린 오벨리스크』&『풀잎 속의 잉카』 사회 최세균 목사(우)

고신·문학상 3백만 원 고료 시상식을 아르헨티나 〈로스 안데스〉 문협에서 진행하다. 한국행 향수를 문협이 대신한 날

화보

제3회 한국 들소리문학대상 수상 2003

김현승의 시비 〈눈물〉 광주 무등산
정돈화 목사(詩人) 함께

금강산 방문산행 구룡폭포
김의환 총장과 함께 오르다

평생의 벗 남미선교 후원자
이성태 교장선생님

교회사 은사님 허순길 원장
신대원 특강

아신대학교 김영욱 총장(우)
부처, 이과수폭포에서

워싱턴 열린문교회 Dr. 이병인 장로(소아과 전문의) 감비아의료 선교사로 KOST 2000을 실천했다

아신대학대학원 석박사 과정
선교학 지도 야외수업 2019

정글 교회당 건축 시기

엠베라 선교팀을 위한 열대 밀림의 요리 정성 여선교회 준비

화보

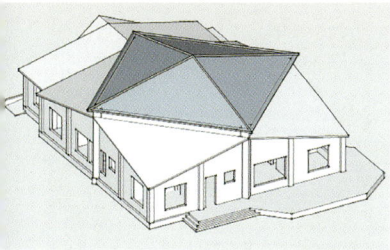
정글 교회당 건축시기 여전도회 준비 파나마 정글 열대적용 선교기념교회당 건축입체도

한국에서 제작하여 보자기에 싸 열대 정글까지 품에 안고 갔던 건축 분해 입체도

단기선교팀장 필라델피아 낙원교회 최형관 목사 선교건축 기원

파나마 엠베라선교기념교회당 건축 미국 청년선교팀

엠베라 열대 정글 건축 마무리

아르헨티나 토바중고등학교 개교기념식 김만우 목사 설교와 동역

파나마시티 '용서교회' 개척자이신 동정 릴리아나 전도사님(97세)의 생일에 함께 예수사역교회 부흥집회, 김철봉 목사의 설교와 통역

남극지방 〈뻬리또모레노〉 빙하 탐사

진귀한 만남. 스페인어 김충식 사전편찬가(중앙). 민영진 산호세한인교회 목사(우) 코스타리카에서 1주간 함께 〈서한사전西韓辭典 & 성서문장사전 聖書文章辭典〉에 관한 정보수정 교환하다

코스타리카 Spanish 어학훈련원장 플로리다장로교단 연합선교회 설립 장차 아르헨티나로 파송될 김해진 선교사의 언어교육을 위해 입학등록절차 완료

토바 5년제 중·고등학교 교사 기공식

화보

당일 하원 국회의장과 시장, 교육장, 교육감, 교장 & 내빈들의 축하 메시지와 설교(통역)가 주립방송국에서 현지중계되다

토바 학교를 위해 선임된 현지 교사들과 함께

토바중고등학교 개학에 이웃 학교의 기수들 축하 참여
아르헨티나 차코주정부 다리오 A. 바실레프 이바노프 하원국회의장 교육상(국회자료 수여증빙서 1790호) 2014

토바중고등학교 설립 머릿돌 이사장 윤춘식 박사 & 부인 사라(잠 1:7) 학교정 2014

델라웨어 사랑의교회 대학생 단기선교팀과 부흥집회 캠파이어, 엠베라 드루아

화보

토바중·고등학교 2차 건축 채플 & 도서관 건립 2017

파라과이 장로교신학대학 초청
505주년 종교개혁기념주간 특강

아순시온교회 설교 2022

멕시코한인연합교회 집회 2013

아르헨티나 원주민 장로교회
첫 개척 예배

남아공 성공회 주일설교,
김영무 선교사 통역

희망봉

스-웨스트(전, Potchefstroom)대학

종교개혁 505주년 기념주간 파라과이 장신대학 초청 세미나(3박4일)
임성익 학장의 특강 선물

은사님 오병세 박사 구약학세미나 부에노스아이레스(윤목사 통역) & 미션홈 방문

박현진 목사 에벤에셀주일학교에 2년간 베이커리를 봉사
제공한 로베르토 형제에게 표창상수여 에벤에셀교회

박현진 목사 방문 헌당식
예배설교와 침례교연합위원회 협력

이근삼 박사 개혁신학교 초청강의

은사님 이근삼 박사 칼빈주의 신학자세미나
부에노스아이레스

한인신성장로교회 크로스웨이 수료식
4개월 강의 부에노스아이레스

칠레 남부지역 콘셉시온과 테무코교회에서 크로스웨이
번역서(El Drama Divino) 성경연구 1주간 집중강의

화보

크로스웨이 번역서 산미겔교회
헤일리 목사와의 동역

데이빗 리빙스턴 미션기념관, 로버트 모팻의 장인이 된다.
Moffat은 '남아선교회'(SAM) 창설

아마존개혁신학교 안승렬 학장과 커미티

고신신대원 한정건 원장댁, 교수들 코이노니아

아신대학 스페인어 강의실 전공생들 초급반, 중급반
& 고양시 중남미문화원 야외수업

아신대학 교수회 미션 채플 특송 2019

아신대학 학사학위 수여식

ACTS 대륙 지역연구 선교대회 2018

화보 541

화보

아신대학 교수은퇴와 감사예배

남미지역 고신총회·kpm 선교사들의 조기 – 은퇴식준비, 라틴 선교역사에 고신 후배들의 성심이 모아지다(아신대학교로 이동)

kpm 은퇴식 참여

아들 David 윤신환 UCI 언어학전공 졸업식 장학생 그룹

브니엘신학대학에서 교수 은퇴 기념식 코이노니아 2019

파나마 엠베라부족교회 연합선교대회 지도자 교육, 박정곤 목사

사라의 카누행진 공동체 이동교통

엠베라 모터 카누를 타고 발사강 거슬러 갈릴레아교회로 대이동

화보

파리한인장로교회 주일 설교

J. 토마스 선교사를 중국-한국에 파송한 웨일즈장로교회 순례, 런던 안세혁 선교사 안내

에펠

부에노스아이레스 신문사 경영 EL TIEMPO LATINO 스페인어 미션 신문 D. 콜레르 편집장과 R. 프리에토 오순절교단총회장

응모작 당선 시상식 주아 신효헌 대사와 재미총회장 최학량 목사 & 손성기 장로(브) 수여 2002

엠베라선교기념교회 성전건축 동안 야외강단

아들과 사위의 소박한 시간(프랑스)

화보 543

화보

제1성전 파나마 엠베라 공동체 교회 선교기념교회당 헌당식 2012

제2성전 엠베라 자비사교회당 건축 입당 2014   제3성전 엠베라 갈릴레아교회당 입당 2017

라틴아메리카 선교전략회의 1~15차, 주최 아신대학 라틴A 선교연구원 2002년 5월부터 2017년 월까지 한국의 교회로부터 관심 미진한 가운데 선교사들의 '파송선교사문화·배경과 현실적 정서와 역사성 및 코이노니아 선교'를 위해 중·남미 7개처 지역권 분할 행정으로 시작하다. 아르헨티나 Bs. As.

과테말라시티

쿠바의 마탄사스주 바라데로 Playa Varadero, CUBA 주강사 이복수 교수

라틴 미션 컨퍼런스, 주최 아신대학 아르헨티나

파나마시티

니카라과 마나구아시티

워싱턴 D.C. 열린문교회 초청 후원

브라질, 아마존 개혁신학교(마나우스시티)

페루 선교사연합회 협찬, 리마시티 리마한인교회

화보

크리스챤타임스 한글판, 격주발행
부에노스아이레스 정부 등록 N209786

카리브해협 오곱수쿤(야자수)섬,
쿠나부족 공동체교회 지도자연합
원주민지원

제10차 선교전략회의 부에노스아이레스 한인교회

제15차 라틴선교전략회의 엠베라교회 연합공동체
노회결성(종교법인체) 주강사 박정곤 목사

이헌철 · 최성숙 선교사의 러시아 초청

박중민, 박종준 선교사 엠베라교회 간증

제1성전 동역자 발렌틴과 개척의 땅과 점유 증표

파나마 2번째 성전, 다리엔주 자비사 교회
광활한 터전, 건축 때 정글의 Acaros(진드기류)
독충으로 50일 고생한 박사모의 헌신

화보

카리브 쿠나부족 청년 미션팀
복음의 깃발을 들다

칠레 산베르나르도 에스메랄다교회 초청 집회. 고/David 수아레스 목사의 사위 라이문도 L. 레이바(당시 아르헨티나 선교사)의 소개로 승용차를 운전해 칠레행 안데스산맥을 넘다(그의 아들과 3인 교대운전으로 부에노스발 2박 3일 만에 칠레 입국) 현재 담임, 회집 성도는 약 3만 6천명 성장

브라질 빌라델비아장로교회 사라의 생일축하
감사예배 세 분 시무장로

쿠바의 사업가이며 선교가족, 김동우 장로 부부(중앙). 라틴선교전략회의와 컨퍼런스 사명을 위해 가족이 4년간 헌신했다. 현금거래나 은행계좌 지원 없이 본인이 직접 참석해 예산안에서 숙식과 이동과 소요재정의 현장에서 C. 카드로 재원을 결재했다. 회계의 잔액보고는 항상 제로였다

고신 선교훈련원 훈련생들 부부 참석 방도호, 김해진 목사
남미선교 위한 선점으로 두 선교사 후보를 얻다

아들 윤신환의 육군 자원입대 수방사
통신단 근무, 부모의 면회

화보 547

화보

2010년 이후 파나마 열대 엠베라선교기념교회 청년들 정글 수풀 속 시냇물과 차그레강 세례식

아르헨티나 멘도사강의 세례식
크리스티나 & 에스테르 자매
(현, 주교교사로 봉사)

사위 프랑수아의 신앙고백과 회개와 영접의 세례
(현, 파리한인장로교회 부부 집사로 섬김)

제3회 월드미션시화전
『슬픈 망고』 25편 전시 부산
사직동교회 예술갤러리 2015
*목적: 토바중고등학교
채플 & 도서관 건립

크리스천문협 詩사진전
개막식 테이프 끊기

심군식 목사 서거 20주기 기념
『현대인의 천로역정』 출판기념감사
GMTI교육원

통역번역대학원

kpm 선교 30년 지기
이강호 사랑의요양원 이사장

2023년 부전교회 초대작가전 6개월간 24편 전시
허성욱 임영효 교수 협력 답사

부전 에젤갤러리 시화전시회 개막식 제4회 월드 미션시화전 『카누에 오신 성자』 GMTI 감사예배 낭송회, 축사2, 특송, 메시지, 축도 *목적: 파나마 엠베라부족공동체 제4성전 건축비 마련

거창제일교회(고향교회)
설립 50주년 설교 2010

GMTI 선교교육원 교수진
이병수 총장과 함께 가을 산행

출처 www.kosinnews.com 출판감사예배 『시편의 표현과 이미지』 교회공동체 예배를 위한 노래와 신학 산책에서 교회의 바른 길을 찾다. 시편을 묵상해 온 지 50년, 주빌리 맞은 저술을 환영하며
예영커뮤니케이션 2022

진해남부교회 이영채 목사(남미선교후원)

거제교회(부산) 친구 고/이승옥 목사를 그리워하며

화보

동역자 에밀리오 헬베스 목사(Ar.) 고향 신록의 심소정 방문

해운대 김성일 회장의 선교관에서 3박 미션세미나

김진홍 목사 내외 멘도사 초청 미션 부흥집회

엠베라 성전건축 동역자 엑토르(Panama. 건축설계사, 집사장립) 한국초청

고향 교회에서 신학과 신앙의 대부 백남석 목사님과 김정진 사모

파나마 정글 갈릴레아공동체 발사강 수영

네우켄주 리오네그로 큰 강에서 오누이 초등시절

고교 동기 절친들 최원식 교장, 장정모 코오롱 이사

화보

스페인어 성경쓰기 역대상 26:14부터

욥기 22:20부터

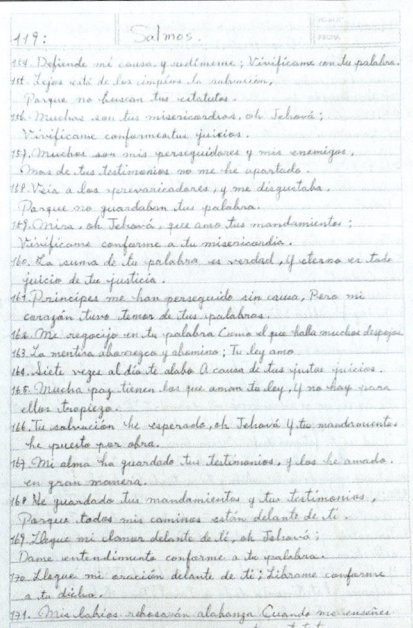

시편 119:154부터

이사야 40:24부터 시작 성경 66권 전체 1년 8개월

화보 551

화보

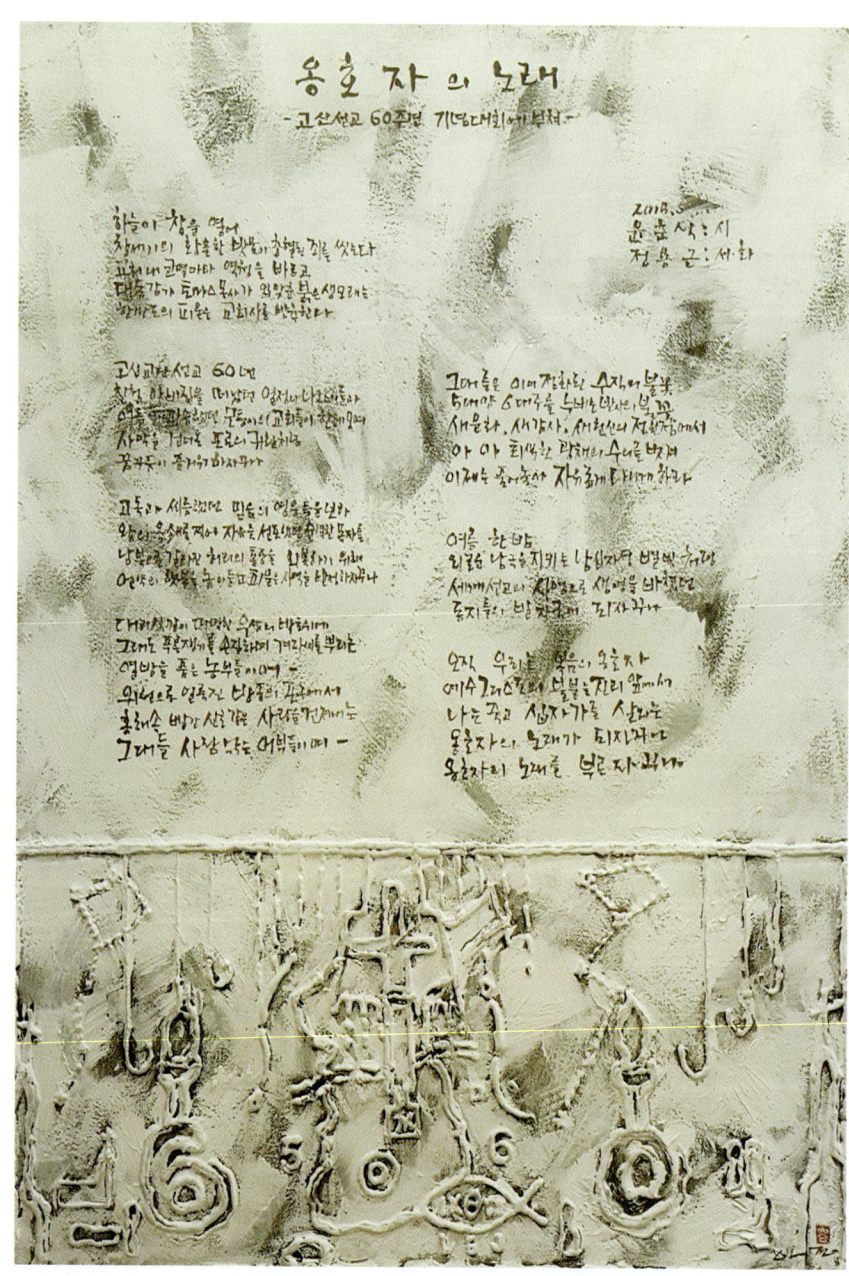

『옹호자의 노래』 윤춘식 글 / 정용근 서양화가 제작
고신 · 선교 60주년 대회기념으로 고신 신학대학원에 기증한 시화 액자
36회 동기 변종길 원장 재임시